BIRGIT WERNER

Rechtsquellen des deutschen öffentlichen Rechts

Tübinger Schriften
zum Staats- und Verwaltungsrecht

Band 105

Rechtsquellen des deutschen öffentlichen Rechts

Allgemeine Lehren zur parlamentarischen und exekutiven Rechtsetzung

Von

Birgit Werner

Duncker & Humblot · Berlin

Die Juristische Fakultät
der Eberhard Karls Universität Tübingen
hat diese Arbeit im Jahr 2019
als Dissertation angenommen.

Bibliografische Information der Deutschen Nationalbibliothek

Die Deutsche Nationalbibliothek verzeichnet diese Publikation in
der Deutschen Nationalbibliografie; detaillierte bibliografische Daten
sind im Internet über http://dnb.d-nb.de abrufbar.

D 21

Satz: L101 Mediengestaltung, Fürstenwalde
Druck: CPI buchbücher.de GmbH, Birkach
Printed in Germany

ISSN 0935-6061
ISBN 978-3-428-15973-4 (Print)
ISBN 978-3-428-55973-2 (E-Book)

Gedruckt auf alterungsbeständigem (säurefreiem) Papier
entsprechend ISO 9706 ♾

Internet: http://www.duncker-humblot.de

Vorwort

Die Arbeit wurde im Wintersemester 2019/2020 von der Juristischen Fakultät der Eberhard Karls Universität Tübingen als Dissertation angenommen. Zum Gelingen meines Promotionsvorhabens haben zahlreiche Personen beigetragen. Die Veröffentlichung der Arbeit nehme ich zum Anlass, mich bei einigen dieser Personen besonders zu bedanken.

Meine Doktormutter Frau Professor Dr. Barbara Remmert hat sich mit dem Fortgang der Arbeit kontinuierlich auseinandergesetzt, war jederzeit gesprächsbereit und hat mich durch unzählige, stets konstruktive Anmerkungen unterstützt. Zudem durfte ich über zehn Jahre lang an ihrem Lehrstuhl mitarbeiten. Das war eine fachlich und persönlich überaus gewinnbringende Zeit. Herzlichen Dank für alles.

Dank gilt zudem Herrn Professor Dr. Michael Droege. Er hat das Zweitgutachten für die Arbeit während eines Forschungsfreisemesters erstellt und wertvolle Anregungen gegeben.

Herrn Professor Dr. Christian Seiler danke ich für die Aufnahme der Arbeit in die Schriftenreihe der Tübinger Schriften zum Staats- und Verwaltungsrecht. Ich freue mich, dass auf diesem Weg meine Verbundenheit zur Fakultät zum Ausdruck kommt.

Alle ehemaligen und derzeitigen Mitarbeiter und Mitarbeiterinnen des Lehrstuhls von Frau Professor Dr. Remmert haben insbesondere durch ihre Aufgeschlossenheit und ihre Interessenvielfalt zu einer bereichernden Arbeitsatmosphäre beigetragen. Vielen Dank für die tolle gemeinsame Zeit.

Mein Dank gebührt ferner meiner Mutter und meiner Schwester. Sie stehen mir stets mit Rat und Tat zur Seite.

Tübingen, im Januar 2020 *Birgit Werner*

Inhaltsverzeichnis

1. Kapitel

Untersuchungsanliegen

A. Einführung

Handelsgesetzbuch[1], Heilmittelwerbegesetz[2], Erholungsurlaubsverordnung[3], Tierschutz-Schlachtverordnung[4], Bebauungsplan[5], Satzung einer Pflegekasse[6], Verbot einer Versammlung[7], Planfeststellungsbeschluss zur Anlegung eines Flughafens[8], Erschließungsvertrag[9], Sanierungsvertrag[10], Luftreinhalteplan[11], Allgemeine Betriebserlaubnis für Fahrzeugtypen[12], Anreizregulierung zur Bestimmung von Netzzugangsentgelten der Betreiber von Energieversorgungsnetzen[13], Technische Anleitung zum Schutz gegen

[1] Gesetz vom 10.5.1897, RGBl. S. 219, zuletzt geändert durch Art. 3 des Gesetzes vom 12.12.2019, BGBl. I S. 2637.

[2] Gesetz i.d.F. der Bekanntmachung vom 19.10.1994, BGBl. I S. 3068, zuletzt geändert durch Art. 5 des Gesetzes vom 9.12.2019, BGBl. I S. 2562.

[3] Rechtsverordnung i.d.F. der Bekanntmachung vom 11.11.2004, BGBl. I S. 2831, zuletzt geändert durch Art. 2 des Gesetzes vom 3.12.2015, BGBl. I S. 2163.

[4] Vom 20.12.2012, BGBl. I S. 2982.

[5] §§ 8 ff. BauGB, Gesetz i.d.F. der Bekanntmachung vom 3.11.2017, BGBl. I S. 3634.

[6] § 47 SGB XI, Gesetz vom 26.5.1994, BGBl. I S. 1014, zuletzt geändert durch Art. 4 des Gesetzes vom 9.12.2019, BGBl. I S. 2562.

[7] §§ 5 und 15 Versammlungsgesetz, Gesetz i.d.F. der Bekanntmachung vom 15.11.1978, BGBl. I S. 1789, zuletzt geändert durch Art. 2 des Gesetzes vom 8.12.2008, BGBl. I S. 2366.

[8] § 8 Abs. 1 S. 1 LuftVG, Gesetz i.d.F. der Bekanntmachung vom 10.5.2007, BGBl. I S. 698, zuletzt geändert durch Art. 11 des Gesetzes vom 30.11.2019, BGBl. I S. 1942.

[9] § 11 Abs. 1 S. 2 Nr. 1 BauGB.

[10] § 13 Abs. 4 BBodSchG, Gesetz vom 17.3.1998, BGBl. I S. 502, zuletzt geändert durch Art. 3 Abs. 3 der Rechtsverordnung vom 27.9.2017, BGBl. I S. 3465.

[11] § 47 BImSchG, Gesetz i.d.F. der Bekanntmachung vom 17.5.2013, BGBl. I S. 1274, zuletzt geändert durch Art. 1 des Gesetzes vom 8.4.2019, BGBl. I S. 432.

[12] § 20 StVZO, Rechtsverordnung vom 26.4.2012, BGBl. I S. 679, zuletzt geändert durch Art. 1 der Rechtsverordnung vom 26.11.2019, BGBl. I S. 2015.

[13] § 21a EnWG, Gesetz vom 7.7.2005, BGBl. I S. 1970, berichtigt S. 3621, zuletzt geändert durch Art. 1 des Gesetzes vom 5.12.2019, BGBl. I S. 2002.

Lärm[14], „Herrenreiterfall"[15], „Katzenkönigfall"[16] – staatliche Entscheidungen machen Vorgaben für vielfältige Situationen in unterschiedlichen Formen.

Alle angeführten Entscheidungen legen jedoch für ganz verschiedene Fälle fest, „was gilt"[17]. Sie sind darauf gerichtet, eine verbindliche Rechtsfolge zu setzen. Gemeinsam ist ihnen somit, dass sie die Rechtslage auf einem bestimmten Gebiet verbindlich gestalten. Jede dieser Entscheidungen trifft also eine Regelung[18]. Wie die beispielhafte Aufzählung zu Beginn schon zeigt, können nicht nur Stellen der Verwaltung, sondern auch solche der Gesetzgebung und der Rechtsprechung Entscheidungen fällen, durch die eine Regelung ergeht. Versucht man, alle staatlichen Entscheidungen, die eine Regelung[19] enthalten, unter einem Begriff zusammenzufassen,[20] dann stellt man fest, dass es insoweit keine allgemein anerkannte Terminologie gibt.[21] Die Arbeit verwendet für solche Entscheidungen den Begriff „Rechtsquelle".

---

14 Vom 26.8.1998, GMBl. S. 503, geändert durch Verwaltungsvorschrift vom 1.6.2017, BAnz AT 8.6.2017 B5.

15 BGHZ 26, 349 ff.

16 BGHSt 35, 347 ff.

17 *Mayer*, VwR I, S. 93 umschreibt das für den Verwaltungsakt mit den Worten „was [...] Rechtens sein soll".

18 Dazu, dass das Merkmal einer Regelung die Herbeiführung einer Rechtsfolge umschreibt, indem Rechte begründet, geändert, aufgehoben oder verbindlich festgestellt werden, z. B. BVerwGE 36, 192 (194); 55, 280 (285); 77, 268 (271); 80, 355 (364); 140, 245 (251); *Windoffer*, in: Mann/Sennekamp/Uechtritz, NK-VwVfG, § 35 Rn. 61 – jeweils in Bezug auf § 35 S. 1 VwVfG. Dazu, dass das Merkmal bei sämtlichen „normativen Handlungsformen der Verwaltung" die Setzung verbindlicher Rechtsfolgen umschreibt, *Möstl*, in: Ehlers/Pünder, Allg VwR, § 19 Rn. 4.

19 *Achterberg*, DÖV 1973, 289 (292) verwendet die Regel bzw. Regelung „als genus proximum [ ] für Hoheitsakte".

20 In Betracht kommen insbesondere die Begriffe der Rechtsnorm, des Rechtssatzes, des Rechtsakts und der Rechtsquelle. Die Begriffe werden aber jeweils nicht einheitlich verwendet. Zu den Begriffen vgl. nur *P. Kirchhof*, FG BVerfG II, 50 (53 ff.) sowie den Überblick bei *Ossenbühl*, in: Erichsen/Ehlers, Allg VwR[12], § 5 Rn. 1 ff. jew. m. Nachw. *Lepsius*, JuS 2018, 950 (951) bezeichnet z. B. alle vom Staat erlassenen Regelungen als „Norm".

21 Für Entscheidungen mit einer Regelung, die von einer Stelle der Verwaltung getroffen werden, findet man den Begriff „Rechtsformen des Verwaltungshandelns". Mit diesem Begriff werden teilweise Tätigkeiten von Stellen der Verwaltung zusammengefasst, die einen Regelungscharakter aufweisen, so z. B. *Pauly*, in: Becker-Schwarze u. a., Wandel der Handlungsformen, 25 (34); *ders.*, DVBl. 1991, 521; *Remmert*, in: Ehlers/Pünder, Allg VwR, § 17 Rn. 1 f. mit deutlicher Abgrenzung zu anderen Begriffsverständnissen in Fn. 11; *U. Stelkens*, in: Stelkens/Bonk/Sachs, VwVfG, § 35 Rn. 3 mit Fn. 9. Allerdings wird der Begriff „Rechtsformen des Verwaltungshandelns" teilweise auch als Umschreibung für solche Handlungen der Verwaltung herangezogen, die bereits in typisierter Weise gesetzlich näher ausgestaltet sind, so z. B. von *Hoffmann-Riem*, in: ders./Schmidt-Aßmann/Voßkuhle, GVwR II, § 33 Rn. 11; *Schmidt-Aßmann*, Ordnungsidee, 6. Kap. Rn. 34; *ders.*, Dogmatik, S. 67; *Krupp*,

Eine Rechtsquelle im hier verwendeten Sinn[22] setzt sich aus zwei Merkmalen zusammen: erstens ist sie einer staatlichen Stelle zuzurechnen und zweitens gestaltet sie die Rechtslage verbindlich. Sie enthält also eine Regelung. Erfasst sind demnach sowohl abstrakt-generelle Regelungen als auch Regelungen eines Einzelfalls. Ferner sind nicht nur einseitige, sondern auch zweiseitige Entscheidungen inbegriffen. Außer Betracht bleiben im Folgenden Rechtsquellen, die durch eine Stelle der Rechtsprechung erlassen worden sind. Die Arbeit lässt also die gerichtliche Kontrolle außen vor. Untersucht werden somit ausschließlich Rechtsquellen, die einer Stelle der Verwaltung oder der Gesetzgebung zuzurechnen sind. Spricht die Arbeit von „staatlichen Stellen", sind daher grundsätzlich nur Stellen der Verwaltung und der Gesetzgebung gemeint. Unberücksichtigt bleiben ferner Rechtsquellen, die primär dazu dienen, staatliche Entscheidungs- und Handlungsabläufe zu organisieren bzw. zu konkretisieren.[23] Die Arbeit befasst sich somit nicht mit Rechtsquellen, die ihrer Funktion nach regelmäßig nur innerhalb einer staatlichen Stelle oder innerhalb von Verwaltungsinstanzen Bindungswirkungen entfalten. Vielmehr geht sie allein auf solche Rechtsquellen ein, die grundsätzlich auf die Herbeiführung einer Rechtsfolge nach außen, also gegenüber einem anderen Rechtsträger als dem, der sie erlässt, gerichtet sind.

Diese trotz der vorgenommenen Einschränkungen weite Fassung des Rechtsquellenbegriffs ist aus mehreren Gründen angezeigt: Wie sich etwa[24] anhand der Allgemeinverfügung nach § 35 S. 2 VwVfG[25] zeigt, kann nicht

---

Rechtsnatur, S. 23; der Sache nach, aber ohne klare Begriffsklärung *Ziekow*, VwVfG, § 35 Rn. 3. Es gibt also auch keine allgemein anerkannte Terminologie, die Verwaltungshandeln mit Regelungscharakter zusammenfasst.

[22] Zu weiteren Begriffsverständnissen vgl. nur *Ossenbühl*, in: Erichsen/Ehlers, Allg VwR[12], § 5 Rn. 2 ff.; *P. Kirchhof*, FG BVerfG II, 50 (53 f.) jew. m. Nachw.

[23] Das sind typischerweise Verwaltungsvorschriften und Geschäftsordnungen. Zu Verwaltungsvorschriften z. B. *Sauerland*, Verwaltungsvorschrift, S. 38 ff.; *Ossenbühl*, in: Isensee/Kirchhof, HStR V, § 104 Rn. 4 f., 18 ff.; *Schröder*, in: Hill, Verwaltungsvorschriften, 1 (4); *Seiler*, Parlamentsvorbehalt, S. 202 ff. Zu Geschäftsordnungen *Bollmann*, Selbstorganisationsrecht, S. 27; am Beispiel der Geschäftsordnung des Deutschen Bundestages BVerfGE 80, 188 (218 f.); 130, 318 (348 f.); *Klein*, in: Maunz/Dürig, GG, Art. 40 Rn. 5 ff.; *Schwerin*, Geschäftsordnungsgeber, S. 22 ff.

[24] Weitere Beispiele: *Stelkens*, VVDStRL Bd. 71 (2012), 369 (382) bezieht sich auf die „nicht endende Diskussion über die Abgrenzung zwischen Rechtsverordnung und Allgemeinverfügung im Gefahrenabwehrrecht". *Hill/Martini*, in: Hoffmann-Riem/Schmidt-Aßmann/Voßkuhle, GVwR II, § 34 Rn. 3 mit Fn. 17 führen den Planungsbereich als Beispiel an. Nach *Ehlers*, in: ders./Pünder, Allg VwR, § 2 Rn. 58 gibt es auch „Satzungen, die sich inhaltlich nur schwer in das Norm-Einzelakt-Schema einordnen lassen". Vgl. auch *Morlok*, Folgen, S. 108 ff.

[25] Gesetz i. d. F. der Bekanntmachung vom 23.1.2003, BGBl. I S. 102, zuletzt geändert durch Art. 5 Abs. 25 des Gesetzes vom 21.6.2019, BGBl. I S. 846. Die Gesetzesbezeichnung VwVfG steht im Folgenden für das Verwaltungsverfahrensgesetz des

strikt zwischen abstrakt-genereller[26] Regelung als klassischer Rechtsnorm[27] und konkret-individueller[28] Regelung als typischem Verwaltungsakt[29] unterschieden[30] werden.[31] Außerdem macht gerade das gemeinsame Element[32] der Regelung den Gehalt der jeweiligen staatlichen Entscheidung aus, hängt doch davon das Vorhandensein und der Inhalt von Rechten und Pflichten ab. Ob die Regelung von einer Stelle der Verwaltung oder durch Gesetz getroffen wurde, kann für ihre Adressaten daher zunächst dahinstehen.[33] Die verbindliche Gestaltung der Rechtslage zeigt zugleich, dass eine Stelle der Verwaltung auch mit einer Einzelfallregelung in Form eines Verwaltungsakts,

---

Bundes. Die weiteren Ausführungen beschränken sich auf dieses Gesetz. Die einzelnen Verwaltungsverfahrensgesetze der Länder sind mit dem Verwaltungsverfahrensgesetz des Bundes aber im Wesentlichen deckungsgleich.

26 „Abstrakt" bedeutet, dass die Regelung eine unbestimmte Anzahl von Sachverhalten betrifft. „Generell" bedeutet, dass die Regelung an eine unbestimmte Anzahl von Personen gerichtet ist. Dazu detaillierter und m. Nachw. noch unten 3. Kapitel A. III.

27 In der deutschen Staatsrechtslehre prägend in Bezug auf das Gesetz *Schmitt*, Verfassungslehre, S. 138 ff., 151 ff. Dieses Begriffsverständnis legen bspw. zugrunde *Axer*, Normsetzung, S. 37; *Maurer/Waldhoff*, Allg VwR, § 4 Rn. 4; *Ruffert*, in: Ehlers/Pünder, Allg VwR, § 21 Rn. 33. Kritik an diesem Begriffsverständnis bei *Jestaedt*, in: Ehlers/Pünder, Allg VwR, § 11 Rn. 7 Fn. 25.

28 „Konkret" bedeutet, dass die Regelung nur einen bestimmten Sachverhalt betrifft. „Individuell" bedeutet, dass die Regelung an eine bestimmte Person oder jedenfalls an einen beim Erlass der Regelung bestimmbaren Personenkreis gerichtet ist. Dazu detaillierter und m. Nachw. noch unten 3. Kapitel A. III.

29 *Maurer/Waldhoff*, Allg VwR, § 9 Rn. 15; *Ruffert*, in: Ehlers/Pünder, Allg VwR, § 21 Rn. 33; *Hill*, Jura 1986, 286 (287).

30 In der Rechtstheorie gehen die Vertreter der „Wiener Schule" davon aus, dass auch ein Einzelakt eine Rechtsnorm ist, vgl. *Kelsen*, Rechtslehre, S. 6, 15, 20, 261 f.; *Merkl*, FS Kelsen, 252 (insbesondere 264 ff.). Das deutsche Staats- und Verwaltungsrecht beruht jedoch auf einem Begriffsverständnis, das grundsätzlich zwischen Rechtsnorm und Einzelakt trennt, dazu *Axer*, Normsetzung, S. 36 f.

31 Zu Überschneidungen zwischen Allgemeinverfügungen und Rechtsverordnungen *v. Bogdandy*, Rechtsetzung, S. 245 m. Nachw.; vgl. dort auch S. 238 f. Nach *Dreier*, in: ders., GG I, Art. 19 I Rn. 15 liegt zwischen den beiden Extremen „eine gleitende Skala von Möglichkeiten, kein scharfer Schnitt", ähnlich auch *Hasso Hofmann*, in: Starck, Allgemeinheit, 9 (40). Nach *Hufen/Siegel*, Fehler, Rn. 718 ist „die Abgrenzung zwischen Norm und Verwaltungsakt [...] immer zufälliger geworden". Allgemein zu Abgrenzungsproblemen zwischen abstrakt-generellen und konkret-individuellen Regelungen *Axer*, Normsetzung, S. 38 ff. Bereits *Abelein*, FS Küchenhoff, 419 (428) ist der Auffassung, dass „ein echter dogmatischer Unterschied zwischen dem Rechtssatz und dem Einzelakt in Wahrheit nicht besteht" und fordert im Ergebnis (432), „die aussichtslosen Versuche einer Abgrenzung zwischen Rechtssatz und Einzelakt aufzugeben".

32 Vgl. auch *Pauly*, in: Becker-Schwarze u. a., Wandel der Handlungsformen, 25 (33); *Lepsius*, JuS 2018, 950 (951).

33 In Bezug auf das Parlamentsgesetz und die Rechtsverordnung auch *Axer*, Normsetzung, S. 168.

§ 35 VwVfG, oder eines öffentlich-rechtlichen Verwaltungsvertrags im Sinne des § 54 VwVfG[34] Gesetze nicht nur bloß vollzieht, sondern darüber hinaus die Rechtslage konkretisierend ausgestaltet.[35] Die Einbeziehung des Verwaltungsvertrags mit seiner zweiseitigen Regelung rechtfertigt sich zudem speziell dadurch, dass seinem Abschluss ebenso wie dem Erlass eines Verwaltungsakts ein Verwaltungsverfahren vorausgeht, § 9 VwVfG. Wie § 54 S. 2 VwVfG ausdrücklich normiert, kann eine Behörde gerade „anstatt" einen Verwaltungsakt zu erlassen einen Verwaltungsvertrag schließen. Verwaltungsakt und Verwaltungsvertrag sind also gleichrangige Handlungsinstrumente der Verwaltung.

Erlässt eine staatliche Stelle eine Rechtsquelle, wirft das oft Fragen danach auf, wann, in welchem Umfang und von wem die Rechtsquelle als verbindlich zu beachten ist, wer sich wie gegen sie wehren kann sowie danach, wie ihre Regelung umgesetzt wird. Es stellen sich also Standardfragen nach der Wirksamkeit einer Rechtsquelle, nach dem Rechtsschutz gegen sie sowie nach ihrem Vollzug.[36] Die Antworten auf diese Fragen geben häufig abstrakt-generelle Vorschriften oder jedenfalls gewohnheitsrechtliche Grundsätze. Maßgeblich für die einschlägigen Vorschriften bzw. Grundsätze ist die *Form* der Rechtsquelle.[37] Vielfach ist für die Antwort auf diese Fragen auch entscheidend, ob die jeweilige Rechtsquelle in Einklang mit der Rechtsordnung steht oder nicht. Im Zusammenhang mit den Standardfragen nach Wirksamkeit, Rechtsschutz und Vollzug stellt sich also die Frage nach der *Recht-*

---

[34] Zwar spricht § 54 S. 1 VwVfG vom öffentlich-rechtlichen Vertrag, jedoch ist diese Terminologie zu weit, vgl. z.B. *Gurlit*, in: Ehlers/Pünder, Allg VwR, § 29 Rn. 1; *Bonk/Neumann/Siegel*, in: Stelkens/Bonk/Sachs, VwVfG, § 54 Rn. 68; *Brüning/Bosesky*, in: Mann/Sennekamp/Uechtritz, NK-VwVfG, § 54 Rn. 81. Der Begriff Verwaltungsvertrag steht im Folgenden nur für öffentlich-rechtliche Verwaltungsverträge.

[35] Vgl. *Koch/Rubel/Heselhaus*, Allg VwR, § 3 Rn. 5. Das bedeutet, dass nicht trennscharf zwischen „Rechtsetzung" und „Rechtsanwendung" unterschieden werden kann. Vielmehr ist in der Regel jeder Akt der Rechtsanwendung zugleich Rechtsetzung und bei jeder Art von Rechtsetzung wird Recht angewendet. So oder ähnlich z.B. *Kelsen*, Rechtslehre, S. 240ff.; *Stelkens*, VVDStRL Bd. 71 (2012), 369 (379); *Krebs*, VerwArch Bd. 70 (1979), 259 (268); *Schröder*, in: Hill, Verwaltungsvorschriften, 1 (8); *Jestaedt*, in: Ehlers/Pünder, Allg VwR, § 11 Rn. 7ff.; *Lepsius*, JuS 2018, 950 (953); *Hasso Hofmann*, in: Starck, Allgemeinheit, 9 (40); *Schmidt-Aßmann*, Dogmatik, S. 60; *Abelein*, FS Küchenhoff, 419 (427 Fn. 48); *Öhlinger*, Stufenbau, S. 38; *Seiler*, Parlamentsvorbehalt, S. 226f.; *P. Reimer*, Handlungsformen, S. 102. Vgl. auch bereits *Merkl*, Anwendung, S. 6f.; *ders.*, FS Kelsen, 252 (insbesondere 282).

[36] Ähnlich *Ruffert*, in: Ehlers/Pünder, Allg VwR, § 21 Rn. 5; *Hoffmann-Riem*, in: ders./Schmidt-Aßmann/Voßkuhle, GVwR II, § 33 Rn. 3.

[37] Bezüglich Verwaltungshandlungen *Koch/Rubel/Heselhaus*, Allg VwR, § 3 Rn. 3; *Remmert*, in: Ehlers/Pünder, Allg VwR, § 17 Rn. 13. Vgl. auch *v. Bogdandy*, Rechtsetzung, S. 236f.

mäßigkeit[38] einer Rechtsquelle. Auch diese Frage ist unter Heranziehung abstrakt-genereller Vorschriften und abhängig von der Rechtsquellenform zu beantworten.

Für die Bestimmung der Form einer Rechtsquelle werden mehrere Differenzierungskriterien[39] herangezogen. Anhaltspunkte[40] zur Differenzierung bieten etwa die Stelle, die die Rechtsquelle erlassen hat, das Verfahren, in dem die Rechtsquelle erlassen wurde, sowie der Regelungsumfang, der nach der Vielzahl der Adressaten sowie der geregelten Fälle differenzieren kann.[41]

Für Rechtsquellen mit ganz unterschiedlichen inhaltlichen Regelungsgehalten zeigen sich oft gleiche Antwortmuster. Es gibt also Rechtsquellen, bei deren Erlass staatliche Stellen zunächst nach einem gleichen Raster vorgehen, und deren Rechtswirkungen anschließend einer gleichen Struktur entsprechen.[42] Für solche ständig wiederkehrenden Formen von Rechtsquellen haben sich überwiegend schon in der Zeit vor der Geltung des Grundgesetzes unabhängig von der konkreten Regelungsmaterie allgemeine Kategorien herauskristallisiert.[43] Diese Kategorien werden teils durch abstrakt-generelle Normen festgehalten und sind teils ungeschrieben anerkannt[44]. So bezeichnet z.B. § 35 S. 1 VwVfG eine hoheitliche Maßnahme, die eine Behörde zur Regelung eines konkreten Sachverhalts auf dem Gebiet des öffentlichen Rechts trifft und die an einen ganz bestimmten, außerhalb des Verwaltungsträgers der Behörde stehenden Adressaten gerichtet ist, als Verwaltungsakt.

---

38 Zum Begriff der Rechtmäßigkeit bzw. Rechtswidrigkeit unten 3. Kapitel A.

39 *Maurer/Waldhoff*, Allg VwR, § 9 Rn. 5 meinen, dass die Begriffsmerkmale eines Verwaltungsakts nach § 35 S. 1 VwVfG zugleich dazu geeignet sind, den Verwaltungsakt von anderen Formen staatlichen Handelns abzugrenzen. Ähnlich *Yersin*, Kritik, S. 2.

40 Da die Regelung das Zentrum einer Rechtsquelle ist, liegt es nahe, für die Herausarbeitung der Form insbesondere an diesem Merkmal anzusetzen. Um eine Rechtsquellenform zu präzisieren, muss daher die Regelung detaillierter umschrieben werden. Vgl. dazu – jeweils für Handlungsformen der Verwaltung – die Übersichten bei *Maurer/Waldhoff*, Allg VwR, 3. Teil vor § 9; *Remmert*, in: Ehlers/Pünder, Allg VwR, § 17 Rn. 5.

41 *V. Mutius*, FS Wolff, 167 (176) spricht insoweit von „Strukturelemente[n]“. Zu Strukturelementen von Regelungen vgl. auch *Ipsen*, Verfassungswidrigkeit, S. 178 f.; *Achterberg*, DÖV 1973, 289 (292); *Yersin*, Kritik, S. 2, kritisch S. 218 ff.

42 Vgl. dazu aus rechtstheoretischer Sicht *Walter*, Rechtsordnung, S. 52.

43 Beispiele: Zur Entwicklung des Begriffs des Gesetzes unter der Geltung verschiedener Verfassungen *Jellinek*, Gesetz, S. 3 ff., 35 ff., 73 ff., 99 ff., 226 ff.; *Karpen*, GS Martens, 137 ff. Den auch heute noch so bezeichneten Verwaltungsakt hat 1895 maßgeblich *Mayer*, VwR I[1], S. 94 ff. in das deutsche Verwaltungsrecht „eingeführt“. Umfassend zur Etablierung dieses Handlungsinstruments im deutschen Recht *Engert*, Entwicklung, S. 47 ff.

44 In Betracht kommen z.B. das Gewohnheitsrecht und das Richterrecht. Auf die Herleitung kommt es vorliegend nicht an.

Diese Rechtsquelle wird am Ende eines Verwaltungsverfahrens im Sinne des § 9 VwVfG erlassen. Weitere durch die Rechtsordnung bereits allgemein vorgezeichnete Rechtsquellen sind das Gesetz[45], die Rechtsverordnung[46], die Satzung[47] und der Verwaltungsvertrag[48].

Lässt sich eine Rechtsquelle einer kategorisierten Form zuordnen, beantworten bestimmte Normen oder jedenfalls gewohnheitsrechtliche Grundsätze die Fragen nach Wirksamkeit, Rechtsschutz und Vollzug pauschal – also unabhängig von der Regelungsmaterie –[49] für eben diese Form der Rechtsquelle. Für den Verwaltungsakt legen z.B. insbesondere die §§ 43, 44 VwVfG fest, wann er wirksam ist. Die Rechtmäßigkeit eines Verwaltungsakts ist bspw. dafür maßgeblich, wie eine Stelle der Verwaltung einen bereits erlassenen Verwaltungsakt wieder aufheben kann, vgl. §§ 48, 49 VwVfG. Aus den §§ 40 ff., 68 ff., 113 VwGO[50] ergibt sich, welcher Rechtsschutz möglich ist, wenn der Erlass oder die Aufhebung eines Verwaltungsakts begehrt wird. Der Vollzug eines Verwaltungsakts richtet sich nach dem Verwaltungsvollstreckungsgesetz[51]. Solche Bestimmungen, die für eine Form gelten, finden sich für die in der Praxis häufig verwendeten Formen von Rechtsquellen. Die Bildung von Kategorien für derartige Rechtsquellen dient daher der Rechtssicherheit[52] und trägt zur Übersichtlichkeit der Rechtsordnung bei. Dieser Mechanismus wird oft damit umschrieben, dass die Entscheidungsformen bzw. Rechtsquellen mit den Antworten auf die Standardfragen rechtlich „gespeichert" sind.[53] Er ist aber nicht bei jeder Rechtsquelle in einer kategorisierten Form so stark ausgeprägt wie beim Verwaltungsakt.[54]

---

[45] Art. 70 ff. GG.

[46] Art. 80 GG.

[47] Dazu unten 2. Kapitel A.

[48] § 54 VwVfG.

[49] Teilweise finden sich aber auch Spezialvorschriften in Fachgesetzen. So sind z.B. für Satzungen nach dem BauGB die §§ 214 f. BauGB speziellere Vorschriften gegenüber bspw. § 4 GemO BW und für Planfeststellungsbeschlüsse sind die §§ 17a ff. FStrG speziellere Vorschriften gegenüber den §§ 73 ff. VwVfG. *Schmidt-Aßmann*, Dogmatik, S. 29 spricht hinsichtlich dieser Regelungstechnik von „Dekodifikationen".

[50] Gesetz i.d.F. der Bekanntmachung vom 19.3.1991, BGBl. I S. 686, zuletzt geändert durch Art. 56 des Gesetzes vom 12.12.2019, BGBl. I S. 2652.

[51] Die Gesetzesbezeichnung VwVG bezeichnet im Folgenden das Verwaltungsvollstreckungsgesetz des Bundes, Gesetz vom 27.4.1953, BGBl. I S. 157, zuletzt geändert durch Art. 1 des Gesetzes vom 30.6.2017, BGBl. I S. 2094.

[52] Vgl. *Ruffert*, in: Ehlers/Pünder, Allg VwR, § 21 Rn. 2; *Ziekow*, VwVfG, § 35 Rn. 3.

[53] Sog. „Speicherfunktion", *Schmidt-Aßmann*, Ordnungsidee, 6. Kap. Rn. 34; vgl. bereits *dens.*, DVBl. 1989, 533. Diese Terminologie aufgreifend z.B. *Axer*, Normset-

Nun gibt es jedoch auch Rechtsquellen, bei denen man davon ausgeht, dass sie sich nach dem gegenwärtigen Verständnis der Rechtsquellen in einer kategorisierten Form keiner solchen Form zuordnen lassen.[55] Die Rechtsnatur dieser Rechtsquellen wird oft mit „sui generis" bzw. „eigener Art" umschrieben.[56]

B. Flächennutzungsplan und Allgemeinverbindlicherklärung eines Tarifvertrags als Beispiele für Rechtsquellen in einer nicht kategorisierten Form

Ein Beispiel für eine Rechtsquelle in einer nicht kategorisierten Form ist der Flächennutzungsplan im Sinne des § 5 Abs. 1 BauGB.[57] Er entfaltet nach

---

zung, S. 149; *Pauly*, DVBl. 1991, 521 (522); *Gurlit*, in: Ehlers/Pünder, Allg VwR, § 29 Rn. 2; *Ruffert*, in: Ehlers/Pünder, Allg VwR, § 21 Rn. 5.

[54] Dazu, dass nicht jede Regelungsform so stark durchnormiert ist wie der Verwaltungsakt, auch *Hoffmann-Riem*, in: ders./Schmidt-Aßmann/Voßkuhle, GVwR II, § 33 Rn. 5.

[55] Zu Beispielen vgl. *Maurer/Waldhoff*, Allg VwR, § 9 Rn. 22. *Axer*, Normsetzung, S. 154f. zeigt Möglichkeiten zum Umgang mit dieser Situation auf. Vgl. auch *P. Reimer*, Handlungsformen, S. 90. *Ossenbühl*, FS Isensee, 309 (319) meint hingegen, dass die „überkommenen sog. klassischen Rechtsetzungsformen nämlich Gesetze, Rechtsverordnungen und Satzungen bis heute von keiner Seite durch die Erfindung neuer Typen von Rechtsetzungsformen [...] erweitert worden" seien. Seiner Auffassung nach gebe es lediglich „Modifikationen" im Bereich der Rechtsverordnungen und Satzungen, ohne dass aber die „Identität" des Regelungstyps verloren ginge.

[56] Beispiele: Richtlinien des Gemeinsamen Bundesausschusses im Sinne des § 92 Abs. 1 SGB V bezeichnet *Zimmermann*, Bundesausschuss, S. 95f. als „eine sozialrechtstypische Form autonomer Rechtsetzung sui generis". Luftreinhaltepläne nach § 47 Abs. 1 S. 1 BImSchG bezeichnet *Kuhn*, Luftqualitätsrecht, S. 61 als „eine neue – eigene – Art von Rechtssätzen des Innenrechts der Verwaltung". Den Luftreinhalteplan sowie den Lärmaktionsplan im Sinne des § 47d Abs. 1 BImSchG bezeichnet *Engel*, NVwZ 2010, 1191 (1195) als „Plan sui generis". Kommunalabgabenrechtliche Vorbehaltsfestsetzungen und vorläufige Abgabenbescheide im Kommunalabgabenrecht – §§ 164, 165 AO sind z.B. nach § 3 Abs. 1 Nr. 4 c) KAG BW im Kommunalabgabenrecht anwendbar – bezeichnet *Helmert*, Vorzugslasten, S. 127 bzw. 370 als „Verwaltungsakte *sui generis*" – Herv. im Original.

[57] Z.B. *Bönker*, in: Hoppe/Bönker/Grotefels, Öfftl BauR, § 5 Rn. 85: „hoheitliche Maßnahme eigener Art"; *Remmert*, in: Ennuschat/Ibler/Remmert, Öfftl Recht BW, § 3 Rn. 58: „atypische[ ] Rechtsform des Verwaltungshandelns bzw. [...] Rechtsquelle eigener Art" – im Original mit Herv.; *Mitschang*, in: Battis/Krautzberger/Löhr, BauGB, § 5 Rn. 45: „‚hoheitliche Maßnahme eigener Art', die am treffendsten mit dem Begriff des ‚Verwaltungsprogramms' umschrieben werden kann"; *Schrödter/Otto*, in: Schrödter, NK-BauGB, § 5 Rn. 4: „Der Flächennutzungsplan ist ein Plan sui generis, der sich der Einordnung in die klassischen Kategorien des Verwaltungsrechts

§ 8 Abs. 2 S. 1 BauGB zunächst nur gemeindeinterne Wirkungen. Jedoch kann er z. B. nach § 7 S. 1 BauGB auch andere Planungsträger binden und manche Inhalte können wegen § 35 Abs. 3 S. 3 BauGB auch gegenüber privaten Rechtssubjekten unmittelbare Rechtsfolgen auslösen. Das heißt, dass der Flächennutzungsplan teilweise auch unmittelbare Rechtswirkungen nach außen entfaltet.[58] Betrachtet man die Rechtsquellenformen, die bereits durch die Rechtsordnung allgemein vorgezeichnet sind, scheidet die Form des Gesetzes für den Flächennutzungsplan schon deshalb aus, weil nicht die für die Gesetzgebung zuständigen Organe, sondern eine Stelle der Verwaltung[59] den Flächennutzungsplan erlässt. Wegen der grundsätzlich nur gemeindeinternen Wirkung wird dem Flächennutzungsplan oft die Rechtsnormqualität abgesprochen.[60] Damit soll ausgedrückt werden, dass er nicht auf die Herbeiführung von Rechtsfolgen gegenüber jedermann gerichtet ist.[61] Folgt man dieser Auffassung, dann ist eine Einordnung in die kategorisierten außenrechtlichen Rechtsquellenformen der Verwaltung – Rechtsverordnung, Satzung, Verwaltungsakt und Verwaltungsvertrag – nicht möglich.

Der Kategorie der Rechtsverordnung steht zudem entgegen, dass ein Bundesgesetz – hier § 5 Abs. 1 BauGB – wegen Art. 80 Abs. 1 S. 1 GG[62] nicht Gemeinden zum Erlass einer Rechtsverordnung ermächtigen kann. Gegen eine Satzung[63] spricht des Weiteren, dass das Baugesetzbuch in § 10 Abs. 1 zwar den Bebauungsplan als Satzung qualifiziert, für den Flächennutzungs-

---

entzieht." – im Original mit Herv. Umfassend zum Stand in Rechtsprechung und Literatur hinsichtlich der Einordnung des Flächennutzungsplans in die kategorisierten Rechtsquellenformen *Krupp*, Rechtsnatur, S. 72 ff. m. Nachw.

58 Vgl. zu den Außenwirkungen statt vieler *Schrödter/Otto*, in: Schrödter, NK-BauGB, § 5 Rn. 94 ff.; *Krupp*, Rechtsnatur, S. 180 ff. Anders in Bezug auf § 7 BauGB, aber übereinstimmend in Bezug auf § 35 Abs. 3 S. 3 BauGB *Spieß*, in: Jäde/Dirnberger, BauGB, § 5 Rn. 4. *Bönker*, in: Hoppe/Bönker/Grotefels, Öfftl BauR, § 5 Rn. 85 kommt zu dem Ergebnis, dass, „[g]emessen an der Definition des Verwaltungsakts gem. § 35 VwVfG", keine unmittelbaren Rechtswirkungen nach außen vorlägen.

59 Das ist nach § 5 Abs. 1 BauGB die Gemeinde oder nach Maßgabe von § 203 Abs. 1, 2 BauGB bzw. § 205 BauGB eine andere Gebietskörperschaft oder ein entsprechender Zusammenschluss von Gemeinden.

60 Vgl. z. B. BVerwGE 117, 44 (46); BVerwG, NVwZ 1991, 262 (263); *Mitschang*, in: Battis/Krautzberger/Löhr, BauGB, § 5 Rn. 45; *Spieß*, in: Jäde/Dirnberger, BauGB, § 5 Rn. 2; *Gaentzsch/Philipp/Tepperwien*, in: BK-BauGB, § 5 Rn. 3; *Bönker*, in: Hoppe/Bönker/Grotefels, Öfftl BauR, § 5 Rn. 85; *Muckel/Ogorek*, Öfftl BauR, § 5 Rn. 18.

61 *Krebs*, in: Schoch, Bes VwR, 4. Kap. Rn. 82.

62 Gesetz vom 23.5.1949, BGBl. I S. 1, zuletzt geändert durch Art. 1 des Gesetzes vom 15.11.2019, BGBl. I S. 404.

63 *R.-P. Löhr*, Flächennutzungsplanung, S. 146 qualifiziert Flächennutzungspläne als Satzungen.

plan aber keine entsprechende Bestimmung enthält.[64] Ferner erwähnt § 214 Abs. 1 S. 1 BauGB den Flächennutzungsplan gerade *neben* den „Satzungen nach diesem Gesetzbuch“.

Der Verwaltungsaktcharakter wird dem Flächennutzungsplan teils ohne spezifische Begründung, teils ohne weitere Ausführungen nur mit dem Argument, dass er keine auf unmittelbare Rechtswirkungen nach außen gerichtete Regelung enthalte, abgesprochen.[65] Die Beteiligung öffentlicher Planungsträger nach § 7 S. 1 BauGB könnte Ansatzpunkt dafür sein, den Flächennutzungsplan als Verwaltungsvertrag[66] im Sinne des § 54 S. 1 VwVfG einzustufen. Ein Flächennutzungsplan entfaltet aber auch dann Rechtswirkungen, wenn ein öffentlicher Planungsträger im Sinne des § 7 S. 1 BauGB widersprochen hat. Das ist mit der nach § 58 Abs. 1 VwVfG für die Wirksamkeit eines Verwaltungsvertrags erforderlichen Zustimmung Dritter nicht zu vereinbaren. Ein Flächennutzungsplan lässt sich also auch nicht in die Kategorie des Verwaltungsvertrags einordnen.[67]

Ein weiteres Beispiel für eine Rechtsquelle in einer nicht kategorisierten Form ist die Allgemeinverbindlicherklärung eines Tarifvertrags nach § 5 Abs. 1 S. 1 TVG[68].[69] Nach dieser Vorschrift kann das Bundesministerium für

---

64 BVerwG, NVwZ 1991, 262 (263).

65 Vgl. z.B. BVerwG, NVwZ 1992, 882; *Gaentzsch/Philipp/Tepperwien*, in: BK-BauGB, § 5 Rn. 3; *Schiller*, in: Bracher/Reidt/Schiller, Bauplanungsrecht, Rn. 131; *Bönker*, in: Hoppe/Bönker/Grotefels, Öfftl BauR, § 5 Rn. 85; *Muckel/Ogorek*, Öfftl BauR, § 5 Rn. 11.

66 So z.B. *Hering*, DVBl. 1961, 217 (220).

67 So auch *R.-P. Löhr*, Flächennutzungsplanung, S. 133 f.; im Ergebnis, aber ohne Begründung z.B. auch *Schiller*, in: Bracher/Reidt/Schiller, Bauplanungsrecht, Rn. 131.

68 Gesetz i.d.F. der Bekanntmachung vom 25.8.1969, BGBl. I S. 1323, zuletzt geändert durch Art. 4f des Gesetzes vom 18.12.2018, BGBl. I S. 2651.

69 Nach BVerfGE 44, 322 (340) ist die Allgemeinverbindlicherklärung jedenfalls „im Verhältnis zu den ohne sie nicht tarifgebundenen Arbeitgebern und Arbeitnehmern *ein Rechtsetzungsakt eigener Art* zwischen autonomer Regelung und staatlicher Rechtsetzung, der seine eigenständige Grundlage in Art. 9 Abs. 3 GG findet“ – Herv. nicht im Original; dem folgend BVerfGE 55, 7 (20). Im Anschluss an die Rechtsprechung des Bundesverfassungsgerichts geht man auch in der Literatur im Ergebnis nahezu einhellig davon aus, dass die Allgemeinverbindlicherklärung eine Rechtsnatur eigner Art habe, vgl. nur *Lakies*, in: Däubler, NK-TVG, § 5 Rn. 58, nach dem durch die Entscheidungen des Bundesverfassungsgerichts „die Frage [nach der Rechtsnatur der Allgemeinverbindlicherklärung – Einschub durch Verfasser] heute faktisch entschieden“ sei, sowie *Höpfner*, Tarifgeltung, S. 494, nach dem die „Frage nach der Rechtsnatur der Allgemeinverbindlicherklärung […] durch die Entscheidung des BVerfG vom 24.5.1977 geklärt“ sei – im Original mit Fn. Teilweise wird die Rechtsnatur für die bereits gebundenen und die nicht gebundenen Arbeitgeber und Arbeitnehmer unterschiedlich bestimmt, sog. „Doppelnatur“ der Allgemeinverbindlicherklärung, vgl. nur *Nipperdey/Heussner*, in: Staatsbürger und Staatsgewalt I, 211 (225 ff.),

Arbeit und Soziales unter bestimmten Voraussetzungen einen Tarifvertrag für allgemeinverbindlich erklären.[70] Mit der Allgemeinverbindlicherklärung erfassen gemäß § 5 Abs. 4 S. 1 TVG die Rechtsnormen des Tarifvertrags in seinem Geltungsbereich auch die bisher nicht tarifgebundenen Arbeitgeber und Arbeitnehmer. Der Kreis derjenigen, die den Bindungswirkungen des Tarifvertrags unterfallen, wird also erweitert.[71] Da ein Bundesministerium, mithin eine Stelle der Verwaltung, über die Allgemeinverbindlicherklärung entscheidet, kann sie kein Gesetz sein.

Nach der Auffassung des Bundesverfassungsgerichts steht der Einordnung als Rechtsverordnung insbesondere[72] entgegen[73], dass die staatliche Stelle bei der Abgabe der Allgemeinverbindlicherklärung zu sehr von außerstaatlichen Stellen abhänge.[74] Das zeige sich daran, dass das Bundesministerium für Arbeit und Soziales nicht von sich aus, sondern nach § 5 Abs. 1 S. 1 TVG nur auf Antrag einer Tarifvertragspartei[75] einen Tarifvertrag für allgemein-

---

auf die diese Ansicht zurückgeht; dagegen aber z.B. *Lakies*, in: Däubler, NK-TVG, § 5 Rn. 61; *Backhaus/Wenner*, DB 1988, 115 (117); *Hofbauer*, Rechtscharakter, S. 91 ff.

[70] Nach § 5 Abs. 1a S. 1 TVG kann auch ein Tarifvertrag über eine gemeinsame Einrichtung zur Sicherung ihrer Funktionsfähigkeit für allgemeinverbindlich erklärt werden. Abgesehen von einzelnen Spezialbestimmungen gelten für Allgemeinverbindlicherklärungen nach § 5 Abs. 1a TVG dieselben rechtlichen Anforderungen wie für „normale“ Allgemeinverbindlicherklärungen im Sinne des § 5 Abs. 1 S. 1 TVG. Die Arbeit beschränkt sich auf die Allgemeinverbindlicherklärung eines Tarifvertrags nach § 5 Abs. 1 TVG.

[71] Das bedeutet nicht, dass der persönliche Geltungsbereich eines Tarifvertrags erweitert wird, sondern dass der „Kreis[] der Tarifgebundenen über die Mitglieder der tarifschließenden Verbände hinaus“ ausgeweitet wird, *Höpfner*, Tarifgeltung, S. 493 m. w. Nachw.

[72] Weitere Gründe sind nach BVerfGE 44, 322 (343 f.), dass § 5 TVG „mit Art. 80 und 82 GG kaum zu vereinbaren“ sei sowie der Umstand, dass der Tarifvertrag nicht bekannt gemacht werde.

[73] Nach früherer Auffassung des Bundesverwaltungsgerichts, BVerwGE 7, 82 (87 f.) – zur Allgemeinverbindlicherklärung nach § 5 Berliner TVG vom 12.9.1950, VOBl. für Groß-Berlin I S. 417, dessen Struktur im Wesentlichen aber § 5 TVG entspricht – und BVerwGE 7, 188, ist die Kategorie der Rechtsverordnung wohl einschlägig. Das Bundesverwaltungsgericht hat sich mittlerweile aber der Auffassung des Bundesverfassungsgerichts angeschlossen, BVerwGE 136, 75 (79). In der Literatur aus der Zeit vor der Rechtsprechung des Bundesverfassungsgerichts wird die Kategorie der Rechtsverordnung meist bejaht, z.B. *Hofbauer*, Rechtscharakter, S. 95 ff.; *Volkmar*, Rechtssatz und Einzelakt, S. 202 f. m. w. Nachw. auf S. 200 f. Gegen diese Einordnung schon *Nipperdey/Heussner*, in: Külz/Naumann/Richard, Staatsbürger und Staatsgewalt I, 211 (216 ff.).

[74] BVerfGE 44, 322 (343).

[75] Nach § 5 Abs. 1 S. 1 des Tarifvertragsgesetzes in der Fassung vom 25.8.1969, BGBl. I S. 1323, zuletzt geändert durch Art. II § 1 des Gesetzes vom 29.10.1974, BGBl. I, S. 2879 (2884), auf die sich die Entscheidung des Bundesverfassungsge-

verbindlich erklären könne.[76] Des Weiteren könne der Staat Inhalt und Geltungsdauer der Allgemeinverbindlicherklärung nicht beeinflussen.[77] Der Inhalt des Tarifvertrags, also derjenigen Normen, deren Anwendungsbereich erweitert wird, könne auf kein Gesetz zurückgeführt werden.[78] Das sei aber Merkmal einer Rechtsverordnung.[79]

Die Kategorie der Satzung scheitert schon daran, dass das Bundesministerium für Arbeit und Soziales Teil der unmittelbaren Staatsverwaltung und kein Selbstverwaltungsträger[80] ist.[81] In Betracht kommt, dass die Allgemeinverbindlicherklärung ein Verwaltungsakt[82] nach § 35 S. 2 Var. 1 VwVfG ist. Dazu müsste sie sich an einen nach allgemeinen Merkmalen bestimmten oder bestimmbaren Personenkreis richten. Die Allgemeinverbindlicherklärung hat gemäß § 5 Abs. 4 S. 1 TVG zur Folge, dass sich die Rechtslage für Arbeitgeber und Arbeitnehmer, die bisher nicht an einen Tarifvertrag gebunden waren, ändert. Wer durch diese Änderung betroffen ist, lässt sich für den Zeitpunkt, zu dem die Allgemeinverbindlicherklärung ergeht, konkret bestimmen. Allerdings gilt die Allgemeinverbindlicherklärung z. B. auch für Arbeitnehmer, die noch gar nicht oder bisher in einer ganz anderen Branche berufstätig sind. Dieser künftig betroffene Personenkreis ist nicht bestimmbar.[83] Folglich ist die Allgemeinverbindlicherklärung auch kein Verwaltungsakt im Sinne des § 35 S. 2 Var. 1 VwVfG.[84]

---

richts bezieht, kann der Antrag von „einer Tarifvertragspartei" gestellt werden. Nach der derzeitigen Fassung des § 5 Abs. 1 S. 1 TVG ist ein „gemeinsame[r] Antrag der Tarifvertragsparteien" erforderlich.

[76] BVerfGE 44, 322 (343).

[77] BVerfGE 44, 322 (343).

[78] BVerfGE 44, 322 (343).

[79] BVerfGE 44, 322 (343).

[80] Dazu, dass die Satzung als Instrument für Selbstverwaltungsträger zur Regelung eigener Angelegenheiten dient, statt vieler *Remmert*, in: Maunz/Dürig, GG, Art. 80 Rn. 210 und ausführlich unten 2. Kapitel A.

[81] *H. Schneider*, FS Möhring, 521 (534) bezeichnet „das für allgemein verbindlich erklärte Tarifvertragsrecht" als „autonomes Recht".

[82] *Backhaus/Wenner*, DB 1988, 115 (116) sowie *Hofbauer*, Rechtscharakter, S. 57 ff. m. Nachw. lehnen im Ergebnis das Vorliegen eines Verwaltungsakts zwar ab, referieren jedoch verschiedene Auffassungen, nach denen die Allgemeinverbindlicherklärung ein Verwaltungsakt ist.

[83] Vgl. *May*, Bindung von Außenseitern, S. 94; *Wonneberger*, Allgemeinverbindlicherklärung, S. 119; *H. Schneider*, FS Möhring, 521 (533).

[84] Vgl. dazu, dass die Allgemeinverbindlicherklärung kein Verwaltungsakt ist, BVerwGE 7, 82 (85 ff.); 7, 188; 80, 355 (363 f.); *Lakies*, in: Däubler, NK-TVG, § 5 Rn. 61; *May*, Bindung von Außenseitern, S. 94 f.; *Wonneberger*, Allgemeinverbindlicherklärung, S. 119 f.; *Giesen*, in: BeckOK ArbR, § 5 TVG Rn. 5; verschiedene Verwaltungsakts-Theorien ablehnend *Hofbauer*, Rechtscharakter, S. 59 ff.

Für die Kategorie des Verwaltungsvertrags müsste die Allgemeinverbindlicherklärung durch zwei sich deckende Willenserklärungen zustande kommen. Zwar kann das Bundesministerium für Arbeit und Soziales die Allgemeinverbindlicherklärung nur auf Antrag einer Tarifvertragspartei erlassen, jedoch steht es nach diesem Antrag im Ermessen des Ministeriums, ob es die Erklärung tatsächlich erlässt. Es findet also keine Konsensbildung statt. Bedenkt man ferner, dass die Allgemeinverbindlicherklärung auch Rechtswirkungen gegenüber Arbeitgebern und Arbeitnehmern enthält, die bisher nicht an einen Tarifvertrag gebunden waren, so müssten diese Dritten nach § 58 Abs. 1 VwVfG am Vertragsschluss beteiligt werden. Da dieser Personenkreis nicht bestimmbar ist, kann diese Voraussetzung praktisch nicht eingehalten werden. Die Allgemeinverbindlicherklärung lässt sich demzufolge insgesamt nicht in die Kategorie des Verwaltungsvertrags einordnen.

Flächennutzungsplan und Allgemeinverbindlicherklärung passen also zu keiner Rechtsquelle in einer kategorisierten Form. Trotzdem wird ihnen die Fähigkeit, eine rechtsverbindliche Regelung zu setzen, nicht abgesprochen. Diese Eigenschaft haben sie mit den Rechtsquellen in einer kategorisierten Form gemeinsam. Der Unterschied zwischen den Rechtsquellen in einer kategorisierten und den in einer nicht kategorisierten Form liegt darin, dass sich die stets stellenden Fragen nach Wirksamkeit, Rechtsschutz und Vollzug bei ersteren pauschal[85] anhand von abstrakt-generellen Normen oder jedenfalls aus Gewohnheitsrecht beantworten lassen, wohingegen bei letzteren die Antworten jeweils neu und speziell für die konkrete Form gefunden werden müssen.

C. Ziel und Gang der Untersuchung

Attestiert man Rechtsquellen sui generis die Fähigkeit, eine verbindliche Rechtsfolge zu setzen, ist das nur möglich, wenn das deutsche Rechtssystem auch Rechtsquellen in einer nicht kategorisierten Form zulässt.[86] Anderenfalls wären Rechtsquellen sui generis entweder verfassungswidrig und damit unwirksam oder sie müssten zwingend in eine bereits im Grundgesetz angelegte Rechtsquellenform eingeordnet werden[87]. Die Wirksamkeit spricht man den Rechtsquellen in einer nicht kategorisierten Form nicht ab.[88] Die Einord-

[85] Vgl. aber nochmals die Anmerkung in Fn. 49.

[86] So sinngemäß auch *P. Reimer*, Handlungsformen, S. 90.

[87] So *Maurer/Waldhoff*, Allg VwR, § 9 Rn. 22.

[88] Neben den oben ausgeführten Beispielen gilt das bspw. auch für Richtlinien des Gemeinsamen Bundesausschusses im Sinne des § 92 Abs. 1 SGB V. Zu deren Verbindlichkeit BSGE 78, 70 (75 f.); 96, 261 (276); *Zimmermann*, Bundesausschuss, S. 52 ff.

nung einer Rechtsquelle sui generis in eine kategorisierte Form ist – wie bereits umrissen – nach dem gegenwärtigen Verständnis der Merkmale der Formen nicht möglich.[89] Folglich ist davon auszugehen, dass auch Rechtsquellen zulässig sind, die keiner kategorisierten Form entsprechen. Daher ist anzunehmen, dass das deutsche Rechtssystem keinen numerus clausus von Rechtsquellenformen enthält.[90]

Das wirft mehrere Fragen auf: Wer kann neue Formen von Rechtsquellen „erfinden"? Welche Voraussetzungen muss der Erlass einer Rechtsquelle erfüllen? Wo sind diese Voraussetzungen zu regeln? Gibt es Vorgaben hinsichtlich des Regelungsumfangs einer Rechtsquelle? Kurzum: Welchen Anforderungen muss eine Rechtsquelle mindestens gerecht werden, damit sie auf die Herbeiführung einer Rechtsfolge gerichtet sein kann? Losgelöst von der Materie, die eine Rechtsquelle inhaltlich regelt, sind diese Anforderungen für die Rechtsquellen in einer kategorisierten Form bereits in der Rechtsordnung enthalten. Die Aufgabe der Arbeit ist es, die Wirksamkeitsbedingungen auch unabhängig von der Form der Rechtsquelle offenzulegen.

Darüber hinaus stellt sich die Frage, in welchem Rangverhältnis[91] Rechtsquellen in unterschiedlichen Formen zueinander stehen. Die Rangordnung basiert im Wesentlichen auf dem in Art. 20 Abs. 3 GG verankerten Grundsatz des Vorrangs der Verfassung und des Gesetzes. Demnach steht die Verfassung[92] im Rang über einfachem Gesetzesrecht. Letzteres steht wiederum

---

[89] Beispiele dafür, dass sich weitere Rechtsquellen nicht in typische Rechtsquellenformen einordnen lassen: *Zimmermann*, Bundesausschuss, S. 74 ff. – zu Richtlinien des Gemeinsamen Bundesausschusses im Sinne des § 92 Abs. 1 SGB V; VG München, NVwZ 2005, 1219 (1220); *Kuhn*, Luftqualitätsrecht, S. 59 f. – jeweils zu Luftreinhalteplänen nach § 47 Abs. 1 S. 1 bzw. Abs. 2 BImSchG; *Axer*, Normsetzung, S. 150 ff. – zu verschiedenen Rechtsquellenformen aus dem Bereich des Sozialversicherungsrechts.

[90] Dazu unten 2. Kapitel.

[91] Das Rangverhältnis wird teils anhand der sogenannten „Normenpyramide" beschrieben, häufig wird aber auch nur etwa von der „Rangordnung" von Rechtsquellen, vom „Stufenbau der Rechtsordnung" oder von der „Normenhierarchie" gesprochen, vgl. z. B. *Heckmann*, Geltungskraft, S. 19, 145; *Oerder*, NJW 1990, 2104 (2105); *Löwer*, in: Isensee/Kirchhof, HStR III, § 70 Rn. 126; *Maurer*, StaatsR I, § 17 Rn. 17; *ders.*, DÖV 1993, 184 (185); *Ossenbühl*, in: Isensee/Kirchhof, HStR V, § 100 Rn. 93; *Lepsius*, JuS 2018, 950 ff.; *Heusch*, in: Kluth/Krings, Gesetzgebung, § 36 Rn. 10 f.; *Ehlers*, in: ders./Pünder, Allg VwR, § 2 Rn. 98; *Pauly*, in: Becker-Schwarze u. a., Wandel der Handlungsformen, 25 (33); *Jestaedt*, in: Ehlers/Pünder, Allg VwR, § 11 Rn. 8. Zum Stufenbau der Rechtsordnung aus rechtstheoretischer Sicht grundlegend *Merkl*, FS Kelsen, 252 (272 ff.); *Kelsen*, Rechtslehre, S. 228 ff.

[92] Rangordnungen für Rechtsquellen finden sich sowohl auf Bundes- als auch auf Länderebene. Sie sind strukturgleich aufgebaut. Die folgenden Ausführungen beziehen sich auf das Bundesrecht.

über untergesetzlichem Recht in Form von Rechtsverordnung und Satzung.[93] Es fällt auf, dass derartige Rangordnungskataloge meist lediglich für abstrakt-generelle Regelungen gebildet werden[94] und dass sie nur Rechtsquellen in einer kategorisierten Form enthalten[95]. Geht man aber davon aus, dass das deutsche Rechtssystem mehr Rechtsquellen kennt als die, die in den Rangordnungen regelmäßig angeführt sind, so kann auch diese Art der Systembildung nicht abschließend sein. Daher ist ein Rangordnungssystem erforderlich, das auch Rechtsquellen in einer nicht kategorisierten Form einbezieht. Entsprechend des weiten Rechtsquellenbegriffs der Arbeit darf sich das Rangordnungssystem darüber hinaus nicht auf abstrakt-generelle Regelungen beschränken, sondern muss auch für Einzelfallregelungen gelten. Ziel der Arbeit ist es, dieses umfassende Rangordnungssystem, das alle Rechtsquellen umfasst, aufzuzeigen.

Ein solches Rangordnungssystem ist nur gewinnbringend, wenn das deutsche öffentliche Recht tatsächlich keinen numerus clausus von Rechtsquellenformen enthält. Diese Prämisse ist daher zunächst zu verifizieren.[96] Sodann werden die allgemeinen rechtlichen Anforderungen an die Wirksamkeit von Rechtsquellen herausgearbeitet.[97] Darauf aufbauend wird im nächsten Schritt die Rangordnung der Rechtsquellen untersucht.[98] Dabei ist ein Augenmerk darauf zu legen, wie sich zum einen Rechtsquellen zur Regelung eines Einzelfalls zu solchen mit abstrakt-generellen Regelungen verhalten sowie zum anderen, in welchem Verhältnis Rechtsquellen in einer kategorisierten Form zu solchen in einer nicht kategorisierten Form stehen. Die Arbeit endet mit einer Schlussbetrachtung.[99]

---

93 Die Reihenfolge Verfassung, Gesetz, untergesetzliches Recht ist einheitlich. Auf der untersten Stufe wird häufig so differenziert, dass die Rechtsverordnung über der Satzung steht, so z. B. *H. Schneider*, FS Kutscher, 385 (387); *Oerder*, NJW 1990, 2104 (2105); *Clemens*, FS Böckenförde, 259 (267); *Maurer*, DÖV 1993, 184 (185); *Lepsius*, JuS 2018, 950 (951). Umfassend zum Rangverhältnis von Rechtsverordnung und Satzung *Heintzen*, Die Verwaltung Bd. 29 (1996), 17 ff. und noch unten 4. Kapitel A. II. 2. c).

94 So z. B. *Maurer*, StaatsR I, § 17 Rn. 17 und 20. Anders aber *Lepsius*, JuS 2018, 950 (951). Nach *Pauly*, in: Becker-Schwarze u. a., Wandel der Handlungsformen, 25 (33) stehen alle durch Stellen der Verwaltung geschaffene Rechtsquellen „im Stufenbau der Rechtsordnung, in der Hierarchie der Rechtssetzungsakte des Öffentlichen Rechts".

95 *Ossenbühl*, in: Isensee/Kirchhof, HStR V, § 100 Rn. 93 nennt auch das Gewohnheitsrecht. Noch detaillierter *Rüthers/Fischer/Birk*, Rechtstheorie, Rn. 273.

96 2. Kapitel.

97 3. Kapitel.

98 4. Kapitel.

99 5. Kapitel.

2. Kapitel

Prämisse: kein numerus clausus von Rechtsquellenformen

Die Arbeit geht davon aus, dass die Herausarbeitung von formübergreifenden Anforderungen an Rechtsquellen dazu beiträgt, Rechtsquellen in nicht kategorisierten Formen verfassungsmäßig auszugestalten, und dass ein umfassendes Rangordnungssystem für Rechtsquellen die Herleitung von Antworten auf die genannten Standardfragen nach der Wirksamkeit einer Rechtsquelle usw. für neue Rechtsquellenformen erleichtert. Diese Annahmen ergeben aber allein dann Sinn, wenn neue Rechtsquellenformen auch unterhalb der Ebene der Verfassung eingeführt werden können. Das ist nur möglich, wenn es im deutschen Rechtssystem keinen numerus clausus von Rechtsquellenformen gibt. Da die Gesetzgebung und die vollziehende Gewalt nach Art. 20 Abs. 3 GG an das Grundgesetz gebunden sind, können ihre Organe Rechtsquellen ausschließlich in solchen Formen erlassen, die das Grundgesetz zulässt.[1] Ein numerus clausus von Rechtsquellenformen liegt daher vor, wenn das Grundgesetz die möglichen Rechtsquellenformen, in denen staatliche Stellen Regelungen erlassen können, abschließend nennt.[2]

Im Folgenden ist nachzuweisen, dass das Grundgesetz keinen solchen numerus clausus enthält. Dazu sind zunächst die Rechtsquellenformen aufzuzeigen, die das Grundgesetz kennt. Danach ist darzulegen, dass diese Formenauswahl nicht abschließend ist.

---

[1] *P. Kirchhof*, FG BVerfG II, 50 (59): „Das Grundgesetz beansprucht, Geltungsgrund positiven Rechts zu sein“. Teilweise wird die Frage nach einem numerus clausus von Rechtsquellenformen daher auch unter dem Stichwort eines „Verfassungsvorbehalts“ für Rechtsquellen angesprochen, vgl. etwa *Axer*, Normsetzung, z.B. S. 153, 162, 163; vgl. zudem *Ossenbühl*, in: Isensee/Kirchhof, HStR V, § 100 Rn. 44.

[2] *Axer*, Normsetzung, S. 162 in Bezug auf einen numerus clausus von untergesetzlichen Rechtsquellenformen.

A. Vom Grundgesetz vorausgesetzte Rechtsquellenformen

Dem Wortlaut des Grundgesetzes nach gibt es jedenfalls[3] das Gesetz[4] und die Rechtsverordnung[5]. Darüber hinaus kennt es zumindest implizit auch die Satzung. Das zeigt folgende Überlegung:

Art. 28 Abs. 2 S. 1 GG setzt voraus, dass Gemeinden Angelegenheiten der örtlichen Gemeinschaft im Rahmen der Gesetze in eigener Verantwortung regeln können. Dazu muss ihnen auch eine Rechtsquellenform zur Verfügung stehen, in der sie abstrakt-generelle Regelungen erlassen können.[6] Die Rechtsquellenform des Gesetzes ist der Legislative vorbehalten.[7] Eine Rechtsverordnung kann nach Art. 80 Abs. 1 S. 1 GG nur auf Grundlage einer gesetzlichen Ermächtigung ergehen. Sollen Gemeinden ihre Angelegenheiten *in eigener Verantwortung* regeln können, dann ist es erforderlich, dass sie keiner speziellen Handlungsermächtigung bedürfen, sondern aus eigener Initiative Regelungen treffen können.[8] Geschäftsordnungen dienen zwar der Regelung eigener Angelegenheiten, jedoch können durch Geschäftsordnungen nur interne Abläufe oder Organisationsfragen einer staatlichen Stelle

---

[3] Über den Rechtsquellenbegriff der Arbeit hinaus kennt das Grundgesetz bspw. noch Geschäftsordnungen (z.B. Art. 40 Abs. 1 S. 2, 52 Abs. 3 S. 2, 53a Abs. 1 S. 4 GG), Verwaltungsvorschriften (z.B. Art. 84 Abs. 2 GG), Verwaltungsvereinbarungen (z.B. Art. 104 Abs. 2 S. 1 GG), völkerrechtliche Verträge (Art. 59 Abs. 1 S. 2 GG) und Entscheidungen von Gerichten (vgl. z.B. Art. 93 Abs. 1, 100 Abs. 1 S. 1 GG).

[4] Der Begriff des Gesetzes wird oft in Zusammenhang mit Wörtern verwendet, die zum Ausdruck bringen, dass ein Gesetz eine verbindliche Entscheidung enthält. Beispiele: Art. 4 Abs. 3 S. 2, 41 Abs. 3, 48 Abs. 3 S. 3, 54 Abs. 7 GG: „Das Nähere regelt ein Bundesgesetz.“; Art. 38 Abs. 3 GG: „Das Nähere bestimmt ein Bundesgesetz.“; Art. 12 Abs. 1 S. 2 GG: „durch Gesetz oder auf Grund eines Gesetzes geregelt“; Art. 14 Abs. 1 S. 2 GG: „durch die Gesetze bestimmt“; Art. 72 Abs. 4 GG: „Durch Bundesgesetze kann bestimmt werden“; Art. 94 Abs. 2 S. 1 GG: „Ein Bundesgesetz regelt“. Ferner wird der Begriff „Gesetz“ in Art. 8 Abs. 2, 20 Abs. 3, 78, 80 Abs. 1 S. 1, 82 Abs. 1 S. 1 GG erwähnt.

[5] Der Begriff „Rechtsverordnung“ wird erwähnt z.B. in Art. 80 Abs. 1 S. 1, Abs. 2, 82 Abs. 1 S. 2, 115k Abs. 1 S. 1 GG.

[6] BVerwGE 6, 247 (252); *Röhl*, in: Schoch, Bes VwR, Kap. 2 Rn. 47; *Maurer*, DÖV 1993, 184 (185 und 188); *Remmert*, in: Maunz/Dürig, GG, Art. 80 Rn. 210; *Schmidt-Jortzig*, DVBl. 1990, 920 (921).

[7] Darauf ist später zurückzukommen, 3. Kapitel A. insbesondere II.

[8] Zu den unterschiedlichen Zweckrichtungen der Regelungsinstrumente der Satzung und der Rechtsverordnung *Schmidt-Aßmann*, FG v. Unruh, 607 (609); *Badura*, DÖV 1963, 561 (564, 567). Vgl. auch BVerwGE 6, 247 (249f.); *Hill/Martini*, in: Hoffmann-Riem/Schmidt-Aßmann/Voßkuhle, GVwR II, § 34 Rn. 26; *Maurer*, DÖV 1993, 184 (191f.). Näher zur Ermächtigung zum Erlass einer Satzung unten 3. Kapitel A. I. 1. c).

geregelt werden[9]. Die den Gemeinden nach Art. 28 Abs. 2 S. 1 GG verliehene Autonomie geht aber darüber hinaus. Gemeinden sind dazu berechtigt, gegenüber ihren Einwohnern[10] und im Bereich ihres Gemeindegebiets für jedermann[11] verbindliche Regelungen zu treffen. Andere im Grundgesetz genannte Rechtsquellenformen kommen dafür nicht in Betracht. Das Grundgesetz weist den Gemeinden also zwar eine Regelungsbefugnis zu, gibt ihnen aber jedenfalls ausdrücklich[12] kein Instrument an die Hand, mit dem sie von dieser Befugnis Gebrauch machen können.

Das betrifft gleichermaßen auch alle anderen Selbstverwaltungsträger.[13] Das Grundgesetz geht z. B. in Art. 86 S. 1 und Art. 87 Abs. 2 S. 1 davon aus, dass neben Gemeinden weitere Selbstverwaltungsträger bestehen. Die gemeinhin anerkannte[14] Rechtsquellenform, durch die Selbstverwaltungsträger eigene Angelegenheiten auch nach außen gerichtet und in abstrakt-genereller[15]

---

9 Vgl. zum Zweck bzw. zu Regelungsgegenständen von Geschäftsordnungen am Beispiel der Geschäftsordnung des Deutschen Bundestages BVerfGE 80, 188 (218 f.); 130, 318 (348 f.); *Klein*, in: Maunz/Dürig, GG, Art. 40 Rn. 5 ff.; *Schwerin*, Geschäftsordnungsgeber, S. 22 ff.; *Bollmann*, Selbstorganisationsrecht, S. 34 ff.

10 In Bezug auf Satzungen allgemein BVerfGE 10, 20 (50); 33, 125 (156): „mit Wirksamkeit für die ihr [= einer dem Staat eingeordneten juristischen Person des öffentlichen Rechts] angehörigen und unterworfenen Personen". In Bezug auf gemeindliche Satzungen *Steger*, in: Kunze/Bronner/Katz, GemO BW, § 4 Rn. 8; *Maurer*, DÖV 1993, 184 (188).

11 *Steger*, in: Kunze/Bronner/Katz, GemO BW, § 4 Rn. 8; *Badura*, DÖV 1963, 561 (566); *Maurer*, DÖV 1993, 184 (188): „diejenigen Personen, die in eine spezifische Beziehung zur Gemeinde treten, etwa in der Gemeinde ein Grundstück besitzen, […]"; vgl. *H. Schneider*, FS Möhring, 521 (530). Darin kommt die sog. „Gebietshoheit" der Gemeinden zum Ausdruck. Dazu und zugleich zum räumlichen Geltungsbereich gemeindlicher Regelungen *Löwer*, in: v. Münch/Kunig, GG I, Art. 28 Rn. 75, 88; *Mehde*, in: Maunz/Dürig, GG, Art. 28 Abs. 2 Rn. 58, 63; *Schmidt-Jortzig*, DVBl. 1990, 920 (922); *Pieroth*, in: Jarass/Pieroth, GG, Art. 28 Rn. 25.

12 So auch *Clemens*, FS Böckenförde, 259 (262 f.).

13 *Schnapp*, MedR 1996, 418 (419) differenziert zwischen Gemeinden und anderen Selbstverwaltungsträgern, da nur Art. 28 Abs. 2 S. 1 GG in Bezug auf Gemeinden die Befugnis enthalte, eigene Angelegenheiten „zu regeln". Auch *Hamann*, Satzungen, S. 68 ist der Auffassung, „daß unser Grundgesetz (abgesehen von Artikel 28 Abs. 2 und der Überleitungsvorschrift des Artikels 129 Abs. 3 GG) keine Vorschriften enthält, die die Verleihung autonomer Satzungsgewalt verfassungsrechtlich legitimieren könnten" – im Original mit Herv.

14 *Axer*, Normsetzung, S. 216 spricht insoweit von einer „Tradition gerade als Normsetzungsform der Gemeinden". *Ossenbühl*, FS Isensee, 309 (317): „Regeln, die auf Autonomie beruhen werden im Allgemeinen Satzungen genannt."

15 Eine Satzung enthält regelmäßig eine abstrakt-generelle Regelung, kann aber auch einen Einzelfall regeln, *Schmidt-Aßmann*, FG v. Unruh, 607 (609); *Röhl*, in: Schoch, Bes VwR, Kap. 2 Rn. 143; vgl. auch *Ehlers*, in: ders./Pünder, Allg VwR, § 2 Rn. 58. Nach *Steger*, in: Kunze/Bronner/Katz, GemO BW, § 4 Rn. 2 kann demgegen-

Weise regeln können, ist die Satzung.[16] Bestehen nach dem Grundgesetz Selbstverwaltungsträger, dann bedeutet das, dass es zugleich die Rechtsquellenform der Satzung akzeptiert.[17]

Ohne die Rechtsquellenformen zu benennen, geht das Grundgesetz zudem davon aus, dass auch sonstige Stellen der Verwaltung Rechtsquellen erlassen. Dabei setzt es stillschweigend voraus, dass die Stellen der Verwaltung Einzelfallregelungen treffen können. Zum einen zeigt Art. 19 Abs. 1 S. 1 GG, dass ein Gesetz, durch das oder aufgrund dessen ein Grundrecht eingeschränkt werden kann, gerade nicht nur für den Einzelfall[18] gelten darf. Zum anderen legt Art. 129 Abs. 1 S. 1 GG als Übergangsbestimmung fest, dass eine Ermächtigung zur Vornahme von Verwaltungsakten, die in als Bundesrecht fortgeltenden Rechtsvorschriften enthalten ist, auf die nunmehr sachlich zuständigen Stellen übergeht. Das Grundgesetz nimmt somit an, dass Verwaltungsakte erlassen werden. Durch Verwaltungsakte kann eine Stelle der Verwaltung typischerweise konkret-individuelle Regelungen treffen. Des Weiteren ermächtigt das Grundgesetz im VIII. Abschnitt die Länder[19] bzw. den Bund[20] dazu, zur Ausführung von Bundesgesetzen die Einrichtung von Behörden und das Verwaltungsverfahren zu regeln. Die „Ausführung" eines Bundesgesetzes impliziert einen gesetzlichen Handlungsauftrag, der verwaltungsmäßig[21] zu erledigen ist.[22] Dafür muss es der ausführenden Stelle der Verwaltung möglich sein, verbindliche Entscheidungen zu treffen, also

---

über durch Satzung „kein Einzelfall, sondern nur eine Angelegenheit für alle Fälle geordnet werden."

16 Jedenfalls in Bezug auf Art. 28 Abs. 2 S. 1 GG muss das aber nicht die einzig zulässige Handlungsform sein, vgl. *Röhl*, in: Schoch, Bes VwR, Kap. 2 Rn. 47.

17 Dazu z.B. *Remmert*, in: Maunz/Dürig, GG, Art. 80 Rn. 210; *Ossenbühl*, in: Isensee/Kirchhof, HStR V, § 105 Rn. 25.

18 Zu Konstellationen, in denen ein Gesetz (nicht) für einen Einzelfall im Sinne des Art. 19 Abs. 1 S. 1 GG gilt, *Remmert*, in: Maunz/Dürig, GG, Art. 19 Abs. 1 Rn. 35 ff.; *H. Schneider*, Gesetzgebung, Rn. 38 ff.; *Dreier*, in: ders., GG I, Art. 19 I Rn. 13 f.

19 Nach Art. 84 Abs. 1 S. 1 GG regeln grundsätzlich die Länder die Einrichtung der Behörden und das Verwaltungsverfahren, wenn sie Bundesgesetze als eigene Angelegenheiten ausführen.

20 Vgl. z.B. Art. 84 Abs. 1 S. 2, 85 Abs. 1 S. 1, 86 S. 2 GG.

21 Die Ausführung von Gesetzen im Sinne der Art. 83 ff. GG meint die „verwaltungsmäßige" Ausführung eines Bundesgesetzes, BVerfGE 11, 6 (15). Diese Formulierung wird häufig aufgegriffen, z.B. von *Dittmann/Winkler*, in: Sachs, GG, Art. 83 Rn. 21; *Oebbecke*, in: Isensee/Kirchhof, HStR VI, § 136 Rn. 4; *Hermes*, in: Dreier, GG III, Art. 83 Rn. 31; *Trute*, in: v. Mangoldt/Klein/Starck, GG III, Art. 83 Rn. 55.

22 Näher dazu, in welchen Fällen ein Bundesgesetz im Sinne der Art. 83 ff. GG „ausgeführt" wird, *Hermes*, in: Dreier, GG III, Art. 83 Rn. 31; *Oebbecke*, in: Isensee/Kirchhof, HStR VI, § 136 Rn. 4; *F. Kirchhof*, in: Maunz/Dürig, GG, Art. 84 Rn. 47; *Trute*, in: v. Mangoldt/Klein/Starck, GG III, Art. 83 Rn. 52.

Rechtsquellen zu erlassen. Dabei kann es erforderlich sein, dass eine Entscheidung nicht allgemeinverbindlich ist, sondern z. B. nur für einen konkreten Fall und eine einzelne Person gilt. Die Stellen der Verwaltung brauchen für die Ausführung von Gesetzen daher regelmäßig auch eine Rechtsquellenform zur Regelung von Einzelfällen. Das Grundgesetz bestimmt aber selbst keine Rechtsquellenform zur Ausführung von Gesetzen.[23] Vielmehr sind diese im Rahmen der Ausgestaltung eines Verwaltungsverfahrens, von dessen Regelung Art. 84 Abs. 1 S. 1 GG ausgeht, festzulegen.[24] Jedenfalls eine Form davon muss eine Einzelfallregelung ermöglichen. Wie Art. 129 Abs. 1 S. 1 GG verdeutlicht, ist das traditionell die Form des Verwaltungsakts.[25] Es ist

---

[23] Soweit ersichtlich, ging man bei der Schaffung des Grundgesetzes schlicht davon aus, dass es Entscheidungen von Stellen der Verwaltung gibt. Die Formen standen nie zur Diskussion. Klärungsbedarf gab es etwa hinsichtlich der Aufteilung und Ausgestaltung der Verwaltungskompetenzen, des verwaltungsgerichtlichen Verfahrens sowie der diesbezüglichen Standorte der Regelungen. Vgl. dazu z. B. den Bericht der Ministerpräsidenten über den Verfassungskonvent auf Herrenchiemsee vom 10. bis 23. August 1948, S. 50: „Die Regelung des Verwaltungsverfahrens schließt auch die Regelung der Zuständigkeit in sich; daß gegen Verfügungen oder Entscheidungen der Verwaltungsbehörden mindestens eine übergeordnete Verwaltungsbehörde oder ein Verwaltungsgericht (oder ein Gericht) angerufen werden kann, ist ein allgemeiner Rechtsgrundsatz des Verwaltungsrechts." Mit „Verfügungen oder Entscheidungen der Verwaltungsbehörden" waren im damaligen verwaltungsrechtlichen Sprachgebrauch typischerweise Verwaltungsakte gemeint. Vgl. im Übrigen die Dokumentationen zur Entstehung der Art. 83 ff. GG von *Kremer*, in: Schneider/Kramer, GG XXI, insbesondere S. 66 ff. – Schaffung des Art. 83 GG im Parlamentarischen Rat; *Füsslein*, JöR n. F. Bd. 1 (1951), 621 ff.

[24] Dazu, dass die Regelung eines Verwaltungsverfahrens im Sinne der Art. 83 ff. GG auch die Handlungsinstrumente der Verwaltung umfasst, BVerfGE 37, 363 (385 und 390); 55, 274 (320); 75, 108 (152); 105, 313 (331); 114, 196 (224); *F. Kirchhof*, in: Maunz/Dürig, GG, Art. 84 Rn. 90. Die Rechtsprechung des Bundesverfassungsgerichts aufgreifend z. B. *Dittmann/Winkler*, in: Sachs, GG, Art. 84 Rn. 9, 11; *Oebbecke*, in: Isensee/Kirchhof, HStR VI, § 136 Rn. 25; *Groß*, in: Friauf/Höfling, BerlK-GG, Art. 84 Rn. 23.

[25] Bei der Schaffung des Grundgesetzes wurde das Instrument des Verwaltungsakts als selbstverständlich vorausgesetzt. Das zeigt sich schon daran, dass er in ganz unterschiedlichen Zusammenhängen schlicht genannt wurde. Beispiele: Parlamentarischer Rat, 5. Sitzung des Ausschusses für Zuständigkeitsabgrenzung am 29. September 1948, Wortbeiträge des Berichterstatters *Dr. Laforet* zum Tagesordnungspunkt 5. Gesetzmäßigkeit der Verwaltung (Art. 29, Ziff. 2 CHE), Wortprotokoll abgedruckt bei *Werner*, Parl Rat 3, 173 (233): „Der Grundsatz der Rechtmäßigkeit der Verwaltung heißt: es darf kein Verwaltungsakt in Eigentum und Freiheit der Staatsbürger eingreifen, ohne daß […]" sowie „[…] die jeweilige Behörde zu dem Verwaltungsakt zuständig sein muß". Parlamentarischer Rat, Schriftlicher Bericht zum Entwurf des Grundgesetzes für die Bundesrepublik Deutschland (Drucksachen Nr. 850, 854), Anlage zum stenographischen Bericht der 9. Sitzung des Parlamentarischen Rates am 6. Mai 1949, S. 39 – Schriftlicher Bericht des Abgeordneten *Dr. Laforet* über den Abschnitt VIII. Die Ausführung der Bundesgesetze und die Bundesverwaltung: „Es

jedoch nicht ausgeschlossen, dass Stellen der Verwaltung darüber hinaus andere, insbesondere auch abstrakt-generelle Regelungen treffen können.

Gibt es keinen numerus clausus von Rechtsquellenformen, dann muss eine Rechtsquelle nicht zwingend unter eine dem Grundgesetz bekannte Rechtsquellenform subsumiert werden.[26] Eine Rechtsquelle, die keiner dem Grundgesetz bekannten Form entspricht, kann dann als eigenständige Form angesehen werden.[27] Das macht es notwendig, die dem Grundgesetz bekannten Rechtsquellenformen zu definieren, indem für die jeweilige Form konstitutive Merkmale benannt werden[28]. Das Grundgesetz definiert keine der ihm bekannten Rechtsquellenformen,[29] sondern setzt die Begriffe voraus. Zu untersuchen ist, wie *das Grundgesetz* die Begriffe versteht – und nicht, welche Bedeutung ihnen in der Rechtsquellenlehre zugeschrieben wird.[30]

Das Verständnis von Rechtsquellen ist seit der Zeit des Konstitutionalismus Ende des 19. Jahrhunderts von der Auffassung Labands[31] geprägt.[32]

---

bestand Uebereinstimmung, daß die zuständige Verwaltungsbehörde zu einem Verwaltungsakt keiner besonderen Ermächtigung in einem Gesetze bedarf, aber [...]".

[26] Dazu nur *Schnapp*, MedR 1996, 418 (419): Geht man davon aus, dass das Grundgesetz keinen numerus clausus von Rechtsquellenformen kennt, „dann hat das folgende Konsequenzen: Man ist dann nicht mehr zu dem Versuch genötigt, unorthodoxe Rechtsetzungsformen zwanghaft in eine der Kategorien der klassischen Rechtsquellen zu pressen." Zudem *Isensee*, FS Leisner, 359 (382): „Das Grundgesetz zwingt nicht dazu, die atypischen Rechtsfiguren auf Biegen und Brechen als Rechtsverordnung, Satzung oder Verwaltungsvorschrift zu qualifizieren."

[27] *Schnapp*, FS BSG, 497 (500 f.): „Macht man [...] Ernst mit der Feststellung, dass es keinen numerus clausus von Handlungsformen gibt, dann kommt man nicht umhin zu konstatieren, dass Richtlinien [des Bundesausschusses für Ärzte und Krankenkassen, nun Gemeinsamer Ausschuss – Einschub durch Verfasser] eben – Richtlinien sind, ein Honorarverteilungsmaßstab eben ein solcher usw." – im Original mit Fußnoten.

[28] Es ist oft nicht einfach, zwischen Definitionsmerkmalen und Rechtmäßigkeitsvoraussetzungen zu unterscheiden. Dazu in Bezug auf die Rechtsverordnung *Saurer*, Rechtsverordnung, S. 226 f.; *Axer*, Normsetzung, S. 173 f.

[29] Vgl. dazu teilweise in Bezug auf eine bestimmte Rechtsquellenform BVerfGE 100, 249 (258); *Isensee*, FS Leisner, 359 (382); *Seiler*, Parlamentsvorbehalt, S. 161; *Ossenbühl*, in: Isensee/Kirchhof, HStR V, § 100 Rn. 5; *Achterberg*, DÖV 1973, 289 (291); *Axer*, Normsetzung, S. 215; *Remmert*, in: Maunz/Dürig, GG, Art. 80 Rn. 24; *Busch*, Verhältnis, S. 104.

[30] Vgl. in diesem Sinne auch *Axer*, Normsetzung, S. 163.

[31] Erstmals *Laband*, Budgetrecht. Er hat seinen Ansatz stets weiterverfolgt und präzisiert, z. B. *Laband*, Staatsrecht 2; weitere Nachw. bei *Haenel*, Gesetz, S. 101. In dieser Zeit haben das Verständnis Labands insbesondere *Anschütz*, Theorien, passim sowie *Jellinek*, Gesetz, S. 226 ff. aufgegriffen und modifiziert. Kritik an dem Verständnis Labands äußerten insbesondere *Haenel*, Gesetz, passim sowie in methodischer Hinsicht *v. Gierke*, Labands Staatsrecht, passim. In der Literatur wurde das

Er[33] hat zunächst bezüglich des Begriffs des Gesetzes zwischen einer materiellen und einer formellen Perspektive differenziert.[34] Diese Kategorien wurden auf weitere Rechtsquellenformen angewendet.[35] Die Bestimmung einer Rechtsquellenform nach materiellen Kriterien bedeutet, dass der Regelungsumfang einer Rechtsquelle für ihre Form maßgeblich ist.[36] Die Form einer Rechtsquelle richtet sich dann danach, ob ihre Regelung abstrakt oder konkret, generell oder individuell und auf die Herbeiführung von Rechtsfolgen nach außen oder nach innen gerichtet ist. Bei einem formellen Verständnis einer Rechtsquellenform wird die Form nach äußeren Kriterien bestimmt. Entscheidend sind die Stelle, die die Rechtsquelle erlässt, sowie das Verfahren, in dem die Rechtsquelle erlassen wird.[37]

Begriffsverständnis Labands aber überwiegend befürwortet, vgl. die Nachw. bei *Haenel*, Gesetz, S. 101 ff. und *Anschütz*, Theorien, S. 22 f.

32 Das zeigt sich vor allem daran, dass dieses Begriffsverständnis auch heute noch häufig aufgegriffen wird. Zudem wird bei der Ermittlung der Bedeutung einer bestimmten Rechtsquellenform die Entwicklung des Begriffsverständnisses oft ab dieser Zeit nachgezeichnet, vgl. z. B. *Krings*, in: Kluth/Krings, Gesetzgebung, § 2 Rn. 5; *Stern*, StaatsR II, S. 561 ff.; *Ossenbühl*, in: Isensee/Kirchhof, HStR V, § 100 Rn. 6 ff.; *Seiler*, Parlamentsvorbehalt, S. 147 ff.; *Saurer*, Rechtsverordnung, S. 30 ff.; *Achterberg*, DÖV 1973, 289 (291 f.); *Kunig*, Jura 1993, 308 (309); *Sommermann*, in: v. Mangoldt/Klein/Starck, GG II, Art. 20 Rn. 263.

33 Vor Laband haben bereits *Pfizer*, Steuerverwilligung, S. 17 ff. – auf den auch *Jellinek*, Gesetz, S. 170 hinweist – sowie *v. Mohl*, Staatsrecht Württemberg I, S. 67 f., 193 ff. – auf den auch *Anschütz*, Theorien, S. 20 hinweist – in Bezug auf die Verfassungsurkunde für das Königreich Württemberg von 1819 zwar nicht in der Terminologie, aber in der Sache zwischen Gesetzen im materiellen und im formellen Sinn differenziert. Erst durch Laband hat die Differenzierung aber „eine allseitige Beachtung und eine vielseitige Durcharbeitung erfahren“, *Haenel*, Gesetz, S. 100.

34 Laband hat in Bezug auf die Preußische Verfassungsurkunde von 1850 erstmals zwischen Gesetzen im materiellen und im formellen Sinne unterschieden, *Laband*, Budgetrecht, S. 4 ff. Diese Unterscheidung hat er auch für die Reichsverfassung von 1871 aufrechterhalten und weiter ausgeführt, *Laband*, Staatsrecht 2, S. 1 ff., 61 ff.

35 Laband unterscheidet auch „Verordnungen“ nach den Kategorien materiell und formell, *Laband*, Staatsrecht 2, S. 85 ff. Zum (Rechts-)Verordnungsbegriff Labands *Nierhaus*, in: BK-GG, Art. 80 Rn. 33 f. Zur Anwendung der Kategorien auf den Begriff der Rechtsverordnung ferner z. B. *Stober*, in: Wolff/Bachof/Stober/Kluth, VwR I, § 25 Rn. 53; *Ramsauer*, in: AK-GG, Art. 80 Rn. 30 ff.; auf den Begriff der Satzung z. B. *Hill/Martini*, in: Hoffmann-Riem/Schmidt-Aßmann/Voßkuhle, GVwR II, § 34 Rn. 26; *Ossenbühl*, in: Isensee/Kirchhof, HStR V, § 105 Rn. 44; *Geis*, in: Kluth/Krings, Gesetzgebung, § 25 Rn. 31; auf den Begriff des Verwaltungsakts z. B. *Schenke*, NVwZ 1990, 1009 ff.; *U. Stelkens*, in: Stelkens/Bonk/Sachs, VwVfG, § 35 Rn. 16 f.; *Heyle*, NVwZ 2008, 390 (391).

36 Entscheidend ist also, dass die Rechtsquelle eine Regelung enthält, vgl. jeweils zum Begriff des Gesetzes *Laband*, Budgetrecht, S. 3 und 4; *ders.*, Staatsrecht 2, S. 2, 86. Die Sachmaterie, die eine Rechtsquelle regelt, ist dagegen unerheblich, dazu *Achterberg*, DÖV 1973, 289 (293).

Das Grundgesetz bezeichnet die ihm bekannten Rechtsquellenformen mit Begriffen, die schon in früheren deutschen Verfassungen, auf die sich teilweise auch Laband bezogen hat, zu finden sind.[38] Daher wird allgemein angenommen, dass bei der Schaffung des Grundgesetzes und der Übernahme der Terminologien zur Beschreibung von Rechtsquellenformen an das durch Laband geprägte Begriffsverständnis angeknüpft wurde.[39] Zu überprüfen ist, ob dieses Verständnis heute noch Bestand hat.[40]

Den Begriff des Gesetzes nennt das Grundgesetz in ganz unterschiedlichen Zusammenhängen. Bspw. macht Art. 19 Abs. 1 S. 1 GG Vorgaben zum Regelungsumfang eines Gesetzes, durch das bzw. aufgrund dessen ein Grundrecht eingeschränkt werden kann, in Art. 103 Abs. 3 GG („Strafgesetze") knüpft der Wortlaut an den Zweck eines Gesetzes an und Art. 104 Abs. 1 S. 1 GG spricht von einem „förmlichen Gesetz[]".[41] Schon das zeigt, dass das Grundgesetz den Begriff des Gesetzes nicht einheitlich nur im materiellen oder nur im formellen Sinne verwendet.[42] Deshalb ist zu untersuchen, ob das Grundgesetz Merkmale enthält, die gerade die Rechtsquellenform des Gesetzes ausmachen. Betrachtet man die Wirkung der Regelung, dann ist aus Art. 19 Abs. 1 S. 1 GG zu folgern, dass das Grundgesetz Gesetze, die auf die Regelung eines Einzelfalls gerichtet sind, nicht generell ausschließt.[43] Das bedeutet, dass das Grundgesetz den Begriff des Gesetzes nicht allein für abstrakt-generelle Regelungen verwendet.[44]

---

[37] In Bezug auf das Gesetz *Laband*, Staatsrecht 2, S. 62: „im formellen Sinne ist nur dasjenige jus scriptum Gesetzesrecht, welches unter Zustimmung der Volksvertretung entstanden ist"; *ders.*, Budgetrecht, S. 7.

[38] Das Gesetz und die (Rechts-)Verordnung wurden als Instrumente staatlichen Handelns mehrfach vorausgesetzt, z.B. in §§ 88, 90 der Verfassung des Königreichs Württemberg von 1819; §§ 86 f. der Verfassung für das Königreich Sachsen von 1831; § 80 der Verfassung des Deutschen Reichs von 1849; Art. 68 ff. der Verfassung des Deutschen Reichs von 1919 („Weimarer Reichsverfassung").

[39] Dazu *Seiler*, Parlamentsvorbehalt, S. 161 ff. m. Nachw. insbesondere zum Parlamentarischen Rat; vgl. auch *Stern*, StaatsR II, S. 567. In Bezug auf den Begriff der Rechtsverordnung z.B. *Stern*, StaatsR II, S. 652; *Remmert*, in: Maunz/Dürig, GG, Art. 80 Rn. 24 ff.

[40] Dazu in Bezug auf die Rechtsverordnung *Remmert*, in: Maunz/Dürig, GG, Art. 80 Rn. 27; *Busch*, Verhältnis, S. 92 f.; *Saurer*, Rechtsverordnung, S. 211.

[41] Siehe auch die Analyse von *Stern*, StaatsR II, S. 567.

[42] Im Ergebnis auch *Krings*, in: Kluth/Krings, Gesetzgebung, § 2 Rn. 8; BVerfGE 1, 184 (189). Dazu, dass die Bedeutung des Wortes Gesetz im Grundgesetz jeweils durch Auslegung ermittelt werden muss BVerfGE 24, 184 (195 f.); *Pieroth*, Jura 2013, 248 ff.

[43] BVerfGE 25, 371 (398); 95, 1 (17); *Kunig*, Jura 1993, 308 (311).

[44] Das ist im Ergebnis unumstritten, vgl. z.B. BVerfGE 25, 371 (398); 95, 1 (17); *Achterberg*, DÖV 1973, 289 (293 f., 296); *Ossenbühl*, in: Isensee/Kirchhof, HStR V, § 100 Rn. 11. Bereits Laband war der Auffassung, dass eine allgemein wirkende Re-

Der VII. Abschnitt des Grundgesetzes regelt die Gesetzgebung des Bundes. Die Art. 76 bis 78 GG[45] bestimmen das Verfahren, in dem ein Gesetz zustande kommt. Ein vergleichbares Verfahren normiert das Grundgesetz für keine weitere Rechtsquellenform. Das Verfahren des Zustandekommens ist daher das entscheidende Alleinstellungsmerkmal eines Gesetzes. Das Gesetz ist also eine Rechtsquelle, die vorgibt[46], von den für die Gesetzgebung zuständigen Organen in dem vom Grundgesetz vorgesehenen Verfahren zustande gekommen zu sein.[47]

Ist nun der Begriff des Gesetzes nach formellen Kriterien zu bestimmen, dann spricht viel dafür, auch die übrigen Rechtsquellenformen auf diese Weise zu definieren.[48] Bestimmte man stattdessen jede Rechtsquellenform aus einer anderen Perspektive, dann läge kein einheitlicher Maßstab vor, anhand dessen die einzelnen Formen voneinander abgegrenzt werden könnten. Gegen ein Begriffsverständnis der übrigen Rechtsquellenformen, das auf materielle Merkmale abstellt, spricht zudem, dass die in Betracht kommenden Abgrenzungskriterien auch heute keine klare Unterscheidung der einzelnen Formen ermöglichen[49]. Bspw. basiert die Differenzierung nach Innen- und Außenrecht auf der überholten[50] Vorstellung eines rechtlich impermeablen

---

gelung kein Begriffsmerkmal eines Gesetzes sei, *Laband*, Budgetrecht, S. 3; *ders.*, Staatsrecht 2, S. 2; dem folgend *Jellinek*, Gesetz, S. 239. In der deutschen Staatsrechtslehre vertrat in erster Linie *Schmitt*, Verfassungslehre, S. 138 ff., 151 ff. einen Gesetzesbegriff, nach dem eine abstrakt-generelle Regelung Begriffsmerkmal ist. Zu diesem Begriffsverständnis statt vieler *G. Kirchhof*, Allgemeinheit, insbesondere S. 155 ff. Dieses Begriffsverständnis hat sich unter der Geltung des Grundgesetzes nicht durchgesetzt, dazu statt vieler *Starck*, Gesetzesbegriff, S. 141 f.; *Stern*, StaatsR III/2, S. 718; *G. Kirchhof*, Allgemeinheit, S. 259 f. jew. m. w. Nachw.

45 In Notsituationen gilt nach Art. 81, 115e GG ausnahmsweise etwas anderes.

46 Um einer Rechtsquelle, die gegen eine Verfahrensbestimmung verstößt, nicht begrifflich den Rechtsquellencharakter zu nehmen, muss die Rechtsquelle nur vorgeben, ordnungsgemäß zustande gekommen zu sein.

47 So auch z. B. *Stern*, StaatsR II, S. 568, 570; *Achterberg*, DÖV 1973, 289 (297); *Bryde*, in: v. Münch/Kunig, GG II, Art. 76 Rn. 2; *Hesse*, Grundzüge, Rn. 506; *Pieroth*, Jura 2013, 248 (251); *Kersten*, in: Maunz/Dürig, GG, Art. 76 Rn. 23; *Schulze-Fielitz*, Gesetzgebung, S. 156; *Ossenbühl*, in: Isensee/Kirchhof, HStR V, § 100 Rn. 13; *Böckenförde*, Gesetz, S. 381; *Yersin*, Kritik, S. 5; *Scheuner*, DÖV 1960, 601 (603); *Sannwald*, in: Schmidt-Bleibtreu/Hofmann/Henneke, GG, Art. 76 Rn. 4.

48 Für die Rechtsverordnung ebenso *Busch*, Verhältnis, S. 108; *Wallrabenstein*, in: v. Münch/Kunig, GG II, Art. 80 Rn. 30; *Remmert*, in: Maunz/Dürig, GG, Art. 80 Rn. 29; ähnlich *Nierhaus*, in: BK-GG, Art. 80 Rn. 142.

49 Dazu, dass es für die Begriffsabgrenzung nicht auf den Inhalt der Rechtsquelle ankommt: *Remmert*, in: Maunz/Dürig, GG, Art. 80 Rn. 29; *v. Bogdandy*, Rechtsetzung, S. 237 ff.; *Axer*, Normsetzung, S. 169; *Saurer*, Rechtsverordnung, S. 227; *Yersin*, Kritik, S. 226 ff.; *Maurer*, DÖV 1993, 184 (187).

50 Dazu *Rupp*, Grundfragen, S. 19 ff.; *Böckenförde*, Gesetz, S. 378 ff.

Staates[51]. Ferner enthalten sowohl Gesetze[52] als auch Rechtsverordnungen[53] und Satzungen[54] meistens – aber nicht zwingend[55] – abstrakt-generelle Regelungen.[56] Wie bereits angesprochen,[57] lässt sich zudem nicht jede Rechtsquellenform strikt in ein Schema einordnen, das nach „abstrakt-generellen" und nach „konkret-individuellen" Regelungen unterscheidet. Daher sind auch für die Bestimmung der übrigen Rechtsquellenformen formelle Kriterien und vom Grundgesetz vorgegebene Alleinstellungsmerkmale der verschiedenen Formen maßgeblich.

Für den Begriff der Rechtsverordnung ist insbesondere[58] Art. 80 GG von Bedeutung. Eine Rechtsverordnung kann grundsätzlich[59] nur durch die in Art. 80 Abs. 1 S. 1 GG genannten Stellen erlassen werden. Sie ist damit jedenfalls ein Instrument der Verwaltung.[60] Gemäß Art. 80 Abs. 1 S. 1 GG kann sie ausschließlich auf Grundlage einer gesetzlichen Ermächtigung ergehen. Das ist bspw.[61] ein maßgeblicher Unterschied zu Verwaltungsvorschriften.[62] Art. 80 Abs. 2 und 3 GG regeln zwar die Mitwirkung des Bundesrats

---

51 *Laband*, Staatsrecht 2, S. 181; *Jellinek*, Rechte, S. 193 f.

52 Vgl. dazu umfassend 3. Kapitel A. III. 1. a).

53 *Remmert*, in: Maunz/Dürig, GG, Art. 80 Rn. 29; *Möstl*, in: Ehlers/Pünder, Allg VwR, § 20 Rn. 1.

54 Dazu oben 2. Kapitel A. Fn. 15.

55 Zu Gesetzen vgl. oben 2. Kapitel A. bei und mit Fn. 43. In Bezug auf Rechtsverordnungen *v. Bogdandy*, Rechtsetzung, S. 239, 241 ff.; *Saurer*, Rechtsverordnung, S. 230 f.; *Busch*, Verhältnis, S. 95; vgl. auch *Achterberg*, Funktionenlehre, S. 131 ff. In Bezug auf Satzungen am Beispiel des Bebauungsplans *Maurer*, DÖV 1993, 184 (186); *ders.*, FS Bachof, 215 (238 f.); *Ehlers*, in: ders./Pünder, Allg VwR, § 2 Rn. 58; *Röhl*, in: Schoch, Bes VwR, Kap. 2 Rn. 143.

56 *Remmert*, in: Maunz/Dürig, GG, Art. 80 Rn. 209 mit Rn. 29; vgl. auch *Krings*, in: Kluth/Krings, Gesetzgebung, § 2 Rn. 18, der die Allgemeinverbindlichkeit als gemeinsames Element ausmacht.

57 1. Kapitel.

58 Der Begriff wird zudem in Art. 82, 115k, 129 GG erwähnt. Art. 119 S. 1, 132 Abs. 4 GG sprechen von „Verordnung[en]". Art. 82 GG regelt das Inkrafttreten einer Rechtsverordnung, Art. 115k GG regelt einen atypischen Fall der Rechtsverordnung und Art. 119 S. 1, 129, 132 Abs. 4 GG sind Übergangsbestimmungen.

59 Nach Art. 80 Abs. 1 S. 4 GG kann die Ermächtigung zum Erlass einer Rechtsverordnung übertragen werden, wenn das durch Gesetz vorgesehen ist.

60 Z.B. *Stern*, StaatsR II, S. 664 f.; *Uhle*, in: Kluth/Krings, Gesetzgebung, § 24 Rn. 3.

61 Zur Bedeutung des Erfordernisses einer gesetzlichen Ermächtigung für den Begriff der Rechtsverordnung *Saurer*, Rechtsverordnung, S. 227 m.w.Nachw.

62 Dazu *Remmert*, in: Maunz/Dürig, GG, Art. 80 Rn. 32; *Ossenbühl*, in: Isensee/Kirchhof, HStR V, § 103 Rn. 7; *Wallrabenstein*, in: v. Münch/Kunig, GG II, Art. 80 Rn. 31. Umfassend zum Verhältnis von Rechtsverordnung und Verwaltungsvorschrift *Seiler*, Parlamentsvorbehalt, S. 202 ff., 232 ff.

beim Erlass einer Rechtsverordnung, jedoch legt das Grundgesetz[63] kein umfassendes, allgemeingültiges Verfahren für das Zustandekommen einer Rechtsverordnung fest.[64] Die Rechtsverordnung ist daher eine Rechtsquelle, die vorgibt, dass sie einer Stelle der Verwaltung zuzurechnen ist, dass „ihr Geltungsgrund eine spezielle gesetzliche Ermächtigung sein soll“[65] und dass sie in einem ordnungsgemäßen Verfahren zustande gekommen ist.[66]

Zum Begriff der Satzung äußert sich das Grundgesetz – wie schon erwähnt[67] – nicht.[68] Die Satzung steht Selbstverwaltungsträgern als Regelungsinstrument zur Verfügung. Das Verfahren zur Aufstellung einer Satzung ist den Selbstverwaltungsträgern einfachrechtlich vorgeschrieben.[69] Die Satzung ist somit eine Rechtsquelle, die einem Selbstverwaltungsträger zuzurechnen ist und die vorgibt, in dem angeordneten Verfahren aufgestellt worden zu sein.[70]

---

63 Teilweise enthält die gesetzliche Rechtsgrundlage noch Vorgaben zum Verfahren, dazu *Ramsauer*, in: AK-GG, Art. 80 Rn. 51. Beispiele: Nach § 47f Abs. 1 S. 1 BImSchG und nach § 23 Abs. 1 WHG müssen die beteiligten Kreise angehört werden und der Bundesrat muss zustimmen; nach § 6 Abs. 3 StVG müssen die obersten Landesbehörden gehört werden.

64 Vgl. auch *Wilke*, AöR Bd. 98 (1973), 196 (205), nach dem das Grundgesetz diesbezüglich „nur karge Hinweise“ enthalte. Vgl. ferner *Hill*, Verfahren, S. 66.

65 *Remmert*, in: Maunz/Dürig, GG, Art. 80 Rn. 32 – im Original mit Herv.

66 Ein – mit einzelnen Modifikationen hinsichtlich Definitions- bzw. Rechtmäßigkeitsmerkmalen – ausschließlich auf formellen Kriterien basierendes Verständnis des Begriffs der Rechtsverordnung legen neben der in Fn. zuvor Genannten auch zugrunde z. B. *Saurer*, Rechtsverordnung, S. 226 f.; *Axer*, Normsetzung, S. 175; *Wallrabenstein*, in: v. Münch/Kunig, GG II, Art. 80 Rn. 30 f.; *Busch*, Verhältnis, insbesondere S. 111; *Ramsauer*, in: AK-GG, Art. 80 Rn. 32; *Pieroth*, in: Jarass/Pieroth, GG, Art. 80 Rn. 2. Ein – ebenfalls mit einzelnen Modifikationen – auch auf materiellen Kriterien basierendes Begriffsverständnis legen hingegen zugrunde z. B. *Stern*, StaatsR II, S. 653; *Ruffert*, in: Hoffmann-Riem/Schmidt-Aßmann/Voßkuhle, GVwR I, § 17 Rn. 60; *Schnelle*, Fehlerfolgenlehre, S. 4; *Seiler*, Parlamentsvorbehalt, S. 27; *Trips*, Verfahren Rechtsetzung, S. 76; *v. Danwitz*, Gestaltungsfreiheit, S. 27 f.; *Uhle*, in: Kluth/Krings, Gesetzgebung, § 24 Rn. 2; *Nierhaus*, in: BK-GG, Art. 80 Rn. 142 ff.; *Mann*, in: Sachs, GG, Art. 80 Rn. 13. Modifikationen referieren *Saurer*, Rechtsverordnung, S. 223 ff.; *Remmert*, in: Maunz/Dürig, GG, Art. 80 Rn. 30 jew. m. Nachw. Der Rechtsprechung des Bundesverfassungsgerichts liegt – soweit ersichtlich – kein einheitliches Begriffsverständnis zugrunde, vgl. die Analysen von *Wilke*, AöR Bd. 98 (1973), 196 (199 ff.); *Remmert*, in: Maunz/Dürig, GG, Art. 80 Rn. 31.

67 2. Kapitel A. (Beginn).

68 Soweit ersichtlich, hat man sich auch bei der Schaffung des Grundgesetzes nie mit der Satzung befasst, vgl. *Axer*, Normsetzung, S. 216.

69 Für eine kommunale Satzung gelten bspw. die Vorgaben des jeweiligen Gemeindeordnungsrechts. Je nach der Regelungsmaterie der Satzung werden diese Vorschriften teilweise durch Fachgesetze, wie z. B. §§ 1 ff. BauGB für Bebauungspläne, ergänzt. Dazu *Röhl*, in: Schoch, Bes VwR, Kap. 2 Rn. 147.

Für weitere Rechtsquellenformen, die Stellen der Verwaltung unausgesprochen zur Verfügung stehen, ergibt sich nach diesem Definitionsmuster Folgendes: Sie sind Rechtsquellen, die weder Rechtsverordnung noch Satzung sind, die einer Stelle der Verwaltung zuzurechnen sind und die vorgeben, in dem für die Rechtsquelle vorgesehenen Verfahren erlassen worden zu sein.

B. Keine abschließende Benennung von Rechtsquellenformen im Grundgesetz

Nachdem geklärt ist, welche Rechtsquellenformen das Grundgesetz jedenfalls kennt, ist zur Beantwortung der Frage nach einem numerus clausus von Rechtsquellenformen[71] zu untersuchen, ob allein die im Grundgesetz genannten Formen zulässig sind. In der Literatur wird die Frage teilweise bejaht.[72] Für einen numerus clausus von Rechtsquellenformen spricht nach Ossen-

---

[70] *Remmert*, in: Maunz/Dürig, GG, Art. 80 Rn. 210. Für ein ausschließlich auf formellen Kriterien basierendes Verständnis des Begriffs der Satzung auch *Axer*, Normsetzung, S. 207f. *Schmidt-Aßmann*, Kommunale Rechtsetzung, S. 4f. hält formale Kriterien für „[w]esenbestimmend", geht aber trotzdem auf die Bindungswirkung einer Satzung ein. Meistens wird ein (auch) auf materiellen Kriterien basierendes Begriffsverständnis zugrunde gelegt, z.B. BVerfGE 10, 20 (49f.); 33, 125 (156); *Trips*, Verfahren Rechtsetzung, S. 83f.; *Geis*, in: Kluth/Krings, Gesetzgebung, § 25 Rn. 2; *Stober*, in: Wolff/Bachof/Stober/Kluth, VwR I, § 25 Rn. 56; *Hill/Martini*, in: Hoffmann-Riem/Schmidt-Aßmann/Voßkuhle, GVwR II, § 34 Rn. 26; *Adler*, Satzungsrecht, S. 11; *Hamann*, Satzungen, S. 15; *Ehlers*, in: ders./Pünder, Allg VwR, § 2 Rn. 58. Vgl. auch *Maurer*, DÖV 1993, 184 (187), der „zwischen Satzungen im eigentlichen oder engeren Sinne und Satzungen im weiteren Sinne" differenziert. Umfassend zum Satzungsbegriff mit Analyse des Begriffsverständnisses des Bundesverfassungsgerichts, das das vorwiegend der Literatur zugrunde liegende Verständnis prägt, *Axer*, Normsetzung, S. 188ff.

[71] Vgl. dazu, wie es zu der Frage nach einem numerus clausus von Rechtsquellenformen unter dem Grundgesetz gekommen sein könnte, die Überlegungen von *Schnapp*, FS BSG, 497 (499f.).

[72] So *Ossenbühl*, NZS 1997, 497 (500); *Di Fabio*, NZS 1998, 449 (452); tendenziell auch *Möstl*, in: Ehlers/Pünder, Allg VwR, § 19 Rn. 9. Ossenbühl positioniert sich später jedoch nicht mehr so eindeutig, siehe *Ossenbühl*, in: Isensee/Kirchhof, HStR V, § 100 Rn. 44ff. bzw. ist der Auffassung, dass der „Streit um den numerus clausus von Rechtsetzungsformen […] in den verfassungsrechtlichen numerus clausus der Legitimationsformen, die sich in den klassischen Rechtsetzungsformen aufgehoben finden[, mündet]", *Ossenbühl*, FS Isensee, 309 (320). Di Fabio geht im Zusammenhang mit Richtlinien des Vertragsarztrechts auf einen numerus clausus von Rechtsquellenformen ein. Er wirft zwar die Frage auf, „ob das Grundgesetz neben den klassischen Rechtsquellen neue Rechtsnormen überhaupt erlaubt" (*Di Fabio*, NZS 1998, 449 (451)), jedoch wird nicht ganz deutlich, ob er tatsächlich allgemein gegen einen numerus clausus von Rechtsquellenformen argumentiert.

bühl[73], dass „die Kreation neuer Regelungsmechanismen […] eine Kompetenz des Verfassungsänderungsgebers“ sei, „da es sich bei der Kreation neuer Regelungsmechanismen um Strukturfragen hohen Ranges“ handele. Di Fabio[74] meint, dass eine „durch einfaches Gesetzesrecht und richterrechtlich herbeigeführte Vergrößerung des Rechtsquellenkanons […] im Ergebnis freiheitsgefährdend [wäre], weil der Rechtsstatus des Bürgers durch korporative Mächte nichtstaatlicher Art bestimmt würde“.[75]

Das Bundesverfassungsgericht hat die Frage nach einem numerus clausus von Rechtsquellenformen lange Zeit nicht eindeutig beantwortet.[76] In seiner Entscheidung[77] vom 2. März 1999 zu allgemeinen Verwaltungsvorschriften meint es, dass das Grundgesetz „der vollziehenden Gewalt […] einen abschließenden Katalog bestimmter Handlungsformen [nicht] zur Verfügung“ stelle.[78] Es scheint also, dass das Bundesverfassungsgericht seitdem ohne Begründung davon ausgeht, dass das Grundgesetz jedenfalls für Rechtsquellenformen, die Stellen der Verwaltung zur Verfügung stehen, keinen numerus clausus enthält.[79]

Aber auch unabhängig von der Rechtsprechung des Bundesverfassungsgerichts[80] ist im Folgenden aufzuzeigen, dass das Grundgesetz zulässige Rechtsquellenformen nicht abschließend benennt. Betrachtet man die Art und Weise, *wie* sich das Grundgesetz[81] mit Rechtsquellen befasst, dann ist zunächst erneut[82] festzuhalten, dass es die ihm bekannten Rechtsquellenformen nicht definiert, sondern die Begriffe voraussetzt. Des Weiteren geht das Grundgesetz weder in einem eigenen Teil[83] noch katalogartig[84] auf Rechts-

---

[73] NZS 1997, 497 (500).

[74] NZS 1998, 449 (452).

[75] Zu diesen und weiteren Einwänden *Castendiek*, Normsetzungsvertrag, S. 77 ff.

[76] Vgl. dazu BVerfGE 8, 274 (322 f.); 24, 184 (199); 34, 307 (316 f.); 44, 322 (346 f.). Die Rechtsprechung des Bundesverfassungsgerichts bis zum Jahr 1999 analysiert umfassend *Axer*, Normsetzung, S. 157 ff.; kürzer *Castendiek*, Normsetzungsvertrag, S. 72 ff.

[77] BVerfGE 100, 249 ff.

[78] BVerfGE 100, 249 (258).

[79] *Krings*, in: Kluth/Krings, Gesetzgebung, § 2 Rn. 19 Fn. 31 meint unter Heranziehung von BVerfGE 107, 59 (89 ff.); 111, 191 (215 ff.), dass das Bundesverfassungsgericht „die Frage nach einem numerus clausus stets offengelassen“ habe.

[80] *Pitzen*, Vorbehalt, S. 137 ff. referiert Begründungsansätze der Literatur.

[81] Vgl. zum Umgang der Paulskirchenverfassung von 1849, der Verfassung des Deutschen Reichs von 1871 und der Weimarer Reichsverfassung von 1919 mit der exekutiven Normsetzung den Überblick bei *Axer*, Normsetzung, S. 210 f.

[82] Vgl. schon oben 2. Kapitel A.

[83] Vgl. *Axer*, Normsetzung, S. 208 f.; *Kaltenborn*, Rechtstheorie Bd. 34 (2003), 459 (477); *Wiegand*, Beleihung, S. 82; *Butzer/Kaltenborn*, MedR 2001, 333 (336).

quellen ein. Zwar regelt der VII. Abschnitt des Grundgesetzes gesondert und weitgehend abschließend die Gesetzgebung des Bundes, jedoch gibt es für die anderen Rechtsquellenformen keine vergleichbaren Bestimmungen.[85] Vielmehr nennt das Grundgesetz die Formen, in denen staatliche Stellen Regelungen erlassen können, in unterschiedlichen Zusammenhängen[86].[87] Daraus lässt sich schließen, dass das Grundgesetz die denkbaren Handlungstypen staatlicher Stellen nicht in den Mittelpunkt seines Regelungsinteresses rückt. Das spricht dafür, dass es sich auch nicht abschließend dazu äußert, durch welche Formen staatliche Stellen verbindlich handeln, mithin Regelungen erlassen können[88].

Nicht nur der Umgang des Grundgesetzes mit Rechtsquellenformen insgesamt, sondern auch der mit einzelnen Rechtsquellenformen stützt die Annahme, dass die im Grundgesetz genannten Rechtsquellenformen nicht die allein zulässigen sind. Das zeigt sich zunächst daran, dass das Grundgesetz mit der Satzung eine Rechtsquellenform kennt, die es selbst nicht ausdrücklich erwähnt. Zudem sind die Regelungen zur Rechtsverordnung durch den uferlosen Einsatz des Instruments in der Zeit der Weimarer Republik[89] geprägt. Eine Wiederholung dessen zu verhindern, war bei der Schaffung des Grundgesetzes im Kontext der Rechtsverordnung das wichtigste Anliegen.[90]

---

84 Eine katalogartige Regelungstechnik ist dem Grundgesetz aber nicht fremd, wie z. B. Art. 73 Abs. 1, 93 Abs. 1 GG zeigen.

85 Vgl. ebenso *Wiegand*, Beleihung, S. 82. Dazu, dass das Schweigen des Grundgesetzes zu einer bestimmten Rechtsquellenform nicht die Unzulässigkeit dieser Form bedeutet *Sachs*, VerwArch Bd. 74 (1983), 25 (32 ff.).

86 Beispiele: Die Rechtsverordnung wird maßgeblich im VII. Abschnitt, also im Rahmen der „Gesetzgebung“, geregelt. Geschäftsordnungen werden bei einzelnen Kollegialorganen erwähnt, z. B. Art. 40 Abs. 1 S. 2, 52 Abs. 3 S. 2 GG. Verwaltungsvorschriften werden im VIII. Abschnitt im Kontext der Ausführung von Bundesgesetzen behandelt.

87 Umfassend dazu *Axer*, Normsetzung, S. 208 ff. Skizzenhaft z. B. *Butzer/Kaltenborn*, MedR 2001, 333 (336).

88 Ähnlich *Butzer/Kaltenborn*, MedR 2001, 333 (336); *Wiegand*, Beleihung, S. 82 f.

89 Zum Umgang von staatlichen Stellen mit der Rechtsverordnung in der Zeit der Weimarer Republik *Busch*, Verhältnis, S. 126 f.; *Seiler*, Parlamentsvorbehalt, S. 156 ff.

90 Aus den Entstehungsmaterialien des Grundgesetzes z. B. Bericht der Ministerpräsidenten über den Verfassungskonvent auf Herrenchiemsee vom 10. bis 23. August 1948, S. 46: „Der Mißbrauch der Ermächtigungsgesetze hat es nahe gelegt, unmittelbar im Anschluß an die Bestimmung, daß die Bundesgesetzgebung durch Bundestag und Bundesrat (bzw. Senat) ausgeübt wird, ein ausdrückliches Verbot der Übertragung der Gesetzgebungsbefugnis in das Grundgesetz aufzunehmen. […]“. Vgl. im Übrigen die zitierten Wortbeiträge aus Sitzungen des Hauptausschusses des Parlamentarischen Rats bei *Remmert*, in: Maunz/Dürig, GG, Art. 80 Rn. 37 sowie statt vieler *Seiler*, Parlamentsvorbehalt, S. 159 ff.

Dieses Anliegen findet seine Berücksichtigung in Art. 80 Abs. 1 GG.[91] Das legt nahe, dass die Ausgestaltung der Rechtsquellenform der Rechtsverordnung durch das Grundgesetz nicht dazu erfolgte, um sie von anderen zulässigen Rechtsquellenformen abzugrenzen, sondern um ihren Einsatz zu steuern. Das deutet darauf hin, dass das Grundgesetz nur solche Aspekte von einzelnen Rechtsquellenformen regelt, die bei seiner Schaffung für regelungsbedürftig gehalten wurden.

Bei Rechtsquellen von Stellen der Verwaltung, die weder Rechtsverordnung noch Satzung sind, fällt besonders auf, dass das Grundgesetz nur voraussetzt, dass „irgend“ ein Verwaltungsverfahren eingehalten werden muss und dass es zu konkreten Handlungsinstrumenten, also auch zu Rechtsquellenformen, schweigt. Das Grundgesetz gestaltet somit das Tätigwerden von Stellen der Verwaltung weitgehend nicht selbst aus, sondern weist diese Aufgabe einem anderen Regelungswerk – vor allem dem Gesetz – zu.

Nach dem Blick auf die Rechtsquellenformen im Kontext des Grundgesetzes steht also fest, dass das Grundgesetz kein besonderes Augenmerk auf die Form der staatlichen Entscheidungen legt, durch die nach außen gerichtet Staatsgewalt ausgeübt wird. Demzufolge spricht alles dafür, dass das Grundgesetz keinen numerus clausus von Rechtsquellenformen enthält.[92]

---

[91] Das wird allgemein angenommen, statt vieler BVerfGE 1, 14 (59 f.): „In bewußter Abkehr von der Praxis der Weimarer Zeit fordert Art. 80 GG als Grundlage für Rechtsverordnungen jeder Art eine gesetzliche Ermächtigung, die nach Inhalt, Zweck und Ausmaß genau umgrenzt ist.“

[92] So auch in Bezug auf Rechtsquellen von Stellen der Verwaltung bzw. in Bezug auf Normsetzungsformen z. B. *Axer*, Normsetzung, zusammenfassend S. 224 f.; *Castendiek*, Normsetzungsvertrag, S. 77 ff.; *Wiegand*, Beleihung, S. 82 ff.; *Schnapp*, MedR 1996, 418 (419); *ders.*, FS BSG, 497 (499 ff.); *Butzer/Kaltenborn*, MedR 2001, 333 (336); *Kaltenborn*, Rechtstheorie Bd. 34 (2003), 459 (480); *Sachs*, VerwArch Bd. 74 (1983), 25 (32 ff.); *Isensee*, FS Leisner, 359 (382); wohl auch *Stern*, StaatsR I, S. 821 f. Ohne nähere Ausführungen davon ausgehend z. B. BVerfGE 100, 249 (258); *Schmidt-Aßmann*, Dogmatik, S. 37; *Remmert*, in: Ehlers/Pünder, Allg VwR, § 17 Rn. 2 Fn. 12; *Hill*, Verfahren, S. 247. Vgl. zudem *Clemens*, FS Böckenförde, 259 (261 f.). *Yersin*, Kritik, geht auf S. 1 davon aus, dass ein numerus clausus von Rechtsquellenformen überwiegend angenommen wird, plädiert aber auf S. 243 ff. für eine „Durchbrechung“ des numerus clausus in der Rechtswissenschaft. Für einen numerus clausus vgl. nochmals 2. Kapitel B. Fn. 72.

3. Kapitel

Allgemeine Anforderungen an die Wirksamkeit von Rechtsquellen

Legt das Grundgesetz die zulässigen Rechtsquellenformen nicht abschließend fest, dann bedeutet das nicht, dass jede staatliche Stelle neue Rechtsquellenformen „frei erfinden" und ausgestalten kann. Im Folgenden sind daher Rahmenbedingungen für die Einführung neuer Rechtsquellenformen zu klären. Eine Rechtsquelle kann nur dann eine verbindliche Rechtsfolge setzen, wenn sie *wirksam* ist. Deshalb ist zu untersuchen, unter welchen rechtlichen Bedingungen eine Rechtsquelle wirksam sein darf.

Hierfür müssen die Bedingungen der Wirksamkeit einer Rechtsquelle bestimmt werden, die nach der Rechtsordnung übergreifend für alle Rechtsquellen gelten. Wie etwa §§ 43 Abs. 3, 44 VwVfG für den Verwaltungsakt und § 4 Abs. 4 GemO BW[1] für die gemeindliche Satzung zeigen, ist für die Wirksamkeit einer Rechtsquelle mitentscheidend, ob sie bestimmte Vorgaben der Rechtsordnung einhält oder nicht.[2] Eine rechtmäßige[3] Rechtsquelle ist stets wirksam. Daher wird im Folgenden zunächst die Standardfrage nach der Rechtmäßigkeit von Rechtsquellen beantwortet (A.). Sodann ist zu untersuchen, ob und inwieweit auch rechtswidrige Rechtsquellen wirksam sein können (B.). Abschließend ist der Frage nachzugehen, ab wann und wie lange eine Rechtsquelle wirksam ist und sein darf (C.).

Kennt man insoweit jeweils die Anforderungen der Rechtsordnung an die bereits kategorisierten Formen des Gesetzes, der Rechtsverordnung, der Satzung, des Verwaltungsakts sowie des Verwaltungsvertrags, erleichtert das die Ausgestaltung einer Rechtsquelle in einer nicht kategorisierten Form. Die Rechtsquellen in einer kategorisierten Form weisen durch die Loslösung von der Materie, die sie inhaltlich regeln, bereits allgemeine Strukturen auf. Zudem kommt in den diesbezüglichen Vorschriften bzw. Grundsätzen zum Ausdruck, welche Situationen allgemein konfliktträchtig sind und daher po-

---

[1] Gesetz i.d.F. vom 24.7.2000, GBl. S. 581, berichtigt S. 698, zuletzt geändert durch Art. 16 des Gesetzes vom 21.5.2019, GBl. S. 161.

[2] Dass die Wirksamkeit einer Rechtsquelle häufig von ihrer Rechtmäßigkeit abhängt, ergibt sich also aus der Rechtsordnung, vgl. dazu noch unten 3. Kapitel B. sowie *P. Reimer*, Rechtstheorie Bd. 45 (2014), 383 (393 ff.).

[3] Zum Begriff der Rechtmäßigkeit noch sogleich, 3. Kapitel A.

tentiell für jede Rechtsquelle gelöst werden müssen. Zur Beantwortung der soeben aufgeworfenen Fragen nach der Rechtmäßigkeit von Rechtsquellen, nach der Wirksamkeit von rechtswidrigen Rechtsquellen sowie nach der Wirkungsdauer von Rechtsquellen bedient sich die Arbeit daher zunächst der bereits vorzufindenden Antworten für die Rechtsquellen in einer kategorisierten Form. Da die Satzung jeweils einfachrechtlich nur in Bezug auf einen bestimmten Selbstverwaltungsträger geregelt ist, wird sie am Beispiel der gemeindlichen Satzung nach § 4 GemO BW betrachtet. Zwar sind gemeindliche Satzungen landesrechtlich ausgestaltet, was nicht zu der sonstigen Begrenzung der Arbeit auf das Bundesrecht[4] passt. Jedoch setzt Art. 28 Abs. 2 S. 1 GG diese Satzungen voraus, sie haben im Vergleich zu anderen Satzungen einen weiten Anwendungsbereich und an ihnen lassen sich die allgemeinen Strukturen von Satzungen gut aufzeigen[5].

Die Antworten zu den Rechtsquellen in einer kategorisierten Form werden zuerst systematisiert und dann zu ihren verfassungsrechtlichen Hintergründen befragt, um daraus anschließend formunabhängige Schlussfolgerungen zu ziehen. Schließlich wird anhand dieser Erkenntnisse überprüft, ob der Annahme gefolgt werden kann, dass Flächennutzungspläne und Allgemeinverbindlicherklärungen von Tarifverträgen als Beispiele für Rechtsquellen in einer nicht kategorisierten Form die Eigenschaft besitzen, verbindliche Rechtsfolgen zu setzen.

A. Rechtmäßigkeit einer Rechtsquelle

Beim Erlass einer Rechtsquelle sind die Gesetzgebung und die Verwaltung gemäß Art. 1 Abs. 3, 20 Abs. 3 GG an Teile der Rechtsordnung gebunden. Entspricht eine Rechtsquelle den zu beachtenden Anforderungen der Rechtsordnung, dann ist sie rechtmäßig[6]. Verstößt sie gegen die Anforderungen, dann ist sie rechtswidrig.[7] Im Folgenden ist zu untersuchen, welche Anforderungen an eine bestimmte Rechtsquelle zu regeln sind. Hierfür wird geklärt, unter welchen Voraussetzungen welche staatliche Stelle in welchem Verfahren eine Rechtsquelle mit welchen Rechtsfolgen erlassen darf. Die

---

[4] Vgl. 1. Kapitel A. Fn. 25 sowie C. Fn. 92.

[5] *Axer*, Normsetzung, S. 189 meint, eine gemeindliche Satzung gelte als „Prototyp der Satzung“.

[6] Zum Begriff der Rechtmäßigkeit bzw. Rechtswidrigkeit *P. Kirchhof*, Rechtswidrigkeiten, passim; *Heckmann*, Geltungskraft, S. 49 f.; *Schnelle*, Fehlerfolgenlehre, S. 9 ff.

[7] Statt vieler: *P. Kirchhof*, Rechtswidrigkeiten, S. 5: „Die Rechtswidrigkeit bezeichnet einen Widerspruch zu Normen des Rechts. Über diese formelle Kennzeichnung der Rechtswidrigkeit besteht Einverständnis.“; *Gusy*, JuS 1983, 189 (191); *Ossenbühl*, Rücknahme, S. 28.

Ausführungen beschränken sich also auf den Zeitpunkt des Erlasses einer Rechtsquelle.

I. Erlass einer Rechtsquelle zur Schaffung einer neuen bzw. zur Erledigung einer zugewiesenen staatlichen Aufgabe

Zu untersuchen ist, ob die jeweilige Stelle zum Erlass einer Rechtsquelle ausdrücklich ermächtigt werden muss oder ob sie aus eigener Initiative tätig werden darf. Eine Ermächtigung bzw. – synonym – Befugnis ist die durch die Rechtsordnung verliehene Rechtsmacht einer staatlichen Stelle, auf eine bestimmte Art und Weise zu handeln.[8] Die Arbeit verwendet die Begriffe der Ermächtigung bzw. der Befugnis für die Rechtsmacht einer Stelle, Rechtsfolgen zu setzen, also Rechtsquellen zu erlassen. Eine Aufgabe meint den Auftrag, in einem bestimmten inhaltlich umgrenzten Bereich tätig zu werden.[9] Eine staatliche Aufgabe ist eine solche, die sich der Staat zu eigen gemacht hat.[10]

---

[8] Zu den Begriffen Ermächtigung bzw. Befugnis: *Seiler*, Ex-Rep VwR, Rn. 127; *Jestaedt*, in: Hoffmann-Riem/Schmidt-Aßmann/Voßkuhle, GVwR I, § 14 Rn. 52; *Ehlers*, in: ders./Pünder, Allg VwR, § 1 Rn. 45; *P. Reimer*, Handlungsformen, S. 148.

[9] Zum Begriff der Aufgabe: *Jestaedt*, in: Hoffmann-Riem/Schmidt-Aßmann/Voßkuhle, GVwR I, § 14 Rn. 52; *Brenner*, in: Depenheuer/Grabenwarter, Verfassungstheorie, § 25 Rn. 25; *Baer*, in: Hoffmann-Riem/Schmidt-Aßmann/Voßkuhle, GVwR I, § 11 Rn. 11; *Krautzberger*, Erfüllung Aufgaben, S. 41 f.; *Berger*, Aufgaben, S. 37 f.; *Kirmer*, Aufgaben, S. 45 f.

[10] Der Begriff der staatlichen Aufgabe bzw. – häufig synonym – Staatsaufgabe wird in der Rechtswissenschaft nicht einheitlich verwendet. Teilweise werden z. B. die Gesetzgebung, die vollziehende Gewalt und die Rechtsprechung auch als Staatsaufgaben bezeichnet. Zum Begriff der staatlichen Aufgabe: *Burgi*, Privatisierung, S. 41 ff.; *Klein*, DÖV 1965, 755 (757 f.); *Jestaedt*, in: Hoffmann-Riem/Schmidt-Aßmann/Voßkuhle, GVwR I, § 14 Rn. 52; *Isensee*, in: ders./Kirchhof, HStR IV, § 73 insbesondere Rn. 13 ff.; *Brenner*, in: Depenheuer/Grabenwarter, Verfassungstheorie, § 25 insbesondere Rn. 17 ff.; *Peters*, FS Nipperdey II, 877 (878 ff.); *Schöbener/Knauff*, Allg Staatslehre, § 4 Rn. 98 ff.; *Krautzberger*, Erfüllung Aufgaben, S. 41 ff.; *Berger*, Aufgaben, S. 38 f.; *Lecheler*, Verwaltungslehre, S. 57 f.; *Schmidt-Aßmann*, Ordnungsidee, 3. Kap. Rn. 79; *Jestaedt*, Demokratieprinzip, S. 247 f.; *Kirmer*, Aufgaben, S. 70 ff.; *Bull*, Staatsaufgaben, S. 43 ff. In der Rechtsprechung des Bundesverfassungsgerichts ist keine eindeutige, allgemeingültige Verwendung des Begriffs der staatlichen Aufgabe, insbesondere nicht in Abgrenzung zu einer öffentlichen Aufgabe, zu erkennen, vgl. dazu *Klein*, DÖV 1965, 755 (756 f.) sowie *Kirmer*, Aufgaben, zusammenfassend S. 287 ff. Das Bundesverfassungsgericht verwendet den Begriff der staatlichen Aufgabe undefiniert, z. B. BVerfGE 131, 130 (141, 143); 136, 194 (249); BVerfG, NVwZ 2015, 1444. Näher zu staatlichen Aufgaben unten 3. Kapitel A. I. 2. a).

1. Rechtslage am Beispiel der Rechtsquellen in einer kategorisierten Form

a) Gesetz

Die Gesetzgebung ist nach Art. 20 Abs. 3 GG an die verfassungsmäßige Ordnung gebunden. Das Grundgesetz verleiht der Gesetzgebung an unterschiedlichen Stellen die Befugnis, bestimmte Materien zu regeln. Manchmal *verpflichtet* das Grundgesetz in Bezug auf eine Materie ausdrücklich zum Erlass eines Bundesgesetzes.[11] Bspw. bestimmt nach Art. 38 Abs. 3 GG ein Bundesgesetz das Nähere zur Wahl der Abgeordneten des Deutschen Bundestags und nach Art. 98 Abs. 1 GG ist die Rechtsstellung der Bundesrichter durch Bundesgesetz zu regeln. Diese Gesetze sind also zwingend zu erlassen. Üblicherweise beruht der Erlass eines Gesetzes aber auf einer politischen Entscheidung der gesetzgebenden Organe.[12] Grundsätzlich macht das Grundgesetz den Erlass eines Gesetzes damit zwar nicht von einer ausdrücklichen Ermächtigung der Organe der Gesetzgebung abhängig. Die Gesetzgebung muss aber stets dazu befugt sein, eine bestimmte Materie zu regeln.

b) Rechtsverordnung

Für den Erlass einer Rechtsverordnung ist demgegenüber nach Art. 80 Abs. 1 S. 1, 4 GG eine gesetzliche Ermächtigung erforderlich.[13] Adressat der Ermächtigung ist eine Stelle der Verwaltung, vgl. Art. 80 Abs. 1 S. 1 GG. In dem ermächtigenden Gesetz müssen nach Art. 80 Abs. 1 S. 2 GG Inhalt, Zweck und Ausmaß der erteilten Ermächtigung bestimmt werden. Das zeigt zum einen, dass *nur* ein Gesetz die Verwaltung zum Erlass einer Rechtsverordnung ermächtigen kann. Zum anderen kommt zum Ausdruck, dass eine Rechtsverordnung erlassen wird, um eine bestimmte Materie zu regeln, mithin eine an die Verwaltung übertragene Aufgabe zu erledigen.

---

[11] Dazu *H. Schneider*, Gesetzgebung, Rn. 94; *Ossenbühl*, in: Isensee/Kirchhof, HStR V, § 102 Rn. 11. Die Verpflichtung ist an Formulierungen wie etwa „Das Nähere regelt ein Bundesgesetz." zu erkennen, so oder ähnlich bspw. Art. 4 Abs. 3 S. 2, 16a Abs. 4 S. 2, 21 Abs. 3, 22 Abs. 1 S. 3, 23 Abs. 7, 26 Abs. 2 S. 2, 41 Abs. 3 GG.

[12] Vgl. dazu *H. Schneider*, Gesetzgebung, Rn. 95; *Ossenbühl*, in: Isensee/Kirchhof, HStR V, § 102 Rn. 9.

[13] Jedenfalls nach dem Begriffsverständnis der Arbeit liegt eine Rechtsverordnung nur vor, wenn die einer Stelle der Verwaltung zuzurechnende Rechtsquelle auf eine gesetzliche Ermächtigung zurückzuführen ist. Die Rückführung auf eine gesetzliche Ermächtigung ist aber nicht bei jedem Begriffsverständnis konstitutiv für das Vorliegen einer Rechtsverordnung, vgl. *Remmert*, in: Maunz/Dürig, GG, Art. 80 Rn. 49.

c) Satzung

Eine Satzung kann nur von Selbstverwaltungsträgern erlassen werden. Die Existenz von Gemeinden, die hier exemplarisch herangezogen werden, setzt Art. 28 Abs. 1 S. 2 bis S. 4, Abs. 2 S. 1 GG voraus. § 4 Abs. 1 S. 1 GemO BW ermächtigt die Gemeinden ausdrücklich, weisungsfreie Angelegenheiten durch Satzung zu regeln. Davon geht aber wie gezeigt[14] bereits Art. 28 Abs. 2 S. 1 GG aus. Daher wird § 4 Abs. 1 S. 1 GemO BW oft als deklaratorisch angesehen.[15]

Allgemein wird ein Selbstverwaltungsträger geschaffen, indem durch die Verfassung oder aufgrund des organisationsrechtlichen Gesetzesvorbehalts durch ein Gesetz[16] eine bestimmte Aufgabe auf eine eigenständige Stelle der Verwaltung, die nicht Teil der hierarchischen Verwaltung ist,[17] übertragen[18] wird.[19] Diese Stelle nimmt die Aufgabe anschließend im eigenen Namen sowie in eigener Verantwortung wahr.[20] Sie ist also eine juristische Person des öffentlichen Rechts. Zur Erfüllung der übertragenen Aufgabe kann sie unter

---

[14] 2. Kapitel A.

[15] So *Geis*, in: Kluth/Krings, Gesetzgebung, § 25 Rn. 39; *Schmidt-Jortzig*, DVBl. 1990, 920 (921); *Maurer*, DÖV 1993, 184 (190) in Bezug auf die Gemeindeordnung für das Land Nordrhein-Westfalen und mit der Einschränkung, dass die entsprechende Vorschrift deklaratorisch sei, „soweit sie die eigentlichen Selbstverwaltungsangelegenheiten betrifft“; *Becker/Sichert*, JuS 2000, 144 (147).

[16] Die Errichtung eines Selbstverwaltungsträgers steht unter Gesetzesvorbehalt. Dazu: *F. Reimer*, in: Hoffmann-Riem/Schmidt-Aßmann/Voßkuhle, GVwR I, § 9 Rn. 41; *Schmidt-Aßmann*, GS Martens, 249 (264); *Böckenförde*, Organisationsgewalt, S. 96; *Krebs*, in: Isensee/Kirchhof, HStR V, § 108 Rn. 102; *Remmert*, Dienstleistungen, S. 294 m. w. Nachw.

[17] *Möstl*, in: Ehlers/Pünder, Allg VwR, § 20 Rn. 11.

[18] *Schmidt-Jortzig*, DVBl. 1990, 920; *Hill/Martini*, in: Hoffmann-Riem/Schmidt-Aßmann/Voßkuhle, GVwR II, § 34 Rn. 26 betonen die Übertragung einer *Aufgabe* bei der Abgrenzung der Satzung von der Rechtsverordnung. Häufig wird davon gesprochen, dass bei einer Satzung eine Sachentscheidung „dezentralisiert“ sei, während sie bei einer Rechtsverordnung „dekonzentriert“ sei. Mit der Umschreibung, dass die Entscheidung „dezentralisiert“ sei, ist gemeint, dass die Erledigung einer staatlichen Aufgabe auf eine eigenständige juristische Person des öffentlichen Rechts übertragen wird. Vgl. dazu *Hill/Martini*, in: Hoffmann-Riem/Schmidt-Aßmann/Voßkuhle, GVwR II, § 34 Rn. 26; *Stober*, in: Wolff/Bachof/Stober/Kluth, VwR I, § 25 Rn. 56. Das Bundesverfassungsgericht billigt grundsätzlich die Übertragung von staatlichen Aufgaben an Selbstverwaltungsträger, erstmals BVerfGE 10, 89 (102). Im Anschluss daran und zugleich zur Wahrnehmung staatlicher Aufgaben durch Selbstverwaltungsträger z. B. BVerfGE 15, 235 (241 f.); 38, 281 (299, 303 ff.); 107, 59 (90 ff.).

[19] Vgl. *Remmert*, in: Maunz/Dürig, GG, Art. 80 Rn. 210; *Kluth*, Selbstverwaltung, S. 231 und besonders zur Aufgabenzuweisung S. 307.

[20] Vgl. *Oldiges*, DÖV 1989, 873 (881).

anderem Satzungen erlassen.[21] Geht man davon aus, dass die Befugnis, eigene Angelegenheiten durch Satzung zu regeln, einem Selbstverwaltungsträger immanent ist,[22] dann muss er grundsätzlich nicht ausdrücklich ermächtigt werden, eigene Angelegenheiten durch Satzung regeln zu können. Nimmt man dagegen an, dass die Satzungsbefugnis eines Selbstverwaltungsträgers auf einer ausdrücklichen Übertragung durch den Staat beruht,[23] dann muss jede Satzung in einer gesetzlichen Ermächtigungsgrundlage[24] angelegt sein,[25] wobei diese für die Erfüllung eigener Angelegenheiten in der Zuweisung der Aufgabe an den Selbstverwaltungsträger konkludent mitenthalten sein kann.[26] Im Ergebnis führt die unterschiedliche Begründung der Satzungsbefugnis[27] für

---

[21] Zur Satzungsautonomie der unterschiedlichen juristischen Personen des öffentlichen Rechts umfassend und jew. m. Nachw. *Ossenbühl*, in: Isensee/Kirchhof, HStR V, § 105 Rn. 6 ff.; *Axer*, Normsetzung, S. 201 ff.; kürzer, aber mit konkreten Beispielen *H. Schneider*, Gesetzgebung, Rn. 279 f.

[22] So wohl *Hill/Martini*, in: Hoffmann-Riem/Schmidt-Aßmann/Voßkuhle, GVwR II, § 34 Rn. 26; in diese Richtung auch *Ossenbühl*, in: Isensee/Kirchhof, HStR V, § 105 Rn. 25.

[23] So z. B. *Hendler*, Selbstverwaltung, S. 293; vgl. auch *Fleiner*, Institutionen, S. 115 f.

[24] Für die Ermächtigungsgrundlage gilt Art. 80 Abs. 1 S. 2 GG weder direkt noch analog, vgl. z. B. BVerfGE 12, 319 (325); 33, 125 (157 f.); 97, 332 (343); *Ossenbühl*, in: Isensee/Kirchhof, HStR V, § 105 Rn. 39; *Möstl*, in: Ehlers/Pünder, Allg VwR, § 20 Rn. 11 f.; in Bezug auf kommunale Satzungen: *Maurer*, DÖV 1993, 184 (188); *Geis*, in: Kluth/Krings, Gesetzgebung, § 25 Rn. 76. *Hamann*, Satzungen, S. 68 f. ist hingegen der Auffassung, dass das Grundgesetz nur an Gemeinden Satzungsbefugnisse verleihe und dass es daher „der Bundesgesetzgebung verwehrt ist, abgesehen von diesem Sonderfalle, solche Verleihungen neu vorzunehmen" – im Original mit Herv. Daher ist für ihn – S. 76 – „die Frage, ob Artikel 80 Abs. 1 GG für solche Gesetze, die derartige Verleihungen [von Satzungsbefugnissen durch Bundesgesetz an andere Selbstverwaltungsträger als an Gemeinden – Einschub durch Verfasser] aussprechen, unmittelbar oder […] wenigstens entsprechend anzuwenden ist, überhaupt nicht zu stellen". Er ist jedoch der Auffassung, dass in manchen Ländern Art. 80 Abs. 1 GG entsprechend anzuwenden sei, *Hamann*, Satzungen, S. 79 ff.

[25] *Steger*, in: Kunze/Bronner/Katz, GemO BW, § 4 Rn. 3 stützt dieses Ergebnis auf den „Grundsatz der Gesetzmäßigkeit der Verwaltung (Art. 20 Abs. 3 GG, Art. 25 Abs. 2 LV [BW – Einschub durch Verfasser])". Teilweise wird das Ergebnis aus dem Facharztbeschluss des Bundesverfassungsgerichts, BVerfGE 33, 125 (insbesondere 157 ff.) geschlossen, so z. B. *Bethge*, NVwZ 1983, 577 (578); *Hill*, Verfahren, S. 78. Dazu kritisch *Maurer*, DÖV 1993, 184 (188 f.); *v. Arnim*, AöR Bd. 113 (1988), 1 (21 f.). Das Bundesverfassungsgericht hat jedoch betont, dass „lediglich die Verleihung von Satzungsgewalt an Berufsverbände des öffentlichen Rechts in Frage steht", BVerfGE 33, 125 (157).

[26] Dazu *Hendler*, Selbstverwaltung, S. 293.

[27] Dazu, ob Satzungsautonomie ein originäres Recht ist oder vom Staat verliehen wird m. Nachw. zur sog. „Originaritätstheorie", „Delegationstheorie" und „Dereliktionstheorie" *Axer*, Normsetzung, S. 196 ff.; *Ossenbühl*, in: Isensee/Kirchhof, HStR V, § 105 Rn. 19 ff.

das Erfordernis einer Ermächtigungsgrundlage daher zu keinem Unterschied.[28] Regelungen einer Satzung sind jedenfalls dann zusätzlich auf eine ausdrückliche und spezielle Ermächtigungsgrundlage[29] zurückzuführen, wenn sie auf die Beeinträchtigung von Freiheitsgrundrechten gerichtet sind.[30]

d) Verwaltungsakt und Verwaltungsvertrag

Wie bereits dargelegt[31], ist der Verwaltungsakt – und folglich auch der Verwaltungsvertrag, der nach § 54 S. 2 VwVfG insbesondere anstatt eines Verwaltungsakts erlassen werden kann – ein Instrument zur Ausführung von Gesetzen. Verwaltungsakte und Verwaltungsverträge dienen der Erledigung von Aufgaben, die einer Stelle der Verwaltung durch Gesetz übertragen worden sind. Häufig ergeht ein Verwaltungsakt auf einer gesetzlichen oder auf einer auf ein Gesetz zurückzuführenden Ermächtigungsgrundlage, die einer Stelle der Verwaltung die Befugnis verleiht, bestimmte Einzelfälle zu regeln. Das trifft jedenfalls für den Erlass von Verwaltungsakten[32] zu, die

---

28 Im Ergebnis auch *Ossenbühl*, in: Isensee/Kirchhof, HStR V, § 105 Rn. 19; *Trips*, Verfahren Rechtsetzung, S. 79.

29 Jedenfalls eine Bestimmung in der Art von § 4 Abs. 1 S. 1 GemO BW ist also nicht ausreichend, vgl. *Badura*, DÖV 1963, 561 (562); *Schmidt-Aßmann*, Kommunale Rechtsetzung, S. 8. Welche Anforderungen an die Bestimmtheit der Ermächtigungsgrundlage zu stellen sind, ist unter anderem eine Frage des betroffenen Grundrechts und der Eingriffsintensität.

30 Dazu BVerfGE 33, 125 (158 ff.); 111, 191 (216 f.); BVerwGE 6, 247 (250 f.); *Badura*, DÖV 1963, 561 (562); *Ossenbühl*, in: Isensee/Kirchhof, HStR V, § 105 Rn. 28, 33; *Schmidt-Jortzig*, DVBl. 1990, 920 (921); *Schmidt-Aßmann*, Kommunale Rechtsetzung, S. 8 f.; *Möstl*, in: Ehlers/Pünder, Allg VwR, § 20 Rn. 12; *Trips*, Verfahren Rechtsetzung, S. 81; *Geis*, in: Kluth/Krings, Gesetzgebung, § 25 Rn. 78 f.; *v. Arnim*, AöR Bd. 113 (1988), 1 (25 f.); *Steger*, in: Kunze/Bronner/Katz, GemO BW, § 4 Rn. 5; *Hill*, Gutachten 58. Juristentag, D 14, 90; *ders./Martini*, in: Hoffmann-Riem/Schmidt-Aßmann/Voßkuhle, GVwR II, § 34 Rn. 32 f. *Maurer*, DÖV 1993, 184 (188 f.) differenziert zwischen Gemeinden und anderen Selbstverwaltungsträgern. Geht man davon aus, dass alle auf die Beeinträchtigung von Freiheitsgrundrechten gerichteten Satzungen einer speziellen Ermächtigung bedürfen, dann bedeutet das nach *Fechtrup*, Referat 58. Juristentag, N 39 (47), dass „nahezu alle wichtigen Satzungen gesetzesabhängig" seien. Um jedoch den Charakter der Satzung als Instrument der Selbstverwaltung zu wahren, wird häufig gefordert, den Selbstverwaltungsträgern auch beim Erlass einer grundrechtsbeeinträchtigenden Satzung einen größeren Spielraum zu geben, vgl. dazu *Fechtrup*, Referat 58. Juristentag, N 39 (47); *Trute*, in: Hoffmann-Riem/Schmidt-Aßmann/Voßkuhle, GVwR I, § 6 Rn. 80; *Schmidt-Jortzig*, DVBl. 1990, 920 (925); *Oebbecke*, VVDStRL Bd. 62 (2003), 366 (397 f.).

31 2. Kapitel A.

32 Es wird davon ausgegangen, dass für den Abschluss eines Verwaltungsvertrags grundsätzlich keine spezielle Ermächtigungsgrundlage erforderlich ist, so z. B. BVerwGE 42, 331 (335); *Gurlit*, in: Ehlers/Pünder, Allg VwR, § 31 Rn. 4; *Krebs*,

eine auf die Beeinträchtigung von Freiheitsgrundrechten gerichtete Regelung enthalten.

e) Ergebnis

Die gesetzgebenden Organe bedürfen zum Erlass eines Gesetzes grundsätzlich keiner ausdrücklichen Ermächtigung, sondern können sich Aufgaben aus eigener Initiative annehmen. Das Grundgesetz verleiht den gesetzgebenden Organen die Befugnis, bestimmte Materien gesetzlich zu regeln. Rechtsquellen von Stellen der Verwaltung hingegen können erst ergehen, nachdem der Verwaltung die Befugnis, eine Rechtsquelle zu erlassen, sowie eine Aufgabe übertragen wurden. Grundrechtsbeeinträchtigende Rechtsquellen von Stellen der Verwaltung basieren auf einer gesetzlichen oder einer auf ein Gesetz zurückzuführenden Ermächtigungsgrundlage.

2. Verfassungsrechtliche Hintergründe der dargestellten Rechtslage

Die gesetzgebenden Organe und die Stellen der Verwaltung haben gemeinsam, dass ihnen die Rechtsordnung zum Erlass einer bestimmten Rechtsquelle eine Befugnis verleiht. Zu klären sind jedoch die verfassungsrechtlichen Hintergründe dafür, dass die Organe der Gesetzgebung im Gegensatz zu den Stellen der Verwaltung auch dann eine Rechtsquelle erlassen dürfen, wenn ihnen zuvor keine staatliche Aufgabe zugewiesen wurde und sie dadurch nicht spezifisch zum Handeln ermächtigt wurden. Dazu ist zunächst die staatliche Aufgabe als das Element, von dem das staatliche Tätigwerden abhängig ist, näher zu betrachten.

a) Staatliche Aufgaben

Nach der oben[33] genannten Terminologie versteht die Arbeit unter einer staatlichen Aufgabe einen Auftrag, in einem bestimmten, inhaltlich umgrenzten Bereich tätig zu werden, dessen Erledigung sich der Staat zu eigen gemacht hat. Fraglich ist, welche Aufgaben es allgemein in einem Staat geben kann und wie eine Aufgabe zu einer staatlichen wird.

VVDStRL Bd. 52 (1993), 248 (265 f.); *Maurer*, DVBl. 1989, 798 (804); *Brüning/Bosesky*, in: Mann/Sennekamp/Uechtritz, NK-VwVfG, § 54 Rn. 76; *Bonk/Neumann/Siegel*, in: Stelkens/Bonk/Sachs, VwVfG, § 54 Rn. 4. Das gilt allerdings dann nicht, wenn trotz der gewählten Vertragsform – diese Wahl ist Grundrechtsausübung – die Schwelle zur Grundrechtsbeeinträchtigung überschritten wird.

[33] 3. Kapitel A. I.

In einem Staat als einem Zusammenschluss von Menschen ist das staatliche Gemeinwesen zu koordinieren und das gesellschaftliche Zusammenleben im Sinne der Verfassung des Staates sicherzustellen.[34] Dazu muss entweder die Gesellschaft oder der Staat fortlaufend einen Konsens über die Ausgestaltung des gesellschaftlichen Zusammenlebens und des staatlichen Gemeinwesens herstellen. Übernimmt der Staat diese Ausgestaltung für einen sachlich umgrenzten Bereich, dann liegt eine staatliche Aufgabe vor.

Als Verfassung der Bundesrepublik Deutschland kann das Grundgesetz dem Staat ganz konkrete Aufgaben zuweisen.[35] Für einzelne Materien legt es fest, dass sie der Staat regelt. Z.B. ist wie schon erwähnt nach Art. 38 Abs. 3 GG die Wahl der Abgeordneten des Deutschen Bundestags durch Gesetz zu regeln. Da nur der Staat Gesetze erlassen kann,[36] stellen solche Gesetzgebungsaufträge Aufgabenzuweisungen an den Staat dar[37].

Häufig sind die grundgesetzlichen Verpflichtungen des Staates aber viel allgemeiner. So gibt es bspw. Schutzpflichten des Staates, die in einem Bereich, der das Zusammenleben im Staat betrifft, grundsätzlich ein Handeln des Staates erfordern.[38] Solche Schutzpflichten sind in manchen Grundrechten – wie z.B. in Art. 1 Abs. 1 S. 2, 6 Abs. 1 GG – sowie in Art. 20a GG ausdrücklich normiert. Der Staat ist aber auch dann dazu verpflichtet, die Ausübung der Grundrechte vor Gefährdungen zu schützen, wenn eine Schutzpflicht nicht explizit geregelt ist.[39] Neben den Gesetzgebungsaufträ-

---

[34] Vgl. zu diesem Zweck eines Staats *Hesse*, Grundzüge, Rn. 485.

[35] Vgl. zur Verankerung staatlicher Aufgaben in der Verfassung *Brenner*, in: Depenheuer/Grabenwarter, Verfassungstheorie, § 25 Rn. 37ff.

[36] *Isensee*, in: ders./Kirchhof, HStR IV, § 73 Rn. 31 spricht insoweit von einer unvertretbaren Staatsaufgabe; *Brenner*, in: Depenheuer/Grabenwarter, Verfassungstheorie, § 25 Rn. 33 bezeichnet die Gesetzgebung als „jedenfalls in ihrer Substanz unvertretbare Staatsaufgabe[]".

[37] *Brenner*, in: Depenheuer/Grabenwarter, Verfassungstheorie, § 25 Rn. 47; vgl. *Wahl*, in: Ellwein/Hesse, Staatswissenschaften, 29 (32).

[38] *Jestaedt*, in: Hoffmann-Riem/Schmidt-Aßmann/Voßkuhle, GVwR I, § 14 Rn. 53 in Fn. 292 geht davon aus, dass grundrechtliche Schutzpflichten staatliche Aufgaben begründen können.

[39] Nach dem von *Krebs*, in: Merten/Papier, HGR II, § 31 Rn. 97ff. so entwickelten „Schutzmodell" sind Grundrechte nicht primär Abwehrrechte gegen den Staat, sondern sie verpflichten den Staat dazu, dem Bürger Freiheit zu verschaffen. Legt man dieses Grundrechtsverständnis zugrunde, dann begründen Grundrechte schon ohne die Konstruktion einer Schutzpflicht staatliche Aufgaben. Selbst in der abwehrrechtlichen Grundrechtsdogmatik geht man zum einen ebenfalls davon aus, dass zusätzlich Schutzpflichten bestehen und zwar auch dann, wenn sie nicht ausdrücklich normiert sind, dazu statt anderer *Isensee*, in: ders./Kirchhof, HStR IX, § 191 Rn. 218, 222. Darüber hinaus soll der Staat dazu verpflichtet sein, die Voraussetzungen zur Ausübung von Grundrechten zu schaffen, dazu statt anderer *Jarass*, in: Merten/Papier, HGR II, § 38 Rn. 22ff., der diesen Gedanken in Rn. 22 mit „Freiheit mit Hilfe

gen, den ausdrücklichen Schutzpflichten und den Grundrechten können auch die Staatsstrukturprinzipien[40] sowie die Kompetenzordnung[41] des Grundgesetzes staatliche Handlungspflichten begründen.

Diese abstrakten Handlungspflichten können in konkreten Situationen erfordern, dass der Staat in einer bestimmten Weise tätig wird. Der Staat hat dann eine staatliche Aufgabe zu schaffen. Situationen, in denen abstrakte zu konkreten Handlungspflichten des Staates erwachsen, sind nicht vorhersehbar, sondern bspw. von tatsächlichen Umständen abhängig.

Demzufolge enthält das Grundgesetz sowohl abhängig als auch unabhängig von einer bestimmten Materie ausdrückliche sowie implizite Handlungspflichten des Staates.[42] Verpflichtet das Grundgesetz den Staat zur Regelung einer bestimmten Materie – nennt es also die konkrete Aufgabe –, dann liegt eine bereits durch die Verfassung zugewiesene staatliche Aufgabe vor. Eine abstrakte Handlungspflicht des Staates kann in einer bestimmten Situation dazu führen, dass der Staat handeln muss. Er hat dann eine Aufgabe zu übernehmen, die ihm das Grundgesetz noch nicht übertragen hat. Das zeigt, dass das Grundgesetz staatliche Aufgaben nicht abschließend aufzählt.[43] Das be-

---

des Staates“ umschreibt. Dazu, dass Grundrechte staatliche Aufgaben begründen können: *Brenner*, in: Depenheuer/Grabenwarter, Verfassungstheorie, § 25 Rn. 44 ff.; *Isensee*, in: ders./Kirchhof, HStR IV, § 73 Rn. 14, 43; *ders.*, FS Leisner, 359 (373); *Schulze-Fielitz*, in: Grimm, Staatsaufgaben, 11 (21); *Bull*, Staatsaufgaben, S. 155 ff. Zum Verhältnis zwischen Grundrechten und staatlichen Aufgaben auch *Häberle*, AöR Bd. 111 (1986), 595 (602 ff.).

40 Der Staat muss z. B. Wahlen der Abgeordneten des Deutschen Bundestags durchführen, damit er die von Art. 20 Abs. 2 S. 2 GG vorgesehene Form der Demokratie umsetzt und die Wahlberechtigten von ihrem Wahlrecht nach Art. 38 Abs. 1 S. 1 GG Gebrauch machen können. Dazu, dass Staatsstrukturprinzipien staatliche Handlungspflichten bzw. staatliche Aufgaben begründen können: *Brenner*, in: Depenheuer/Grabenwarter, Verfassungstheorie, § 25 Rn. 48; *Traulsen*, Kirchenordnung, S. 75 ff.

41 Zum Zusammenhang zwischen grundgesetzlichen Kompetenzen und staatlichen Aufgaben: *Bull*, Staatsaufgaben, S. 152 ff.; *Brenner*, in: Depenheuer/Grabenwarter, Verfassungstheorie, § 25 Rn. 42; *Isensee*, in: ders./Kirchhof, HStR IV, § 73 Rn. 19 f., 42; *ders.*, FS Leisner, 359 (371 f.); *Schulze-Fielitz*, in: Grimm, Staatsaufgaben, 11 (21). Siehe aber auch *Badura*, StaatsR, D Rn. 41: „Die Kataloge der Materien, in denen dem Bund das Gesetzgebungsrecht zusteht (Art. 73 ff. GG), geben Anschauung und auch gewisse Fingerzeige dafür, welche Gegenstände als Staatsaufgaben bestehen oder in Betracht zu ziehen sind. Diese Kompetenzvorschriften können für sich allein aber weder Pflichten noch Ermächtigungen des Bundes zur Gesetzgebung begründen.“ Dem folgend *Wahl*, in: Ellwein/Hesse, Staatswissenschaften, 29 (31 f.).

42 Vgl. *Brenner*, in: Depenheuer/Grabenwarter, Verfassungstheorie, § 25 Rn. 39.

43 Das ist im Ergebnis unumstritten, vgl. z. B. *Isensee*, FS Leisner, 359 (373); *ders.*, in: ders./Kirchhof, HStR IV, § 73 Rn. 42; *Brenner*, in: Depenheuer/Grabenwarter, Verfassungstheorie, § 25 Rn. 40; *Wahl*, in: Ellwein/Hesse, Staatswissenschaften, 29 (35 f.); *Ehlers*, in: ders./Pünder, Allg VwR, § 1 Rn. 44; aus allgemeiner staatstheo-

deutet zugleich, dass staatliche Aufgaben auch noch auf andere Art und Weise als durch Festlegung im Grundgesetz geschaffen werden dürfen.

b) Funktion der Gesetzgebung und Funktion der Verwaltung

Der Staat nimmt seine konkreten Aufgaben und abstrakten Pflichten wahr, indem er Staatsgewalt ausübt. Nach Art. 20 Abs. 2 S. 2 GG wird die Staatsgewalt unter anderem durch besondere Organe der Gesetzgebung, der vollziehenden Gewalt und der Rechtsprechung ausgeübt. Das Grundgesetz differenziert also bei der Erfüllung staatlicher Aufgaben und Pflichten durch Staatsorgane zwischen drei „Grundtypen“[44] der Ausübung von Staatsgewalt. Jeder einzelne „Grundtyp“ hat eine eigenständige Funktion[45].

Der Gesetzgebung verleiht das Grundgesetz die Befugnis, Regelungen in der Form eines Gesetzes zu erlassen. Die Befugnis erstreckt sich auf bestimmte Materien. Durch diese sachbezogene Zuweisung der Rechtsmacht, Rechtsquellen zu erlassen, steht aber noch nicht fest, inwiefern die zugewiesene Materie tatsächlich geregelt wird.[46] Vielmehr bleibt es der Gesetzgebung überlassen, *wie* sie die Materie gesetzlich ausgestaltet. So folgt z. B. aus Art. 73 Abs. 1 Nr. 2 GG i. V. m. Art. 71 GG nur, dass der Bund die Rechtsmacht hat, durch Gesetz die Staatsangehörigkeit im Bunde zu regeln. Die Gesetzgebung kann daher festlegen, wer kraft Gesetzes deutscher Staatsangehöriger ist, wer unter Umständen die deutsche Staatsbürgerschaft nach Antragstellung erhalten kann, welche Voraussetzungen dazu erfüllt sein müssen und wann die deutsche Staatsangehörigkeit aufgehoben werden kann.

---

retischer Sicht *Schöbener/Knauff*, Allg Staatslehre, § 4 Rn. 103 f.; vgl. auch *Schmidt-Aßmann*, Ordnungsidee, 3. Kap. Rn. 80. Gleichwohl ist jede Staatsaufgabe „auf letzte Grundsatzaussagen der Verfassung zurückführbar“, *Schulze-Fielitz*, in: Grimm, Staatsaufgaben, 11 (16). Zum Meinungsstand in der Literatur *Pitzen*, Vorbehalt, S. 98 ff.

44 *Hesse*, Grundzüge, Rn. 487.

45 Art. 20 Abs. 2 S. 2 GG gibt bei der Ausübung der Staatsgewalt durch Staatsorgane also eine Funktionengliederung vor. Ebenfalls den Begriff „Funktionen“ verwenden in diesem Zusammenhang z. B. *Krebs*, in: Isensee/Kirchhof, HStR V, § 108 Rn. 90; *Stern*, StaatsR II, S. 522; *Poscher*, in: Hoffmann-Riem/Schmidt-Aßmann/Voßkuhle, GVwR I, § 8; *Bickenbach*, Einschätzungsprärogative, S. 174; *Böckenförde*, in: Isensee/Kirchhof, HStR II, § 24 Rn. 87. Die Verteilung der Ausübung der Staatsgewalt auf unterschiedliche Staatsorgane wird oft auch mit Begriffen wie „Gewaltenteilung“ oder „Gewaltentrennung“ umschrieben, vgl. dazu umfassend *Grzeszick*, in: Maunz/Dürig, GG, Art. 20 V Rn. 3 ff.; kürzer *Sommermann*, in: v. Mangoldt/Klein/Starck, GG II, Art. 20 Rn. 208 ff.

46 Vgl. *Krautzberger*, Erfüllung Aufgaben, S. 43: „Kompetenznormen […] besagen also nichts darüber, *daß* (überhaupt) und *wie* die zugewiesenen Regelungsbereiche zu gestalten sind“ – Herv. im Original.

Betrachtet man die Erfüllung staatlicher Schutzpflichten[47], dann geht Art. 20a GG davon aus, dass zuerst die Gesetzgebung der Schutzpflicht nachkommt. Auch bei einer aus einem Grundrecht resultierenden Schutzpflicht des Staates muss wegen der grundrechtlichen Gesetzesvorbehalte in der Regel zunächst die Gesetzgebung tätig werden.[48] Der konkrete Bereich und der Umfang, in dem die Gesetzgebung eine Schutzpflicht erfüllen muss, ist jeweils nicht vorhersehbar, sondern z.B. von tatsächlichen Umständen abhängig[49]. Deshalb kann das Grundgesetz der Gesetzgebung nicht vorab für den Erlass jedes Gesetzes eine ausdrückliche Ermächtigung verleihen.[50] Vielmehr hat die Gesetzgebung zunächst Bereiche zu erkennen, in denen der Staat einer Schutzpflicht nachkommen muss, und dann Regelungen zu erlassen, mit denen sie diese Schutzpflicht erfüllt.[51]

Die Zuweisung von Befugnissen an die Gesetzgebung und die Wahrnehmung der staatlichen Schutzpflichten zeigen, dass das Grundgesetz der Gesetzgebung die Funktion zuweist, das gesellschaftliche Zusammenleben verbindlich zu koordinieren, indem sie die ihr zur Regelung übertragenen Materien gesetzlich ausgestaltet sowie abstrakte Handlungspflichten des Staates durch Gesetze sachbezogen präzisiert. Die Gesetzgebung hat folglich eine Gestaltungsfunktion.[52] Diese Funktion erfordert es, dass durch Gesetz konkrete staatliche Aufgaben geschaffen[53] werden können,[54] und bedingt es

---

[47] Dazu oben 3. Kapitel A. I. 2. a).

[48] *Isensee*, in: ders./Kirchhof, HStR IX, § 191 Rn. 281 ff. zum „Gesetz als Medium der Schutzpflicht“.

[49] Aus staatstheoretischer Sicht vgl. *Schöbener/Knauff*, Allg Staatslehre, § 4 Rn. 104.

[50] Aus staatstheoretischer Sicht ziehen *Schöbener/Knauff*, Allg Staatslehre, § 4 Rn. 104 einen ähnlichen Schluss, nämlich den auf „die Unmöglichkeit eines feststehenden, allgemeingültigen Katalogs von Staatsaufgaben“.

[51] Vgl. *Badura*, StaatsR, C Rn. 22. Jeweils nicht in Bezug auf die Wahrnehmung staatlicher Schutzpflichten, sondern zur Gestaltungsmacht der gesetzgebenden Organe: *Brenner*, in: Depenheuer/Grabenwarter, Verfassungstheorie, § 25 Rn. 49: „Es obliegt im Wesentlichen diesem sog. einfachen Gesetzgeber, einzelne Aufgaben als staatliche zu identifizieren und [...] in die Sphäre des Staates und in dessen Erledigungs-, zumindest aber Gewährleistungsverantwortung hinüberzuziehen.“; *Isensee*, FS Leisner, 359 (380); *Wahl*, in: Ellwein/Hesse, Staatswissenschaften, 29 (44 f.).

[52] *Brenner*, in: Depenheuer/Grabenwarter, Verfassungstheorie, § 25 Rn. 49 f.; *Badura*, StaatsR, D Rn. 34; *Hesse*, Grundzüge, Rn. 503.

[53] Zugleich kann der Staat bestehende staatliche Aufgaben ändern und sich von ihnen lösen, vgl. unabhängig vom Grundgesetz *Schöbener/Knauff*, Allg Staatslehre, § 4 Rn. 105.

[54] *Brenner*, in: Depenheuer/Grabenwarter, Verfassungstheorie, § 25 Rn. 49 f. *Böckenförde*, FG Hefermehl, 11 (23 f.) kommt zu demselben Ergebnis, stützt sich aber auf demokratische Aspekte: „*Welche* der öffentlichen oder öffentlich relevanten Aufgaben zu staatlichen Aufgaben erklärt werden können bzw. müssen, ist dabei im

zugleich, dass der Erlass eines Gesetzes keiner ausdrücklichen Ermächtigung bedarf[55].[56]

Die Funktion, das gesellschaftliche Zusammenleben verbindlich zu koordinieren, spiegelt sich auch in der Ausgestaltung der Organe, die die Gesetzgebung wahrnehmen, wieder.[57] Das zentrale Organ der Gesetzgebung ist gemäß Art. 76ff. GG der Bundestag.[58] Das Volk überträgt nach Art. 20 Abs. 2 S. 2 GG i.V.m. Art. 38 Abs. 1 S. 1 GG durch Wahlen die Ausübung der nach Art. 20 Abs. 1 S. 1 GG bei ihm – dem Volk – liegenden Staatsgewalt auf die Abgeordneten des Bundestags. Da nur der Bundestag als Gesamtorgan Staatsgewalt ausüben kann, muss er vor dem Beschluss eines Gesetzes die von den Abgeordneten entsprechend Art. 38 Abs. 1 S. 2 GG repräsentierten Interessen des Volkes koordinieren. In dem Beschluss eines Gesetzes kommt zum Ausdruck, dass ein Konsens darüber besteht, *dass* und *wie* der Staat Staatsgewalt ausüben soll.

Welche Bereiche der Staat durch Ausübung von Staatsgewalt regelt, also welche Aufgaben er im Interesse des Volkes übernimmt, ist nicht vorhersehbar, sondern wie die Bereiche, in denen Schutzpflichten des Staates bestehen, abhängig von tatsächlichen Umständen und sich wandelnden Wertvorstellungen. Als Repräsentationsorgan des Volkes muss der Bundestag diese Bereiche erkennen und gestalten. Seiner Repräsentationsfunktion kann der Bundestag nur umfassend nachkommen, wenn er auch ohne eine ausdrückliche grundgesetzliche Ermächtigung und damit auch ohne eine bestehende staatliche Aufgabe handeln kann. Vielmehr muss er neue staatliche Aufgaben schaffen können. Dieser Befund steht im Einklang mit der Gestaltungsfunktion der Gesetzgebung.

Rahmen der gegebenen Verfassung eine Sache demokratischer, d.h. gesetzgeberischer Entscheidung." – Herv. im Original.

[55] Nicht nur für das Gesetz, sondern in Bezug auf alle staatlichen Maßnahmen BVerfGE 98, 218 (246); vgl. auch *Isensee*, FS Leisner, 359 (zusammenfassend 398).

[56] Teilweise wird davon ausgegangen, dass Grundrechte den Staat an der Schaffung bestimmter Aufgaben hindern, dazu *Stern*, Bitburger Gespräche 1984, 5 (21f.); *Böckenförde*, FG Hefermehl, 11 (24).

[57] Nicht nur auf die Gesetzgebung bezogen: BVerfGE 68, 1 (86); 98, 218 (252) – und nahezu mit identischem Wortlaut BVerfGE 95, 1 (15) –: Die in Art. 20 Abs. 2 GG „als Grundsatz normierte organisatorische und funktionelle Unterscheidung und Trennung der Gewalten" zielt auch darauf ab, „daß staatliche Entscheidungen möglichst richtig, das heißt von den Organen getroffen werden, die dafür nach ihrer Organisation, Zusammensetzung, Funktion und Verfahrensweise über die besten Voraussetzungen verfügen". Das ist Ausdruck des sog. Grundsatzes der funktionsgerechten Organ(isations)struktur. Dazu m.w.Nachw. noch unten 3. Kapitel A. II. 2. c).

[58] Vgl. z.B. BVerfGE 125, 104 (123); 139, 321 (362); *Bickenbach*, Einschätzungsprärogative, S. 202; *Hesse*, Grundzüge, Rn. 504.

Demgegenüber weist das Grundgesetz der Verwaltung als Teil der vollziehenden Gewalt ganz überwiegend[59] die Funktion zu, staatliche Aufgaben nicht zu kreieren, sondern vorhandene Aufgaben wahrzunehmen. Der VIII. Abschnitt des Grundgesetzes regelt die Ausführung von Bundesgesetzen. Art. 84 Abs. 1 S. 1 GG zeigt, dass Behörden Gesetze unter anderem in Verwaltungsverfahren ausführen. Demnach hat die Verwaltung die Funktion, durch Gesetze geschaffene staatliche Aufgaben zu erledigen. Die Verwaltung kann deshalb erst tätig werden, nachdem durch das Grundgesetz oder durch ein Gesetz[60] eine Aufgabe, die in ihren Funktionsbereich fällt,[61] das heißt eine Verwaltungsaufgabe[62], geschaffen wurde.

c) Demokratische Legitimation staatlichen Handelns, Art. 20 Abs. 2 GG

Es liegt nicht nur an ihrer Funktion, dass die Organe der Gesetzgebung im Gegensatz zu den Stellen der Verwaltung auch dann handeln dürfen, wenn ihnen zuvor keine konkrete staatliche Aufgabe zugewiesen wurde. Vielmehr gibt es dafür weitere verfassungsrechtliche Gründe. Gemäß Art. 20 Abs. 2 GG muss die Staatsgewalt, die durch Staatsorgane ausgeübt wird, auf das Volk zurückzuführen sein. Unmittelbar demokratisch legitimiert sind allein die Abgeordneten des Bundestags, Art. 38 Abs. 1 S. 1 GG. Das Handeln aller anderen staatlichen Stellen kann daher nur unter Mitwirkung des Bundestags demokratisch legitimiert werden.[63] Das Handlungsinstrument des Bundestags, durch das er nach außen hin verbindliche Regelungen treffen kann, ist das Gesetz. Folglich kann das Handeln der Verwaltung nur demokratisch legitimiert werden, indem Gesetze die Ausübung von Staatsgewalt der Verwal-

---

[59] Anderes gilt für Gemeinden. Art. 28 Abs. 2 S. 1 GG gewährt ihnen das Recht, ihre Angelegenheiten der örtlichen Gemeinschaft in eigener Verantwortung zu regeln. Das geht so weit, dass sie auch neue gemeindliche Aufgaben schaffen können. Vgl. auch *Jestaedt*, Demokratieprinzip, S. 248 Fn. 219: „Nach hier zugrunde gelegter Auffassung beschränkt sich die Befugnis, Sachbereiche zu staatlichen Aufgaben zu erklären und auf sie mit dem staatlichen Instrumentarium zuzugreifen, freilich nicht auf den Gesetzgeber, sondern kann grundsätzlich *jedem* Staatsorgan, also auch Administrativorganen, zustehen." – Herv. im Original.

[60] Vgl. dazu *Burgi*, Privatisierung, S. 70.

[61] Dieser Zusatz ist erforderlich, da auch die Rechtsprechung staatliche Aufgaben erledigen kann.

[62] *Baer*, in: Hoffmann-Riem/Schmidt-Aßmann/Voßkuhle, GVwR I, § 11 Rn. 11 ff.; *Schmidt-Aßmann*, Ordnungsidee, 3. Kap. Rn. 79; *Schoch*, Jura 2008, 672 (675); *Lecheler*, Verwaltungslehre, S. 59; *Ehlers*, in: ders./Pünder, Allg VwR, § 1 Rn. 44 verwenden den Begriff Verwaltungsaufgabe ebenfalls in diesem Sinne. Ähnlich auch *Ule/Laubinger*, VwVerfR, § 10 Rn. 1.

[63] BVerfGE 139, 194 (225); *Klein*, in: Maunz/Dürig, GG, Art. 38 Rn. 42; *Magiera*, in: Sachs, GG, Art. 38 Rn. 32 f.; *Morlok*, in: Dreier, GG II, Art. 38 Rn. 30; vgl. auch *Gusy*, JuS 1983, 189 (190).

tung übertragen. Um eine ausreichende[64] demokratische Legitimation zu gewährleisten, muss der Verwaltung die Erledigung einer bestimmten staatlichen *Aufgabe* zugewiesen werden.[65] Die Verwaltung ist grundsätzlich dazu legitimiert, ihre Aufgaben in allen Handlungsformen zu erledigen, die ihr nicht verboten sind. Ein Verbot kann sich z. B. daraus ergeben, dass sie zur Erledigung einer konkreten Aufgabe ausschließlich zum Einsatz einer ganz bestimmten Handlungsform befugt ist sowie daraus, dass eine bestimmte Handlungsform nur unter speziellen Voraussetzungen eingesetzt werden darf und diese Voraussetzungen nicht vorliegen.

d) Gesetzesvorbehalte

Dass die Verwaltung im Gegensatz zur Gesetzgebung häufig erst tätig werden kann, nachdem sie dazu ermächtigt wurde, liegt zudem an den Gesetzesvorbehalten[66] des Grundgesetzes[67]. Ein unter Gesetzesvorbehalt stehender

---

[64] Erforderlich ist insgesamt ein ausreichendes „Legitimationsniveau", zu dem neben der personellen Legitimation vor allem eine sachlich-inhaltliche Legitimation der staatlichen Entscheidung beiträgt. Dazu BVerfGE 83, 60 (72); 93, 37 (66 f.); 107, 59 (87); 130, 76 (124); 139, 194 (225); *Böckenförde*, in: Isensee/Kirchhof, HStR II, § 24 Rn. 14 ff.; *Kluth*, in: Wolff/Bachof/Stober/Kluth, VwR II, § 80 Rn. 145 ff. Die demokratische Legitimation wird hauptsächlich durch die Rechtsbindung der Staatsorgane nach Art. 20 Abs. 3 GG sowie durch Aufsicht gewährleistet.

[65] Zwar wird im Kontext der demokratischen Legitimation staatlichen Handelns überwiegend nicht explizit davon gesprochen, dass ein ausreichendes Legitimationsniveau nur erreicht werden kann, wenn der Verwaltung keine „Blanko-Ermächtigung" zur Ausübung von Staatsgewalt erteilt wird, sondern wenn ihr eine konkrete staatliche Aufgabe übertragen wird. Dennoch liegt die Annahme, dass die Erfüllung jeder einzelnen staatlichen Aufgabe speziell legitimiert sein muss, den meisten Ausführungen zur Legitimation staatlichen Handelns zugrunde. Vgl. z. B. BVerfGE 130, 76 (125, 129); 132, 195 (272); *Böckenförde*, in: Isensee/Kirchhof, HStR II, § 24 Rn. 11; *Kluth*, Selbstverwaltung, S. 355; *Trute*, in: Hoffmann-Riem/Schmidt-Aßmann/Voßkuhle, GVwR I, § 6 Rn. 43. Vgl. auch *Jestaedt*, Demokratieprinzip, S. 249 f.

[66] Statt des Begriffs „Gesetzesvorbehalt", der einen Vorbehalt zugunsten eines Gesetzes im Sinne der der Arbeit zugrunde liegenden Terminologie meint, wird auch der des „Parlamentsvorbehalts" verwendet, so etwa *Seiler*, Parlamentsvorbehalt, S. 28; *Staupe*, Parlamentsvorbehalt, S. 28 ff. Die Arbeit gebraucht dennoch den Begriff des Gesetzesvorbehalts. Das liegt zum einen daran, dass das Parlament z. B. auch in Form einer Geschäftsordnung handeln kann, sich die grundgesetzlichen Gesetzesvorbehalte aber auf Rechtsquellen in Form eines Gesetzes beziehen. Zum anderen sind beim Erlass eines Gesetzes nach Art. 76 ff. GG in jedem Fall auch der Bundesrat, die Bundesregierung und der Bundespräsident beteiligt, was im Begriff „Parlamentsvorbehalt" nicht zum Ausdruck kommt. Insgesamt werden die Begriffe „Parlamentsvorbehalt" und „Gesetzesvorbehalt" jeweils nicht immer einheitlich verwendet, dazu zusammenfassend und m. Nachw. *Ossenbühl*, in: Isensee/Kirchhof, HStR V, § 101 Rn. 14 f.; *Remmert*, in: Maunz/Dürig, GG, Art. 80 Rn. 58. Letztendlich ist es daher ausschließlich eine terminologische Frage, welchen Begriff man bevor-

Bereich kann – zunächst – ausschließlich durch Gesetz geregelt werden. Da Gesetze jedoch grundsätzlich keine Einzelfälle regeln, sondern darauf angelegt sind, insbesondere durch die Verwaltung umgesetzt zu werden, lassen es die Gesetzesvorbehalte zu, dass in ihren Geltungsbereichen auch andere staatliche Stellen als die Organe der Gesetzgebung in anderen Formen als der des Gesetzes Entscheidungen treffen. Soll in einem unter Gesetzesvorbehalt stehenden Bereich eine Stelle der Verwaltung entscheiden können, dann muss sie dazu aber in jedem Fall durch Gesetz ermächtigt werden.[68] Der Stelle der Verwaltung ist also durch Gesetz oder aufgrund eines Gesetzes die Befugnis zu verleihen, eine bestimmte staatliche Aufgabe zu erledigen. Das ist insbesondere von Bedeutung, wenn eine Stelle der Verwaltung eine grundrechtsbeeinträchtigende Regelung erlassen möchte.

e) Ergebnis

Fasst man die verfassungsrechtlichen Hintergründe zu den Voraussetzungen des Tätigwerdens staatlicher Stellen zusammen, dann kommt man zu dem Ergebnis, dass zwischen der Gesetzgebung und der Verwaltung zu differenzieren ist. Da die Gesetzgebung nach Art. 20 Abs. 3 GG nur an die verfassungsmäßige Ordnung gebunden ist, kann ausschließlich das Grundgesetz ihr die Befugnis verleihen, Rechtsfolgen zu setzen. Nur die Organe der Gesetzgebung sind verfassungsrechtlich dazu befugt, Gesetze zu erlassen. Die Gesetzgebung kann neue staatliche Aufgaben schaffen, ohne dass sie dazu in Bezug auf eine konkrete Aufgabe ausdrücklich durch das Grundgesetz ermächtigt sein muss. Ein Tätigwerden von Stellen der Verwaltung steht verfassungsrechtlich hingegen immer unter dem Vorbehalt einer durch das

---

zugt. Die Arbeit geht zudem davon aus, dass es „den einen“ Gesetzesvorbehalt nicht gibt, sondern dass sich Gesetzesvorbehalte aus unterschiedlichen verfassungsrechtlichen Gründen ergeben, die eine präzisere Bezeichnung des einschlägigen Gesetzesvorbehalts ermöglichen, wenn nicht sogar erfordern. Dazu z.B. *F. Reimer*, in: Hoffmann-Riem/Schmidt-Aßmann/Voßkuhle, GVwR I, § 9 Rn. 32 ff.; *Grzeszick*, in: Maunz/Dürig, GG, Art. 20 VI Rn. 91 ff.; *Ossenbühl*, in: Isensee/Kirchhof, HStR V, § 101 Rn. 35 ff.

[67] Nach der Rechtsprechung des Bundesverfassungsgerichts gilt ein Gesetzesvorbehalt nicht nur in den im Grundgesetz festgelegten Fällen, sondern für alle „wesentlichen“ staatlichen Entscheidungen, z.B. BVerfGE 47, 46 (78 f.); 49, 89 (126 f.); 83, 130 (142, 152); 98, 218 (251). Zur sog. „Wesentlichkeitstheorie“ des Bundesverfassungsgerichts z.B. *Ossenbühl*, in: Isensee/Kirchhof, HStR V, § 101 Rn. 49, 52 ff.; *Seiler*, Parlamentsvorbehalt, S. 64 ff.; *F. Reimer*, in: Hoffmann-Riem/Schmidt-Aßmann/Voßkuhle, GVwR I, § 9 Rn. 47 ff., der in Rn. 50 ff. für einen „Abschied von der Wesentlichkeitstheorie“ plädiert.

[68] Vgl. dazu *Grzeszick*, in: Maunz/Dürig, GG, Art. 20 VI Rn. 83; *Sauerland*, Verwaltungsvorschrift, S. 309 – bezogen auf grundrechtliche Gesetzesvorbehalte; *F. Reimer*, in: Hoffmann-Riem/Schmidt-Aßmann/Voßkuhle, GVwR I, § 9 Rn. 26.

Grundgesetz oder durch Gesetz geschaffenen Verwaltungsaufgabe und dem Vorbehalt, dass einer Stelle der Verwaltung eine Befugnis verliehen wird. Manchmal ist die Zuweisung der Befugnis in der Aufgabenübertragung enthalten.[69] Einer ausdrücklichen gesetzlichen oder auf ein Gesetz zurückzuführenden Ermächtigungsgrundlage bedarf in jedem Fall der Erlass einer Rechtsquelle durch eine Stelle der Verwaltung, die darauf gerichtet ist, Freiheitsgrundrechte zu beeinträchtigen.

3. Allgemeine Anforderungen an Rechtsquellen

Eine staatliche Stelle muss durch die Rechtsordnung dazu befugt sein, in Form des Erlasses einer Rechtsquelle zu handeln. Jede Rechtsquelle wird zur Schaffung einer neuen oder zur Erledigung einer bestehenden staatlichen Aufgabe erlassen. Im Zentrum des Tätigwerdens staatlicher Stellen steht daher eine staatliche Aufgabe.[70]

II. Zuständigkeit

Damit der Staat Rechtsquellen erlassen kann, muss er handlungsfähig sein. Der Staat ist jedoch eine organisatorische Einheit.[71] Eine Organisation kann nicht „selbst" entscheiden und Rechtsquellen erlassen. Das können nur natürliche Personen.[72] Der Staat ist aber auch ein Rechtssubjekt. *Rechtlich* handelt und entscheidet er daher eigenständig sowie eigenverantwortlich. Er ist also eine juristische Person.[73] Die Arbeit bezeichnet juristische Personen des öffentlichen Rechts als Rechtsträger.[74] Handlungsfähig ist ein Rechtsträger

---

69 *Ehlers*, in: ders./Pünder, Allg VwR, § 1 Rn. 45. Das bedeutet aber nicht, dass von einer bestehenden Aufgabe stets auf das Vorliegen einer Befugnis geschlossen werden kann. Zur Unterscheidung zwischen Aufgaben- und Befugnisnormen *P. Reimer*, Handlungsformen, S. 148 f.

70 Pointiert *Jestaedt*, Demokratieprinzip, S. 248 m. Nachw.: „Der Staat darf gar nicht anders tätig werden als in Wahrnehmung einer Staatsaufgabe: Immer bedarf er zur Rechtfertigung eines staatlichen Tätigwerdens des Nachweises, daß ein unmittelbarer oder zumindest mittelbarer Bezug zum Gemeinwohl, daß mithin ein öffentliches Interesse am staatlichen Tätigwerden besteht." Zudem *Knemeyer*, DÖV 1978, 11 (insbesondere 16).

71 Vgl. *Böckenförde*, Organisationsgewalt, S. 39: „Der Staat als Wirk- und Ordnungseinheit […]".

72 Vgl. *Schnapp*, Jura 1980, 68 (73); *Remmert*, Dienstleistungen, S. 272, 218; *Maurer/Waldhoff*, Allg VwR, § 21 Rn. 19; *Stelkens*, Jura 2016, 1013 (1019).

73 Zu den Eigenschaften einer juristischen Person statt anderer *Krebs*, in: Isensee/Kirchhof, HStR V, § 108 Rn. 30, 42.

74 Organisatorische Einheiten, die Verwaltungsaufgaben in eigener Verantwortung wahrnehmen, werden häufig als Verwaltungsträger bezeichnet, vgl. dazu *Fügemann*,

dadurch, dass natürliche Personen für ihn handeln.[75] Dazu rechnen organisationsrechtliche Vorschriften das Handeln von natürlichen Personen einem Rechtsträger zu.[76] Regelmäßig gibt es mehrere natürliche Personen, die mit Rechtswirkung[77] für einen Rechtsträger handeln. Die kleinste organisatorische Untereinheit eines Rechtsträgers, deren Handeln einer übergeordneten Einheit des Rechtsträgers zugerechnet wird, nennt man Amt. Das ist ein Aufgabenbereich, der so zugeschnitten ist, dass er einer einzigen natürlichen Person obliegt.[78] Die natürliche Person, die ein Amt wahrnimmt, ist ein Amtswalter.[79] Häufig sind mehrere Ämter in einer organisatorischen Einheit zusammengefasst, die Handlungspflichten bzw. Aufgaben einer übergeordneten Einheit – letztlich solche des Rechtsträgers – erfüllen. Diese Einheiten werden als Organe bezeichnet.[80] Hat ein Organ die Rechtsmacht, Rechtshandlungen vorzunehmen, die auf die Herbeiführung von Rechtsfolgen nach außen gerichtet sind, wird es Behörde genannt.[81] Als Oberbegriff für alle organisatorischen Einheiten eines Rechtsträgers nutzt die Arbeit den Begriff

---

Zuständigkeit, S. 33 ff.; *Kluth*, in: Wolff/Bachof/Stober/Kluth, VwR II, § 82 Rn. 93 ff.; *Jestaedt*, in: Hoffmann-Riem/Schmidt-Aßmann/Voßkuhle, GVwR I, § 14 Rn. 19 f.; *Burgi*, in: Ehlers/Pünder, Allg VwR, § 8 Rn. 6; *Maurer/Waldhoff*, Allg VwR, § 21 Rn. 1 f. Da sich die Arbeit aber nicht nur auf die Wahrnehmung von Verwaltungsaufgaben bezieht, verwendet sie nicht den Begriff des Verwaltungsträgers.

[75] Vgl. *Maurer/Waldhoff*, Allg VwR, § 21 Rn. 19.

[76] Dazu *Fügemann*, Zuständigkeit, S. 32. Zur „‚Zurechnungsfunktion' des Organisationsrechts" *Schnapp*, Jura 1980, 68 (69).

[77] *Fügemann*, Zuständigkeit, S. 33 betont den Unterschied zur Vertretung: „Nicht nur die durch ein tatbestandliches Handeln bewirkten Rechtsfolgen werden [der juristischen Person – Einschub durch Verfasser] zugerechnet, sondern das Setzen des Tatbestands an sich."

[78] Zum Begriff des Amtes in diesem organisationsrechtlichen Sinne: *Jestaedt*, in: Hoffmann-Riem/Schmidt-Aßmann/Voßkuhle, GVwR I, § 14 Rn. 38; *Burgi*, in: Ehlers/Pünder, Allg VwR, § 8 Rn. 30; *Schnapp*, Jura 1980, 68 (74); *Remmert*, Dienstleistungen, S. 272; *Krebs*, in: Isensee/Kirchhof, HStR V, § 108 Rn. 36; *Maurer/Waldhoff*, Allg VwR, § 21 Rn. 37.

[79] *Schnapp*, Jura 1980, 68 (75); *Burgi*, in: Ehlers/Pünder, Allg VwR, § 8 Rn. 30; *Jestaedt*, in: Hoffmann-Riem/Schmidt-Aßmann/Voßkuhle, GVwR I, § 14 Rn. 38; *Krebs*, in: Isensee/Kirchhof, HStR V, § 108 Rn. 36.

[80] Zum Begriff des Organs: umfassend *Wolff*, Organschaft II, S. 236 ff.; *Rupp*, Grundfragen, S. 81 ff.; knapper *Fügemann*, Zuständigkeit, S. 36 ff.; *Jestaedt*, in: Hoffmann-Riem/Schmidt-Aßmann/Voßkuhle, GVwR I, § 14 Rn. 34 f.; *Kluth*, in: Wolff/Bachof/Stober/Kluth, VwR II, § 82 Rn. 132 ff.; *Schnapp*, Jura 1980, 68 (73); *Krebs*, in: Isensee/Kirchhof, HStR V, § 108 Rn. 43; *Remmert*, Dienstleistungen, S. 273.

[81] Zum Begriff der Behörde in Bezug auf die Organisation der Verwaltung: *Kluth*, in: Wolff/Bachof/Stober/Kluth, VwR II, § 82 Rn. 96 ff.; *Fügemann*, Zuständigkeit, S. 41 ff.; *Burgi*, in: Ehlers/Pünder, Allg VwR, § 8 Rn. 29; *Jestaedt*, in: Hoffmann-Riem/Schmidt-Aßmann/Voßkuhle, GVwR I, § 14 Rn. 36 f.; *Schnapp*, Jura 1980, 68 (74); *Remmert*, Dienstleistungen, S. 273 f.; *Stelkens*, Jura 2016, 1013 (1020). Zu be-

der Stelle. Zu untersuchen ist, welche Stelle für einen Rechtsträger eine konkrete Rechtsquelle erlassen darf.

1. Rechtslage am Beispiel der Rechtsquellen in einer kategorisierten Form

Die Rechtsordnung weist je *einem* Rechtsträger die Rechtsmacht zu, eine staatliche Handlungspflicht bzw. eine staatliche Aufgabe durch den Erlass einer bestimmten Rechtsquelle zu erfüllen, und legt die Stelle fest, die für den Rechtsträger handelt. Das ist im Folgenden anhand der Rechtsquellen in einer bereits kategorisierten Form – Gesetz, Rechtsverordnung, Satzung, Verwaltungsakt und Verwaltungsvertrag – zu präzisieren.

a) Gesetz

Das Grundgesetz[82] verleiht dem Bund und den Ländern das Recht zur Gesetzgebung, vgl. Art. 70 Abs. 1 GG. Bundesgesetze werden nach Art. 76 ff. GG vom Bundesrat und vom Bundestag unter Mitwirkung der Bundesregierung und des Bundespräsidenten erlassen. Im Bereich der ausschließlichen Gesetzgebung des Bundes haben die Länder nach Art. 71 GG die Befugnis zur Gesetzgebung nur, wenn und soweit sie hierzu in einem Bundesgesetz ausdrücklich ermächtigt werden. Verleiht das Grundgesetz also ausschließlich dem Bund die Rechtsmacht, eine Materie gesetzlich zu regeln, dann darf grundsätzlich *nur* der Bund die Materie durch die Schaffung[83] staatlicher Aufgaben gesetzlich ausgestalten. Im Bereich der konkurrierenden Gesetzgebung können nach Art. 72 Abs. 1 GG hingegen prinzipiell der Bund *und* die Länder dieselbe Materie durch Gesetz ausgestalten. Art. 72 Abs. 1, 2, 4 GG geben jedoch detailliert vor, ob und inwieweit *entweder* der Bund *oder* die Länder Gesetze erlassen dürfen. Lediglich in den Fällen des Art. 72 Abs. 3 S. 1 GG und des Art. 84 Abs. 1 S. 2 GG können *sowohl* der Bund *als auch* die einzelnen Länder dieselbe Materie gesetzlich ausgestalten. In diesen Fällen geht gemäß Art. 72 Abs. 3 S. 3 GG (ggf. i. V. m. Art. 84 Abs. 1 S. 4 GG) im Verhältnis von Bundes- und Landesrecht das jeweils spätere Gesetz vor.

---

achten ist, dass der Begriff der Behörde häufig gesetzlich verwendet wird. Die dem Gesetz zugrunde liegende Bedeutung des Begriffs ist durch Auslegung zu ermitteln.

[82] Dazu, dass ausschließlich das Grundgesetz dem Bund und den Ländern das Recht zur Gesetzgebung verleiht: BVerfGE 68, 319 (327 f.).

[83] Ausführungsvorschriften, die die Materie betreffen, können wegen der Verteilung der Rechtsmacht zur Ausführung von Bundesgesetzen nach Art. 83 GG hingegen grundsätzlich auch dann von den einzelnen Ländern erlassen werden, wenn das Grundgesetz dem Bund das Recht zur Gesetzgebung für diese Materie zuweist, vgl. auch *Rasch*, Verwaltungsorganisation, S. 110; *Kluth*, Selbstverwaltung, S. 246.

Unabhängig davon, welchem Gesetzgebungstyp eine bestimmte Materie unterfällt, gestaltet im Ergebnis also in jedem Land maximal *ein* Gesetz – entweder das Bundes- oder das Landesgesetz – eine Materie rechtsverbindlich aus.[84] Die Geltungsbereiche der einzelnen Landesgesetze sind auf das jeweilige Land beschränkt.

b) Rechtsverordnung

Nach Art. 80 Abs. 1 S. 1 GG legt eine bundesgesetzliche[85] Ermächtigungsgrundlage zum einen die Stelle der Verwaltung fest, die eine Rechtsverordnung erlassen darf. Zum anderen gibt sie die Materie vor, die durch eine Rechtsverordnung geregelt werden kann, Art. 80 Abs. 1 S. 2 GG.

c) Satzung

Satzungen werden von Selbstverwaltungsträgern zur Regelung ihrer Angelegenheiten erlassen. Die konkrete Materie, die geregelt wird, ergibt sich entweder aus den Aufgaben, die dem Selbstverwaltungsträger im Rahmen seiner Gründung übertragen worden sind, oder – sofern vorhanden – aus einer speziellen Ermächtigungsgrundlage.[86] Bspw. kann eine Gemeinde Satzungen erlassen, um alle Angelegenheiten ihrer örtlichen Gemeinschaft im Sinne des Art. 28 Abs. 2 S. 1 GG zu regeln. Damit ist die Rechtsmacht einer Gemeinde, Regelungen zu erlassen, sachlich auf die Angelegenheiten, die in ihrer Gemeinschaft anfallen, und zugleich örtlich auf ihr Gemeindegebiet beschränkt.[87] Diese Beschränkungen kommen auch in § 1 Abs. 4 GemO BW zum Ausdruck, wonach eine Gemeinde eine Gebietskörperschaft ist.

In der Regel[88] verleiht die Rechtsordnung dem durch die Mitglieder eines Selbstverwaltungsträgers demokratisch legitimierten Kollegialorgan[89] des

---

[84] Dazu auch *Isensee*, in: ders./Kirchhof, HStR VI, § 133 Rn. 99.

[85] Da es um Rechtsverordnungen auf der Grundlage von Bundesgesetzen geht, muss der Bund die Rechtsmacht haben, die Materie zu regeln.

[86] Vgl. oben 3. Kapitel A. I. 1. c).

[87] Zur Reichweite der Satzungsbefugnis von Gemeinden knapp *Mehde*, in: Maunz/Dürig, GG, Art. 28 Abs. 2 Rn. 63.

[88] Hinsichtlich der Ausgestaltung der Organisation sowie der Entscheidungsprozesse eines Selbstverwaltungsträgers hat die Gesetzgebung einen Gestaltungsspielraum, vgl. BVerfGE 107, 59 (93); vgl. zuvor schon BVerfGE 10, 89 (102); 37, 1 (26).

[89] Grundsätzlich hat jeder Selbstverwaltungsträger ein Kollegialorgan. Ist der Selbstverwaltungsträger mitgliedschaftlich organisiert, setzt sich das Kollegialorgan häufig aus einzelnen Mitgliedern zusammen, die von allen Mitgliedern der Körperschaft demokratisch gewählt wurden. Dann ist das Kollegialorgan zugleich das Repräsentationsorgan des Selbstverwaltungsträgers. Zu nicht mitgliedschaftlich organi-

Selbstverwaltungsträgers die Rechtsmacht, Satzungen zu erlassen.[90] Z.B. erlässt nach § 44 Abs. 3 S. 1 HS 2 GemO BW i.V.m. § 39 Abs. 2 Nr. 3 GemO BW der Gemeinderat Satzungen für eine Gemeinde. Der Gemeinderat ist die gewählte Vertretung des Gemeindevolkes im Sinne des Art. 28 Abs. 1 S. 2 GG, vgl. § 24 Abs. 1 S. 1 GemO BW i.V.m. § 26 Abs. 1 GemO BW.[91]

d) Verwaltungsakt und Verwaltungsvertrag

Behörden können für einen Rechtsträger Verwaltungsakte erlassen sowie Verwaltungsverträge schließen.[92] Eine Behörde ist nach § 1 Abs. 4 VwVfG jede Stelle, die Aufgaben der öffentlichen Verwaltung wahrnimmt. Dieser dem Wortlaut nach weite funktionelle Behördenbegriff ist jedoch im Wege der systematischen Auslegung einzuschränken.[93] Da das VwVfG nach § 9 nur die nach außen wirkende Tätigkeit von Behörden erfasst, ist eine Behörde – wie bereits erwähnt –[94] jedes staatliche Organ, das Verwaltungsaufgaben für einen Rechtsträger nach außen hin wahrnimmt.

Eine Behörde kann erst tätig werden, nachdem ihr eine Verwaltungsaufgabe übertragen worden ist.[95] Ist die Erledigung einer Verwaltungsaufgabe durch den Erlass einer bestimmten Rechtsquelle *nur einer* Behörde zugewie-

---

sierten Selbstverwaltungsträgern *Ossenbühl*, in: Isensee/Kirchhof, HStR V, § 105 Rn. 53: „Bei den mit Satzungsgewalt ausgerüsteten Anstalten und Stiftungen, denen eine korporative Basis fehlt, tritt an die Stelle des fehlenden Repräsentativorgans ein pluralistisch oder fachlich zusammengesetztes Kollegialorgan".

[90] *Ossenbühl*, in: Isensee/Kirchhof, HStR V, § 105 Rn. 53; *Möstl*, in: Ehlers/Pünder, Allg VwR, § 20 Rn. 14; *Trips*, Verfahren Rechtsetzung, S. 80, 128; *Geis*, in: Kluth/Krings, Gesetzgebung, § 25 Rn. 111.

[91] Vgl. zur demokratischen Legitimation des Gemeindesrats zum Erlass von Satzungen BVerfGE 32, 346 (361).

[92] Für Verwaltungsakte regelt das § 35 S. 1 VwVfG. Für Verwaltungsverträge regelt das das Verwaltungsverfahrensgesetz zwar nicht ausdrücklich. Jedoch gehen §§ 54 S. 2, 55, 56 Abs. 1 S. 1, Abs. 2, 59 Abs. 2 Nr. 4 VwVfG davon aus, dass Behörden für einen Rechtsträger Verwaltungsverträge schließen. Zudem gilt das Verwaltungsverfahrensgesetz für die öffentlich-rechtliche Verwaltungstätigkeit von *Behörden*, § 1 Abs. 1 VwVfG.

[93] *Maurer/Waldhoff*, Allg VwR, § 21 Rn. 33. Die Behördeneigenschaft einer Stelle wird nur bejaht, wenn die Stelle außenwirksam handelt und eine organisatorische Selbständigkeit aufweist. Das ist im Grundsatz unumstritten. Beim Verständnis der einzelnen Merkmale sind verschiedene Nuancen auszumachen, bspw. dazu, unter welchen Voraussetzungen eine Stelle organisatorisch selbständig ist. Zum Behördenbegriff nach § 1 Abs. 4 VwVfG z.B. *Schmitz*, in: Stelkens/Bonk/Sachs, VwVfG, § 1 Rn. 226ff.; *Ramsauer*, in: Kopp/Ramsauer, VwVfG, § 1 Rn. 51ff.; *Schliesky*, in: Knack/Henneke, VwVfG, § 1 Rn. 88ff. jew. m.w.Nachw.

[94] Zum Behördenbegriff 3. Kapitel A. II. (einführender Teil) m.Nachw.

[95] Dazu oben 3. Kapitel A. I. 1. d) und 3.

sen, dann hat ausschließlich diese Behörde die Rechtsmacht dazu, die Aufgabe in der angegebenen Form zu erledigen. Häufig gibt es jedoch mehrere Behörden, denen die Erledigung derselben Aufgabe in derselben Form obliegt. Nach § 3 VwVfG sind dann zusätzlich örtliche Umstände ausschlaggebend dafür, welche Behörde eine konkrete Aufgabe in der konkreten Form erledigen darf. Können sich nach § 3 Abs. 1 VwVfG mehrere Behörden einer konkreten Aufgabe annehmen, ist nach § 3 Abs. 2 VwVfG *eine* Behörde zu bestimmen, die tätig werden darf. Im Ergebnis hat somit immer nur *eine* Behörde die Rechtsmacht, eine konkrete Aufgabe durch den Erlass einer bestimmten Rechtsquelle zu erledigen.

An diesem Ergebnis ändert sich auch dann nichts, wenn man sog. „Mehrfachzuständigkeiten"[96] betrachtet. Damit ist gemeint, dass die Rechtsordnung mehreren Behörden die Rechtsmacht verleiht, in einer konkreten Situation zur Erledigung derselben Aufgabe in derselben Form zu handeln. Besteht z. B. in einer konkreten Situation eine Gefahr, dann ermächtigt § 27a Abs. 1 PolG BW[97] die Polizei, zur Abwehr der Gefahr einen Platzverweis zu erlassen. § 62 Abs. 2 PolG BW verleiht der Ortspolizeibehörde die Rechtsmacht, die Aufgabe der Gefahrenabwehr durch den Erlass eines Platzverweises zu erledigen. Daneben kann nach § 60 Abs. 2 PolG BW der Polizeivollzugsdienst zur Erledigung derselben Aufgabe und in derselben Form tätig werden. Macht der Polizeivollzugsdienst in der konkreten Situation von seiner Rechtsmacht Gebrauch, indem er einen Platzverweis erlässt, dann hat er auf diese Weise die ihm übertragene Aufgabe der Gefahrenabwehr auf der Grundlage des § 27a Abs. 1 PolG BW erledigt. Dadurch besteht in der konkreten Situation mangels Gefahr zugleich keine Aufgabe der Ortspolizeibehörde mehr, die sie auf der Grundlage von § 27a Abs. 1 PolG BW erledigen kann. Auch dann, wenn die Rechtsordnung mehreren Behörden die Rechtsmacht verleiht, eine konkrete Aufgabe in derselben

---

[96] Vgl. dazu *Kluth*, in: Wolff/Bachof/Stober/Kluth, VwR II, § 83 Rn. 40 ff. In der Literatur wird teilweise davon ausgegangen, dass Mehrfachzuständigkeiten zulässig seien, solange die Rechtsordnung Konfliktlösungsregelungen enthält, vgl. *Oebbecke*, FS Stree/Wessels, 1119 (1125 ff., 1129); *Kluth*, in: Wolff/Bachof/Stober/Kluth, VwR II, § 83 Rn. 39; *Jestaedt*, in: Hoffmann-Riem/Schmidt-Aßmann/Voßkuhle, GVwR I, § 14 Rn. 50. Das führt im Ergebnis ebenso wie die – sogleich im Text ausgeführte – Annahme, dass in einer konkreten Situation eine Handlungspflicht bzw. Aufgabe nur von *einer* Stelle wahrgenommen werden kann, dazu, dass eine *konkrete* Situation nur durch *eine* Rechtsquelle geregelt werden kann. Teilweise werden Mehrfachzuständigkeiten aber auch als verfassungsrechtlich unzulässig angesehen, vgl. *Brohm*, DÖV 1983, 525 (525 und 527) in Bezug auf Überschneidungen zwischen Kompetenzen des Bundes und der Länder. *Brohm*, DÖV 1983, 525 weist auf S. 525 jedoch auch darauf hin, dass „sich […] Kompetenzüberschneidungen nicht völlig vermeiden" ließen.

[97] Gesetz i. d. F. vom 13.1.1992, GBl. S. 1, berichtigt S. 596 und GBl. 1993 S. 155, zuletzt geändert durch Art. 3 Nr. 1 des Gesetzes vom 26.3.2019, GBl. S. 93.

Form zu erledigen, kann die Aufgabe im Ergebnis also stets nur von *einer* Behörde erledigt werden.

e) Ergebnis

Sieht man von den Sonderfällen der Art. 72 Abs. 3, 84 Abs. 1 S. 2 GG ab, weist die Rechtsordnung entweder dem Bund oder den Ländern oder einem Selbstverwaltungsträger[98] die Rechtsmacht zu, zur Erfüllung einer abstrakten staatlichen Handlungspflicht bzw. einer konkreten staatlichen Aufgabe eine bestimmte Rechtsquelle zu erlassen. Jede Handlungspflicht bzw. Aufgabe wird also jeweils nur *einem* Rechtsträger[99] übertragen. Innerhalb eines Rechtsträgers hat wiederum nur *eine* Stelle die Rechtsmacht, diese bestimmte Rechtsquelle zu erlassen. Ausschließlich diese Stelle ist für den Erlass der Rechtsquelle zur Erfüllung der Handlungspflicht bzw. der Aufgabe zuständig. Zuständigkeit meint also die durch organisationsrechtliche Bestimmungen verliehene Rechtsmacht einer organisatorischen Einheit des Staates, eine staatliche Handlungspflicht bzw. staatliche Aufgabe in einer bestimmten Art und Weise zu erfüllen.[100] Die Arbeit verwendet den Begriff der Zuständigkeit synonym zu dem der Kompetenz.[101] Die Zuständigkeit eines Rechtsträgers wird allgemein als „Verbandskompetenz" bzw. „Verbandszuständigkeit" bezeichnet,[102] jene einer Stelle innerhalb eines Rechtsträgers als „Organkompetenz" bzw. „Organzuständigkeit"[103].

---

[98] Damit sind alle Selbstverwaltungsträger desselben Typs gemeint, also alle Selbstverwaltungsträger, denen dieselbe Aufgabe übertragen worden ist.

[99] Damit sind alle Rechtsträger desselben Typs, also z.B. alle Länder oder alle Gemeinden, gemeint.

[100] Zum Begriff der Zuständigkeit *Kluth*, in: Wolff/Bachof/Stober/Kluth, VwR II, § 83 Rn. 5 ff.; *Remmert*, Dienstleistungen, S. 199 ff.; *Jestaedt*, in: Hoffmann-Riem/Schmidt-Aßmann/Voßkuhle, GVwR I, § 14 Rn. 42; *Bull/Mehde*, Allg VwR, Rn. 386.

[101] *Wolff*, in: ders./Bachof, VwR II^4, § 72 I. c) 1. (S. 15) differenziert zwischen den Begriffen Zuständigkeit und Kompetenz, indem er mit Zuständigkeit die Wahrnehmungsberechtigung oder -verpflichtung für eine Aufgabe und mit Kompetenz den Gegenstand der Zuständigkeit, also die Aufgabe selbst, bezeichnet. Im Anschluss daran ebenso z.B. *Oldiges*, DÖV 1989, 873 (874); *Böckenförde*, Organisationsgewalt, S. 47; *Rasch*, Verwaltungsorganisation, S. 27, 97, 138. Kritik an diesem Begriffsverständnis referiert *Fügemann*, Zuständigkeit, S. 129 f., der sich im Ergebnis – S. 146 – aber gleichwohl gegen eine synonyme Verwendung der Begriffe Zuständigkeit und Kompetenz ausspricht. Umfassend zur uneinheitlichen Verwendung der Begriffe mit einer Analyse der Rechtsprechung des Bundesverfassungsgerichts *Stettner*, Kompetenzlehre, S. 31 ff., der die Begriffe wie hier synonym verwendet, S. 43. Ebenso wie hier z.B. *Jestaedt*, in: Hoffmann-Riem/Schmidt-Aßmann/Voßkuhle, GVwR I, § 14 Rn. 42; *Berger*, Aufgaben, S. 41.

[102] Vgl. *Oldiges*, DÖV 1989, 873 (873 f.), der auf S. 874 aber zwischen Kompetenz und Zuständigkeit unterscheidet; *Jestaedt*, in: Hoffmann-Riem/Schmidt-Aßmann/

Gibt es mehrere Rechtsträger desselben Typs, denen dieselbe Handlungspflicht bzw. Aufgabe zugewiesen wurde, dann unterscheidet sich der Kompetenzbereich der einzelnen Rechtsträger nach der geltenden Rechtslage nach örtlichen Kriterien.[104] Im Ergebnis hat damit jeder Rechtsträger seinen eigenen Kompetenzbereich, der sich – außer in den Fällen der Art. 72 Abs. 3, 84 Abs. 1 S. 2 GG – nicht mit dem eines anderen überschneidet. Den Kompetenzbereich des Bundes legt ausschließlich das Grundgesetz in Abgrenzung zu jenem der Länder fest.[105] Der Kompetenzbereich eines Landes ist auf sein Landesgebiet beschränkt.[106] Die Kompetenzbereiche von Selbstverwaltungsträgern gestalten neben dem Grundgesetz auch gesetzliche oder auf ein Gesetz zurückzuführende Bestimmungen aus.[107]

Die intern zuständige Stelle richtet sich nach den Vorschriften, die die innere Struktur eines Rechtsträgers regeln. Die für die Bundesgesetzgebung zuständigen Stellen legt das Grundgesetz fest, wohingegen sich die zuständigen Stellen der Verwaltung auch aus gesetzlichen Vorschriften oder aus solchen, die auf ein Gesetz oder auf den von der Verfassung ausgestalteten Funktionsbereich der Exekutive zurückzuführen sind, ergeben. Ebenso wie der Zuständigkeitsbereich eines Rechtsträgers ist jener einer Stelle durch die Rechtsordnung vorgegeben und stets auf die Wahrnehmung von bestimmten staatlichen Handlungspflichten bzw. staatlichen Aufgaben sowie häufig zu-

---

Voßkuhle, GVwR I, § 14 Rn. 43; *Bull/Mehde*, Allg VwR, Rn. 387; *Kluth*, in: Wolff/Bachof/Stober/Kluth, VwR II, § 83 Rn. 23; *Burgi*, in: Ehlers/Pünder, Allg VwR, § 8 Rn. 35; *Berger*, Aufgaben, S. 42.

[103] Vgl. *Jestaedt*, in: Hoffmann-Riem/Schmidt-Aßmann/Voßkuhle, GVwR I, § 14 Rn. 44; *Kluth*, in: Wolff/Bachof/Stober/Kluth, VwR II, § 82 Rn. 173; *Bull/Mehde*, Allg VwR, Rn. 387; *Berger*, Aufgaben, S. 42.

[104] Zur Abgrenzung von Kompetenzen zwischen Rechtsträgern *Oldiges*, DÖV 1989, 873 (875).

[105] Zur Aufteilung der Kompetenzen zwischen dem Bund und den Ländern durch das Grundgesetz *Oldiges*, DÖV 1989, 873 (877). Zwar gibt es vereinzelt „Verzahnungen" (*Oldiges*, DÖV 1989, 873 (877)) zwischen den Verantwortungsbereichen des Bundes und denen der Länder. Bspw. wirken die Länder durch den Bundesrat bei der Gesetzgebung des Bundes mit, vgl. Art. 76 ff., 50 GG, und der Bund hat nach Art. 84 Abs. 3 S. 1 GG die Aufsicht über die Länder, wenn Bundesgesetze als eigene Angelegenheit der Länder ausgeführt werden. Wie anhand des Rechts der Gesetzgebung gezeigt, trennt das Grundgesetz aber ganz überwiegend den Verantwortungsbereich des Bundes von dem der Länder ab. So auch *Oldiges*, DÖV 1989, 873 (877); *Isensee*, in: ders./Kirchhof, HStR VI, § 133 Rn. 95. Eine Ausnahme von diesem auf Trennung der Zuständigkeitsbereiche angelegten System sind die Gemeinschaftsaufgaben im VIIIa. Abschnitt des Grundgesetzes. Zu deren Ausnahmecharakter statt vieler BVerfGE 137, 108 (143); *Isensee*, in: ders./Kirchhof, HStR VI, § 133 Rn. 98.

[106] Umfassend zur Verbandskompetenz im Verhältnis der Länder untereinander *Oldiges*, DÖV 1989, 873 (877 ff.).

[107] Zum Kompetenzbereich von Selbstverwaltungsträgern auch *Oldiges*, DÖV 1989, 873 (881).

sätzlich örtlich begrenzt. Daher differenziert man zwischen der sachlichen und der örtlichen Zuständigkeit einer Stelle.[108]

2. Verfassungsrechtliche Hintergründe der dargestellten Rechtslage

Ist für den Erlass einer Rechtsquelle in einer kategorisierten Form nur eine staatliche Stelle zuständig, legt das für die allgemeinen Anforderungen an Rechtsquellen den Schluss nahe, dass für die Schaffung einer neuen bzw. für die Erledigung einer bestehenden staatlichen Aufgabe durch den Erlass einer bestimmten Rechtsquelle von vornherein nur eine Stelle und damit nur ein Rechtsträger zuständig sein *darf*. Diese Schlussfolgerung ist aber dann nicht zwingend, wenn das Grundgesetz es grundsätzlich ermöglicht, dass eine Kompetenz so auf mehrere Stellen verteilt wird, dass diese Stellen die Kompetenz unabhängig voneinander wahrnehmen können. Im Folgenden ist zu untersuchen, ob eine derartige Kompetenzverteilung verfassungsrechtlich zulässig ist.

a) Demokratische Legitimation staatlichen Handelns, Art. 20 Abs. 2 GG

Nach Art. 20 Abs. 2 S. 2 GG muss eine staatliche Stelle dazu legitimiert sein, eine Rechtsquelle zu erlassen. Das erfordert eine klare Zuweisung von Kompetenzen an die Stellen eines Rechtsträgers.[109] Dazu muss der Rechtsträger die Wahrnehmung einer staatlichen Handlungspflicht bzw. Aufgabe[110] durch organisationsrechtliche Vorschriften auf eine Stelle übertragen.[111] Eine

---

[108] *Oldiges*, DÖV 1989, 873 (875): „Sachliche und örtliche Zuständigkeit bilden […] die beiden Grundkategorien des verbandsinternen Zuständigkeitssystems". Zu den Begriffen der sachlichen und der örtlichen Zuständigkeit *Kluth*, in: Wolff/Bachof/Stober/Kluth, VwR II, § 83 Rn. 13 ff.; *Burgi*, in: Ehlers/Pünder, Allg VwR, § 8 Rn. 36; *Maurer/Waldhoff*, Allg VwR, § 21 Rn. 47 f.; *Jestaedt*, in: Hoffmann-Riem/Schmidt-Aßmann/Voßkuhle, GVwR I, § 14 Rn. 46.

[109] *Oebbecke*, FS Stree/Wessels, 1119 (1127): „Demokratische Legitimation setzt die Kompetenzordnung voraus; nur kompetenzgemäße Akte der Staatsgewalt sind demokratischer Legitimation zugänglich."; ferner BVerfGE 119, 331 (336); 137, 108 (144); 139, 194 (225 f.).

[110] Sog. sachlich-inhaltliche demokratische Legitimation, dazu statt vieler *Böckenförde*, in: Isensee/Kirchhof, HStR II, § 24 Rn. 21 f.

[111] Es kann nicht pauschal beantwortet werden, ob die Zuweisung einer Kompetenz an eine Stelle in den Funktionsbereich der Gesetzgebung oder in den der vollziehenden Gewalt fällt, und ob sie auf ein Gesetz zurückzuführen sein muss. Bspw. kann eine Entscheidung über die innere Organisation eines Rechtsträgers einen grundrechtlichen Gesetzesvorbehalt auslösen, jedoch gibt es auch Bereiche, in denen Organisationsentscheidungen Teile der Exekutive vorbehalten sind. Diese Fragen werden häufig unter dem Aspekt der Aufteilung der „Organisationsgewalt" zwischen der Gesetzgebung und der Exekutive bzw. der Zugriffsmöglichkeiten der Gesetzgebung

klare Kompetenzzuweisung ist aber auch dann gewährleistet, wenn eine Kompetenz mehreren Stellen so zugewiesen wird, dass diese sie unabhängig voneinander wahrnehmen können.[112] Demnach schließt es das Erfordernis der demokratischen Legitimation staatlichen Handelns nicht aus, dass eine Kompetenz von mehreren Stellen unabhängig voneinander wahrgenommen werden kann. Erforderlich ist nur, *dass* einer Stelle eine Kompetenz zugewiesen wird.

An diese Kompetenzzuweisung stellt das Erfordernis der demokratischen Legitimation staatlichen Handelns neben der Übertragung von Handlungspflichten bzw. Aufgaben weitere Anforderungen. Ein Rechtsträger ist zum einen nur dazu legitimiert, eine Handlungspflicht bzw. Aufgabe zu erfüllen und damit auf seine Stellen zu übertragen, wenn ihm das Grundgesetz oder – das gilt nicht für den Bund und grundsätzlich[113] nicht für die Länder –[114] ein Gesetz[115] eine dahingehende Kompetenz verleiht. Zum anderen muss jeder Rechtsträger so strukturiert sein, dass jeder Amtswalter, der für eine seiner Stellen handelt, personell demokratisch legitimiert ist[116].

---

auf den Organisationsbereich der Exekutive behandelt. Dazu umfassend und jew. m. w. Nachw.: *Böckenförde*, Organisationsgewalt, insbesondere S. 81 ff., 103 ff., 286 ff.; *Remmert*, Dienstleistungen, S. 290 ff.; *Krebs*, in: Isensee/Kirchhof, HStR V, § 108 Rn. 98 ff.; *Schmidt-Aßmann*, FS Ipsen, 333 (345 ff.); *Kluth*, in: Wolff/Bachof/Stober/Kluth, VwR II, § 81 Rn. 20 ff.; *Wißmann*, in: Hoffmann-Riem/Schmidt-Aßmann/Voßkuhle, GVwR I, § 15 Rn. 33 ff.; *Schnapp*, Jura 1980, 293 (295 ff. und 299).

112 Im Ergebnis auch *Oebbecke*, FS Stree/Wessels, 1119 (1127).

113 Grundsätzlich weist das *Grundgesetz* den Ländern die Wahrnehmung von Handlungspflichten und Aufgaben zu, vgl. z. B. Art. 30, 70 Abs. 1, 83 GG. Ausnahmsweise kann jedoch auch ein Bundesgesetz den Ländern die Wahrnehmung von Handlungspflichten bzw. Aufgaben übertragen. Das ist aber nur möglich, wenn das Grundgesetz das vorsieht. Bspw. kann nach Art. 71 GG im Bereich der ausschließlichen Gesetzgebung des Bundes ein Bundesgesetz den Ländern die Befugnis zur Gesetzgebung in diesem Bereich verleihen und nach Art. 80 Abs. 1 S. 1 GG kann ein Bundesgesetz die Landesregierungen ermächtigen, eine Rechtsverordnung zu erlassen.

114 Die Kompetenzbereiche des Bundes und der Länder kann als Verfassung des Gesamtstaates nur das Grundgesetz regeln, vgl. BVerfGE 119, 331 (364 f.); 137, 108 (145); *Oldiges*, DÖV 1989, 873 (877).

115 Das ist wegen der organisationsrechtlichen bzw. institutionellen Gesetzesvorbehalte erforderlich, vgl. dazu statt vieler *Krebs*, in: Isensee/Kirchhof, HStR V, § 108 Rn. 70 f.; *Stelkens*, Jura 2016, 1013 (1017). Dazu, dass ein Gesetz Legitimation vermittelt, 3. Kapitel A. I. 2. c) m. Nachw.

116 Zur personellen demokratischen Legitimation vgl. die Nachw. in 1. Kapitel A. Fn. 64.

b) Vorhersehbarkeit staatlichen Handelns

Im Ergebnis ist man sich einig, dass das Grundgesetz Rechtssicherheit garantiert[117] und dass das Erfordernis der Rechtssicherheit „ein Mindestmaß an Kontinuität des Rechts"[118] bzw. die „Verlässlichkeit der Rechtsordnung"[119] verlangt.[120] Das bedeutet unter anderem[121], dass staatliches Handeln für die von einer Regelung betroffenen Privaten[122] und staatlichen Stellen[123] vorhersehbar sein muss.[124] Das ist nur möglich, wenn die Rechtsordnung das staatliche Handeln eindeutig bzw. hinreichend[125] bestimmt regelt. Daher sind Regelungen so zu fassen, dass die betroffenen Rechtssubjekte berechnen

---

[117] Uneinigkeit besteht hinsichtlich des genauen verfassungsrechtlichen Anknüpfungspunktes dieses Erfordernisses. Es wird zum einen auf das Rechtsstaatsprinzip gestützt, zum anderen wird es – teils zusätzlich zum Rechtsstaatsprinzip – aus den Grundrechten abgeleitet. Zum Meinungsstand in Rechtsprechung und Literatur im Überblick *Maurer/Waldhoff*, Allg VwR, § 11 Rn. 22. An das Rechtsstaatsprinzip – teilweise in Vebindung mit Grundrechten – knüpfen bspw. an BVerfGE 7, 89 (92); 24, 75 (98); 60, 253 (267); 105, 48 (57); 111, 54 (82); 131, 268 (309 f.); 133, 143 (157 f.); *Schulze-Fielitz*, in: Dreier, GG II, Art. 20 (Rechtsstaat) Rn. 148; *Grzeszick*, in: Maunz/Dürig, GG, Art. 20 VII Rn. 50; *Schmidt-Aßmann*, in: Isensee/Kirchhof, HStR II, § 26 Rn. 81; *Meurers/Beye*, DÖV 2018, 59 (62); *Badura*, StaatsR, D Rn. 53. Für eine Verankerung in den Grundrechten insbesondere *Kunig*, Rechtsstaatsprinzip, S. 390 ff.

[118] *Schulze-Fielitz*, in: Dreier, GG II, Art. 20 (Rechtsstaat) Rn. 146.

[119] BVerfGE 60, 253 (268); 105, 48 (57); 133, 143 (158).

[120] Zu einem übergreifenden Verfassungsgrundsatz der „Kontinuität" des Rechts *Leisner*, Kontinuität, passim.

[121] Zum Vertrauensschutzgrundsatz als weiterer Ausprägung 3. Kapitel B. II. 3.

[122] Vgl. dazu, dass das Erfordernis der Vorhersehbarkeit staatlichen Handelns auch dem Schutz von Privaten bei der Wahrnehmung ihrer Grundrechte dient insbesondere BVerfGE 108, 52 (75); 110, 33 (53); 128, 282 (317); 133, 277 (336) m. w. Nachw.

[123] Vgl. *Gusy*, JuS 1983, 189 (192 f.); *Pitschas*, in: Hoffmann-Riem/Schmidt-Aßmann/Voßkuhle, GVwR II, § 42 Rn. 89 dazu, dass Art. 20 Abs. 3 GG im Verhältnis zwischen der Gesetzgebung und der vollziehenden Gewalt verlange, dass Gesetze hinreichend bestimmt gefasst sind.

[124] Das Erfordernis der Vorhersehbarkeit bzw. – oft synonym gebraucht – der Bestimmtheit staatlichen Handelns wird häufig auf rechtsstaatliche Grundsätze des Grundgesetzes gestützt und als Element der Rechtssicherheit behandelt, vgl. z. B. *Schmidt-Aßmann*, in: Isensee/Kirchhof, HStR II, § 26 Rn. 81; *Grzeszick*, in: Maunz/Dürig, GG, Art. 20 VII Rn. 58; *Schnapp*, in: v. Münch/Kunig, GG I, Art. 20 Rn. 37; *Beaucamp*, DÖV 2017, 699 (701 f.).

[125] Der Grad der erforderlichen Bestimmtheit einer Regelung ist abhängig vom Inhalt der Regelung. Die Anforderungen steigen bspw. mit der Intensität eines Grundrechtseingriffs. Dazu z. B. BVerfGE 49, 89 (133 ff.); 49, 168 (181); 87, 234 (263); 93, 213 (238); 108, 52 (75); 110, 33 (53 ff.); 120, 378 (407 ff.); 126, 170 (194 ff.); 128, 282 (317 f.); 133, 241 (271); 133, 277 (336 f.); aus der Literatur statt vieler umfassend und jew. m. w. Nachw. *Kunig*, Rechtsstaatsprinzip, S. 396 ff.; *Grzeszick*, in: Maunz/Dürig, GG, Art. 20 VII Rn. 58 ff.

können, unter welchen Voraussetzungen, durch wen, in welcher Form und in welchem inhaltlichen Rahmen der Staat ihnen gegenüber tätig werden kann.[126] Dementsprechend verlangt das verfassungsrechtliche Erfordernis der Vorhersehbarkeit staatlichen Handelns eine klare Zuweisung von Kompetenzen an staatliche Stellen.[127] Eine staatliche Stelle darf daher nur handeln, wenn ihr dazu eine Kompetenz verliehen worden ist.[128]

Wird eine staatliche Kompetenz mehreren Rechtsträgern unabhängig voneinander zugewiesen, dann können Private nicht vorhersehen, welcher Rechtsträger ihnen gegenüber Staatsgewalt ausüben könnte.[129] Gibt es keine Aufteilung staatlicher Kompetenzen zwischen den Rechtsträgern, dann birgt das darüber hinaus die Gefahr, dass die einzelnen Rechtsträger eine Materie unterschiedlich regeln, sodass die Rechtslage unklar wäre.[130] Dasselbe gilt für die Zuweisung einer Kompetenz an mehrere Stellen. Daher legt das Erfordernis der Vorhersehbarkeit staatlichen Handelns auch nahe, dass eine Kompetenz nicht unabhängig voneinander mehreren Rechtsträgern sowie innerhalb eines Rechtsträgers nicht unabhängig voneinander mehreren Stellen verliehen werden darf.

---

126 Z.B. *Hans Hofmann*, in: Schmidt-Bleibtreu/Hofmann/Henneke, GG, Art. 20 Rn. 84; *Maurer*, StaatsR I, § 8 Rn. 47; *Grzeszick*, in: Maunz/Dürig, GG, Art. 20 VII Rn. 58. Vgl. zudem statt vieler BVerfGE 110, 33 (53): „Der Anlass, der Zweck und die Grenzen des Eingriffs [in das Grundrecht aus Art. 10 Abs. 1 GG – Einschub durch Verfasser] müssen in der Ermächtigung bereichsspezifisch, präzise und normenklar festgelegt werden […]. Dies soll sicherstellen, dass der betroffene Bürger sich darauf einstellen kann […], dass die gesetzesausführende Verwaltung für ihr Verhalten steuernde und begrenzende Handlungsmaßstäbe vorfindet […] und dass die Gerichte die Rechtskontrolle durchführen können".

127 Vgl. zu diesem Ergebnis BVerfGE 33, 125 (158); 119, 331 (366); 137, 108 (144); *Kunig*, Rechtsstaatsprinzip, S. 315; *Schulze-Fielitz*, in: Dreier, GG II, Art. 20 (Rechtsstaat) Rn. 142; *Sommermann*, in: v. Mangoldt/Klein/Starck, GG II, Art. 20 Rn. 300 f.; *Ehlers*, in: ders./Pünder, Allg VwR, § 6 Rn. 26.

128 Über eine Kompetenz kann eine staatliche Stelle grundsätzlich nicht frei disponieren, dazu in Bezug auf staatsorganisationsrechtliche Kompetenzen BVerfGE 132, 1 (21).

129 *Brohm*, DÖV 1983, 525 hält Überschneidungen zwischen Kompetenzbereichen daher verfassungsrechtlich für unzulässig. Dagegen jedoch *Oebbecke*, FS Stree/Wessels, 1119 (1127 f.).

130 Vgl. dazu *Rasch*, Verwaltungsorganisation, S. 132 mit S. 23; *Beaucamp*, DÖV 2017, 699 (702). *Oebbecke*, FS Stree/Wessels, 1119 (1129) weist darauf hin, dass die „überschneidungsfreie Zuständigkeit […] keineswegs das einzige Mittel" sei, „divergierendes Handeln zu vermeiden", vielmehr kenne die Rechtsordnung „eine ganze Reihe weiterer ebenso effektiver rechtlicher Mittel" wie z.B. „die verbindliche Anordnung eines Vorrangs des einen Zuständigkeitsträgers gegenüber dem anderen" wie in Art. 72 Abs. 1 GG.

c) *Funktionsgerechte Verteilung von staatlichen Handlungspflichten und staatlichen Aufgaben zwischen den Stellen eines Rechtsträgers*

Sowohl der Rechtsträger, der die staatlichen Handlungspflichten und die staatlichen Aufgaben eigenverantwortlich wahrnimmt, als auch die Gesellschaft, auf deren Zusammenleben sich die Wahrnehmung der staatlichen Handlungspflichten und Aufgaben häufig auswirkt, haben ein Interesse daran, dass die Handlungspflichten und Aufgaben bestmöglich – das heißt effektiv und sachangemessen – erfüllt werden. Um das sicherzustellen, muss nach dem allgemein anerkannten „Grundsatz funktionsgerechter Organ(isations)struktur" innerhalb eines Rechtsträgers diejenige Stelle die Handlungspflicht bzw. Aufgabe in einer bestimmten Form wahrnehmen, die dafür nach ihrer Funktion und Organisationsstruktur am besten geeignet ist.[131] Das bedeutet Folgendes: Ein Rechtsträger muss eine Organisationsstruktur bereitstellen, die gewährleistet, dass seine Handlungspflichten und Aufgaben sachangemessen wahrgenommen werden.[132] Die Organisationsstruktur des Bundes und der Länder muss zudem der in Art. 20 Abs. 2 S. 2 GG angelegten Funktionengliederung gerecht werden, sodass jede Stelle des Bundes und der Länder entweder dem Funktionsbereich der Gesetzgebung oder jenem der vollziehenden Gewalt zuzuordnen ist. Alle anderen Rechtsträger sind Teil der vollziehenden Gewalt. Für sie können somit nur Stellen handeln, die ihrer Funktion nach Verwaltungsaufgaben wahrnehmen. Unabhängig vom Typ des Rechtsträgers – Bund, Land oder Selbstverwaltungsträger – hat also jede Stelle eines Rechtsträgers eine bestimmte Funktion. Um eine funktionsgerechte Erfüllung der Handlungspflichten und Aufgaben si-

---

131 Der Grundsatz wird insbesondere aus dem Gebot der Funktionengliederung nach Art. 20 Abs. 2 S. 2 GG abgeleitet, vgl. BVerfGE 68, 1 (86); 98, 218 (252) – und nahezu mit identischem Wortlaut BVerfGE 95, 1 (15); 139, 321 (361 f.); BVerfGK 7, 363 (380) –: Die in Art. 20 Abs. 2 GG „als Grundsatz normierte organisatorische und funktionelle Unterscheidung und Trennung der Gewalten" zielt auch darauf ab, „daß staatliche Entscheidungen möglichst richtig, das heißt von den Organen getroffen werden, die dafür nach ihrer Organisation, Zusammensetzung, Funktion und Verfahrensweise über die besten Voraussetzungen verfügen". Vgl. auch BVerfGE 124, 78 (120); 137, 185 (233). Zu dem Grundsatz umfassend *v. Danwitz*, Der Staat Bd. 35 (1996), 329 ff.; knapper *Ossenbühl*, DÖV 1980, 545 (548 f.); *Hesse*, Grundzüge, Rn. 488 f.; *Krebs*, in: Isensee/Kirchhof, HStR V, § 108 Rn. 90; *Remmert*, Dienstleistungen, S. 212; *Kluth*, VerwArch Bd. 102 (2011), 525 (543); *Braun Binder*, DVBl. 2017, 1066 (1067). Vgl. auch bereits *Küster*, AöR Bd. 75 (1949), 397 (402 f. und 404 ff.), dem *v. Danwitz*, Der Staat Bd. 35 (1996), 329 (337) „im wesentlichen die ‚Entdeckung' " des Grundsatzes zuschreibt. *Jestaedt*, in: Hoffmann-Riem/Schmidt-Aßmann/Voßkuhle, GVwR I, § 14 Rn. 42 bezweifelt, dass es sich um ein Verfassungsgebot handelt.

132 In Bezug auf die Organisationsstruktur der Verwaltung *Jestaedt*, in: Hoffmann-Riem/Schmidt-Aßmann/Voßkuhle, GVwR I, § 14 Rn. 42.

cherzustellen, ist deshalb jede Stelle so zu organisieren,[133] dass sie der ihr zugewiesenen Funktion entsprechend handeln kann. Sind die Handlungspflichten und Aufgaben sachangemessen zu erfüllen, kann die funktionsgerechte Organisation einer Stelle nicht unabhängig von den Handlungspflichten und Aufgaben erfolgen, die ihr zugewiesen sind. Darf eine Handlungspflicht bzw. Aufgabe wegen der Vorhersehbarkeit staatlichen Handelns nicht mehreren Stellen zugewiesen werden, hat folglich jede Stelle eines Rechtsträgers eine eigene Funktion und eine eigene Organisationsstruktur. Daher gibt es stets nur *eine* Stelle eines Rechtsträgers, die ihrer Funktion und Organisationsstruktur nach eine konkrete Handlungspflicht bzw. Aufgabe in einer bestimmten Form am besten erfüllen kann. Auf *diese* Stelle hat der Rechtsträger die Erfüllung einer Handlungspflicht bzw. Aufgabe in einer bestimmten Form zu übertragen. Gibt es für die Erledigung einer neuen staatlichen Aufgabe keine bereits existierende Stelle, zu der die Aufgabenerledigung passt, dann hat der Rechtsträger eine solche Stelle zu schaffen oder eine bestehende zu ändern.

d) Ergebnis

Fasst man die Anforderungen des Grundgesetzes an die Ausstattung von Rechtsträgern und ihren Stellen mit Kompetenzen zusammen, dann kommt man zu dem Ergebnis, dass der Tätigkeitsbereich einer Stelle geregelt sein muss, *bevor* sie handelt. Zudem zeigt sich, dass eine Kompetenz nicht unabhängig voneinander von mehreren Stellen wahrgenommen werden darf.[134] Dann spricht alles dafür, dass das Grundgesetz fordert, dass jede Kompetenz grundsätzlich nur *einer* staatlichen Stelle und damit auch nur *einem* Rechtsträger verliehen wird. Dazu hat der Rechtsträger eine Organisationsstruktur bereitzustellen, die den verfassungsrechtlichen Anforderungen an die Verteilung von Kompetenzen – die demokratische Legitimation[135] sowie die Vorhersehbarkeit staatlichen Handelns[136] und die funktionsgerechte Verteilung

---

[133] Vgl. *Ossenbühl*, DÖV 1980, 545 (549).

[134] Dieses Ergebnis wird auch durch den Aspekt gestützt, dass eine klare Zuständigkeitsverteilung die Effizienz der Verwaltungstätigkeit steigert, vgl. *Kluth*, in: Wolff/Bachof/Stober/Kluth, VwR II, § 83 Rn. 3; *Schnapp*, Jura 1980, 68 (69).

[135] Vgl. *Kluth*, in: Wolff/Bachof/Stober/Kluth, VwR II, § 79 Rn. 86: „Das Staatsorganisationsrecht liefert durch seine zentrale Regelung, das Demokratieprinzip, ein allgemeines *Raster für den Aufbau der Verwaltungsorganisation* und ihre Steuerung.“ – Herv. im Original.

[136] Vgl. BVerfGE 137, 108 (144): „Auch das Rechtsstaatsprinzip verlangt mit Blick auf die für die Ausrichtung und das Verständnis der Verfassungsordnung maßgebliche Sicht des Bürgers zuallererst Klarheit der Kompetenzordnung.“; *Beaucamp*, DÖV 2017, 699 (702) m. w. Nachw.

von Handlungspflichten und Aufgaben – genügt. Wegen der Rechtsbindung staatlicher Stellen nach Art. 20 Abs. 3 GG darf ausschließlich die Stelle die Kompetenz wahrnehmen, der sie übertragen worden ist.

3. Allgemeine Anforderungen an Rechtsquellen

Eine bestimmte Rechtsquelle kann zur Schaffung einer neuen bzw. zur Erledigung einer bestehenden staatlichen Aufgabe nur von *einer* staatlichen Stelle erlassen werden. Daher müssen organisationsrechtliche Vorschriften des Rechtsträgers, in dessen Kompetenzbereich die Wahrnehmung einer staatlichen Handlungspflicht bzw. staatlichen Aufgabe fällt, einer Stelle die Rechtsmacht verleihen, die Handlungspflicht bzw. Aufgabe durch den Erlass einer Rechtsquelle zu erfüllen.[137] Insgesamt wird also der Zuständigkeitsbereich einer Stelle durch die ihr übertragenen staatlichen Handlungspflichten bzw. Aufgaben begründet und zugleich begrenzt.[138]

III. Regelungsumfang

Eine Rechtsquelle enthält eine Regelung. Sie ist also darauf gerichtet, Rechtsfolgen zu setzen und damit die Rechtslage verbindlich zu gestalten. Im Folgenden ist die Frage nach dem zulässigen Regelungsumfang einer Rechtsquelle zu beantworten.

Jede Regelung richtet sich an Adressaten, also an Rechtssubjekte, und erfasst Fälle, also Sachverhalte.[139] Die Rechtsordnung benennt in Art. 19 Abs. 1 S. 1 GG und § 35 S. 1 VwVfG explizit zwar nur die Regelung, die sich auf einen „Einzelfall“[140] bezieht. Sowohl für die betroffenen Rechtssubjekte als auch für die betroffenen Fälle wird in der Rechtswissenschaft jedoch auf begriffliche Gegensatzpaare zurückgegriffen, anhand derer der Rege-

---

[137] Die Verknüpfung des Organisationsrechts mit der Wahrnehmung von staatlichen Handlungspflichten und staatlichen Aufgaben wird häufig hervorgehoben. Beispiele: *Schmidt-Aßmann*, Ordnungsidee, 5. Kap. Rn. 17 sowie *Jestaedt*, in: Hoffmann-Riem/Schmidt-Aßmann/Voßkuhle, GVwR I, § 14 Rn. 42: die Zuständigkeit stellt das „Junktim zwischen Aufgabe und Organisation“ her; *P. Kirchhof*, in: Isensee/Kirchhof, HStR V, § 99 Rn. 29; *Krebs*, in: Isensee/Kirchhof, HStR V, § 108 Rn. 31.

[138] Vgl. in Bezug auf die Verbandskompetenz *Oldiges*, DÖV 1989, 873 (877); zudem *Gusy*, JuS 1983, 189 (192); ähnlich *Knemeyer*, DÖV 1978, 11.

[139] Die Rechtsfolgen einer Regelung werden anhand der Adressaten und des Gegenstands der Regelung umschrieben, vgl. z. B. *Heyle*, NVwZ 2008, 390 (390 ff.); *U. Stelkens*, in: Stelkens/Bonk/Sachs, VwVfG, § 35 Rn. 206; *Ruffert*, in: Ehlers/Pünder, Allg VwR, § 21 Rn. 32; *Henneke/Berger*, in: Knack/Henneke, VwVfG, § 35 Rn. 196.

[140] Dazu, wann eine Einzelfallregelung vorliegt, sogleich 3. Kapitel A. III. 1. a) und d).

lungsumfang von Rechtsquellen umschrieben wird.[141] Ist eine Regelung darauf gerichtet, Rechtsfolgen gegenüber einer zum Zeitpunkt ihres Erlasses unbestimmten Vielzahl von Rechtssubjekten herbeizuführen, nennt man sie generell.[142] Eine individuelle Regelung liegt hingegen jedenfalls dann vor, wenn sich die Regelung ausschließlich an ein bestimmtes, einzelnes Rechtssubjekt richtet.[143] Ist eine Regelung darauf gerichtet, eine unbestimmte Anzahl von Fällen zu regeln, nennt man sie abstrakt.[144] Sind die Rechtsfolgen demgegenüber darauf gerichtet, ausschließlich einen einzelnen Fall bzw. einen ganz bestimmten Sachverhalt zu regeln, dann wird die Regelung als konkret bezeichnet.[145] Eine solche Regelung liegt vor, wenn unter sie nur ein einzelner Sachverhalt einmalig subsumiert werden kann. Für die Umschreibung der Rechtsfolgen einer Regelung ist jeweils der Zeitpunkt ihres Erlasses entscheidend.[146]

Man könnte annehmen, der Regelungsumfang jeder Rechtsquelle ließe sich mit einer Kombination aus den Begriffen individuell oder generell und konkret oder abstrakt eindeutig umschreiben. Das trifft allerdings nicht zu. Vielmehr ist die Umschreibung des Regelungsumfangs häufig von Wertungen abhängig. Das kann z. B. anhand des „Endiviensalat-Falls“[147] verdeutlicht werden. Dem liegt der Sachverhalt zugrunde, dass das Innenministerium des Landes Baden-Württemberg den Verkauf von Endiviensalat in bestimmten Städten und Kreisen verboten hat. Das Bundesverwaltungsgericht musste über die Rechtmäßigkeit dieser Anordnung entscheiden. Je nach dem, ob man für die Bestimmung des Regelungsumfangs der Anordnung auf die Typhusseuche abstellt, die der Anlass der Regelung war, oder auf die nicht bestimmbare Vielzahl von potentiellen Verkäufen von Endiviensalat, die durch die Regelung betroffen sind, ist die Regelung konkret[148] oder abstrakt[149].

---

[141] Dazu im Überblick *P. Reimer*, Handlungsformen, S. 120.

[142] Vgl. *Ruffert*, in: Ehlers/Pünder, Allg VwR, § 21 Rn. 32 f.; *Morlok*, Folgen, S. 105; *Starck*, Gesetzesbegriff, S. 201 f.; *Ipsen*, Verfassungswidrigkeit, S. 183; *Windoffer*, in: Mann/Sennekamp/Uechtritz, NK-VwVfG, § 35 Rn. 110.

[143] Vgl. *Maurer/Waldhoff*, Allg VwR, § 9 Rn. 16 f.; *Heyle*, NVwZ 2008, 390 (390); *Korte*, in: Wolff/Bachof/Stober/Kluth, VwR I, § 45 Rn. 78; *Ipsen*, Verfassungswidrigkeit, S. 182 f.; *U. Stelkens*, in: Stelkens/Bonk/Sachs, VwVfG, § 35 Rn. 206a.

[144] Vgl. *Morlok*, Folgen, S. 105; *Heyle*, NVwZ 2008, 390 (391); *Ruffert*, in: Ehlers/Pünder, Allg VwR, § 21 Rn. 32 f.; *Windoffer*, in: Mann/Sennekamp/Uechtritz, NK-VwVfG, § 35 Rn. 110; *Henneke/Berger*, in: Knack/Henneke, VwVfG, § 35 Rn. 196.

[145] *Korte*, in: Wolff/Bachof/Stober/Kluth, VwR I, § 45 Rn. 77; *Henneke/Berger*, in: Knack/Henneke, VwVfG, § 35 Rn. 196; *Ruffert*, in: Ehlers/Pünder, Allg VwR, § 21 Rn. 32 f.

[146] Vgl. *v. Mutius*, FS Wolff, 167 (196 f.).

[147] BVerwGE 12, 87 ff.

[148] So und damit die Regelung als Einzelfallregelung charakterisierend BVerwGE 12, 87 (89 f.).

Als weiteres Beispiel dient der „Kühlturm-Fall“[150]. Hier ging es um die Rechtmäßigkeit einer Anordnung eines Oberstadtdirektors einer nordrhein-westfälischen Stadt gegenüber der Betreiberin von zwei Dampfkraftwerken, zu deren Einrichtung Kühltürme gehörten. Die Anordnung verpflichtete die Betreiberin, „an den Tagen, an denen nicht durch natürliche Witterungseinflüsse allgemein Glatteisgefahr festzustellen sei, sondern sich nur durch Abdämpfe der Kühltürme in deren Umgebung Glatteis gebildet habe, den hierdurch verursachten polizeiwidrigen Zustand auf bestimmten Straßen zu beseitigen.“[151] Sie wird teilweise als abstrakt-individuelle[152] und teilweise als konkret-individuelle[153] Regelung umschrieben. Im Ergebnis ist man sich einig, dass die Anordnung eine Einzelfallregelung im Sinne des § 35 S. 1 VwVfG enthält.[154]

Ist eine Regelung darüber hinaus bspw. einerseits nicht ausschließlich an ein einzelnes Rechtssubjekt, aber andererseits auch nicht an eine unbestimmte Vielzahl von Rechtssubjekten gerichtet, ist sie nach obigem Begriffsverständnis weder individuell noch generell. In der Rechtsprechung und der Literatur wird eine Regelung, die sich an einen nach allgemeinen Merkmalen bestimmten oder bestimmbaren Adressatenkreis richtet, daher teils als individuell[155] und teils als generell[156] bezeichnet.[157] Um beurteilen zu können, ob ein Adressatenkreis nach allgemeinen Merkmalen bestimmt oder bestimmbar ist, werden Kriterien wie bspw. die Verbundenheit des Adressatenkreises mit dem geregelten Sachverhalt[158] und die Wirkungsdauer

---

149 So z. B. *Laubinger*, FS Rudolf, 305 (313); *Maurer/Waldhoff*, Allg VwR, § 9 Rn. 18.

150 OVG Nordrhein-Westfalen, OVGE MüLü 16, 289 ff.

151 OVG Nordrhein-Westfalen, OVGE MüLü 16, 289 (290).

152 Z. B. *Heyle*, NVwZ 2008, 390 ff.; *Ruffert*, in: Ehlers/Pünder, Allg VwR, § 21 Rn. 34.

153 Vgl. z. B. *Maurer/Waldhoff*, Allg VwR, § 9 Rn. 20; an der Einordnung als abstrakte Regelung zweifelt auch *Windoffer*, in: Mann/Sennekamp/Uechtritz, NK-VwVfG, § 35 Rn. 113.

154 *Ruffert*, in: Ehlers/Pünder, Allg VwR, § 21 Rn. 34 m. w. Nachw.

155 *Maurer/Waldhoff*, Allg VwR, § 9 Rn. 17; *Heyle*, NVwZ 2008, 390.

156 So explizit *Windoffer*, in: Mann/Sennekamp/Uechtritz, NK-VwVfG, § 35 Rn. 110 f., der aber auch danach differenziert, ob der Adressatenkreis gattungsmäßig oder individuell bestimmt bzw. bestimmbar ist.

157 Die Einordnung wird meist im Kontext des § 35 S. 2 VwVfG angesprochen. Dort stimmt man im Ergebnis darin überein, dass eine Einzelfallregelung vorliegt, vgl. neben den in den beiden Fn. zuvor Genannten z. B. *Henneke/Berger*, in: Knack/Henneke, VwVfG, § 35 Rn. 204.

158 *Henneke/Berger*, in: Knack/Henneke, VwVfG, § 35 Rn. 204; *Ruffert*, in: Ehlers/Pünder, Allg VwR, § 21 Rn. 36; vgl. auch *Windoffer*, in: Mann/Sennekamp/Uechtritz, NK-VwVfG, § 35 Rn. 114.

der Regelung[159] herangezogen. Diese Beurteilung kommt ohne Wertungen nicht aus.

Die dargestellten Beispiele zeigen, dass es von der Wahl des Anknüpfungspunkts für die Umschreibung der Rechtsfolgen einer Regelung abhängen kann, ob die Regelung individuell oder generell bzw. konkret oder abstrakt ist. Legt man das zu Beginn dieses Abschnitts genannte absolute Begriffsverständnis der Begriffe individuell und generell sowie konkret und abstrakt zugrunde, bilden diese Begriffe aber die Eckpunkte eines Rasters, anhand dessen der Regelungsumfang von Rechtsquellen umschrieben werden kann. Zu diesem Zweck verwendet die Arbeit diese Begriffe.

Hierauf aufbauend ist die Frage nach dem zulässigen Regelungsumfang einer Rechtsquelle zu präzisieren. Es ist zu untersuchen, ob jede staatliche Stelle sowohl individuelle als auch generelle Regelungen sowie sowohl konkrete als auch abstrakte Regelungen treffen darf.

1. Rechtslage am Beispiel der Rechtsquellen in einer kategorisierten Form

a) Gesetz

Soweit nach dem Grundgesetz ein Grundrecht durch Gesetz oder aufgrund eines Gesetzes eingeschränkt werden kann, muss das Gesetz gemäß Art. 19 Abs. 1 S. 1 GG allgemein sein und darf es nicht nur für den Einzelfall gelten[160]. Es besteht weitgehend[161] Einigkeit darin, dass die Vorschrift es grund-

---

[159] *Maurer/Waldhoff*, Allg VwR, § 9 Rn. 20; *Ramsauer*, in: Kopp/Ramsauer, VwVfG, § 35 Rn. 122; vgl. auch *Windoffer*, in: Mann/Sennekamp/Uechtritz, NK-VwVfG, § 35 Rn. 115.

[160] Nach überwiegender Auffassung meinen die Merkmale „allgemein" und „nicht nur für den Einzelfall" das gleiche, so z. B. *Krebs*, in: v. Münch/Kunig, GG I, Art. 19 Rn. 6; *Volkmar*, Rechtssatz und Einzelakt, S. 230; *Remmert*, in: Maunz/Dürig, GG, Art. 19 Abs. 1 Rn. 1; *Dreier*, in: ders., GG I, Art. 19 I Rn. 9; *Sachs*, in: ders., GG, Art. 19 Rn. 20; *Kunig*, Jura 1993, 308 (311); *Huber*, in: v. Mangoldt/Klein/Starck, GG I, Art. 19 Rn. 47; *Schneller*, Legalplanung, S. 153 f. Anders z. B. *Stern*, StaatsR III/2, S. 733; *G. Kirchhof*, Allgemeinheit, S. 207 ff.; *Krüger*, DVBl. 1955, 758 (762).

[161] Es wird überwiegend angenommen, dass das Verbot des Art. 19 Abs. 1 S. 1 GG nicht absolut gelte, sondern ausnahmefähig sei. Dabei wird betont, dass die gesetzgebenden Organe rechtfertigen müssten, wenn sie von der Ausnahmemöglichkeit Gebrauch machen. Dazu: *Remmert*, in: Maunz/Dürig, GG, Art. 19 Abs. 1 Rn. 20 ff.; *Bauernfeind*, DVBl. 1976, 193 (197 f.); *Krebs*, in: v. Münch/Kunig, GG I, Art. 19 Rn. 11; *Kunig*, Jura 1993, 308 (312). Vereinzelt wird aber auch vertreten, das Verbot gelte absolut, vgl. die Nachw. bei *Remmert*, in: Maunz/Dürig, GG, Art. 19 Abs. 1 Rn. 19 Fn. 4.

sätzlich[162] verbietet, durch ein Gesetz Regelungen zu erlassen, die ausschließlich an einen einzelnen Grundrechtsträger gerichtet[163] sind.[164] Gemäß Art. 19 Abs. 1 S. 1 GG dürfen grundrechtsbeeinträchtigende und zu Grundrechtseingriffen ermächtigende Gesetze also prinzipiell nur generelle Regelungen und keine individuellen Regelungen enthalten. Ob Art. 19 Abs. 1 S. 1 GG zugleich verbietet, dass durch Gesetze konkrete Regelungen ergehen, ist in der Rechtswissenschaft umstritten.[165]

b) Rechtsverordnung

Eine Rechtsverordnung darf nur solche Rechtsfolgen setzen, die sich innerhalb des Inhalts, Zwecks und Ausmaßes ihrer gesetzlichen Ermächtigung (vgl. Art. 80 Abs. 1 S. 2 GG) halten. Zwar enthalten Rechtsverordnungen typischerweise abstrakt-generelle Regelungen.[166] Es gibt jedoch keine Art. 19 Abs. 1 S. 1 GG entsprechende Vorschrift, die den zulässigen Regelungsumfang von Rechtsverordnungen bestimmt.[167] Demzufolge ist es nicht aus-

---

[162] In manchen Konstellationen kann es ausnahmsweise erforderlich sein, dass eine Einzelfallregelung durch Gesetz erlassen wird, dazu BVerfGE 134, 33 (88 f.); *Remmert*, in: Maunz/Dürig, GG, Art. 19 Abs. 1 Rn. 15, 20 f.; *Dreier*, in: ders., GG I, Art. 19 I Rn. 14 f.

[163] Das Verbot bezieht sich also auf die Rechtsfolgen einer Regelung. Der Anlass, der zum Erlass der Regelung geführt hat, ist hingegen unerheblich. So z. B. BVerfGE 7, 129 (151); 13, 225 (229); 25, 371 (396); 99, 367 (400); 121, 30 (49); *Bauernfeind*, DVBl. 1976, 193 (196); *Remmert*, in: Maunz/Dürig, GG, Art. 19 Abs. 1 Rn. 35; *Dreier*, in: ders., GG I, Art. 19 I Rn. 13.

[164] BVerfGE 139, 321 (363 ff.); *Bauernfeind*, DVBl. 1976, 193 (193, 195 f.); *Remmert*, in: Maunz/Dürig, GG, Art. 19 Abs. 1 Rn. 36; *Krebs*, in: v. Münch/Kunig, GG I, Art. 19 Rn. 10; *Kunig*, Jura 1993, 308 (311); *Huber*, in: v. Mangoldt/Klein/Starck, GG I, Art. 19 Rn. 58; *P. Schneider*, in: Haller/Recktenwald, Finanz- und Geldpolitik, 85 (94 f.); *Schneller*, Legalplanung, S. 158.

[165] Das grundsätzliche Verbot der Einzelfallregelung durch Gesetz auf Einzel*personen*gesetze beschränkend z. B. *Bauernfeind*, DVBl. 1976, 193; *Remmert*, in: Maunz/Dürig, GG, Art. 19 Abs. 1 Rn. 36; *P. Schneider*, in: Haller/Recktenwald, Finanz- und Geldpolitik, 85 (94 f.); *Schneller*, Legalplanung, S. 158; *Krebs*, in: v. Münch/Kunig, GG I, Art. 19 Rn. 10. Anders z. B. *Krüger*, DVBl. 1955, 758 (762); *Lege*, in: Merten/Papier, HGR III, § 66 Rn. 103; *Volkmar*, Rechtssatz und Einzelakt, S. 218 ff., 229 f.; *Stern*, StaatsR III/2, S. 740. Nach dem Bundesverfassungsgericht ist ein Gesetz allgemein, „wenn sich wegen der abstrakten Fassung des gesetzlichen Tatbestandes nicht absehen lässt, auf wie viele und welche Fälle das Gesetz Anwendung findet", „wenn also nicht nur ein einmaliger Eintritt der vorgesehenen Rechtsfolge möglich ist", so oder ähnlich z. B. BVerfGE 25, 371 (396); 99, 367 (400); 121, 30 (49); 134, 33 (88) jew. m. w. Nachw. zur Rechtsprechung.

[166] Siehe bereits m. Nachw. 2. Kapitel A.

[167] Art. 19 Abs. 1 S. 1 GG gilt ausschließlich für Gesetze und damit nicht für Rechtsverordnungen, vgl. *Remmert*, in: Maunz/Dürig, GG, Art. 19 Abs. 1 Rn. 26;

drücklich verboten, dass eine Rechtsverordnung ausschließlich darauf gerichtet ist, einen Einzelfall zu regeln.

Für das ermächtigende Gesetz gilt aber nach Art. 19 Abs. 1 S. 1 GG das grundsätzliche Verbot einer Einzelfallregelung. Dieses würde unzulässig umgangen, wenn eine gesetzliche Rechtsgrundlage nur zum Erlass von Rechtsverordnungen mit Einzelfallregelungen ermächtigt. Das ist auch dann der Fall, wenn eine gesetzliche Rechtsgrundlage eine Ermächtigung enthält, von der die ermächtigte Stelle ausschließlich Gebrauch machen kann, indem sie eine Rechtsverordnung mit einer Einzelfallregelung im Sinne des Art. 19 Abs. 1 S. 1 GG erlässt.

c) Satzung

Eine Satzung regelt eigene Angelegenheiten eines Selbstverwaltungsträgers. Die in einer Satzung enthaltenen Regelungen müssen sich daher an alle Mitglieder des Selbstverwaltungsträgers und bei Gebietskörperschaften im Bereich ihres Gebiets an jedermann richten können.[168] Deshalb sind abstrakt-generelle Regelungen in Form einer Satzung zulässig. Die Rechtsordnung verbietet es aber nicht explizit, dass Satzungen Einzelfallregelungen treffen.

d) Verwaltungsakt und Verwaltungsvertrag

Ein Verwaltungsakt ist nach § 35 S. 1 VwVfG jede hoheitliche Maßnahme, die eine Behörde zur Regelung eines Einzelfalls trifft. Ein Einzelfall liegt typischerweise vor, wenn die Regelung ausschließlich an *ein* Rechtssubjekt gerichtet ist und wenn sie nur *einen* konkreten Fall betrifft. Eine Einzelfallregelung im Sinne des § 35 S. 1 VwVfG ist also jedenfalls eine konkret-individuelle Regelung.[169]

Wie § 35 S. 2 Var. 1 VwVfG zeigt, ist eine Einzelfallregelung aber auch eine solche, die sich an einen nach allgemeinen Merkmalen bestimmten oder bestimmbaren Personenkreis richtet. Daneben ergibt sich aus § 35 S. 2 Var. 2 VwVfG, dass eine Einzelfallregelung im Sinne des § 35 S. 1 VwVfG zudem dann vorliegt, wenn die Regelung die öffentlich-rechtliche Eigenschaft einer

---

Sachs, in: ders., GG, Art. 19 Rn. 14; *Krebs*, in: v. Münch/Kunig, GG I, Art. 19 Rn. 4; *Dreier*, in: ders., GG I, Art. 19 I Rn. 10 jew. m. w. Nachw.

[168] In Bezug auf gemeindliche Satzungen *Geis*, in: Kluth/Krings, Gesetzgebung, § 25 Rn. 80 m. Nachw.

[169] Z.B. *Maurer/Waldhoff*, Allg VwR, § 9 Rn. 16; *Ruffert*, in: Ehlers/Pünder, Allg VwR, § 21 Rn. 33; *Ramsauer*, in: Kopp/Ramsauer, VwVfG, § 35 Rn. 121; *Windoffer*, in: Mann/Sennekamp/Uechtritz, NK-VwVfG, § 35 Rn. 110; *v. Mutius*, FS Wolff, 167 (199); *Henneke/Berger*, in: Knack/Henneke, VwVfG, § 35 Rn. 196.

Sache oder die Benutzung der Sache durch die Allgemeinheit, also durch eine unbestimmte Zahl von Personen, betrifft. Ein Verwaltungsakt kann somit auch eine konkret-generelle Regelung enthalten.[170]

Aus alledem lässt sich schließen, dass dann *keine* Einzelfallregelung im Sinne des § 35 S. 1 VwVfG vorliegt, wenn die Regelung an eine unbestimmte Vielzahl von Adressaten gerichtet ist und eine unbestimmte Anzahl von Sachverhalten betrifft. Das ist bei einer abstrakt-generellen Regelung der Fall.[171]

Ein Verwaltungsvertrag im Sinne des § 54 VwVfG berechtigt bzw. verpflichtet zunächst ausschließlich die Vertragsparteien. Greift ein Vertrag in Rechte eines Dritten ein, wird er diesem gegenüber nach § 58 Abs. 1 VwVfG erst wirksam, wenn der Dritte schriftlich zustimmt. Ein Verwaltungsvertrag entfaltet also ausschließlich gegenüber ganz bestimmten Rechtssubjekten Rechtswirkungen. Es ist zwar nicht ausdrücklich verboten, dass ein Verwaltungsvertrag eine generelle Regelung trifft. Ist die Regelung rechtsbeeinträchtigend, kann sie jedoch nicht gegenüber jedermann Rechtsfolgen bewirken. Das legt nahe, dass ein Verwaltungsvertrag ausschließlich individuelle Regelungen enthalten soll. Für die betroffenen Sachverhalte gelten die Ausführungen zum Verwaltungsakt entsprechend.

e) Ergebnis

Die Darstellung der Rechtslage zum zulässigen Regelungsumfang einer Rechtsquelle am Beispiel der Rechtsquellen in einer kategorisierten Form hat gezeigt, dass für jede Form ein Rahmen vorgegeben ist, innerhalb dessen eine Regelung Rechtsfolgen setzen darf. Unterschiede bestehen in der Art und Weise, in der der Rahmen jeweils festgelegt ist. Den zulässigen Regelungsumfang von Gesetzen regelt die Rechtsordnung durch ein Verbot, jenen von Verwaltungsakten durch ein Gebot. Der Regelungsumfang von Rechtsverordnungen und Satzungen ist nicht explizit begrenzt.

Für den zulässigen Adressatenkreis einer Rechtsquelle ist zusammenfassend festzuhalten, dass die Gesetzgebung grundsätzlich keine individuell grundrechtsbeeinträchtigenden Regelungen erlassen darf. Die Verwaltung kann hingegen generelle und individuelle Regelungen treffen. Auf die Frage,

---

[170] Z.B. *Windoffer*, in: Mann/Sennekamp/Uechtritz, NK-VwVfG, § 35 Rn. 110; *Henneke/Berger*, in: Knack/Henneke, VwVfG, § 35 Rn. 196; *U. Stelkens*, in: Stelkens/Bonk/Sachs, VwVfG, § 35 Rn. 207.

[171] Z.B. *U. Stelkens*, in: Stelkens/Bonk/Sachs, VwVfG, § 35 Rn. 208; *Ruffert*, in: Ehlers/Pünder, Allg VwR, § 21 Rn. 33; *Maurer/Waldhoff*, Allg VwR, § 9 Rn. 15; *Ramsauer*, in: Kopp/Ramsauer, VwVfG, § 35 Rn. 121; *v. Mutius*, FS Wolff, 167 (199); *Henneke/Berger*, in: Knack/Henneke, VwVfG, § 35 Rn. 196.

ob jede Rechtsquelle konkrete oder abstrakte Regelungen enthalten darf, ergibt sich für die Rechtsquellen in einer kategorisierten Form keine derart differenzierte Antwort. Nach der derzeitigen Rechtslage dürfen alle staatlichen Stellen sowohl konkrete als auch abstrakte Regelungen erlassen.

2. Verfassungsrechtliche Hintergründe der dargestellten Rechtslage

Das Grundgesetz geht einerseits davon aus, dass es Einzelfallregelungen gibt und verbietet es andererseits aber prinzipiell der Gesetzgebung, solche zu erlassen (Art. 19 Abs. 1 S. 1 GG). Das ergibt nur Sinn, wenn es verfassungsrechtlich grundsätzlich zulässig ist, dass ein anderer Teil der Staatsgewalt als die Gesetzgebung Einzelfallregelungen trifft. Das kann nur die Verwaltung sein. Die Erledigung von staatlichen Aufgaben im Einzelfall wird dementsprechend auch regelmäßig dem Funktionsbereich der Verwaltung zugeordnet.[172] Dann spricht alles dafür, dass das Grundgesetz den Erlass von Einzelfallregelungen grundsätzlich der Verwaltung vorbehält.[173]

Es liegt nahe, dass Einzelfallregelungen im Sinne dieses Vorbehalts solche sind, deren Erlass Art. 19 Abs. 1 S. 1 GG der Gesetzgebung grundsätzlich verbietet. Einzelfallregelungen im Sinne des Art. 19 Abs. 1 S. 1 GG sind jedenfalls individuelle Regelungen.[174] Behält das Grundgesetz der Verwaltung somit den Erlass von individuellen Regelungen vor, bedeutet das aber nicht, dass es der Verwaltung grundsätzlich verwehrt, generelle Regelungen zu treffen.

Im Folgenden ist zu klären, ob das Grundgesetz allen Stellen der Verwaltung den Erlass von Einzelfallregelungen gleichermaßen vorbehält, oder ob

---

172 Vgl. BVerfGE 134, 33 (89); 139, 321 (362) jew. m. w. Nachw. zur Rechtsrpechung des Bundesverfassungsgerichts; *Maurer*, StaatsR I, § 18 Rn. 8; *Krebs*, in: v. Münch/Kunig, GG I, Art. 19 Rn. 9.

173 Nimmt man an, Art. 19 Abs. 1 S. 1 GG schütze die verfassungsrechtlich verankerte Funktionengliederung, dann käme das einem ausdrücklich geregelten Verwaltungsvorbehalt des Erlasses von Einzelfallregelungen gleich. Diesen Zweck des Art. 19 Abs. 1 S. 1 GG bejahen bspw. *Volkmar*, Rechtssatz und Einzelakt, S. 229, 234; *Krüger*, DVBl. 1955, 791 (791, 796); *P. Schneider*, in: Haller/Recktenwald, Finanz- und Geldpolitik, 85 (96 ff.); *Stern*, StaatsR III/2, S. 731; wohl auch *Bauernfeind*, DVBl. 1976, 193 (194). Nach überwiegender Auffassung schützt Art. 19 Abs. 1 S. 1 GG aber einen einzelnen Grundrechtsträger vor Gesetzen, die darauf gerichtet sind, ausschließlich ihn zu beeinträchtigen, so dezidiert *Krebs*, in: v. Münch/Kunig, GG I, Art. 19 Rn. 10; *Remmert*, in: Maunz/Dürig, GG, Art. 19 Abs. 1 Rn. 16; *Kunig*, Jura 1993, 308 (312); *Lege*, in: Merten/Papier, HGR III, § 66 Rn. 17. Legt man diesen Schutzzweck zugrunde, behält Art. 19 Abs. 1 S. 1 GG der Verwaltung den Erlass von Einzelfallregelungen nicht ausdrücklich vor.

174 Siehe oben 3. Kapitel A. III. 1. a).

es möglicherweise z. B. nach der speziellen Funktion der Stellen unterscheidet. Zudem sind weitere verfassungsrechtliche Vorgaben aufzuzeigen, die für den zulässigen Regelungsumfang einer Rechtsquelle von Bedeutung sind.

a) Vorhersehbarkeit staatlichen Handelns

Das verfassungsrechtliche Erfordernis der Vorhersehbarkeit staatlichen Handelns enthält zwar keine Ge- oder Verbote für die zulässige Reichweite des Regelungsumfangs von Rechtsquellen. Es verlangt aber, dass die Rechtsfolgen, die eine staatliche Stelle setzen darf, vorab festgelegt sind.[175] Die Rechtsordnung muss sie entweder ausdrücklich regeln oder sie müssen sich durch Auslegung ermitteln lassen. Die grundsätzlich zulässigen Rechtsfolgen eines Gesetzes regelt Art. 19 Abs. 1 S. 1 GG. Ist der zulässige Regelungsumfang einer Rechtsquelle von einer Stelle der Verwaltung nicht ausdrücklich festgelegt, ergibt er sich regelmäßig im Wege der Auslegung der Aufgabenzuweisungs- und der Befugnisnorm. Das liegt daran, dass eine Stelle der Verwaltung eine Rechtsquelle nur zur Erledigung einer ihr übertragenen Aufgabe erlassen darf und zum Erlass der Rechtsquelle durch die Rechtsordnung befugt sein muss. Daher ist der zulässige Regelungsumfang einer Rechtsquelle einer Stelle der Verwaltung auf die Aufgabe, die die Stelle erledigt, sowie auf die Rechtsmacht, von der die Stelle durch den Erlass der Rechtsquelle Gebrauch macht, begrenzt.

b) Demokratische Legitimation staatlichen Handelns, Art. 20 Abs. 2 GG

Die Rechtsordnung legitimiert eine staatliche Stelle zur Ausübung von Staatsgewalt unter anderem dadurch, dass sie der Stelle die Wahrnehmung von Handlungspflichten bzw. staatlichen Aufgaben zuweist.[176] Dadurch ist eine staatliche Stelle ausschließlich dazu legitimiert, solche Regelungen zu erlassen, die der Erfüllung einer übertragenen Handlungspflicht bzw. Aufgabe dienen. Das können grundsätzlich sowohl individuelle als auch generelle und sowohl konkrete als auch abstrakte Regelungen sein. Verbietet die Rechtsordnung einer Stelle hingegen ausdrücklich, bestimmte Rechtsfolgen zu setzen, dann ist die Stelle auch nicht dazu legitimiert, Regelungen mit diesen Rechtsfolgen zu treffen.

Die personelle demokratische Legitimation ist bei den Mitgliedern von Repräsentationsorganen am größten, denn sie sind in der Regel unmittelbar

---

175 Vgl. dazu oben 3. Kapitel A. II. 2. b).

176 Sog. sachlich-inhaltliche Legitimation, dazu bereits 3. Kapitel A. I. 2. c) m. Nachw.

demokratisch legitimiert.[177] Alle Regelungen, die diese Organe erlassen, haben daher ein hohes Legitimationsniveau. Da abstrakt-generelle Regelungen potentiell für alle Mitglieder des Selbstveraltungsträgers gelten, bedürfen sie eines hohen Legitimationsniveaus. Das spricht dafür, dass abstrakt-generelle Regelungen eine nahe Rückbindung an Repräsentationsorgane bedürfen, mithin von diesen Organen erlassen werden.

c) *Funktion und Funktionsfähigkeit der Stellen der Verwaltung*

Das Grundgesetz verlangt, dass jede staatliche Stelle funktionsfähig ist.[178] Demnach muss eine staatliche Stelle die ihr übertragenen Handlungspflichten und Aufgaben entsprechend ihrer Funktion und Zusammensetzung effektiv erfüllen können. Bei der Erledigung einer Aufgabe sind alle durch die Erledigung betroffenen Adressaten, Sachverhalte und rechtlichen Belange zu berücksichtigen. Diese Pflicht richtet sich an jeden Amtswalter, auf den die Wahrnehmung einer Aufgabe übertragen ist. Ist eine Aufgabe einem Kollegialorgan zugewiesen, hat sich innerhalb des Organs also jedes Mitglied mit den genannten Umständen auseinanderzusetzen.

Manche Stellen der Verwaltung haben eine Repräsentationsfunktion. Diese Stellen sind in der Regel Kollegialorgane. Der Grundsatz der Funktionsfähigkeit der Stellen der Verwaltung könnte zum Schutz ihrer Repräsentationsfunktion nahelegen, dass Repräsentationsorgane regelmäßig keine Einzelfallregelungen treffen sollen. Da jedes Organmitglied eines Repräsentationsorgans die Mitglieder seines Rechtsträgers repräsentiert, muss sich jedes Organmitglied stets mit den Belangen des jeweiligen Rechtsträgers und jenen der Mitglieder des Rechtsträgers befassen. Erließe ein Repräsentationsorgan regelmäßig Einzelfallregelungen, hätten sich seine Mitglieder darüber hinaus oft mit den jeweils speziellen Umständen von Einzelfällen auseinanderzusetzen. Das könnte zwar dafürsprechen, dass ein Repräsentationsorgan seine Repräsentationsfunktion wohl am effektivsten wahrnimmt, wenn es nur ausnahmsweise Einzelfälle regelt. Es ist aber nicht ausgeschlossen, dass die Funktionsfähigkeit eines Repräsentationsorgans auch dann gewährleistet ist, wenn das Organ häufig Einzelfallregelungen erlässt. Aus dem verfassungsrechtlichen Erfordernis der Funktionsfähigkeit staatlicher Stellen ist daher zwar nicht abzuleiten, dass Repräsentationsorgane grundsätzlich keine Ein-

---

[177] Z.B. Art. 38 Abs. 1 S. 1 GG, Art. 28 Abs. 1 S. 2 GG i.V.m. § 26 Abs. 1 GemO BW.

[178] Das ist ein allgemein anerkannter Grundsatz, vgl. dazu BVerfGE 80, 188 (219); 84, 304 (321 f.); 96, 264 (278); 99, 19 (32); 112, 118 (140); 118, 277 (324) – jeweils in Bezug auf den Bundestag; *Mehde*, VerwArch Bd. 109 (2018), 336 ff. m. Nachw. zur Rechtsprechung des Bundesverfassungsgerichts zu Kommunalvertretungsorganen, der den Grundsatz nicht in Frage stellt.

zelfallregelungen treffen dürfen. Es ist jedoch die Tendenz zu erkennen, dass Einzelfallregelungen in der Regel von den Stellen der Verwaltung getroffen werden sollen, die keine Repräsentationsfunktion haben. Ob die Funktionsfähigkeit einer staatlichen Stelle im Hinblick auf den Erlass einer bestimmten Rechtsquelle beeinträchtigt ist, hat die Gesetzgebung zu entscheiden, die insofern einen Einschätzungsspielraum hat.[179] Im Übrigen ist die Gefahr, dass die Funktionsfähigkeit einer Stelle beeinträchtigt ist, dadurch abzuwenden, dass der *Zuständigkeitsbereich* jeder Stelle von vornherein so ausgestaltet ist, dass die Stelle die ihr zugewiesenen Aufgaben effektiv erledigen kann.[180]

d) Ergebnis

Fasst man die Anforderungen zusammen, die das Grundgesetz an den Regelungsumfang einer Rechtsquelle stellt, dann ist festzuhalten, dass ihn die Rechtsordnung für jede Rechtsquelle vorgeben muss. Für Gesetze regelt das Art. 19 Abs. 1 S. 1 GG. Für Rechtsquellen der Verwaltung trifft das Grundgesetz keine entsprechenden allgemeingültigen Vorgaben. Daher ist der Rahmen des zulässigen Regelungsumfangs für jede Rechtsquellenform der Verwaltung einfachgesetzlich auszugestalten. Ist eine Stelle der Verwaltung zum Erlass einer Rechtsquelle befugt, darf sie alle Rechtsfolgen setzen, die ihr nicht ausdrücklich verwehrt sind.

Das Grundgesetz behält den Erlass von Einzelfallregelungen grundsätzlich der Verwaltung vor. Es ist zwar eine Tendenz des Grundgesetzes dahingehend zu erkennen, dass Stellen der Verwaltung mit einer Repräsentationsfunktion typischerweise keine Einzelfälle regeln sollen. Ein dem entsprechendes Verbot ist aus dem Grundgesetz aber nicht abzuleiten.

Versteht man das grundsätzliche Verbot der Einzelfallregelung durch Gesetz nach Art. 19 Abs. 1 S. 1 GG als Verbot von Einzel*personen*regelungen, dann bezieht sich der Vorbehalt von Einzelfallregelungen zugunsten der Verwaltung auf den Erlass von individuellen Regelungen. Den Erlass von generellen Regelungen behält das Grundgesetz hingegen weder der Gesetzgebung noch der Verwaltung vor. Ebenso bestehen keine verfassungsrechtlichen Anhaltspunkte dafür, dass manche staatliche Stellen ausschließlich konkrete oder ausschließlich abstrakte Regelungen erlassen dürfen.

Insgesamt ist die Frage nach dem zulässigen Regelungsumfang einer Rechtsquelle also abhängig von der Funktion der handelnden staatlichen Stelle – Gesetzgebung oder Verwaltung – zu beantworten. Er ist in jedem

---

[179] *Mehde*, VerwArch Bd. 109 (2018), 336 (343 ff.) zur Funktionsfähigkeit von kommunalen Vertretungsorganen.

[180] Dazu oben 3. Kapitel A. II. 2. c).

Fall durch die Befugnis einer Stelle sowie durch die ihr zugewiesenen Aufgaben bzw. Handlungspflichten begrenzt.

3. Allgemeine Anforderungen an Rechtsquellen

Die Rechtsordnung muss den zulässigen Regelungsumfang einer Rechtsquelle vorgeben. Individuelle Regelungen dürfen grundsätzlich nur durch Stellen der Verwaltung erlassen werden. Den Rahmen des zulässigen Regelungsumfangs einer Rechtsquelle bildet stets die staatliche Handlungspflicht bzw. Aufgabe, der die staatliche Stelle nachkommt.

IV. Verfahren

Nach den bisherigen Erkenntnissen der Arbeit erlässt die dafür zuständige und dazu befugte staatliche Stelle eine Rechtsquelle zur Erfüllung einer staatlichen Handlungspflicht bzw. staatlichen Aufgabe mit einem Regelungsumfang, dessen Rahmen die Rechtsordnung vorgibt. Ungeklärt ist noch, wie das Verfahren, in dem eine Rechtsquelle zustande kommt, ausgestaltet sein muss. Die Arbeit beschränkt sich dabei auf die nach außen wirkende Tätigkeit einer staatlichen Stelle. Interne Willensbildungsprozesse bleiben außer Betracht.

1. Rechtslage am Beispiel der Rechtsquellen in einer kategorisierten Form

Die Rechtsordnung strukturiert den Prozess des Erlasses einer Rechtsquelle oft in vier Phasen:[181] Auf die Einleitung des Verfahrens folgt eine Phase, in der der Erlass der Rechtsquelle vorbereitet wird, indem die staatliche Stelle alle entscheidungserheblichen Informationen sammelt und tatsächlich sowie rechtlich bewertet. Danach trifft die Stelle eine Entscheidung über den Erlass der Rechtsquelle. Abschließend gibt sie die Rechtsquelle bekannt. Im Rahmen dieser Verfahrensphasen verleiht die Rechtsordnung häufig anderen staatlichen Stellen sowie Privaten die Rechtsmacht, am Zustandekommen einer Rechtsquelle mitzuwirken und ihren Inhalt zu beeinflussen. Die Verfah-

---

[181] So oder ähnlich in Bezug auf das Verwaltungsverfahren z. B. *Schmidt-Aßmann*, in: Isensee/Kirchhof, HStR V, § 109 Rn. 55; *Schulte*, Verwaltungshandeln, S. 194; *Pünder*, in: Ehlers/Pünder, Allg VwR, § 14 Rn. 1. Vgl. in Bezug auf das Verfahren der Rechtsetzung allgemein *Müller/Uhlmann*, Rechtssetzungslehre, Rn. 101, deren spezielle Ausführungen sich zwar auf das schweizerische Recht beziehen. Die allgemeinen Erkenntnisse können aber auch für das deutsche Rechtssystem herangezogen werden.

rensphasen sowie die Rechtsstellung der Verfahrensbeteiligten sind im Folgenden anhand der Rechtsquellen in einer bereits kategorisierten Form – Gesetz, Rechtsverordnung, Satzung, Verwaltungsakt und Verwaltungsvertrag – zu präzisieren.

a) Gesetz

Art. 76 Abs. 1 GG ermächtigt die Bundesregierung, die Mitte des Bundestages und den Bundesrat, Gesetzesvorlagen beim Bundestag einzubringen.[182] Die Einleitung eines Gesetzgebungsverfahrens basiert grundsätzlich auf einer politischen Entscheidung der Stelle, die von ihrem Initiativrecht Gebrauch macht.[183] Ausnahmsweise kann sich jedoch aus unions-[184] und aus verfassungsrechtlichen[185] Gründen ergeben, dass ein Gesetz erlassen und damit eine Gesetzesvorlage eingebracht werden[186] muss.[187]

Die Behandlung einer Gesetzesvorlage im Bundestag regelt das Grundgesetz überwiegend nicht. Über Vorlagen des Bundesrats hat der Bundestag gemäß Art. 76 Abs. 3 S. 6 GG in angemessener Frist zu beraten und Beschluss zu fassen. Unabhängig vom Urheber einer Gesetzesvorlage wird allgemein angenommen, dass der Bundestag verpflichtet ist, sich mit den eingebrachten Gesetzesvorlagen zu befassen und über sie zu beraten.[188] Aus Art. 42 Abs. 1 S. 1 GG, demzufolge der Bundestag öffentlich verhandelt, ergibt sich, dass der Bundestag über Gesetzesvorlagen diskutieren und der Öffentlichkeit Zugang[189] zu den Diskussionen gewähren muss. Nach

---

182 *Brosius-Gersdorf*, in: Dreier, GG II, Art. 76 Rn. 38; *Bryde*, in: v. Münch/Kunig, GG II, Art. 76 Rn. 5; *Mann*, in: Sachs, GG, Art. 76 Rn. 14.

183 Vgl. *Kersten*, in: Maunz/Dürig, GG, Art. 76 Rn. 61.

184 Eine Gesetzgebungspflicht kann sich insbesondere aus Richtlinien im Sinne des Art. 288 Abs. 3 AEUV ergeben, *Brosius-Gersdorf*, in: Dreier, GG II, Art. 76 Rn. 38.

185 Z.B. kann der Staat auf Grundlage einer grundrechtlichen Schutzpflicht verpflichtet sein, ein Gesetz zu erlassen. Weitere Beispiele bei *Brosius-Gersdorf*, in: Dreier, GG II, Art. 76 Rn. 38.

186 Zu der Frage, wer von den in Art. 76 Abs. 1 GG genannten Initiativberechtigten ggf. dazu verpflichtet ist, eine Gesetzesvorlage einzubringen *Brosius-Gersdorf*, in: Dreier, GG II, Art. 76 Rn. 39.

187 *Bryde*, in: v. Münch/Kunig, GG II, Art. 76 Rn. 6; *Brosius-Gersdorf*, in: Dreier, GG II, Art. 76 Rn. 38; *Mann*, in: Sachs, GG, Art. 76 Rn. 14; *H. Schneider*, Gesetzgebung, Rn. 94. Kritisch dazu *Kersten*, in: Maunz/Dürig, GG, Art. 76 Rn. 61.

188 Z.B. BVerfGE 1, 144 (154 f.); 84, 304 (329); 145, 348 (358); *Kersten*, in: Maunz/Dürig, GG, Art. 76 Rn. 62 f. m.w.Nachw.; *Brosius-Gersdorf*, in: Dreier, GG II, Art. 76 Rn. 40, 97, Art. 77 Rn. 21.

189 Zum Erfordernis der Öffentlichkeit der Verhandlungen des Bundestags im Sinne des Art. 42 Abs. 1 S. 1 GG statt vieler *Morlok*, in: Dreier, GG II, Art. 42 Rn. 20 ff. m.w.Nachw.

Art. 77 Abs. 1 S. 1 GG werden die Bundesgesetze vom Bundestag beschlossen.

Ein beschlossenes Gesetz ist nach Art. 77 Abs. 1 S. 2 GG an den Bundesrat weiterzuleiten. Die Reichweite der rechtlichen Möglichkeiten des Bundesrats, den Inhalt und das Zustandekommen eines Gesetzes zu beeinflussen, hängt insbesondere[190] davon ab, ob ein Zustimmungs- oder ein Einspruchsgesetz vorliegt. Kommt ein vom Bundestag beschlossenes Gesetz nach der Mitwirkung des Bundesrats nach Art. 78 GG zustande, wird es gemäß Art. 82 Abs. 1 S. 1 GG vom Bundespräsidenten nach Gegenzeichnung (Art. 58 S. 1 GG) ausgefertigt und im Bundesgesetzblatt, das jedermann zugänglich ist, verkündet.

b) Rechtsverordnung

Der Erlass einer Rechtsverordnung liegt grundsätzlich im Ermessen der zuständigen[191] Stelle.[192] Jedoch kann sich sowohl aus der Rechtsgrundlage[193] als auch aus verfassungs-[194] und aus unionsrechtlichen[195] Gründen ergeben, dass die Stelle zum Erlass einer bestimmten Rechtsverordnung verpflichtet ist.[196]

---

[190] Besonders bei Einspruchsgesetzen ist die Kooperationsbereitschaft der Mitglieder des Bundestags im Vermittlungsausschuss entscheidend.

[191] Bedarf eine Rechtsverordnung der Zustimmung des Bundesrats, dann ist zwar nach Art. 80 Abs. 3 GG auch der Bundesrat dazu berechtigt, die Initiative zum Erlass der Rechtsverordnung zu ergreifen. Über den Erlass der Rechtsverordnung entscheidet aber weiterhin die durch die Rechtsgrundlage ermächtigte Stelle. Vgl. dazu *Nierhaus*, in: BK-GG, Art. 80 Rn. 773 f.; *Remmert*, in: Maunz/Dürig, GG, Art. 80 Rn. 195; *Brenner*, in: v. Mangoldt/Klein/Starck, GG II, Art. 80 Rn. 111; *Sannwald*, in: Schmidt-Bleibtreu/Hofmann/Henneke, GG, Art. 80 Rn. 127.

[192] *V. Danwitz*, Gestaltungsfreiheit, S. 179 f.; *Remmert*, in: Maunz/Dürig, GG, Art. 80 Rn. 119; *Bauer*, in: Dreier, GG II, Art. 80 Rn. 56; *Uhle*, Rechtsverordnung, S. 85 f.; *Brenner*, in: v. Mangoldt/Klein/Starck, GG II, Art. 80 Rn. 74; *H. Schneider*, Gesetzgebung, Rn. 248; *Ossenbühl*, in: Isensee/Kirchhof, HStR V, § 103 Rn. 50; *Pieroth*, in: Jarass/Pieroth, GG, Art. 80 Rn. 34.

[193] Dazu BVerfGE 13, 248 (254); 34, 165 (194); 79, 174 (193 f.) *Nierhaus*, in: BK-GG, Art. 80 Rn. 344; *Uhle*, Rechtsverordnung, S. 86; *v. Danwitz*, Gestaltungsfreiheit, S. 180; *Ossenbühl*, in: Isensee/Kirchhof, HStR V, § 103 Rn. 50; *Pieroth*, in: Jarass/Pieroth, GG, Art. 80 Rn. 34; *H. Schneider*, Gesetzgebung, Rn. 248.

[194] Dazu *Nierhaus*, in: BK-GG, Art. 80 Rn. 346 m. w. Nachw.; *v. Danwitz*, Gestaltungsfreiheit, S. 181. Z. B. kann sich aus grundrechtlichen Schutzpflichten des Staates ergeben, dass die ermächtigte Stelle zum Erlass einer Rechtsverordnung verpflichtet ist.

[195] Dazu statt vieler *Nierhaus*, in: BK-GG, Art. 80 Rn. 347 ff.

[196] *Remmert*, in: Maunz/Dürig, GG, Art. 80 Rn. 119; *Bauer*, in: Dreier, GG II, Art. 80 Rn. 56 jew. m. w. Nachw.

Nach Art. 80 Abs. 2 GG bedürfen die meisten Rechtsverordnungen der Zustimmung des Bundesrats. Das darüber hinaus einzuhaltende Verfahren richtet sich nach der Rechtsgrundlage der Rechtsverordnung. Bspw. kann die Rechtsgrundlage die ermächtigte Stelle dazu verpflichten, Dritte am Zustandekommen der Rechtsverordnung zu beteiligen.[197]

In der Rechtsverordnung ist ihre Rechtsgrundlage anzugeben, Art. 80 Abs. 1 S. 3 GG. Dadurch enthält jede Rechtsverordnung jedenfalls einen „Begründungssplitter“[198]. Nach Art. 82 Abs. 1 S. 2 GG werden Rechtsverordnungen von der Stelle, die sie erlässt, ausgefertigt und vorbehaltlich anderweitiger gesetzlicher Regelungen[199] im Bundesgesetzblatt verkündet.

c) Satzung

Der Erlass einer Satzung steht grundsätzlich im Ermessen eines Selbstverwaltungsträgers.[200] Gelegentlich verpflichten jedoch spezielle Ermächtigungsgrundlagen[201] einen Selbstverwaltungsträger dazu, eine Satzung zu erlassen.[202] Bspw. steht es im Ermessen einer Gemeinde, die Benutzung eines gemeindeeigenen Schwimmbads durch Satzung zu regeln, während § 1 Abs. 3 S. 1 BauGB eine Gemeinde dazu verpflichtet, einen Bebauungsplan aufzustellen, sobald und soweit es für die städtebauliche Entwicklung und Ordnung erforderlich ist.

---

197 Dazu *Schnelle*, Fehlerfolgenlehre, S. 39 ff.; *Uhle*, Rechtsverordnung, S. 199 ff., 477 ff. – in Bezug auf eine mögliche Beteiligung des Bundestags; *Bauer*, in: Dreier, GG II, Art. 80 Rn. 27 ff.; *v. Danwitz*, Gestaltungsfreiheit, S. 105 ff.; *Seiler*, Parlamentsvorbehalt, S. 246 f.; *Remmert*, in: Maunz/Dürig, GG, Art. 80 Rn. 102 ff.; *Ossenbühl*, in: Isensee/Kirchhof, HStR V, § 103 Rn. 53 ff.

198 *Müller-Ibold*, Begründungspflicht, S. 169; das Zitat aufgreifend *Remmert*, in: Maunz/Dürig, GG, Art. 80 Rn. 131.

199 Zur Bedeutung dieses Vorbehalts *Bauer*, in: Dreier, GG II, Art. 82 Rn. 24 m. w. Nachw.

200 Das ergibt sich daraus, dass ein Selbstverwaltungsträger seine Aufgaben – unter anderem durch den Erlass einer Satzung – grundsätzlich *in eigener Verantwortung* erledigt. Vgl. dazu oben 3. Kapitel A. I. 1. c) sowie jeweils in Bezug auf Gemeinden *Mehde*, in: Maunz/Dürig, GG, Art. 28 Abs. 2 Rn. 55; *Dreier*, in: ders., GG II, Art. 28 Rn. 105; *Löwer*, in: v. Münch/Kunig, GG I, Art. 28 Rn. 69; *Aker*, in: ders./Hafner/Notheis, GemO BW, § 4 Rn. 5.

201 Zudem weist die Rechtsordnung einem Selbstverwaltungsträger manchmal eine *Aufgabe* zu, die er erledigen *muss*. Vgl. zur eigenverantwortlichen Erledigung von freiwilligen Aufgaben und von Pflichtaufgaben von Gemeinden *Dreier*, in: ders., GG II, Art. 28 Rn. 105. Eine Pflichtaufgabe kann ein Selbstverwaltungsträger häufig erledigen, indem er eine Satzung erlässt.

202 Vgl. *Löwer*, in: v. Münch/Kunig, GG I, Art. 28 Rn. 89; *Dreier*, in: ders., GG II, Art. 28 Rn. 135; *Aker*, in: ders./Hafner/Notheis, GemO BW, § 4 Rn. 5; *Steger*, in: Kunze/Bronner/Katz, GemO BW, § 4 Rn. 10.

Der weitere Verlauf des Verfahrens zur Aufstellung einer Satzung ist regelmäßig durch gesetzliche oder auf ein Gesetz zurückzuführende Vorschriften vorgegeben, die die Struktur und die Arbeitsweise des Selbstverwaltungsträgers bzw. seines Satzungsorgans regeln.[203] Typischerweise findet sich in Satzungsverfahren eine Phase, in der die durch eine Satzung betroffenen rechtlichen Interessen gesammelt und diskutiert werden. Zu diesem Verfahrensabschnitt haben die Mitglieder des Selbstverwaltungsträgers regelmäßig Zugang. Bspw. geht die baden-württembergische Gemeindeordnung davon aus, dass der für die Aufstellung einer Satzung zuständige Gemeinderat in seinen Sitzungen *verhandelt*.[204] Die Sitzungen des Gemeinderats sind nach § 35 Abs. 1 S. 1 GemO BW grundsätzlich öffentlich. Basiert eine Satzung auf einer speziellen Rechtsgrundlage, sind im Satzungsverfahren neben den für einen Selbstverwaltungsträger geltenden allgemeinen Anforderungen teilweise spezielle Vorgaben einzuhalten.[205] Jede gemeindliche Satzung soll z. B. nach § 39 Abs. 4 S. 1 GemO BW den beschließenden Ausschüssen innerhalb ihres Aufgabengebiets zur Vorberatung zugewiesen werden und kann nach § 37 Abs. 1 S. 1 GemO BW nur in einer ordnungsmäßig einberufenen und geleiteten Sitzung des Gemeinderats beschlossen werden. Stellt eine baden-württembergische Gemeinde bspw. einen Bebauungsplan auf, hat sie neben diesen für jede gemeindliche Satzung gültigen Bestimmungen der Gemeindeordnung Baden-Württembergs zusätzlich die Vorgaben des Baugesetzbuchs zu wahren. Die Gemeinde muss dann z. B. das Abwägungsmaterial ermitteln und bewerten (§ 2 Abs. 3 BauGB), eine Umweltprüfung durchführen (§ 2 Abs. 4 S. 1 BauGB) und die Öffentlichkeit sowie Behörden und sonstige Träger öffentlicher Belange, deren Aufgabenbereich durch die Planung berührt werden kann, beteiligen (§§ 3, 4 BauGB).

Ist für den Erlass einer Satzung ein Kollegialorgan zuständig,[206] kommt eine Satzung durch einen Beschluss des Organs zustande.[207] Teilweise[208]

---

[203] Vgl. *Ossenbühl*, in: Isensee/Kirchhof, HStR V, § 105 Rn. 51; *Möstl*, in: Ehlers/Pünder, Allg VwR, § 20 Rn. 14.

[204] Bspw. bestimmt § 35 Abs. 1 S. 2 GemO BW, unter welchen Voraussetzungen nichtöffentlich „verhandelt" werden darf bzw. muss. Daneben legt § 36 Abs. 1 S. 1 GemO BW fest, dass der Vorsitzende des Gemeinderats „die Verhandlungen" des Gemeinderats eröffnet, leitet und schließt, und nach § 36 Abs. 2 GemO BW regelt der Gemeinderat „insbesondere den Gang seiner Verhandlungen" durch eine Geschäftsordnung. Zudem knüpfen §§ 34 Abs. 1 S. 1 und 3–6, 35 Abs. 1 S. 3 GemO BW jeweils an die „Verhandlungsgegenstände[ ]" bzw. an einen „Verhandlungsgegenstand[ ]" der Sitzung des Gemeinderats an.

[205] Vgl. *Möstl*, in: Ehlers/Pünder, Allg VwR, § 20 Rn. 14.

[206] Das ist ganz überwiegend der Fall, dazu oben 3. Kapitel A. II. 1. c).

[207] Zu Gemeinderäten *Geis*, in: Kluth/Krings, Gesetzgebung, § 25 Rn. 45, 49.

[208] Soweit ersichtlich, finden sich derartige Vorschriften in der Regel nur bei kommunalen, nicht aber bei funktionalen Selbstverwaltungsträgern.

sind einzelne Mitglieder des zuständigen Kollegialorgans sowohl von der Vorbereitung des Beschlusses als auch vom Beschluss über die Aufstellung der Satzung gesetzlich wegen Befangenheit ausgeschlossen.[209] Bspw. darf ein Gemeinderat nach § 32 Abs. 1 S. 1 GemO BW i.V.m. § 18 Abs. 1 GemO BW weder beratend noch entscheidend am Erlass einer Satzung mitwirken, wenn die Entscheidung ihm selbst oder gesetzlich näher bezeichneten Personen einen unmittelbaren Vorteil oder Nachteil bringen kann. Das gilt nach § 18 Abs. 3 S. 1 GemO BW aber nicht, wenn die Entscheidung nur die gemeinsamen Interessen einer Berufs- oder Bevölkerungsgruppe berührt.

Es wird angenommen, dass nur eine ausgefertigte[210] und bekannt gemachte[211] Satzung in Kraft treten kann.[212] Gemeindliche Satzungen sind kraft Gesetzes nach § 4 Abs. 3 S. 1 GemO BW i.V.m. § 1 DVO GemO BW öffentlich bekannt zu machen sowie nach § 41b Abs. 5 GemO BW auf der Internetseite der Gemeinde zu veröffentlichen.

d) *Verwaltungsakt und Verwaltungsvertrag*

Der Erlass eines Verwaltungsakts bzw. der Abschluss eines Verwaltungsvertrags beendet ein Verwaltungsverfahren, § 9 VwVfG. Ein Verwaltungsverfahren ist nach § 9 VwVfG die nach außen wirkende Tätigkeit der Behörden, die auf die Prüfung der Voraussetzungen, die Vorbereitung und den Erlass eines Verwaltungsakts oder auf den Abschluss eines Verwaltungsvertrags gerichtet ist. An einem Verwaltungsverfahren ist in der Regel[213] mindestens ein Privater oder eine Behörde im Sinne des § 13 VwVfG beteiligt. Gemäß §§ 20, 21 VwVfG kann es sein, dass einzelne Amtswalter in einem bestimmten Verwaltungsverfahren nicht für eine Behörde tätig werden dürfen.

Nach § 22 S. 1 VwVfG steht es grundsätzlich im Ermessen der zuständigen Behörde, ob und wann sie ein Verwaltungsverfahren durchführt. Das gilt nach § 22 S. 2 VwVfG aber nicht, wenn sie aufgrund von Rechtsvorschriften

---

209 In Bezug auf Gemeinderatsmitglieder *Geis*, in: Kluth/Krings, Gesetzgebung, § 25 Rn. 47.

210 Vgl. BVerwGE 88, 204 (206ff.); VGH Baden-Württemberg, NVwZ 1985, 206; *Geis*, in: Kluth/Krings, Gesetzgebung, § 25 Rn. 48.

211 Vgl. BVerwGE 120, 82 (86); *Steger*, in: Kunze/Bronner/Katz, GemO BW, § 4 Rn. 22; *Geis*, in: Kluth/Krings, Gesetzgebung, § 25 Rn. 50.

212 Vgl. *Möstl*, in: Ehlers/Pünder, Allg VwR, § 20 Rn. 14; *Ossenbühl*, in: Isensee/Kirchhof, HStR V, § 105 Rn. 60f. jew. m.w.Nachw. sowie *Aker*, in: ders./Hafner/Notheis, GemO BW, § 4 Rn. 7.

213 Keine Beteiligten im Sinne des § 13 VwVfG gibt es z.B. bei Verwaltungsverfahren, in denen eine Behörde ohne Antrag eines anderen Rechtssubjekts einen dinglichen Verwaltungsakt im Sinne des § 35 S. 2 Var. 2 VwVfG erlässt. Diese Konstellation kann bspw. bei einer Widmung nach § 5 StrG BW vorliegen.

von Amts wegen oder auf Antrag tätig werden muss (Nr. 1) oder wenn sie nur auf Antrag tätig werden darf und ein Antrag nicht vorliegt (Nr. 2).

Die Behörde hat den Sachverhalt zu ermitteln, § 24 VwVfG. Nach § 26 Abs. 2 S. 1 VwVfG sollen die Beteiligten (§ 13 VwVfG) bei der Ermittlung des Sachverhalts mitwirken, indem sie – S. 2 – insbesondere ihnen bekannte Tatsachen und Beweismittel angeben. Bevor ein Verwaltungsakt erlassen wird, der in Rechte eines Beteiligten eingreift, ist diesem nach § 28 Abs. 1 VwVfG grundsätzlich Gelegenheit zu geben, sich zu den für die Entscheidung erheblichen Tatsachen zu äußern.

Neben diesen allgemeinen Bestimmungen zum Verwaltungsverfahren sind die für einen Verwaltungsakt bzw. für einen Verwaltungsvertrag geltenden besonderen Vorgaben einzuhalten. Ein Verwaltungsakt ist nach § 41 Abs. 1 S. 1 VwVfG grundsätzlich demjenigen Beteiligten bekannt zu geben, für den er bestimmt ist oder der von ihm betroffen wird. Gemäß § 39 VwVfG müssen manche Verwaltungsakte begründet werden. Ein Verwaltungsvertrag kommt durch einen Vertragsschluss zustande, § 62 S. 2 VwVfG i. V. m. § 151 S. 1 BGB[214]. Am Vertragsschluss sind alle Vertragsparteien beteiligt. Der Inhalt des Vertrags ist somit allen betroffenen Rechtssubjekten bekannt. Nach § 57 VwVfG ist ein Verwaltungsvertrag schriftlich zu schließen.

e) Ergebnis

Die dargestellten Verfahren, in denen Rechtsquellen in einer kategorisierten Form zustande kommen, weisen in den bereits angesprochenen typischen Verfahrensphasen der Initiative, der Entscheidungsvorbereitung, der Entscheidung sowie der Bekanntgabe der Rechtsquelle Gemeinsamkeiten auf:

1. Bei jeder Rechtsquellenform ist ausdrücklich geregelt, wer die Initiative zum Erlass einer Rechtsquelle ergreifen darf bzw. muss, wer in welcher Art und Weise am Verfahren zu beteiligen ist und wem gegenüber die Rechtsquelle bekannt zu geben ist.
2. Bei jeder Rechtsquelle werden die Gründe, die zu ihrem Erlass geführt haben, entweder dadurch erkennbar gemacht, dass die von der Regelung Betroffenen Zugang zu dem Verfahren haben, in dem die Rechtsquelle zustande kommt, oder dadurch, dass die handelnde staatliche Stelle die Rechtsquelle begründet.
3. Jede Rechtsquelle wird den von der Regelung Betroffenen bekannt gegeben[215].

---

[214] Gesetz i. d. F. der Bekanntmachung vom 2.1.2002, BGBl. I S. 42, berichtigt S. 2909 und BGBl. 2003 I S. 738, zuletzt geändert durch Art. 24 des Gesetzes vom 20.11.2019, BGBl. I S. 1724.

[215] Vgl. auch *Guckelberger*, Vorwirkung, S. 54.

Jedoch weisen die formspezifischen Regelungen des Verfahrens insbesondere hinsichtlich der Ausgestaltung der Rechtsstellung der Verfahrensbeteiligten Unterschiede auf. Dabei ist zu erkennen, dass die Rechtsstellung der Verfahrensbeteiligten hauptsächlich von der Funktion der handelnden staatlichen Stelle und von den Rechtsfolgen, auf die die in der Rechtsquelle enthaltene Regelung gerichtet ist, abhängen. Ist wie beim Erlass eines Gesetzes und einer Satzung ein Repräsentationsorgan zuständig, dann geht dem Erlass einer Rechtsquelle regelmäßig eine Diskussion innerhalb des Organs voraus, an der die von der Regelung Betroffenen nicht zwingend beteiligt werden müssen. Enthält eine Rechtsquelle wie bspw. ein Verwaltungsakt eine individuelle Regelung, dann sind die betroffenen Rechtssubjekte zwingend zu beteiligen, sodass diese einzelnen Rechtssubjekte das Recht haben, am Zustandekommen der Rechtsquelle mitzuwirken und ihren Inhalt zu beeinflussen.

2. Verfassungsrechtliche Hintergründe der dargestellten Rechtslage

Die am Beispiel der Rechtsquellen in einer kategorisierten Form dargestellte Rechtslage legt den Schluss nahe, dass das Grundgesetz je nach dem Regelungsumfang und der Funktion der handelnden staatlichen Stelle im Detail unterschiedliche Anforderungen an das Verfahren stellt, in dem eine Rechtsquelle zustande kommt. Im Folgenden ist zu untersuchen, ob das Grundgesetz tatsächlich derart differenzierte Vorgaben enthält.

Erlässt eine staatliche Stelle eine Rechtsquelle, muss diese nach Art. 20 Abs. 3 GG der verfassungsmäßigen Ordnung bzw. dem Gesetz und Recht entsprechen. Eine Rechtsquelle regelt einen Sachverhalt. Ein Sachverhalt wird insbesondere durch tatsächliche Umstände und rechtlich geschützte Interessen geprägt. Bevor eine Stelle von ihrer Befugnis, eine Rechtsquelle zu erlassen, Gebrauch macht, muss sie daher prüfen, ob der Sachverhalt, der geregelt werden soll, von den rechtlichen Voraussetzungen für ihr Tätigwerden erfasst ist.[216] Das kann sie nur, wenn sie zunächst den Sachverhalt ermittelt[217] und ihn sodann unter die rechtlichen Voraussetzungen subsumiert.[218] Hat die Stelle einen dahingehenden Spielraum, muss sie zudem

[216] In diesem Sinne auch *Spilker*, Amtsermittlung, S. 67.

[217] Jeweils in Bezug auf Verwaltungsverfahren z. B.: *Kluth*, in: Wolff/Bachof/Stober/Kluth, VwR I, § 58 Rn. 9; *Kopp*, Verwaltungsverfahrensrecht, S. 62; *Schmidt-Aßmann*, in: Isensee/Kirchhof, HStR II, § 26 Rn. 76. *Spilker*, Amtsermittlung, S. 51 ff. zeigt neben Art. 20 Abs. 3 GG weitere verfassungsrechtliche Anknüpfungspunkte für den Amtsermittlungsgrundsatz im Verwaltungsverfahren auf.

[218] Vgl. *Eisenberg*, Anhörung und Begründungspflicht, S. 111; *Ule/Laubinger*, VwVerfR, § 1 Rn. 9; *Held*, Grundrechtsbezug, S. 37.

eine zulässige Rechtsfolge auswählen. Liegen die rechtlichen Voraussetzungen für ihr Tätigwerden vor und macht sie von ihrer Befugnis Gebrauch, dann entscheidet sie sich für den Erlass einer Rechtsquelle.

Unabhängig vom Regelungsumfang einer Rechtsquelle und von der Funktion der handelnden staatlichen Stelle ist zur Wahrung der Rechtsbindung staatlicher Stellen nach Art. 20 Abs. 3 GG also in jedem Verfahren, in dem eine Rechtsquelle zustande kommt, eine Phase notwendig, in der der Erlass der Rechtsquelle vorbereitet wird. Dabei muss die zuständige Stelle den Sachverhalt[219] ermitteln[220] und rechtlich bewerten. Jedoch könnten die Anforderungen, die das Grundgesetz an die Art und Weise der Ermittlung und der Bewertung des Sachverhalts stellt, je nach dem Regelungsumfang der Rechtsquelle und der Funktion der handelnden staatlichen Stelle unterschiedlich ausfallen.

a) Funktion der Gesetzgebung und Funktion der Verwaltung

Die Gestaltungsfunktion der Gesetzgebung sowie die Repräsentationsfunktion des Bundestags als dem zentralen Organ der Gesetzgebung verlangen, dass die Gesetzgebung neue staatliche Aufgaben schaffen kann, ohne dazu ausdrücklich durch das Grundgesetz ermächtigt zu sein.[221] Das erfordert, dass die Organe der Gesetzgebung die Rechtsmacht haben, eigenständig die Initiative zum Erlass eines Gesetzes zu ergreifen.[222]

Darüber hinaus setzt die Schaffung einer neuen staatlichen Aufgabe voraus, dass die Organe der Gesetzgebung regelungsbedürftige Bereiche erkennen. Diese sind z. B. von tatsächlichen Umständen und von sich wandelnden Wertvorstellungen in der Gesellschaft abhängig.[223] Ihrer Repräsentationsfunktion werden die Abgeordneten des Bundestags nur gerecht, wenn sie die regelungsbedürftigen Bereiche im Wege einer Debatte über die tatsächliche Situation des Zusammenlebens im Staat und über die Interessen der Gesellschaft herausarbeiten. Daher ist eine Phase, in der die tatsächlichen Umstände, die ein künftiges Gesetz regeln soll, und die Belange, die dadurch betroffen sind, gesprächsweise[224] gesammelt[225], diskutiert[226] und in einen

[219] Zu den zu ermittelnden Informationen in Bezug auf das Verwaltungsverfahren *Spilker*, Amtsermittlung, S. 86 ff.

[220] Vgl. dazu oben 3. Kapitel A. I. 2. a) und b).

[221] Dazu ausführlich oben 3. Kapitel A. I. 2. b).

[222] Das gewährleistet Art. 76 Abs. 1 GG.

[223] Dazu oben 3. Kapitel A. I. 2. a).

[224] Zur Mündlichkeit als verfassungsrechtlichem Grundsatz für die Verfahren innerhalb des Bundestags statt vieler *Achterberg*, ParlR, S. 576 ff.

Ausgleich gebracht werden, ein verfassungsrechtlich zwingender Bestandteil jedes Gesetzgebungsverfahrens. Für Gesetzesvorlagen des Bundesrats regelt das auch ausdrücklich Art. 76 Abs. 3 S. 6 GG, wonach der Bundestag über die Vorlagen „zu beraten" hat. Ferner wird für alle nach Art. 76 Abs. 1 GG Initiativberechtigten angenommen, dass ihrem Initiativrecht jeweils ein Anspruch gegenüber dem Bundestag immanent ist, dass sich der Bundestag mit einer eingebrachten Gesetzesvorlage befasst.[227] Daneben kann eine Beratungspflicht des Bundestags aus Art. 42 Abs. 1 S. 1 GG hergleitet werden, wonach der Bundestag „verhandelt"[228]. Als Vertreter des Volkes (Art. 38 Abs. 1 S. 2 GG) ist es die Aufgabe der Abgeordneten, die betroffenen Interessen des Volkes in die Entscheidungsfindung einzubringen. Da auf diese Weise die Interessen des Volkes bereits repräsentiert sind, ist der Bundestag nicht dazu verpflichtet, zusätzlich private Rechtssubjekte in die Diskussion einzubeziehen. Es steht vielmehr in seinem Ermessen, ob er z.B. Sachverständige und Verbände anhört,[229] um eine externe Einschätzung über das Ob und ggf. das Wie der Regelung einer Materie zu erhalten.

Über die Art und Weise der Ermittlung des Sachverhalts hinaus stellt die Repräsentationsfunktion der Abgeordneten des Bundestags keine Anforderungen an die Ausgestaltung des Gesetzgebungsverfahrens. Das gilt insbesondere für die rechtliche Bewertung des Sachverhalts. Hierbei sind die Abgeordneten gemäß Art. 38 Abs. 1 S. 2 GG an Aufträge und Weisungen nicht gebunden und nur ihrem Gewissen unterworfen. Der Bundestag beschließt daher mit einer Mehrheit[230] von Abgeordneten. Art. 42 Abs. 2 S. 1 GG hat

---

225 *Schulze-Fielitz*, Gesetzgebung, S. 180 nennt die „Informationsgewinnung" [– im Original hervorgehoben] als ein verfassungsrechtlich notwendiges Element eines Gesetzgebungsverfahrens; vgl. auch *Gartz*, Begründungspflicht, S. 264 f.

226 Vgl. *Schulze-Fielitz*, Gesetzgebung, S. 179 f. *Gartz*, Begründungspflicht, insbesondere S. 263 sieht die Diskussion als elementaren Bestandteil einer Verhandlung im Sinne des Art. 42 Abs. 1 S. 1 GG an.

227 Vgl. z.B. BVerfGE 1, 144 (153 f.); 84, 304 (329); 145, 348 (358); *Kersten*, in: Maunz/Dürig, GG, Art. 76 Rn. 62 f. m.w.Nachw.; *Brosius-Gersdorf*, in: Dreier, GG II, Art. 76 Rn. 40.

228 Zur Bedeutung des Verhandlungsgebots des Art. 42 Abs. 1 S. 1 GG für die Ausgestaltung eines Verfahrens im Bundestag *Gartz*, Begründungspflicht, S. 246 ff.

229 Vgl. BVerfGE 36, 321 (330): „Welche Verbände und Sachverständige bei einem nicht in der Verfassung vorgeschriebenen Anhörungsverfahren zu Wort kommen sollen, ist grundsätzlich dem Ermessen der Gesetzgebungsorgane und ihrer Ausschüsse überlassen."

230 Im Ergebnis ist es unumstritten, dass das Mehrheitsprinzip sowohl staatstheoretisch als auch nach dem Grundgesetz ein Element einer demokratischen Staatsstruktur ist. Dafür gibt es aber unterschiedliche Begründungsansätze. Zum Mehrheitsprinzip: BVerfGE 29, 154 (165); 112, 118 (140 f.); 123, 267 (341 ff.) sowie jew. m.w.Nachw. *Böckenförde*, in: Isensee/Kirchhof, HStR II, § 24 Rn. 52 ff.; *Stern*,

für den Regelfall festgelegt, dass die Mehrheit der abgegebenen Stimmen erforderlich ist.

Die Repräsentationsorgane von Selbstverwaltungsträgern werden ihrer Repräsentationsfunktion ebenso wie der Bundestag nur gerecht, wenn sie zur Erledigung der ihnen übertragenen Aufgaben auf eigene Initiative tätig werden können, den Sachverhalt, den sie regeln wollen, gesprächsweise ermitteln und durch einen Beschluss abschließend bewerten. Wegen der Gesetzesvorbehalte und zur Wahrung der demokratischen Legitimation staatlichen Handelns richtet es sich bei allen anderen Stellen der Verwaltung nach der gesetzlichen Ermächtigungsgrundlage, ob eine Stelle aus eigener Initiative oder bspw. nur auf Antrag eines Rechtssubjekts eine Rechtsquelle erlassen darf. In die Ermittlung der Informationen kann bzw. muss sie Private sowie andere staatliche Stellen einbeziehen, sofern sie dazu durch Gesetz oder aufgrund eines Gesetzes berechtigt bzw. verpflichtet ist.

b) Unbefangenheit von Amtswaltern

Eine staatliche Stelle wahrt die Rechtsbindung nach Art. 20 Abs. 3 GG, wenn sie ausschließlich am Maßstab der verfassungsmäßigen Ordnung bzw. von Gesetz und Recht handelt und entscheidet. Das erfordert, dass jeder Amtswalter[231] bei der Wahrnehmung seines Amtes nur nach diesen Maßstäben handelt. In Ausübung eines Amtes darf die als Amtswalter handelnde natürliche Person dementsprechend ihr „persönliches Gerechtigkeitsempfinden" und ihre privaten Interessen nicht berücksichtigen.[232] Ein Amtswalter muss folglich unbefangen[233] sein.[234] Deshalb ist auch das Verfahren, in dem

StaatsR I, S. 610 ff.; *Grzeszick*, in: Maunz/Dürig, GG, Art. 20 II Rn. 41 ff.; *Dreier*, in: ders., GG II, Art. 20 (Demokratie) Rn. 67 ff.; *Robbers*, in: BK-GG, Art. 20 Rn. 645 ff.

231 Der Anlass dafür, über die Sicherstellung der Unbefangenheit staatlichen Handelns zu diskutieren, besteht meistens darin, dass ein *Amtswalter* ein besonderes eigenes Interesse an der Erfüllung einer bestimmten Handlungspflicht bzw. Aufgabe hat. Teilweise wird angenommen, dass eine unbefangene staatliche Tätigkeit auch durch Umstände gefährdet sein kann, die der zuständigen staatlichen *Stelle* zuzuordnen sind. Diese Konstellation wird als „(organisatorisch-)institutionelle Befangenheit" bezeichnet. Dazu statt vieler *Fehling*, Verwaltung, S. 241 ff.; *Barbirz*, Befangenheit, passim., zum Begriff S. 24 ff. *Schmidt-Aßmann*, Ordnungsidee, 6. Kap. Rn. 166 weist zutreffend darauf hin, dass die Regelungen zur Sicherstellung der Unbefangenheit eines Amtswalters „in gewissem Sinn den Kern" bilden, während die (organisatorisch-)institutionelle Unbefangenheit „primär nach Maßgabe der Zuständigkeitsordnung zu sichern" ist. Zu letzterem Gedanken vgl. auch *Kazele*, Interessenkollisionen, S. 78.

232 Vgl. dazu *Kazele*, Interessenkollisionen, S. 87 f.

233 Zu Begriffsbestimmungen zur Unbefangenheit bzw. synonym zur Unparteilichkeit staatlichen Handelns vgl. *Fehling*, Verwaltung, S. 4 ff.; *Barbirz*, Befangenheit,

eine Rechtsquelle zustande kommt, so zu gestalten, dass der Erlass einer Rechtsquelle das Ergebnis einer unbefangenen Amtsführung ist.

Liegen objektive Umstände vor, die zu der Annahme führen, dass typischerweise die Gefahr[235] der Befangenheit eines Amtswalters besteht, dann kann der Gefahr nur entgegengewirkt werden, indem der betroffene Amtswalter eine konkret anfallende staatliche Handlungspflicht bzw. Aufgabe ausnahmsweise nicht wahrnehmen darf. Grundsätzlich legitimiert und verpflichtet die Rechtsordnung den jeweiligen Amtswalter dazu, *dass* er für die jeweilige staatliche Stelle handeln darf und muss. Zur Wahrung der demokratischen Legitimation staatlichen Handelns muss die Rechtsordnung deshalb auch die Voraussetzungen festlegen, unter denen ein Amtswalter trotz seiner grundsätzlichen Legitimation von der Erfüllung einer konkret anfallenden Handlungspflicht bzw. Aufgabe ausnahmsweise ausgeschlossen ist.

Für diese Voraussetzungen lassen sich dem Grundgesetz zwar keine eindeutigen Kriterien,[236] aber Tendenzen entnehmen. Eine natürliche Person darf jedenfalls dann nicht als Amtswalter handeln, wenn sie ihre Rechtsstel-

---

S. 24; *Kazele*, Interessenkollisionen, S. 20 f. *Hufen/Siegel*, Fehler, Rn. 114 betonen, dass nicht nur „Interessen- oder Amts*konflikte*" [– Herv. im Original], sondern auch „Interessen- und Amtsparallelitäten" zur Befangenheit eines Amtswalters führen können, ähnlich auch *Fehling*, Verwaltung, S. 303.

234 Die Unbefangenheit wird überwiegend für Amtswalter behandelt, die für die Verwaltung oder für die Rechtsprechung tätig werden. Zu möglichen verfassungsrechtlichen Anknüpfungspunkten des Erfordernisses der Unbefangenheit eines Amtswalters im Überblick *Fehling*, Verwaltung, S. 235 ff. Typischerweise wird das Erfordernis auf rechtsstaatliche Grundsätze des Grundgesetzes gestützt, vgl. BVerwGE 29, 70 (71); 55, 355 (360); 75, 214 (230); *Kazele*, Interessenkollisionen, S. 45 ff.; *P. Kirchhof*, VerwArch Bd. 66 (1975), 370 (371 ff.); *Hesse*, Grundzüge, Rn. 196; *Schmitz*, in: Stelkens/Bonk/Sachs, VwVfG, § 20 Rn. 1 sowie § 9 Rn. 62; *Kopp*, Verwaltungsverfahrensrecht, S. 88; *Sommermann*, in: v. Mangoldt/Klein/Starck, GG II, Art. 20 Rn. 307; weitere Nachw. bei *Fehling*, Verwaltung, S. 5 Fn. 19 sowie S. 235 Fn. 181. Teilweise wird es zusätzlich in der demokratischen Legitimation staatlichen Handelns verankert, vgl. *P. Kirchhof*, VerwArch Bd. 66 (1975), 370 (376); *Kazele*, Interessenkollisionen, S. 48; *Hill*, DVBl. 1983, 1 (2); *Schmidt-Aßmann*, Ordnungsidee, 6. Kap. Rn. 165. Zu möglichen grundrechtlichen Begründungsansätzen *Kazele*, Interessenkollisionen, S. 49 ff. m. Nachw.

235 Die innere Einstellung eines Amtswalters kann meist nicht von außen beurteilt werden, so auch *Kopp*, Verwaltungsverfahrensrecht, S. 88. Daher ist eine unbefangene Amtsführung nicht nur dann nicht gewährleistet, wenn ein Amtswalter *tatsächlich* befangen ist. Eine unbefangene Amtsführung ist vielmehr bereits dann nicht sichergestellt, wenn die *Gefahr* einer befangenen Amtsführung besteht. Vgl. dazu *Fehling*, Verwaltung, S. 237 f.

236 So auch *Fehling*, Verwaltung, S. 240; ähnlich *Kazele*, Interessenkollisionen, S. 54; *Hill*, DVBl. 1983, 1 (2 f.).

lung bewusst für die Durchsetzung ihrer privaten Interessen ausnutzt, mithin ihr Amt missbräuchlich ausübt.[237]

Die Gefahr der Befangenheit eines Amtswalters besteht aber nicht bereits dann, wenn er eine staatliche Handlungspflicht bzw. Aufgabe erfüllt, die auch die privaten Interessen oder subjektiven Rechte der als Amtswalter handelnden natürlichen Person betrifft.[238] Das zeigt sich daran, dass Art. 38 Abs. 1 S. 2 GG für den Bund und Art. 28 Abs. 1 S. 2 GG für die Länder, Kreise und Gemeinden vorsehen, dass die dort genannten Rechtsträger jeweils ein Repräsentationsorgan haben. Eine natürliche Person, die Mitglied eines Repräsentationsorgans ist, ist zwingend zugleich Teil des jeweiligen Volkes des Rechtsträgers, das das Organ repräsentiert. Als Mitglied des Repräsentationsorgans vertritt sie damit auch sich selbst als Teil des jeweiligen Volkes. Würde man bei jedem Amtswalter die Gefahr einer befangenen Amtsführung annehmen, wenn er eine staatliche Handlungspflicht bzw. Aufgabe erfüllt, die sich möglicherweise auf die privaten Interessen der als Amtswalter handelnden natürlichen Person auswirkt, dann hätte das zur Folge, dass unter Umständen sehr viele Mitglieder eines Repräsentationsorgans von einer bestimmten Entscheidung ausgeschlossen werden müssten.[239] Seiner Repräsentationsfunktion wird ein Repräsentationsorgan aber nur gerecht, wenn möglichst viele seiner Mitglieder an einer Entscheidung mitwirken dürfen.[240]

Darüber hinaus lässt das Grundgesetz Selbstverwaltungsträger zu. Der Zweck der Übertragung einer Verwaltungsaufgabe auf einen Selbstverwaltungsträger ist es gerade, dass grundsätzlich solche natürlichen Personen für den Selbstverwaltungsträger als Amtswalter tätig werden, die von dieser Tätigkeit zugleich als Privatperson betroffen sein können.[241] Verfassungsrechtlich liegt demnach noch keine Gefahr der Befangenheit eines Amtswalters vor, wenn eine als Amtswalter tätige natürliche Person ein eigenes Interesse an der Erfüllung einer bestimmten staatlichen Handlungspflicht bzw. Aufgabe hat.

Demzufolge ist die Unbefangenheit eines Amtswalters erst dann gefährdet, wenn aufgrund von objektiven Umständen im Rahmen eines konkreten Ver-

---

237 So auch *Peine*, JZ 1985, 914 (920) in Bezug auf die Abgeordneten des Bundestags. Kritisch bzgl. des Elements des Missbrauchs *Fehling*, Verwaltung, S. 238.

238 Vgl. dazu *Hill*, DVBl. 1983, 1 (3).

239 Vgl. *Achterberg*, AöR Bd. 109 (1984), 505 (530 f.).

240 Vgl. dazu *Achterberg*, AöR Bd. 109 (1984), 505 (530 f.).

241 *Schmidt-Aßmann*, Kommunale Rechtsetzung, S. 15; *Möstl*, in: Ehlers/Pünder, Allg VwR, § 20 Rn. 14.

fahrens[242] anzunehmen[243] ist, dass die als Amtswalter handelnde natürliche Person ein „individuelles Sonderinteresse“[244] an der Erfüllung einer staatlichen Handlungspflicht bzw. Aufgabe hat. Es muss geregelt[245] werden, unter welchen Voraussetzungen die Gefahr einer befangenen Amtsführung besteht. Diese Regelungen sind so auszugestalten, dass die staatliche Stelle, für die ein Amtswalter tätig wird, weiterhin entsprechend ihrer Funktion[246] handeln kann.[247]

---

242 Das ist z. B. der Fall, wenn eine enge Verbindung der als Amtswalter handelnden natürlichen Person zum Verfahrensgegenstand oder eine enge persönliche Beziehung zu einem Verfahrensbeteiligten besteht. Zu diesen Umständen als Anknüpfungspunkt für eine möglicherweise befangene Amtsführung *P. Kirchhof*, VerwArch Bd. 66 (1975), 370 (377 ff.).

243 Vgl. dazu nochmals 3. Kapitel A. Fn. 235.

244 Vgl. *Fehling*, Verwaltung, S. 130; nahezu identisch *Kazele*, Interessenkollisionen, S. 47. Auch *P. Kirchhof*, VerwArch Bd. 66 (1975), 370 (377 ff.) zieht die individuelle Betroffenheit eines Amtswalters als Kriterium dafür heran, dass die Unbefangenheit eines Amtswalters gefährdet ist.

245 *Fehling*, Verwaltung, S. 238 f. ist ebenfalls der Auffassung, dass die Unbefangenheit eines Amtswalters durch Gesetz sichergestellt werden muss, die Gesetzgebung hinsichtlich der konkreten Ausgestaltung aber einen Gestaltungsspielraum hat. Die gesetzgebenden Organe können also auch darüber entscheiden, inwiefern bereits der „böse Schein“ (z. B. *Pünder*, in: Ehlers/Pünder, Allg VwR, § 14 Rn. 6) einer befangenen Amtsführung vermieden werden soll. Vgl. dazu auch *Hill*, DVBl. 1983, 1 (3 f.).

246 Vgl. auch *Achterberg*, AöR Bd. 109 (1984), 505 (529 ff.) in Bezug auf die Funktionsfähigkeit des Bundestags als Repräsentationsorgan.

247 Für die Amtswalter der gesetzgebenden Organe gibt es keine Regelungen, die einen Amtswalter wegen der Gefahr einer befangenen Amtsführung von der Entscheidungsfindung sowie von der Entscheidung ausschließen. Zum „befangenen Abgeordneten“ *Peine*, JZ 1985, 914 ff. Zur unterschiedlichen Sicherstellung der Unbefangenheit von Abgeordneten des Bundestags einerseits und von Mitgliedern von Repräsentationsorganen von Selbstverwaltungsträgern andererseits *Achterberg*, AöR Bd. 109 (1984), 505 (526 ff.); *Kazele*, Interessenkollisionen, S. 41 f.; *Hill*, DVBl. 1983, 1 (3). Für die Amtswalter von Stellen der *Verwaltung* finden sich an unterschiedlichen Stellen der Rechtsordnung dieselben oder sehr ähnliche Kriterien dafür, dass sie wegen der Gefahr der Befangenheit von der Erfüllung einer staatlichen Aufgabe grundsätzlich ausgeschlossen werden müssen. Ein Amtswalter muss z. B. nach § 20 Abs. 1 S. 2 VwVfG, § 18 Abs. 1 S. 1 GemO BW ausgeschlossen werden, wenn er selbst oder eine ihm nahestehende Person durch den Erlass einer Rechtsquelle einen unmittelbaren Vorteil oder Nachteil erlangen kann. Das gilt aber häufig (z. B. nach § 20 Abs. 1 S. 3 VwVfG, § 18 Abs. 3 S. 1 GemO BW) nicht, wenn der Vorteil oder Nachteil darauf beruht, dass jemand einer Berufs- oder Bevölkerungsgruppe angehört, deren gemeinsame Interessen durch die Angelegenheit berührt werden. Zu den hier angeführten Kriterien der Rechtsordnung umfassend *Kazele*, Interessenkollisionen, S. 98 ff.; kürzer z. B. *Schmitz*, in: Stelkens/Bonk/Sachs, VwVfG, § 20 Rn. 41 ff.

c) Öffentlichkeit staatlicher Entscheidungsverfahren als Grundsatz der demokratischen Legitimation staatlichen Handelns

Es wird allgemein davon ausgegangen, dass das demokratische Staatssystem im Sinne des Art. 20 Abs. 2 GG[248] fordert, dass staatliche Entscheidungsverfahren grundsätzlich öffentlich sind.[249] Durch die Öffentlichkeit staatlicher Entscheidungsverfahren wird gewährleistet, dass sich jeder Staatsbürger in einem stets andauernden Prozess seinen eigenen politischen Willen bilden kann.[250] Zudem ermöglicht es die Öffentlichkeit staatlicher Entscheidungsverfahren jedem Staatsbürger, die Ausübung der Staatsgewalt durch die Staatsorgane zu kontrollieren.[251] Daher ist ein Verfahren öffentlich, wenn jeder Staatsbürger die Entscheidungsfindung einer Stelle verfolgen kann,[252] um so Erkenntnisse für seinen politischen Willen zu gewinnen[253].

Die Reichweite des Erfordernisses der Öffentlichkeit staatlicher Entscheidungsverfahren auf Grundlage der demokratischen Legitimation staatlichen

248 Zur Frage, ob das Grundgesetz einen allgemeinen Rechtssatz der Öffentlichkeit von Verfahren bzw. der Öffentlichkeit der staatlichen Tätigkeit enthält: *Grzeszick*, in: Maunz/Dürig, GG, Art. 20 II Rn. 22 f.; *Oldenburg*, Öffentlichkeit, S. 146 ff.

249 Das ist im Grundsatz nicht umstritten. Dazu, dass die Öffentlichkeit (bestimmter) staatlicher Entscheidungsverfahren ein Bestandteil des demokratischen Staatssystems im Sinne des Grundgesetzes ist: BVerfGE 70, 324 (355, 358); 84, 304 (329); 97, 350 (369); 103, 44 (63, 65); 125, 104 (123 f.); 131, 152 (204 f.); *Kißler*, Öffentlichkeitsfunktion, S. 65 ff.; *Scherzberg*, Öffentlichkeit, S. 291 ff.; *Robbers*, in: BK-GG, Art. 20 Rn. 624 ff.; *Klein*, in: Maunz/Dürig, GG, Art. 42 Rn. 9 f.; *Grzeszick*, in: Maunz/Dürig, GG, Art. 20 II Rn. 21 ff.; *Jestaedt*, AöR Bd. 126 (2001), 204 (215 ff.); *Gurlit*, Verwaltungsöffentlichkeit, S. 110 ff.; *Bröhmer*, Transparenz, S. 38 ff., 97 f.; *Dreier*, in: ders., GG II, Art. 20 (Demokratie) Rn. 77; *Hesse*, Grundzüge, Rn. 152.

250 Dazu, dass ein Prozess der freien politischen Meinungs- und Willensbildung jeden Bürgers Bestandteil des demokratischen Staatssystems des Grundgesetzes ist: BVerfGE 20, 56 (97 ff.); 27, 71 (81 f.); 44, 125 (139 f.); 97, 350 (369); *Böckenförde*, in: Isensee/Kirchhof, HStR II, § 24 Rn. 35 ff.; *Stern*, StaatsR I, S. 615 ff.; *Grzeszick*, in: Maunz/Dürig, GG, Art. 20 II Rn. 15; *Dreier*, in: ders., GG II, Art. 20 (Demokratie) Rn. 76; *Kischel*, Begründung, S. 110; *Lücke*, Begründungszwang, S. 97; vgl. dazu auch *Robbers*, in: BK-GG, Art. 20 Rn. 519 ff.; *Sommermann*, in: v. Mangoldt/Klein/Starck, GG II, Art. 20 Rn. 84.

251 Dieses Erfordernis bedingt die repräsentative Demokratie im Sinne des Art. 20 Abs. 2 S. 2 GG. Vgl. dazu BVerfGE 125, 104 (123 f.); *Morlok*, in: Dreier, GG II, Art. 38 Rn. 33; *Klein*, in: Maunz/Dürig, GG, Art. 42 Rn. 27; *Bröhmer*, Transparenz, S. 97.

252 Zu Möglichkeiten der Zugangsgewährung bzw. zur Unterscheidung verschiedener Typen der Öffentlichkeit der Verwaltung statt vieler *Scherzberg*, Öffentlichkeit, S. 311 ff.; *Rossen-Stadtfeld*, in: Hoffmann-Riem/Schmidt-Aßmann/Voßkuhle, GVwR II, § 29 Rn. 73 jew. m. w. Nachw.; in Bezug auf die Öffentlichkeit des Bundestags *Achterberg*, ParlR, S. 566 ff.

253 *Bröhmer*, Transparenz, S. 18 f. stellt die Möglichkeit eines Erkenntnisgewinns als ein zentrales Merkmal von transparenten Entscheidungsverfahren heraus.

Handelns ist jedoch durch andere verfassungsrechtlich geschützte Rechte und Interessen begrenzt.[254] Häufig kann ein ausreichender Schutz von Grundrechten[255] nur gewährleistet werden, wenn nicht alle Staatsbürger Zugang zum Verfahren haben, sondern ausschließlich die Grundrechtsberechtigten, die durch die in der geplanten Rechtsquelle enthaltene Regelung betroffen sind. Der Grundrechtsschutz ist insbesondere dann sicherzustellen, wenn die Rechtsquelle eine individuelle Regelung treffen soll. Der Allgemeinheit muss grundsätzlich also nur Zugang zu solchen Entscheidungsverfahren gewährt werden, die potentiell das gesamte Volk betreffen. Das Erfordernis der Öffentlichkeit staatlicher Entscheidungsverfahren ist zudem durch den Grundsatz der Funktionsfähigkeit[256] staatlicher Stellen begrenzt. Ist bspw.[257] für eine staatliche Entscheidung ein Kollegialorgan zuständig und hat das Kollegialorgan bei dieser Entscheidung einen Gestaltungsspielraum, muss es die Möglichkeit haben, Kompromisse zu finden.[258] Das kann einen Ausschluss der Öffentlichkeit von Teilen der Entscheidungsfindung rechtfertigen.[259] Je wichtiger eine Entscheidungsfindung jedoch für die politische Willensbildung[260] sowie für die Ausübung des Kontrollrechts für das Volk ist, desto höher sind die Anforderungen daran, einen Ausschluss der Öffentlichkeit zu rechtfertigen.

Für den Bundestag bestimmt schon Art. 42 Abs. 1 S. 1 GG ausdrücklich, dass er grundsätzlich „öffentlich" verhandelt. Die Norm ist jedoch ein Indiz dafür, dass die soeben angestellten Überlegungen richtig sind. Beurteilt man die Reichweite der Öffentlichkeit von Entscheidungsverfahren des Bundestags anhand der herausgearbeiteten Kriterien, kommt man nämlich zum selben Ergebnis: Der Bundestag trifft als Repräsentationsorgan des Volkes die

---

254 Vgl. *Grzeszick*, in: Maunz/Dürig, GG, Art. 20 II Rn. 23; *Bröhmer*, Transparenz, S. 100 f. Das bedeutet aber nicht, dass andere verfassungsrechtlich geschützte Interessen dem Grundsatz der Öffentlichkeit eines Verfahrens nur entgegenstehen. Vielmehr fordern manche verfassungsrechtlichen Grundsätze auch, dass einzelne Rechtssubjekte am Verfahren beteiligt werden müssen, vgl. sogleich insbesondere 3. Kapitel A. IV. 2. d).

255 Zu den Grundrechten als Grenze des Öffentlichkeitsgrundsatzes vgl. auch *Scherzberg*, Öffentlichkeit, S. 366 ff.; *Gurlit*, Verwaltungsöffentlichkeit, S. 118 ff.; *Robbers*, in: BK-GG, Art. 20 Rn. 2955.

256 Zu diesem Erfordernis 3. Kapitel A. III. 2. c).

257 Eine Grenze tatsächlicher Art stellt z. B. die Raumkapazität dar, vgl. dazu *Morlok*, in: Dreier, GG II, Art. 42 Rn. 26 m. w. Nachw.; *Klein*, in: Maunz/Dürig, GG, Art. 42 Rn. 33; *Achterberg*, ParlR, S. 567.

258 Vgl. zur Öffentlichkeit von Sitzungen von Ausschüssen des Bundestags z. B. *Bröhmer*, Transparenz, S. 104 ff.; *Morlok*, in: Dreier, GG II, Art. 42 Rn. 24.

259 Vgl. dazu in Bezug auf Ausschusssitzungen des Bundestags *Bröhmer*, Transparenz, S. 108 f.

260 Diesen Zweck betont *Grzeszick*, in: Maunz/Dürig, GG, Art. 20 II Rn. 22.

wesentlichen Sachentscheidungen für den Staat.[261] Für die politische Willensbildung des Volkes sowie für die Ausübung seines Kontrollrechts ist es daher unerlässlich, dass grundsätzlich jedermann über die Tätigkeit des Bundestags informiert wird. Ein anderes Ergebnis ist auch nicht notwendig, um einen ausreichenden Grundrechtsschutz zu gewährleisten. Der Bundestag trifft Sachentscheidungen überwiegend durch den Beschluss von Gesetzen. Gesetze dürfen nach Art. 19 Abs. 1 S. 1 GG grundsätzlich keine individuellen Regelungen enthalten. Daher ist es zum Schutz der Grundrechte der von künftigen Gesetzen betroffenen Grundrechtsberechtigten regelmäßig nicht erforderlich, dass der Allgemeinheit der Zugang zu einem Verfahren verwehrt wird, in dem der Bundestag ein Gesetz beschließt. Die Verfahren innerhalb des Bundestags müssen dem Volk also grundsätzlich zugänglich sein,[262] soweit die Funktionsfähigkeit des Bundestags gewährleistet ist.[263]

Die zum Verfahren im Bundestag angestellten Erwägungen gelten entsprechend für die Repräsentationsorgane von Selbstverwaltungsträgern. Auch wenn es für diese Organe keine Art. 42 Abs. 1 S. 1 GG entsprechende verfassungsrechtliche Vorschrift gibt, müssen Entscheidungsverfahren innerhalb von Repräsentationsorganen von Selbstverwaltungsträgern also grundsätzlich öffentlich sein.[264]

Alle anderen Stellen der Verwaltung erlassen häufig Rechtsquellen mit individuellen Regelungen. Um beim Erlass einer solchen Regelung einen ausreichenden Grundrechtsschutz zu gewährleisten, muss der Allgemeinheit der Zugang zu diesem Verfahren grundsätzlich verwehrt werden. Hinzu kommt,[265] dass die Stellen der Verwaltung ohne – im Gegensatz zu denen mit – Repräsentationsfunktion in der Regel nicht unmittelbar demokratisch legitimiert sind. Dann liegt es nahe, dieses Weniger an personeller Legitimation auch bei der Bestimmung der Reichweite der nach Art. 20 Abs. 2 GG erforderlichen Öffentlichkeit des Verfahrens zu berücksichtigen. Wird ein

---

[261] Vgl. *Achterberg*, ParlR, S. 92.

[262] Das ist im Ergebnis nicht umstritten, vgl. z.B. BVerfGE 70, 324 (355, 358); 84, 304 (329); 131, 152 (204 ff.); *Klein*, in: Maunz/Dürig, GG, Art. 42 Rn. 26 f.; *Scherzberg*, Öffentlichkeit, S. 303 ff.; *Achterberg*, ParlR, S. 561 ff.; *Morlok*, in: Dreier, GG II, Art. 42 Rn. 20 f.; *Bröhmer*, Transparenz, S. 97 f.; *Grzeszick*, in: Maunz/Dürig, GG, Art. 20 II Rn. 24; *Robbers*, in: BK-GG, Art. 20 Rn. 630.

[263] Zur Reichweite des Erfordernisses der Öffentlichkeit der Verfahren des Bundestags *Klein*, in: Maunz/Dürig, GG, Art. 42 Rn. 32 ff.; *Morlok*, in: Dreier, GG II, Art. 42 Rn. 22 ff. Vgl. auch *Oldenburg*, Öffentlichkeit, S. 168 ff.

[264] Dazu, dass der Gemeinderat für das jeweilige Gemeindevolk öffentlich verhandeln muss: VGH Baden-Württemberg, ESVGH 17, 118 (120 ff.); NVwZ-RR 1992, 373; VBlBW 2013, 269 (270); VBlBW 2016, 34 (35 ff.).

[265] *Grzeszick*, in: Maunz/Dürig, GG, Art. 20 II Rn. 23, 27 und *Kopp*, Verwaltungsverfahrensrecht, S. 89 beziehen zudem den Aspekt der Sicherstellung einer effektiven Aufgabenerledigung mit ein.

Amtswalter nicht unmittelbar demokratisch legitimiert, spricht daher viel dafür, dass die von ihm durchgeführten Entscheidungsverfahren nicht zwingend unmittelbar durch das Volk kontrolliert werden müssen. Vielmehr kann den Zwecken der politischen Willensbildung und der Kontrolle staatlichen Handelns auch dann genüge getan werden, wenn nicht jeder Staatsbürger Zugang zum Verfahren einer Stelle der Verwaltung ohne Repräsentationsfunktion hat.[266] Insofern hat die Gesetzgebung einen Gestaltungsspielraum.[267] Dementsprechend sind Gesetze, die einem Bürger den Zugang zu Informationen über behördliches Handeln gewährleisten wie bspw. das Informationsfreiheitsgesetz[268] und das Umweltinformationsgesetz[269] nicht zwingend verfassungsrechtlich geboten.

d) Anspruch auf rechtliches Gehör

Ausdrücklich hat jedermann einen verfassungsrechtlichen Anspruch auf rechtliches Gehör nur vor Gericht (Art. 103 Abs. 1 GG).[270] Jedenfalls für den Fall, dass eine Stelle der Verwaltung eine Rechtsquelle mit einer individuell rechtsbeeinträchtigenden Regelung erlässt, ist es jedoch allgemein anerkannt, dass auch Stellen der Verwaltung verfassungsrechtlich dazu verpflichtet sind, dem von der Regelung betroffenen Rechtssubjekt vor dem Erlass der Rechtsquelle rechtliches Gehör zu gewähren.[271]

---

[266] Dazu, inwiefern ein Verfahren innerhalb einer Stelle der Verwaltung zum Zweck der politischen Willensbildung öffentlich sein muss: *Kopp*, Verwaltungsverfahrensrecht, S. 191 ff.; *Grzeszick*, in: Maunz/Dürig, GG, Art. 20 II Rn. 27 ff.; *Gurlit*, Verwaltungsöffentlichkeit, S. 111 ff.

[267] Vgl. *Grzeszick*, in: Maunz/Dürig, GG, Art. 20 II Rn. 32.

[268] Informationsfreiheitsgesetz des Bundes, Gesetz vom 5.9.2005, BGBl. I S. 2722, zuletzt geändert durch Art. 9 des Gesetzes vom 20.11.2019, BGBl. I S. 1626.

[269] Gesetz i.d.F. der Bekanntmachung vom 27.10.2014, BGBl. I S. 1643, zuletzt geändert durch Art. 2 Abs. 17 des Gesetzes vom 20.7.2017, BGBl. I S. 2808.

[270] Art. 103 Abs. 1 GG gilt also nicht für Verwaltungsverfahren, statt vieler BVerfGE 101, 397 (404 f.); *Remmert*, in: Maunz/Dürig, GG, Art. 103 Abs. 1 Rn. 52 m. Nachw. auch zu anderen Auffassungen.

[271] Es ist nicht umstritten, dass jeder Betroffene in einem Verwaltungsverfahren einen verfassungsrechtlichen Anspruch auf die Gewährung rechtlichen Gehörs hat. Die verfassungsrechtlichen Anknüpfungspunkte variieren jedoch. Dazu umfassend *Eisenberg*, Anhörung und Begründungspflicht, S. 109 ff., im Überblick referierend m. Nachw. *Remmert*, in: Maunz/Dürig, GG, Art. 103 Abs. 1 Rn. 53. Überwiegend wird der Anspruch auf rechtsstaatliche Grundsätze des Grundgesetzes – teils mit Bezügen zu Art. 1 Abs. 1 GG – gestützt, z.B. BVerfGE 101, 397 (405); BVerwGE 113, 114 (115); *Kallerhoff/Mayen*, in: Stelkens/Bonk/Sachs, VwVfG, § 28 Rn. 2; *Rossen-Stadtfeld*, in: Hoffmann-Riem/Schmidt-Aßmann/Voßkuhle, GVwR II, § 29 Rn. 22; *Ehlers*, Jura 1996, 617 (619); *Ule/Laubinger*, VwVerfR, § 1 Rn. 8; *Schoch*, Jura 2006, 833 (834); *Wittinger*, in: Obermayer/Funke-Kaiser, VwVfG, Einleitung Rn. 62; *Ram-*

Die Gewährung rechtlichen Gehörs vor dem Erlass einer beeinträchtigenden Regelung hat zum einen eine subjektive Rechtsschutzfunktion zugunsten der Rechtssubjekte, die von der Regelung betroffen sind.[272] Zum anderen dient sie der Ermittlung des Sachverhalts, der geregelt werden soll.[273] Der Anspruch auf rechtliches Gehör begründet für jeden Betroffenen daher das Recht, vor[274] dem Erlass einer Rechtsquelle gegenüber der handelnden staatlichen Stelle seine durch die beabsichtigte Rechtsquelle betroffenen Rechte geltend zu machen, die Intensität ihrer Betroffenheit aufzuzeigen und über besondere Umstände des Sachverhalts aufzuklären.

Rechtliches Gehör wird gewährt,[275] indem der Anspruchsberechtigte gehört wird. Das setzt voraus, dass er die Möglichkeit hat, sich zu den entscheidungserheblichen Tatsachen[276] zu äußern.[277] Das ist ihm nur dann effektiv möglich, wenn er zuvor über den Gegenstand, zu dem er sich äußern darf, also über die Sach- und Rechtslage, die durch den Erlass einer Rechtsquelle verbindlich gestaltet werden soll, informiert wurde.[278] Die Gewährung

---

sauer, in: Kopp/Ramsauer, VwVfG, § 28 Rn. 3; *Spilker*, Amtsermittlung, S. 120; vgl. auch die Begründung zu § 24 des Entwurfs eines Verwaltungsverfahrensgesetzes, der im Wesentlichen § 28 VwVfG entspricht, BT-Drs. 7/910, S. 51. Teilweise wird er (zusätzlich) „aus dem Grundsatz der Demokratie“ abgeleitet, so oder ähnlich *Kopp*, Verwaltungsverfahrensrecht, S. 189, der den Anspruch auf S. 30 ff. auch aus Art. 1 Abs. 1 GG herleitet; *Eisenberg*, Anhörung und Begründungspflicht, S. 114. Für eine Verankerung in den Grundrechten *Kunig*, Rechtsstaatsprinzip, S. 375.

[272] Vgl. *Rossen-Stadtfeld*, in: Hoffmann-Riem/Schmidt-Aßmann/Voßkuhle, GVwR II, § 29 Rn. 22; *Ramsauer*, in: Kopp/Ramsauer, VwVfG, § 28 Rn. 1; *Kallerhoff/Mayen*, in: Stelkens/Bonk/Sachs, VwVfG, § 28 Rn. 5; *S. Löhr*, Prozeßgrundrechte, S. 54.

[273] *Kallerhoff/Mayen*, in: Stelkens/Bonk/Sachs, VwVfG, § 28 Rn. 8; *Ramsauer*, in: Kopp/Ramsauer, VwVfG, § 28 Rn. 1 f.; *Ehlers*, Jura 1996, 617 (619); *Schoch*, Jura 2006, 833 (834); *Spilker*, Amtsermittlung, S. 120.

[274] Zum Zeitpunkt der Anhörung jeweils in Bezug auf § 28 VwVfG *Kallerhoff/Mayen*, in: Stelkens/Bonk/Sachs, VwVfG, § 28 Rn. 42 f.; *Ehlers*, Jura 1996, 617 (620); *Schoch*, Jura 2006, 833 (837); vgl. zudem zu Art. 103 Abs. 1 GG *Rüping*, in: BK-GG, Art. 103 Abs. 1 Rn. 90 ff.

[275] Zum Inhalt des Anspruchs auf rechtliches Gehör in Bezug auf Art. 103 Abs. 1 GG statt vieler *Remmert*, in: Maunz/Dürig, GG, Art. 103 Abs. 1 Rn. 5 und m. Nachw. Rn. 62 ff.

[276] Vgl. BVerfGE 64, 135 (143); 83, 24 (35); 89, 28 (35); 101, 106 (129); *Ehlers*, Jura 1996, 617 (619 f.); *Schoch*, Jura 2006, 833 (836 f.). Vgl. zu den Inhalten der Anhörung zudem *Ramsauer*, in: Kopp/Ramsauer, VwVfG, § 28 Rn. 29 ff.

[277] BVerfGE 60, 175 (210); 64, 135 (143); 98, 218 (263). Zum Äußerungsrecht eines Anspruchsberechtigten *Nolte/Aust*, in: v. Mangoldt/Klein/Starck, GG III, Art. 103 Rn. 36 ff.; *Remmert*, in: Maunz/Dürig, GG, Art. 103 Abs. 1 Rn. 63 ff.; *Rüping*, in: BK-GG, Art. 103 Abs. 1 Rn. 84 ff.; *Kunig*, in: v. Münch/Kunig, GG II, Art. 103 Rn. 9; *Gusy*, in: Hoffmann-Riem/Schmidt-Aßmann/Voßkuhle, GVwR II, § 23 Rn. 50.

[278] Zur Informationspflicht der handelnden staatlichen Stelle BVerfGE 89, 28 (35); 98, 218 (263); 101, 397 (405); *Remmert*, in: Maunz/Dürig, GG, Art. 103 Abs. 1

rechtlichen Gehörs wird ihren verfassungsrechtlichen Zwecken des Rechtsschutzes sowie der Sachverhaltsermittlung zudem nur dann gerecht, wenn die zuständige staatliche Stelle die Äußerung des Anspruchsberechtigten beim Erlass der Rechtsquelle berücksichtigt.[279] Der Umfang des Anspruchs auf rechtliches Gehör ist durch andere verfassungsrechtlich geschützte Interessen wie bspw. die Grundrechte Dritter begrenzt.[280]

Der Anspruch auf rechtliches Gehör verpflichtet jedenfalls diejenigen staatlichen Stellen, die eine Rechtsquelle mit einer individuell rechtsbeeinträchtigenden Regelung erlassen möchten.[281] Der Erlass von individuellen Regelungen ist grundsätzlich den Stellen der Verwaltung vorbehalten.[282] Diesen Stellen muss daher gesetzlich ein Verfahrensregime bereitgestellt werden, das sicherstellt, dass sie vor dem Erlass einer Rechtsquelle ihrer Pflicht, einem Anspruchsberechtigten rechtliches Gehör zu gewähren, nachkommen können.[283]

Fraglich ist, ob eine staatliche Stelle auch dann verfassungsrechtlich dazu verpflichtet ist, vor dem Erlass einer Rechtsquelle den von der darin enthaltenen Regelung Betroffenen rechtliches Gehör zu gewähren, wenn die Regelung *generell* ist. Erlässt ein Repräsentationsorgan eine generelle Regelung, ist es gerade die Funktion dieses Organs, die durch die Regelung betroffenen Interessen anstelle der Mitglieder seines jeweiligen Rechtsträgers zu artikulieren. Unabhängig von der speziellen Funktion eines Organs ist vor dem Erlass einer generellen Regelung aber vor allem nicht absehbar, welche Rechtssubjekte die Regelung direkt nach ihrem Inkrafttreten betrifft und

Rn. 78 ff.; *Nolte/Aust*, in: v. Mangoldt/Klein/Starck, GG III, Art. 103 Rn. 29 ff.; *Gusy*, in: Hoffmann-Riem/Schmidt-Aßmann/Voßkuhle, GVwR II, § 23 Rn. 49; *Ramsauer*, in: Kopp/Ramsauer, VwVfG, § 28 Rn. 15 ff.; *Kallerhoff/Mayen*, in: Stelkens/Bonk/Sachs, VwVfG, § 28 Rn. 35.

279 BVerfGE 11, 218 (220); 25, 137 (140); 27, 248 (251 f.); 42, 364 (367 f.); 63, 80 (85); 64, 135 (144); 83, 24 (35); 105, 279 (311); BVerwGE 66, 111 (114); VGH Baden-Württemberg, NVwZ-RR 1990, 542 (543); zur Berücksichtigungspflicht der handelnden staatlichen Stelle zudem *Nolte/Aust*, in: v. Mangoldt/Klein/Starck, GG III, Art. 103 Rn. 52 ff.; *Remmert*, in: Maunz/Dürig, GG, Art. 103 Abs. 1 Rn. 90 ff.; *Rüping*, in: BK-GG, Art. 103 Abs. 1 Rn. 108 ff.; *Kallerhoff/Mayen*, in: Stelkens/Bonk/Sachs, VwVfG, § 28 Rn. 38; *Gusy*, in: Hoffmann-Riem/Schmidt-Aßmann/Voßkuhle, GVwR II, § 23 Rn. 51.

280 Zu verfassungsrechtlichen Grenzen des Anspruchs auf rechtliches Gehör vor Gericht nach Art. 103 Abs. 1 GG *Remmert*, in: Maunz/Dürig, GG, Art. 103 Abs. 1 Rn. 28 m. w. Nachw.

281 Vgl. *Ramsauer*, in: Kopp/Ramsauer, VwVfG, § 28 Rn. 12.

282 Das gilt nicht für die Repräsentationsorgane von Selbstverwaltungsträgern. Dazu oben 3. Kapitel A. III. 2. c).

283 Dazu, dass Art. 103 Abs. 1 GG insoweit auch die Gesetzgebung verpflichtet: *Remmert*, in: Maunz/Dürig, GG, Art. 103 Abs. 1 Rn. 29.

künftig betreffen wird. Daher ist es faktisch nicht möglich, vor dem Erlass einer generellen Regelung alle potentiell Betroffenen anzuhören.[284] Deshalb spricht viel dafür, dass ein einzelnes Rechtssubjekt keinen verfassungsrechtlichen Anspruch auf die Gewährung rechtlichen Gehörs hat, bevor eine Stelle eine Rechtsquelle mit einer generellen Regelung erlässt. Das hat zur Folge, dass die Repräsentationsorgane von Rechtsträgern regelmäßig nicht verfassungsrechtlich dazu verpflichtet sind, vor dem Erlass einer Rechtsquelle einzelnen (potentiell) Betroffenen rechtliches Gehör zu gewähren.[285]

e) Ausfertigung und Bekanntgabe einer Rechtsquelle

Nach Art. 82 Abs. 1 GG müssen Gesetze und Rechtsverordnungen ausgefertigt und verkündet werden. Es wird gemeinhin angenommen, dass insbesondere rechtsstaatliche Grundsätze des Grundgesetzes fordern, dass *alle* Rechtsquellen grundsätzlich ausgefertigt[286] und bekannt gegeben[287] werden müssen.

---

[284] So auch *Laubinger*, FS Rudolf, 305 (315).

[285] Die Anwendbarkeit des Art. 103 Abs. 1 GG auf Gesetzgebungsverfahren verneinend: BVerfGE 36, 321 (330) sowie im Anschluss daran z. B. *Kunig*, in: v. Münch/Kunig, GG II, Art. 103 Rn. 5; *Remmert*, in: Maunz/Dürig, GG, Art. 103 Abs. 1 Rn. 55.

[286] Zum verfassungsrechtlichen Erfordernis der Ausfertigung überwiegend in Bezug auf eine spezielle Rechtsquellenform: BVerwGE 88, 204 (206); 137, 247 (250 f.); BVerwG, NVwZ 1990, 258; VGH Baden-Württemberg, NVwZ 1985, 206; *Guckelberger*, in: Friauf/Höfling, BerlK-GG, Art. 82 Rn. 21; *Bauer*, in: Dreier, GG II, Art. 82 Rn. 8; *Schulze-Fielitz*, in: Dreier, GG II, Art. 20 (Rechtsstaat) Rn. 202; *Ossenbühl*, in: Isensee/Kirchhof, HStR V, § 105 Rn. 60; *Butzer*, in: Maunz/Dürig, GG, Art. 82 Rn. 80; *Pieper*, in: Kluth/Krings, Gesetzgebung, § 20 Rn. 16; *Robbers*, in: BK-GG, Art. 20 Rn. 2284.

[287] Umfassend zum verfassungsrechtlichen Erfordernis der Bekanntgabe von Rechtsnormen *Wittling*, Publikation, S. 120 ff., S. 156 ff.; *Oldenburg*, Öffentlichkeit, S. 143 ff. Das Erfordernis wird meistens auf rechtsstaatliche Grundsätze des Grundgesetzes gestützt, vgl. überwiegend in Bezug auf eine spezielle Rechtsquellenform: BVerfGE 65, 283 (291); 90, 60 (85); BVerwGE 17, 192 (193); 25, 151 (159); 44, 244 (249); 126, 388 (393 f.); 147, 100 (104); *Guckelberger*, in: Friauf/Höfling, BerlK-GG, Art. 82 Rn. 21, 65; *Bauer*, in: Dreier, GG II, Art. 82 Rn. 8; *Schulze-Fielitz*, in: Dreier, GG II, Art. 20 (Rechtsstaat) Rn. 203; *Grzeszick*, in: Maunz/Dürig, GG, Art. 20 VII Rn. 52; *Heckmann*, Geltungskraft, S. 133 f., der auch rechtstheoretische Erwägungen einbezieht; *Gusy*, in: Hoffmann-Riem/Schmidt-Aßmann/Voßkuhle, GVwR II, § 23 Rn. 18; *Sommermann*, in: v. Mangoldt/Klein/Starck, GG II, Art. 20 Rn. 302; *Butzer*, in: Maunz/Dürig, GG, Art. 82 Rn. 1, 80; *U. Stelkens*, in: Stelkens/Bonk/Sachs, VwVfG, § 41 Rn. 2; *Scherzberg*, Öffentlichkeit, S. 321; *Schmidt-Aßmann*, in: Isensee/Kirchhof, HStR II, § 26 Rn. 78; *Meurers/Beye*, DÖV 2018, 59 (62 ff.). *Kunig*, Rechtsstaatsprinzip, S. 391 f. m. w. Nachw. verfolgt einen grundrechtlichen und rechtstheoretischen Begründungsansatz. Es wird auch angenommen, dass das Erfordernis der demokratischen Legitimation staatlichen Handelns die Bekanntgabe von Rechtsnormen

Eine Rechtsquelle wird ausgefertigt, indem eine Originalurkunde der Rechtsquelle hergestellt wird.[288] Die Ausfertigung hat die Funktionen, zu bestätigen, dass die Rechtsquelle in einem ordnungsgemäßen Verfahren zustande gekommen ist, dass sie das Ergebnis dieses Verfahrens ist und dass der Wortlaut der Rechtsquelle mit dem Willen der handelnden staatlichen Stelle übereinstimmt.[289] Das wird erreicht, indem die erlassenen[290] Regelungen in einer Urkunde[291] dokumentiert werden[292] und die Urkunde datiert[293] und unterzeichnet[294] wird. Ist eine Rechtsquelle nur an einen individuellen Adressatenkreis gerichtet, können die Zwecke der Ausfertigung ausnahmsweise auch erfüllt werden, indem die Rechtsquelle den betroffenen Rechtssubjekten mündlich mitgeteilt wird. Dokumentiert die Ausfertigung, dass die Rechtsquelle dem Willen der handelnden staatlichen Stelle entspricht und in einem ordnungsgemäßen Verfahren zustande gekommen ist, kann sie nur von einem Amtswalter vorgenommen werden, „der in der Lage ist, die Echtheit des [T]extes und die Einhaltung des […] Verfahrens zu bezeugen“[295]. Es ist daher naheliegend, dass die für den Erlass der Rechtsquelle zuständige staatliche Stelle die Urkunde anfertigt. Hinsichtlich der Art und Weise der Aus-

verlange, dazu *Wittling*, Publikation, S. 134 ff.; *Oldenburg*, Öffentlichkeit, S. 168 ff.; *Meurers/Beye*, DÖV 2018, 59 (65 f.).

288 In der Rechtsordnung umschreibt der Begriff der Ausfertigung unterschiedliche Konstellationen. Nach § 47 BeurkG vertritt die Ausfertigung der Niederschrift die Urschrift im Rechtsverkehr. Demnach meint die Ausfertigung einer Rechtsquelle eine Abschrift von der Originalurkunde einer Rechtsquelle. Im staatsrechtlichen Sinn meint die Ausfertigung aber die Herstellung der Originalurkunde. Zu diesen Begriffsvarianten: *Butzer*, in: Maunz/Dürig, GG, Art. 82 Rn. 113; *Pieper*, in: Kluth/Krings, Gesetzgebung, § 20 Rn. 9 jew. m. w. Nachw.; vgl. auch *Rode*, Ausfertigung, S. 19 f. Die Arbeit verwendet den Begriff im letztgenannten Sinn.

289 Zu den Funktionen der Ausfertigung überwiegend in Bezug auf Art. 82 Abs. 1 GG: VGH Baden-Württemberg, NVwZ 1985, 206; *Bauer*, in: Dreier, GG II, Art. 82 Rn. 8; *Guckelberger*, in: Friauf/Höfling, BerlK-GG, Art. 82 Rn. 22 f.; *Butzer*, in: Maunz/Dürig, GG, Art. 82 Rn. 81, 83, 113; *Ossenbühl*, in: Isensee/Kirchhof, HStR V, § 105 Rn. 60; *Pieper*, in: Kluth/Krings, Gesetzgebung, § 20 Rn. 2.

290 Zum Zeitpunkt der Ausfertigung eines Gesetzes *Rode*, Ausfertigung, S. 26 ff.

291 Durch die Ausfertigung wird eine Rechtsquelle erstmals „sinnlich wahrnehmbar“, *Laband*, Staatsrecht 2, S. 13 – im Original mit Herv.; dem folgend *Rode*, Ausfertigung, S. 31; ähnlich *Guckelberger*, in: Friauf/Höfling, BerlK-GG, Art. 82 Rn. 23.

292 „Herstellung der Urschrift einer Rechtsnorm“, so oder ähnlich z. B. *Guckelberger*, in: Friauf/Höfling, BerlK-GG, Art. 82 Rn. 23; *Bauer*, in: Dreier, GG II, Art. 82 Rn. 11; *Butzer*, in: Maunz/Dürig, GG, Art. 82 Rn. 81; *Rode*, Ausfertigung, S. 21.

293 Vgl. *Guckelberger*, in: Friauf/Höfling, BerlK-GG, Art. 82 Rn. 24; *Aker*, in: ders./Hafner/Notheis, GemO BW, § 4 Rn. 7.

294 Zur Funktion der Unterschrift *Pieper*, in: Kluth/Krings, Gesetzgebung, § 20 Rn. 10.

295 *H. Schneider*, Gesetzgebung, Rn. 465 in Bezug auf die Ausfertigung eines Gesetzes.

fertigung und der Zuständigkeit für die Ausfertigung einer Rechtsquelle, die von einer Stelle der Verwaltung erlassen wird, hat die Gesetzgebung einen Gestaltungsspielraum.

Der primäre Zweck[296] der Bekanntgabe[297] einer Rechtsquelle ist es, dass die von einer Rechtsquelle Betroffenen[298] die Möglichkeit[299] haben, von der Rechtsquelle Kenntnis zu erlangen, sodass sie ihr Verhalten an staatliche Verhaltenserwartungen anpassen können.[300] Betroffen ist das Rechtssubjekt, auf dessen Rechtsstellung sich die Regelung sofort mit ihrem Inkrafttreten oder möglicherweise zu einem späteren Zeitpunkt auswirkt.[301] Die Rechtsstellung eines Rechtssubjekts bestimmen zum einen solche Regelungen, die darauf gerichtet sind, sie zu beeinträchtigen oder zu begünstigen. Zum anderen wird die Rechtsstellung durch organisationsrechtliche Vorschriften geregelt, wenn diese sich auf die Geltendmachung von subjektiven Rechten auswirken.[302] Der Regelungsumfang und der Regelungsgegenstand einer Rechtsquelle sind also entscheidend dafür, wer von einer Rechtsquelle betroffen ist und damit von ihr Kenntnis erlangen können muss.

Die Art und Weise der Bekanntgabe hängt vom inhaltlichen Umfang und vom Adressatenkreis der Rechtsquelle ab. Eine Rechtsquelle ist so bekannt zu geben, dass jedenfalls die von der Regelung Betroffenen die Möglichkeit haben, ohne unzumutbare Erschwernisse von der Regelung Kenntnis zu erlangen.[303] Dazu ist die ausgefertigte[304] Rechtsquelle grundsätzlich in vollem

---

[296] Zu den verfassungsrechtlichen Zwecken der Publikation von Rechtsnormen umfassend *Wittling*, Publikation, S. 120 ff.; *Oldenburg*, Öffentlichkeit, S. 150 ff.; im Überblick *Heckmann*, Geltungskraft, S. 134 f.

[297] Die Arbeit verwendet den Begriff der Bekanntgabe allgemein für die Publikation einer Rechtsquelle. Für bestimmte Rechtsquellenformen hat sich in der Rechtsordnung bzw. in der Literatur eine spezielle Terminologie etabliert. Nach Art. 82 Abs. 1 GG werden Gesetze und Rechtsverordnungen bspw. „verkündet". Satzungen werden in der Regel „bekannt gemacht", vgl. *Ossenbühl*, in: Isensee/Kirchhof, HStR V, § 105 Rn. 61.

[298] Vgl. zu diesem Kriterium *Wittling*, Publikation, S. 140 ff.; *Meurers/Beye*, DÖV 2018, 59 (65).

[299] Vgl. BVerfGE 16, 6 (16): „Der Akt der Verkündung eines Gesetzes durch Ausgabe des Gesetzesblattes ist […] keine empfangsbedürftige Erklärung; die Verkündung in dieser Form braucht […] niemandem ‚zuzugehen'." Es genügt also die Möglichkeit der Kenntnisnahme von einer Rechtsquelle, auf die konkrete Kenntnisnahme kommt es dagegen nicht an.

[300] Vgl. *Guckelberger*, Vorwirkung, S. 55 ff.; *dies.*, in: Friauf/Höfling, BerlK-GG, Art. 82 Rn. 65; *Pieper*, in: Kluth/Krings, Gesetzgebung, § 20 Rn. 12.

[301] Vgl. *Wittling*, Publikation, S. 141 f.; zum Merkmal „betroffen" im Sinne des § 41 Abs. 1 S. 1 VwVfG *U. Stelkens*, in: Stelkens/Bonk/Sachs, VwVfG, § 41 Rn. 32.

[302] *Wittling*, Publikation, S. 131.

[303] BVerfGE 65, 283 (291): „Verkündung bedeutet regelmäßig, daß die Rechtsnormen der Öffentlichkeit in einer Weise förmlich zugänglich gemacht werden, daß die

Umfang[305] bekannt zu geben. Ausnahmsweise kann es aber auch ausreichen, wenn bekannt gegeben wird, dass eine Rechtsquelle erlassen worden ist und wo die Betroffenen sich von ihr Kenntnis verschaffen können, und wenn der Inhalt der Rechtsquelle den Betroffenen tatsächlich zugänglich gemacht wird. Eine solche Ausnahme hat die Rechtsprechung des Bundesverfassungsgerichts z.B. für Bebauungspläne zugelassen.[306] Die Stelle, auf die die Rechtsquelle zurückzuführen ist, muss bekannt gegeben werden, um überprüfen zu können, ob die zuständige Stelle gehandelt hat.[307]

Fraglich ist, ob eine Rechtsquelle neben den von ihr Betroffenen grundsätzlich auch nicht Betroffenen bekannt gegeben werden muss.[308] Da sich die Verhaltenserwartungen des Staates ihnen gegenüber nicht ändern, bedürfen sie keiner Kenntnis von der Rechtsquelle. Zudem steht häufig der Schutz der subjektiven Rechte der Betroffenen einer Bekanntgabe der Rechtsquelle entgegen, durch die jedermann von der Rechtsquelle Kenntnis erlangen kann. Enthält eine Rechtsquelle bspw. eine an einen einzelnen Grundrechtsträger gerichtete individuelle Regelung, dann begrenzen etwa dessen Recht auf informationelle Selbstbestimmung sowie seine speziellen Freiheitsgrundrechte den Kreis derjenigen, denen die Rechtsquelle bekannt gegeben werden darf. Z.B. beeinträchtigt die Untersagung der Ausübung eines Gewerbes wegen Unzuverlässigkeit nach § 35 Abs. 1 S. 1 GewO[309] den Gewerbetreibenden zumindest[310] in Art. 12 Abs. 1 S. 1 GG. Daher muss die Untersagung jedenfalls dem Gewerbetreibenden bekannt gegeben werden. Wird sie zusätzlich so bekannt gegeben, dass jedermann von der Untersagung Kenntnis erlangen kann,

---

Betroffenen sich verläßlich Kenntnis von ihrem Inhalt verschaffen können […]. Diese Möglichkeit darf auch nicht in unzumutbarer Weise erschwert sein."

304 VGH Baden-Württemberg, NVwZ 1985, 206: Die Ausfertigung ist die „Grundlage und Voraussetzung der Verkündung"; im Anschluss hieran *Ossenbühl*, in: Isensee/Kirchhof, HStR V, § 105 Rn. 60.

305 Sog. „Vollständigkeitsprinzip", vgl. *Bauer*, in: Dreier, GG II, Art. 82 Rn. 19; *Guckelberger*, in: Friauf/Höfling, BerlK-GG, Art. 82 Rn. 71; *Meurers/Beye*, DÖV 2018, 59 (61).

306 BVerfGE 65, 283 (292) zu § 12 S. 3 BBauG i.d.F. der Bekanntmachung vom 18.8.1976.

307 Zudem muss für einen Betroffenen erkennbar sein, *dass* eine staatliche Stelle gehandelt hat. Nur dadurch ist für ihn ersichtlich, dass es sich um eine Rechtsquelle handelt.

308 Vgl. dazu auch *Wittling*, Publikation, S. 160ff.

309 Gesetz i.d.F. der Bekanntmachung vom 22.2.1999, BGBl. I S. 202, zuletzt geändert durch Art. 15 des Gesetzes vom 22.11.2019, BGBl. I S. 1746.

310 In Betracht kommt zudem insbesondere eine Beeinträchtigung des Allgemeinen Persönlichkeitsrechts (Art. 2 Abs. 1 GG i.V.m. Art. 1 Abs. 1 GG) des Gewerbetreibenden.

liegt aufgrund der „Prangerwirkung“[311] eine zusätzliche Beeinträchtigung in Art. 12 Abs. 1 S. 1 GG vor, deren Rechtfertigung ein verfassungsrechtlich geschütztes Interesse der Allgemeinheit an dieser Information verlangt. Eine Rechtsquelle ist also grundsätzlich nur den Betroffenen bekannt zu geben.[312]

Damit ein Betroffener vorhersehen kann, auf welchem Weg der Staat ihm gegenüber Verhaltenserwartungen äußert, muss die Art und Weise der Bekanntgabe geregelt sein. Die Bekanntgabe von Gesetzen und Rechtsverordnungen bestimmt Art. 82 Abs. 1 GG. Die Art und Weise der Bekanntgabe von sonstigen Rechtsquellen muss auf eine gesetzliche Grundlage zurückzuführen sein.[313]

f) Begründung einer Rechtsquelle

Wird jemand durch die öffentliche Gewalt in seinen Rechten verletzt, so steht ihm nach Art. 19 Abs. 4 S. 1 GG der Rechtsweg offen. Damit jemand im Sinne des Art. 19 Abs. 4 S. 1 GG seine Rechte „sachgemäß verteidigen“[314] kann, muss ihm nicht nur die Rechtsquelle bekannt gegeben werden, sondern er muss auch – jedenfalls bei rechtsbeeinträchtigenden Regelungen – über die tatsächlichen und rechtlichen Gründe, die zum Erlass der konkreten Rechtsquelle geführt haben, informiert werden[315]. Zudem geht man davon aus, die repräsentative Demokratie im Sinne des Art. 20 Abs. 2 S. 2 GG setze voraus, dass die entscheidungserheblichen Gründe des staatlichen Handelns für das Volk erkennbar sind.[316] Es ist also verfassungsrechtlich notwendig,

---

[311] Zur „Prangerwirkung“ z.B. BVerfGE 97, 391 (406); 119, 302 (323); BVerfG, NJW 2010, 1587 (1589); BVerfGK 8, 107 (114 f.); BGHZ 161, 266 (268 f.); 181, 328 (339); BGH, NJW 2015, 776 (777); *Holzner*, NVwZ 2010, 489 (490 ff.); *Ossenbühl*, NVwZ 2011, 1357 (1357 ff.).

[312] Enthält eine Rechtsquelle eine *individuelle* Regelung, dann wird sie nur dem Betroffenen bekannt gegeben, wenn sie schriftlich in seinen Machtbereich gelangt, oder wenn sie ihm gegenüber mündlich geäußert wird, vgl. § 41 VwVfG.

[313] Vgl. dazu statt vieler BVerfGE 65, 283 (291); 90, 60 (85).

[314] BVerfGE 6, 32 (44); 40, 276 (286) – jeweils nicht unter ausdrücklicher Bezugnahme auf Art. 19 Abs. 4 S. 1 GG.

[315] Das ist nicht umstritten. Vgl. dazu BVerfGE 6, 32 (44); 40, 276 (286); *Kischel*, Begründung, S. 87 ff.; *Müller-Ibold*, Begründungspflicht, S. 143 ff.; *Lücke*, Begründungszwang, S. 52 ff.; *Kopp*, Verwaltungsverfahrensrecht, S. 159 ff.; *Schmidt-Aßmann*, in: Maunz/Dürig, GG, Art. 19 Abs. 4 Rn. 254; *Laubinger*, VerwArch Bd. 73 (1982), 60 (82); *Eisenberg*, Anhörung und Begründungspflicht, S. 113 jew. m. w. Nachw.

[316] Zum Erfordernis der demokratischen Legitimation staatlichen Handelns als Anknüpfungspunkt für eine Begründungspflicht: *Kischel*, Begründung, S. 106 ff.; *Kopp*, Verwaltungsverfahrensrecht, S. 194 ff.; *Lücke*, Begründungszwang, S. 95 ff.; *Eisenberg*, Anhörung und Begründungspflicht, S. 115; *Kluth*, in: ders./Krings, Gesetzgebung, § 14 Rn. 61 f.

dass zumindest der Erlass von Rechtsquellen mit rechtsbeeinträchtigenden Regelungen grundsätzlich begründet wird.[317]

Eine Begründung dient unter anderem[318] der Nachvollziehbarkeit des Erlasses einer konkreten Rechtsquelle. Diesem Zweck entsprechend hat die handelnde staatliche Stelle darzulegen, dass die Rechtsquelle in Einklang mit der Rechtsordnung steht,[319] indem sie über die geregelte Sach- und Rechtslage informiert. Hat sie einen Gestaltungsspielraum, muss zudem erkennbar sein, dass sie von diesem Gebrauch gemacht hat. Dementsprechend müssen aus einer Begründung jedenfalls die ausschlaggebenden tatsächlichen und rechtlichen, also die entscheidungserheblichen, Gründe für den Erlass einer Rechtsquelle hervorgehen.[320] Der Umfang der Begründung einer Rechtsquelle ist durch andere verfassungsrechtlich geschützte Rechte und Interessen wie bspw. die Funktionsfähigkeit[321] staatlicher Stellen und die Grundrechte[322] Dritter begrenzt.[323]

---

317 Es ist nicht umstritten, dass das Grundgesetz eine Begründungspflicht für (manche) Rechtsquellen enthält. Umfassend zu verfassungsrechtlichen Anknüpfungspunkten für eine Begründungspflicht *Kischel*, Begründung, S. 64 ff.; *Lücke*, Begründungszwang, S. 37 ff.; *Müller-Ibold*, Begründungspflicht, S. 135 ff. jew. m. Nachw. Die Begründungspflicht wird häufig auf rechtsstaatliche Grundsätze des Grundgesetzes gestützt, vgl. z. B. BVerfGE 6, 32 (44); 40, 276 (286); *Towfigh*, Begründung, S. 4 ff.; *Sommermann*, in: v. Mangoldt/Klein/Starck, GG II, Art. 20 Rn. 306; *Dolzer*, DÖV 1985, 9 (12 f.); *Schmidt-Aßmann*, in: Maunz/Dürig, GG, Art. 19 Abs. 4 Rn. 253 f. Daneben das Demokratieprinzip heranziehend z. B. *Ramsauer*, in: Kopp/Ramsauer, VwVfG, § 39 Rn. 5a; *Ule/Laubinger*, VwVerfR, § 1 Rn. 10 f. Über die Reichweite der Begründungspflicht sowie die Art und Weise der Begründung besteht aber kein Konsens.

318 Zu den Funktionen einer Begründung *Kischel*, Begründung, S. 39 ff.; *Müller-Ibold*, Begründungspflicht, S. 12 ff.; *U. Stelkens*, in: Stelkens/Bonk/Sachs, VwVfG, § 39 Rn. 1; *Towfigh*, Begründung, S. 11 ff.; *Trips*, Verfahren Rechtsetzung, S. 196 ff.; *Kluth*, in: ders./Krings, Gesetzgebung, § 14 Rn. 50 ff.; *Gusy*, in: Hoffmann-Riem/Schmidt-Aßmann/Voßkuhle, GVwR II, § 23 Rn. 60 m. w. Nachw.

319 Vgl. *Kopp*, Verwaltungsverfahrensrecht, S. 195 f.

320 *Kischel*, Begründung, S. 335 ff., 402 ff. arbeitet „Begründungsgrundsätze" heraus, die einen Anhaltspunkt dafür bieten, wie förmliche Begründungen inhaltlich und äußerlich ausgestaltet sein sollten. Zum erforderlichen Inhalt von Begründungen am Beispiel von § 39 VwVfG *Müller-Ibold*, Begründungspflicht, S. 196 ff.; *U. Stelkens*, in: Stelkens/Bonk/Sachs, VwVfG, § 39 Rn. 43 ff.; *Ramsauer*, in: Kopp/Ramsauer, VwVfG, § 39 Rn. 18 ff.; *Towfigh*, Begründung, S. 20 ff.

321 *Müller-Ibold*, Begründungspflicht, S. 26 ff., 153 ff., 219 f. in Bezug auf Stellen der Verwaltung; *Lücke*, Begründungszwang, S. 102, 85 ff.

322 *Lücke*, Begründungszwang, S. 101, 103; *Müller-Ibold*, Begründungspflicht, S. 156 ff., 221 f. gehen insbesondere auf das Recht auf informationelle Selbstbestimmung von Privaten ein.

323 Zu verfassungsrechtlichen Grenzen der Begründungspflicht *Kischel*, Begründung, S. 160 ff.; *Lücke*, Begründungszwang, S. 101 ff.; *Müller-Ibold*, Begründungspflicht, S. 153 ff.

Für die Art und Weise der Begründung einer Rechtsquelle macht das Grundgesetz keine ausdrücklichen Vorgaben. Faktisch kommen dafür zwei Möglichkeiten in Betracht: Eine Rechtsquelle kann im Rahmen ihrer Bekanntgabe förmlich[324] begründet werden, indem die Rechtsquelle oder ein separates Dokument zur Rechtsquelle eine Begründung enthält. Die entscheidungserheblichen Gründe können für die Betroffenen aber auch bereits während der Entscheidungsfindung der handelnden staatlichen Stelle erkennbar gemacht werden. Das ist der Fall, wenn sich die für die handelnde Stelle tätig werdenden Amtswalter vor dem Erlass einer Rechtsquelle argumentativ mit den durch die Rechtsquelle berührten Belangen auseinandersetzen und die durch die Rechtsquelle Betroffenen hierzu Zugang haben.[325] Dadurch wird den Betroffenen ermöglicht, von den entscheidungserheblichen Gründen Kenntnis zu erlangen.

Ob eine dem Erlass der Rechtsquelle vorausgehende Debatte verfassungsrechtlich geboten ist, hängt von der Funktion der handelnden Stelle ab.[326] Demnach ergibt sich für die Art und Weise der Begründung einer Rechtsquelle folgendes Ergebnis: Wie gezeigt, verlangt das Grundgesetz, dass dem Erlass einer Rechtsquelle durch ein Repräsentationsorgan eines Rechtsträgers eine öffentliche[327] Verhandlung innerhalb des Organs vorausgeht.[328] Daher[329] spricht viel dafür,[330] dass Rechtsquellen wie bspw. Gesetze[331] und Satzun-

[324] Häufig wird zwischen der „formellen bzw. förmlichen Begründung" und der „materiellen Begründung" unterschieden. Während mit dem ersten Begriff die bloße Angabe von entscheidungserheblichen Gründen umschrieben wird, wird der zweite Begriff verwendet, wenn es um die Tragfähigkeit des Inhalts der Begründung, also die angegebenen Gründe, geht. Dazu *Schwarz/Bravidor*, JZ 2011, 653 m.w.Nachw.; *Kluth*, in: ders./Krings, Gesetzgebung, § 14 Rn. 4f.

[325] Das wird meistens nicht unter den Begriff der „Begründung" gefasst. Vielmehr wird der Begriff überwiegend im Sinne der erstgenannten Möglichkeit dahingehend verwendet, dass eine ausdrückliche Angabe von Gründen gemeint ist, so z.B. *Kischel*, Begründung, S. 1. In der Sache werden Gründe aber genauso angegeben, wenn dem Erlass einer Rechtsquelle eine jedermann zugängliche argumentative Auseinandersetzung mit den betroffenen Belangen vorausgeht. Daher liegt es nahe, auch die Angabe von Gründen im Rahmen der Entscheidungsfindung als Begründung zu bezeichnen. Eine Begründung im hier gebrauchten Sinn meint also das Erkennbarmachen der entscheidungserheblichen Gründe. In diesem Sinne auch *Gartz*, Begründungspflicht, insbesondere S. 214ff.; *Ossenbühl*, NJW 1986, 2805 (2809).

[326] Dazu 3. Kapitel A. IV. 2. a).

[327] Auf die Öffentlichkeit des Verfahrens stellen in Bezug auf Gesetze bzw. den Bundestag ebenfalls ab: *Schwarz/Bravidor*, JZ 2011, 653 (657); *Sommermann*, in: v. Mangoldt/Klein/Starck, GG II, Art. 20 Rn. 306. Dazu auch *Gartz*, Begründungspflicht, S. 286; *Kischel*, Begründung, S. 300ff., 401.

[328] Dazu oben 3. Kapitel A. IV. 2. a), c).

[329] Vgl. zu weiteren Aspekten *Dolzer*, DÖV 1985, 9 (16ff.).

[330] Anders z.B. *Lücke*, Begründungszwang, S. 98, der aus der in den demokratischen Grundsätzen des Grundgesetzes verankerten Voraussetzung der Öffentlichkeit

gen[332], die als Ergebnis einer derartigen Entscheidungsfindung ergehen, nicht zusätzlich förmlich begründet werden müssen.

Abgesehen von den Repräsentationsorganen von Selbstverwaltungsträgern treffen die Stellen der Verwaltung ihre Entscheidungen hingegen in der Regel nicht im Wege einer Verhandlung. Damit die entscheidungserheblichen Gründe[333] dennoch erkennbar sind, müssen Rechtsquellen, die von einer Stelle der Verwaltung erlassen werden, daher grundsätzlich förmlich begründet werden.[334] Der Umfang der Begründungspflicht ist gesetzlich zu regeln. Der Kreis derjenigen, denen gegenüber eine Rechtsquelle zu begründen ist, entspricht dem Kreis der Betroffenen, denen eine Rechtsquelle bekannt zu geben ist.

---

staatlicher Entscheidungsverfahren die Pflicht zu einer förmlichen Begründung staatlicher Entscheidungen gegenüber dem Volk folgert. Ausdrücklich dagegen aber *Schwarz/Bravidor*, JZ 2011, 653 (659).

331 Es ist umstritten, ob die Gesetzgebungsorgane verfassungsrechtlich dazu verpflichtet sind, Gesetze förmlich zu begründen. Zum Diskussionsstand im Überblick und m. w. Nachw. *Hebeler*, DÖV 2010, 754 (755). Jedenfalls im Grundsatz verneinend: *Hebeler*, DÖV 2010, 754 (759 ff.); *Kischel*, Begründung, im Ergebnis S. 401; *Schwarz/Bravidor*, JZ 2011, 653 (655 f.); *Bickenbach*, Einschätzungsprärogative, S. 430 ff.; *Schenke*, in: BK-GG, Art. 19 Abs. 4 Rn. 740; *G. Kirchhof*, Allgemeinheit, S. 320 f.; *Sommermann*, in: v. Mangoldt/Klein/Starck, GG II, Art. 20 Rn. 306; *H. Schneider*, Gesetzgebung, Rn. 130; *Kluth*, in: ders./Krings, Gesetzgebung, § 14 Rn. 28. Bejahend: *Lücke*, Begründungszwang, insbesondere S. 146 ff., 214 ff.; wohl auch *Sannwald*, in: Schmidt-Bleibtreu/Hofmann/Henneke, GG, Art. 76 Rn. 22; *Schmidt-Aßmann*, in: Maunz/Dürig, GG, Art. 19 Abs. 4 Rn. 253 f. *Gartz*, Begründungspflicht, passim., zusammenfassend S. 294 ff. nimmt zwar eine „Begründungspflicht“ der Gesetzgebungsorgane an, versteht diese aber im Sinne einer Pflicht der Gesetzgebungsorgane zur Auseinandersetzung mit den entscheidungserheblichen Gründen in der Verhandlung. Im selben Sinn *Ossenbühl*, NJW 1986, 2805 (2809). Die Rechtsprechung des Bundesverfassungsgerichts hat zu einer förmlichen Begründungspflicht der Gesetzgebungsorgane bisher nicht allgemeingültig Stellung genommen, sondern nur in Bezug auf bestimmte Fallgruppen, vgl. z. B. BVerfGE 106, 62 (148 ff.). Zur Rechtsprechung des Bundesverfassungsgerichts jew. m. w. Nachw. *Hebeler*, DÖV 2010, 754 (756 ff.); *Schwarz/Bravidor*, JZ 2011, 653 (654 ff.).

332 BVerwG, NVwZ-RR 1993, 286 verneint eine grundsätzliche verfassungsrechtliche Pflicht zur förmlichen Begründung von Satzungen. Davon gehen auch aus BVerfG, NVwZ 1987, 879; BVerwGE 78, 23 (26); *Schenke*, in: BK-GG, Art. 19 Abs. 4 Rn. 737 ff.; *Dolzer*, DÖV 1985, 9 (18). Anders *Ossenbühl*, NJW 1986, 2805 (2809 f.). Vgl. zur Begründungspflicht beim Erlass von Satzungen auch *Kischel*, Begründung, S. 304 ff., 402 f.

333 Sofern eine Stelle der Verwaltung beim Erlass einer Rechtsquelle einen „Gestaltungsspielraum“ hat (das ist z. B. bei einer Ermessens- oder einer Abwägungsentscheidung der Fall), muss die Begründung auch erkennen lassen, dass sie von diesem Spielraum Gebrauch gemacht hat.

334 Unabhängig von der Rechtsquellenform im Ergebnis ebenso *Schmidt-Aßmann*, in: Maunz/Dürig, GG, Art. 19 Abs. 4 Rn. 253.

g) Verwaltungseffizienz

Als ein bei der Ausgestaltung von Verwaltungsverfahren zu berücksichtigender Aspekt wird häufig angeführt, dass das Grundgesetz ein „effizientes" Verwaltungshandeln verlange.[335] Nicht ganz eindeutig ist jedoch, welche konkreten Anforderungen sich daraus an das Verwaltungshandeln ergeben. Das Erfordernis umschreibt eine „Zweck-Mittel-Relation"[336]. Der Zweck des Handelns ist die Erledigung einer bestimmten Verwaltungsaufgabe[337] sowie die Verwirklichung demokratischer, sozialer und rechtsstaatlicher Grundsätze des Grundgesetzes[338]. Dieser Zweck des Verwaltungshandelns wird in ein Verhältnis bspw. zum personellen, finanziellen, sachlichen und zeitlichen Mitteleinsatz[339] der handelnden Stelle der Verwaltung gesetzt. Das Erfordernis der Verwaltungseffizienz gebietet, dass die Mittel der Verwaltung „effizient" eingesetzt werden. Wann der Mitteleinsatz (nicht) „effizient" ist, lässt sich jedoch nicht pauschal bestimmen.[340] Als Anhaltspunkt für ein effizientes Handelns wird teilweise angeführt, dass der Zweck des Handelns mit dem geringstmöglichen Einsatz von Mitteln bestmöglich erreicht werden soll.[341] Akzeptiert man das Erfordernis der Verwaltungseffizienz, ist es bei der Ausgestaltung von allen Phasen eines Verwaltungsverfahrens zu berücksichtigen.

---

335 Vgl. z. B. BVerwGE 67, 206 (209); *Schmitz*, in: Stelkens/Bonk/Sachs, VwVfG, § 9 Rn. 76 ff.; *Martin*, Heilung, S. 211 ff.; *Pitschas*, in: Hoffmann-Riem/Schmidt-Aßmann/Voßkuhle, GVwR II, § 42 Rn. 116 ff.; *Wittinger*, in: Obermayer/Funke-Kaiser, VwVfG, Einleitung Rn. 54 ff.; *Pünder*, in: Ehlers/Pünder, Allg VwR, § 13 Rn. 19; *Ramsauer*, in: Kopp/Ramsauer, VwVfG, § 10 Rn. 2; *Ossenbühl*, NVwZ 1982, 465 (469) jew. m. w. Nachw.

336 So oder ähnlich z. B. *Schmitz*, in: Stelkens/Bonk/Sachs, VwVfG, § 9 Rn. 76; *Martin*, Heilung, S. 211; *Pitschas*, in: Hoffmann-Riem/Schmidt-Aßmann/Voßkuhle, GVwR II, § 42 Rn. 115 f.; *Baumeister*, Beseitigungsanspruch, S. 245; *Hufen/Siegel*, Fehler, Rn. 96; *v. Mutius*, NJW 1982, 2150 (2151); *Langenbach*, Anhörungseffekt, S. 23.

337 Vgl. oben 3. Kapitel A. I. 2. e) sowie *v. Mutius*, NJW 1982, 2150 (2151).

338 *Ossenbühl*, NVwZ 1982, 465 (466 f.); *Schmitz*, in: Stelkens/Bonk/Sachs, VwVfG, § 9 Rn. 76; *v. Mutius*, NJW 1982, 2150 (2151).

339 Vgl. zu Umständen, die beim Mitteleinsatz berücksichtigt werden: *v. Mutius*, NJW 1982, 2150 (2151); *Martin*, Heilung, S. 211; *Hufen/Siegel*, Fehler, Rn. 97 f.

340 Vgl. *Pitschas*, in: Hoffmann-Riem/Schmidt-Aßmann/Voßkuhle, GVwR II, § 42 Rn. 115; *Schmitz*, in: Stelkens/Bonk/Sachs, VwVfG, § 9 Rn. 79; *v. Mutius*, NJW 1982, 2150 (2151).

341 *Schmitz*, in: Stelkens/Bonk/Sachs, VwVfG, § 9 Rn. 76; *v. Mutius*, NJW 1982, 2150 (2151). *Pitschas*, in: Hoffmann-Riem/Schmidt-Aßmann/Voßkuhle, GVwR II, § 42 Rn. 112 differenziert zwischen dem „Maximalprinzip" und dem „Minimalprinzip" als Ausprägungen des Effizienzgebots.

h) Verhältnismäßigkeit, Gleichheitsgebote, „faires Verfahren"

Der grundrechtliche Verhältnismäßigkeitsgrundsatz[342] ist bei der Ausgestaltung von Verfahren in zweierlei Hinsicht von Bedeutung. Zum einen müssen Verfahrensmaßnahmen, die Grundrechte nachteilig betreffen,[343] verhältnismäßig sein. Zum anderen ist zu gewährleisten, dass in einem Verfahren alle Belange ermittelt werden, die dazu erforderlich sind, um die Verhältnismäßigkeit der Rechtsquelle, die erlassen wird, zu beurteilen.

Des Weiteren sind die Gleichheitsgebote des Art. 3 GG einzuhalten.[344] Das hat insbesondere zur Folge, dass in ein und demselben Verfahren alle Privaten, die die Rechtsquelle gleichermaßen betrifft, grundsätzlich in derselben Art und Weise am Verfahren beteiligt werden müssen.

Darüber hinaus wird in der Literatur[345] im Anschluss an die Rechtsprechung des Bundesverfassungsgerichts[346] überwiegend[347] angenommen, aus Art. 2 Abs. 1 GG i. V. m. dem Rechtsstaatsprinzip folge für betroffene Private das Recht auf ein „faires Verfahren". Das solle nicht nur ein Grundsatz (straf-)gerichtlicher Verfahren, sondern auch von Verwaltungsverfahren[348]

---

342 Der Grundsatz der Verhältnismäßigkeit staatlichen Handelns wird häufig als grundlegende Vorgabe für die Ausgestaltung von Verwaltungsverfahren genannt, vgl. dazu z. B. *J.-P. Schneider*, in: Hoffmann-Riem/Schmidt-Aßmann/Voßkuhle, GVwR II, § 28 Rn. 28; *Hufen/Siegel*, Fehler, Rn. 93 ff.; *Schmitz*, in: Stelkens/Bonk/Sachs, VwVfG, § 9 Rn. 50; *Kluth*, in: Wolff/Bachof/Stober/Kluth, VwR I, § 59 Rn. 7 jew. m. w. Nachw.

343 Das ist z. B. bei der Einbeziehung von Privaten in die Sachverhaltsermittlung der Fall. Zum Verhältnismäßigkeitsgrundsatz als Grenze der erforderlichen Amtsermittlung im Verwaltungsverfahren *Spilker*, Amtsermittlung, S. 177 ff.

344 Dazu, dass und inwiefern die Gleichbehandlungsgebote des Art. 3 GG die Ausgestaltung von Verwaltungsverfahren prägen: *Hufen/Siegel*, Fehler, Rn. 100 ff.; *J.-P. Schneider*, in: Hoffmann-Riem/Schmidt-Aßmann/Voßkuhle, GVwR II, § 28 Rn. 29; *Kluth*, in: Wolff/Bachof/Stober/Kluth, VwR I, § 59 Rn. 10 f.; *Held*, Grundrechtsbezug, S. 137 ff.; *Kopp*, Verwaltungsverfahrensrecht, S. 166 ff.; *Laubinger*, VerwArch Bd. 73 (1982), 60 (81); *Hill*, Verfahren, S. 206 f.

345 Die Existenz des Rechts bejahend, teilweise aber mit etwas anderer Herleitung als das Bundesverfassungsgericht z. B. *Tettinger*, Fairneß, S. 2 ff.; *Dörr*, Verfahren, S. 141 ff.; *S. Löhr*, Prozeßgrundrechte, S. 81; *Hartmann/Apfel*, Jura 2008, 495 ff.; *Robbers*, in: BK-GG, Art. 20 Rn. 2746 ff.

346 Nur unter Berufung auf das Rechtsstaatsprinzip bereits BVerfGE 26, 66 (71); danach z. B. BVerfGE 38, 105 (111); 57, 250 (274 f.); 64, 135 (145); 78, 123 (126); 87, 48 (65); 101, 397 (404 f.); 109, 13 (34); 133, 168 (200 f.).

347 Ablehnend in Bezug auf Gerichtsverfahren insbesondere *Kunig*, Rechtsstaatsprinzip, S. 378 ff.

348 Z. B. BVerwGE 75, 214 (230); 107, 363 (368 f.); BVerwG, NVwZ 1987, 886 (887); NVwZ 2001, 94 (95); *Tettinger*, Fairneß, S. 46 ff.; *Schmitz*, in: Stelkens/Bonk/Sachs, VwVfG, § 9 Rn. 60; *Müller-Ibold*, Begründungspflicht, S. 138 f.; *Hill*, Verfahren, S. 204; *Ramsauer*, in: Kopp/Ramsauer, VwVfG, Einführung I Rn. 21; *Schulze-*

sein. Das Recht stelle Mindestanforderungen an staatliche Entscheidungsverfahren bezüglich der Beteiligung betroffener Privater, die gewährleisten sollen, dass ein einzelner Privater nicht zum bloßen „Objekt staatlichen Handelns" herabgestuft wird.[349] Selbst wenn man das Recht eines Privaten auf ein „faires Verfahren" anerkennt, kann er auf dieser Grundlage nur einen Anspruch geltend machen, wenn sich eine bestimmte Anforderung an die Ausgestaltung eines Verfahrens nicht aus speziellen verfassungsrechtlichen Gewährleistungen ergibt[350]. Die Arbeit hat bereits verschiedene Anforderungen an die Ausgestaltung staatlicher Entscheidungsverfahren hergeleitet, die die staatliche Stelle zur Einbeziehung von Privaten verpflichten und eine unbefangene Amtsführung gewährleisten. Damit sind wesentliche Schutzgehalte, die aus einem Recht auf ein „faires Verfahren" folgen könnten, bereits durch andere verfassungsrechtliche Bestimmungen gewährleistet.

i) Ergebnis

Fasst man die Anforderungen des Grundgesetzes an die Ausgestaltung des Verfahrens zusammen, in dem eine Rechtsquelle zustande kommt, dann zeigt sich, dass sowohl einige Verfahrensschritte als auch die Rechtsstellung von Verfahrensbeteiligten in bestimmten Fällen vorab geregelt sein müssen.[351] Das Gesetzgebungsverfahren ist im Grundgesetz geregelt und kann auch nur dort geregelt sein. Das Verfahren, in dem eine Stelle der Verwaltung eine Rechtsquelle erlässt, muss durch das Grundgesetz, durch Gesetz oder aufgrund eines Gesetzes geregelt sein.

Bei der Ausgestaltung eines Verfahrens sind die dargelegten verfassungsrechtlichen Vorgaben zu wahren. Betrachtet man die jeweiligen konkreten

---

Fielitz, in: Dreier, GG II, Art. 20 (Rechtsstaat) Rn. 208; *Rossen-Stadtfeld*, in: Hoffmann-Riem/Schmidt-Aßmann/Voßkuhle, GVwR II, § 29 Rn. 22; *Spilker*, Amtsermittlung, S. 58 f.; *Pünder*, in: Ehlers/Pünder, Allg VwR, § 13 Rn. 16; *Wittinger*, in: Obermayer/Funke-Kaiser, VwVfG, Einleitung Rn. 66; wohl auch *Stern*, StaatsR I, S. 824 f.

[349] Vgl. BVerfGE 57, 250 (275); 64, 135 (145); *Schmitz*, in: Stelkens/Bonk/Sachs, VwVfG, § 9 Rn. 60; *Robbers*, in: BK-GG, Art. 20 Rn. 2755; kritisch zu dieser „vage[n] Formulierung" *S. Löhr*, Prozeßgrundrechte, S. 82.

[350] Vgl. BVerfGE 57, 250 (274); 109, 13 (34); *Hartmann/Apfel*, Jura 2008, 495 (500); *S. Löhr*, Prozeßgrundrechte, S. 84; *Tettinger*, Fairneß, S. 58.

[351] Es muss insbesondere geregelt sein, unter welchen Voraussetzungen ein Amtswalter für eine staatliche Stelle eine konkrete Handlungspflicht bzw. Aufgabe ggf. *nicht* erfüllen darf, wem gegenüber auf welche Art und Weise die Rechtsquelle *bekannt zu geben* ist und welche Stelle wem *rechtliches Gehör* gewähren muss. Die Kodifikation eines allgemeinen Verwaltungsverfahrensrechts auf Bundesebene wurde bereits vor dem Erlass des Verwaltungsverfahrensgesetzes (BGBl. I 1976, S. 1253 ff.) gefordert, vgl. stellvertretend *Kopp*, Verwaltungsverfahrensrecht, S. 262 ff.

Anforderungen, die sich daraus ergeben, dann ist zu erkennen, dass sich die typischen Verfahrensphasen – Initiative, Vorbereitung des Erlasses einer Rechtsquelle, Entscheidung sowie Bekanntgabe – nicht zufällig herausgebildet haben, sondern auch durch die einzuhaltenden verfassungsrechtlichen Vorgaben bedingt sind.

Darüber hinaus ist festzustellen, dass manche verfassungsrechtlichen Vorgaben ein und denselben Schutzzweck haben. Diesen Zwecken muss jedes Verfahren, in dem eine Rechtsquelle zustande kommt, unabhängig von der Funktion der handelnden staatlichen Stelle sowie vom künftigen Regelungsumfang der Rechtsquelle genügen.

Insbesondere die Erfordernisse der Ausfertigung und Bekanntgabe einer Rechtsquelle, der Öffentlichkeit staatlicher Entscheidungsverfahren sowie der Begründung einer Rechtsquelle dienen dazu, dass der Erlass einer Rechtsquelle für die Betroffenen nachvollziehbar ist. Demnach muss jedenfalls das Ergebnis des Verfahrens, also die Entscheidung, für die Betroffenen transparent sein.[352]

Die gesprächsweise Ermittlung und Bewertung des Sachverhalts bzw. die Beteiligung von Privaten sowie die Öffentlichkeit staatlicher Entscheidungsverfahren haben gemeinsam, dass sie sicherstellen, dass der Inhalt einer Rechtsquelle auf den Willen des Volkes zurückzuführen ist. Ein Verfahren unterstützt also die (sachlich-inhaltliche) Legitimation einer Rechtsquelle.[353]

Zudem wird deutlich, dass nahezu jede verfassungsrechtliche Anforderung an Verfahren einen Beitrag dazu leistet, dass alle entscheidungserheblichen tatsächlichen und rechtlichen Belange Eingang in die Entscheidung über den Erlass einer Rechtsquelle finden. Dadurch wird das objektive Recht verwirklicht und zugleich werden die subjektiven Rechte und Interessen von Betroffenen geschützt.[354] Wie bereits ausgeführt, soll durch das Verfahren sichergestellt werden, dass die in einer Rechtsquelle enthaltene Regelung mit den

---

352 Zur Transparenz staatlichen Handelns als verfassungsrechtliches Gebot umfassend statt vieler *Bröhmer*, Transparenz, S. 34 ff.

353 Die Legitimationsfunktion von Verwaltungsverfahren wird häufig betont, z. B. von *Martin*, Heilung, S. 202 ff.; *Gurlit*, VVDStRL Bd. 70 (2011), 227 (242); *Pünder*, in: Ehlers/Pünder, Allg VwR, § 13 Rn. 17; kritisch dazu, ob es sich um ein verfassungsrechtliches Ziel von Verwaltungsverfahren handelt *Morlok*, Folgen, S. 93 ff.

354 Aus der Rechtsschutzfunktion werden unterschiedliche Anforderungen an die Ausgestaltung von Verfahren abgeleitet. Dennoch ist im Grundsatz anerkannt, dass Verwaltungsverfahren eine Rechtswahrungs- und Rechtsschutzfunktion zukommt, vgl. z. B.: *Burgi*, DVBl. 2011, 1317; *Pünder*, in: Ehlers/Pünder, Allg VwR, § 13 Rn. 15; *Gurlit*, VVDStRL Bd. 70 (2011), 227 (237, 240); *Langenbach*, Anhörungseffekt, S. 11 f., 16 ff.; *J.-P. Schneider*, in: Hoffmann-Riem/Schmidt-Aßmann/Voßkuhle, GVwR II, § 28 Rn. 1; *Schmitz*, in: Stelkens/Bonk/Sachs, VwVfG, § 9 Rn. 63 jew. m. w. Nachw.

Voraussetzungen zum Tätigwerden der staatlichen Stelle übereinstimmt und eine zulässige Rechtsfolge setzt. Das Ziel jedes Verfahrens ist es also, dass eine[355] im Sinne des Art. 20 Abs. 3 GG rechtmäßige Rechtsquelle zustande kommt.[356]

Es zeigt sich aber auch, dass die verfassungsrechtlichen Vorgaben je nach der Funktion der handelnden staatlichen Stelle sowie je nach dem Regelungsumfang der Rechtsquelle, die erlassen werden soll, für die konkrete Ausgestaltung eines bestimmten Verfahrens im Hinblick auf die Verfahrensphasen und auf die Rechtsstellung der Verfahrensbeteiligten unterschiedliche Anforderungen zur Folge haben. In jedem Verfahren muss die Funktion der Stelle erkennbar und die Funktionsfähigkeit der Stelle sichergestellt werden. Der Regelungsumfang wirkt sich insbesondere auf die Einbeziehung von privatrechtlichen Rechtssubjekten und von anderen staatlichen Stellen aus. Wie die Arbeit bereits dargelegt hat, ist der zulässige Regelungsumfang einer Rechtsquelle durch die staatliche Handlungspflicht bzw. Aufgabe, die sie erfüllt, begrenzt.[357]

Folglich liegt es nahe, dass das Grundgesetz fordert, dass das Verfahren so geregelt sein muss, dass eine staatliche Stelle eine Handlungspflicht bzw. Aufgabe im Rahmen ihrer Funktion bestmöglich erfüllt. In Anlehnung an den „Grundsatz funktionsgerechter Organ(isations)struktur“[358], der die funktionsgerechte Verteilung von staatlichen Handlungspflichten bzw. Aufgaben zwischen den Stellen eines Rechtsträgers erfordert, verlangt das Grundgesetz also, dass eine Rechtsquelle in einem *„funktionsgerechten Verfahren“* zustande kommt.[359] Ist ein Verfahren unter Berücksichtigung der Funktion der

---

355 *Hufen/Siegel*, Fehler, Rn. 920, 924 betonen, dass ein Verwaltungsverfahren häufig nicht nur zu einer einzigen rechtmäßigen Entscheidung führt, sondern dass mehrere Entscheidungen rechtmäßig sein können.

356 Vgl. *Langenbach*, Anhörungseffekt, S. 16. Häufig wird angenommen, ein Verwaltungsverfahren diene der „Richtigkeitsgewähr“ einer staatlichen Entscheidung, vgl. z.B. *Gurlit*, VVDStRL Bd. 70 (2011), 227 (239); *Schmidt-Aßmann*, in: Hoffmann-Riem/Schmidt-Aßmann/Voßkuhle, GVwR II, § 27 Rn. 65; *Ramsauer*, in: Kopp/Ramsauer, VwVfG, § 9 Rn. 3; *Morlok*, Folgen, S. 97; *Schlecht*, Unbeachtlichkeit, S. 78; in der Sache ebenso *Martin*, Heilung, S. 187 ff. Diese Terminologie erfasst jedenfalls die Sicherstellung der Rechtmäßigkeit einer Entscheidung. Unklar ist, welche Voraussetzungen eine Entscheidung darüber hinaus erfüllen muss, damit sie „richtig“ ist. Den unklaren Bedeutungsgehalt der Terminologie kritisiert auch *Gärditz*, VVDStRL Bd. 70 (2011), 340.

357 Dazu oben 3. Kapitel A. III. 2. f).

358 Dazu oben 3. Kapitel A. II. 2. c).

359 In der Sache mag das im Ansatz an den Grundsatz der „Effektivität“ des Verwaltungshandelns erinnern. Teilweise wird verlangt, dass Verwaltungshandeln „effektiv“ sein müsse, wobei damit etwas anderes als „effizient“ (3. Kapitel A. IV. 2. g)) umschrieben wird. Im Vergleich zu den Anforderungen, die aus dem Grundsatz der

handelnden staatlichen Stelle sowie des vorgesehenen Regelungsumfangs der Rechtsquelle ausgestaltet, spricht alles dafür, dass es der Anforderung eines „funktionsgerechten Verfahrens“ genügt und damit dazu beiträgt, eine Aufgabe bestmöglich zu erledigen.

3. Allgemeine Anforderungen an Rechtsquellen

Für alle Formen von Rechtsquellen gelten also folgende allgemeine Anforderungen an das Verfahren, in dem eine Rechtsquelle zustande kommt: Das Verfahren, in dem eine staatliche Stelle eine Rechtsquelle erlässt, muss geregelt sein. Typischerweise gliedert sich ein Verfahren in die Phase der Initiative, der Vorbereitung des Erlasses der Rechtsquelle durch Ermittlung und rechtlicher Bewertung des Sachverhalts, der Entscheidung über den Erlass sowie der Bekanntgabe der Rechtsquelle. Eine Rechtsquelle muss in einem solchen Verfahren zustande kommen, das den übergeordneten verfassungsrechtlichen Zwecken der Transparenz des Erlasses einer Rechtsquelle, der Unterstützung der Legitimation sowie der Rechtmäßigkeit einer Rechtsquelle gerecht wird. Die Verfahrensphasen sowie die Rechtsstellung von Verfahrensbeteiligten sind so auszugestalten, dass die zuständige staatliche Stelle eine Rechtsquelle in einem „funktionsgerechten Verfahren“ erlässt. Das Verfahren dient also dazu, dass eine staatliche Handlungspflicht bzw. Aufgabe bestmöglich erfüllt wird.

V. Ergebnis

1. Allgemeine Vorgaben für die Ausgestaltung der rechtlichen Anforderungen an Rechtsquellen

Das Ziel dieses Abschnitts (A.) war es, die Anforderungen herauszuarbeiten, die nach der Rechtsordnung jede Rechtsquelle unabhängig von ihrer Form erfüllen muss, damit sie auf die Herbeiführung einer Rechtsfolge gerichtet sein, also eine Regelung enthalten kann. Die rechtlichen Anforderungen, die Gesetze einhalten müssen, ergeben sich ausschließlich aus dem Grundgesetz. Das Grundgesetz verleiht nur dem Bundestag gemeinsam mit dem Bundesrat, dem Bundespräsidenten und der Bundesregierung die Befugnis, Gesetze zu erlassen. Der Bundestag und der Bundesrat dürfen wiederum

Verwaltungseffizienz abgeleitet werden, steht bei einem effektiven Verwaltungshandeln – ähnlich wie hier – wohl das Ziel des Handelns mehr im Vordergrund. Die Grundsätze des effizienten bzw. effektiven Verwaltungshandelns werden jedoch nicht einheitlich verstanden, dazu *Pitschas*, in: Hoffmann-Riem/Schmidt-Aßmann/Voßkuhle, GVwR II, § 42 Rn. 112 ff.

ausschließlich in der Form des Gesetzes nach außen verbindliche Regelungen erlassen, weil das Grundgesetz ihnen nur dieses Instrument zur Verfügung stellt.

Die Anforderungen an Rechtsquellen von Stellen der Verwaltung bedürfen einer verfassungsrechtlichen oder einer gesetzlichen Grundlage. Können die Rechtsquellen der Verwaltung einfachgesetzlich geregelt werden, bedeutet das auch, dass durch Gesetz neben den Rechtsquellen in einer kategorisierten Form neue Formen eingeführt werden dürfen. Rechtsquellen in einer nicht kategorisierten Form werden also grundsätzlich nur durch die Gesetzgebung geschaffen und durch Stellen der Verwaltung erlassen.

Das Grundgesetz enthält die „Mindestanforderungen" an die Rechtmäßigkeit von Rechtsquellen der Verwaltung.[360] Das bedeutet, dass eine Vorgabe, die das Grundgesetz für Rechtsquellen der Verwaltung trifft, auch dann für eine bestimmte Rechtsquelle der Verwaltung gilt, wenn die Vorgabe in Bezug auf die konkrete Rechtsquelle einfachrechtlich nicht konkretisiert ist. Grundsätzlich muss die Rechtsordnung die allgemeinen Anforderungen des Grundgesetzes jedoch für jede Rechtsquellenform einfachrechtlich ausgestalten. Das stellt insbesondere sicher, dass das staatliche Handeln vorhersehbar und demokratisch legitimiert ist.

Auf die Frage, unter welchen Voraussetzungen welche staatliche Stelle in welchem Verfahren eine Rechtsquelle mit welchen Rechtsfolgen erlassen darf, ergibt sich folgende Antwort: Jede Rechtsquelle dient der Erfüllung einer durch die Rechtsordnung vorab festgelegten staatlichen Handlungspflicht bzw. staatlichen Aufgabe. Eine Rechtsquelle darf nur von der dazu ermächtigten und dafür zuständigen staatlichen Stelle erlassen werden. Gesetze dürfen grundsätzlich keine Regelungen enthalten, die auf die Herbeiführung von individuell grundrechtsbeeinträchtigenden Rechtsfolgen gerichtet sind. Der Regelungsumfang von Rechtsquellen der Verwaltung muss verfassungsrechtlich bzw. gesetzlich vorgegeben sein. Das Verfahren, in dem eine Rechtsquelle zustande kommt, dient der Ermittlung und Bewertung von allen entscheidungserheblichen tatsächlichen und rechtlichen Informationen, mit dem Ziel, dass eine inhaltlich rechtmäßige Rechtsquelle ergeht.

Insgesamt hat sich gezeigt, dass die Anforderungen, die die Rechtsordnung an eine konkrete Rechtsquelle stellt bzw. stellen muss, von der Funktion der handelnden staatlichen Stelle abhängig sind. Es ist danach zu differenzieren, ob eine Stelle dem Funktionsbereich der Gesetzgebung oder jenem der Verwaltung zuzuordnen ist, sowie häufig danach, ob eine Stelle eine Repräsentationsfunktion hat oder nicht.

---

[360] Vgl. *Ramsauer*, in: Kopp/Ramsauer, VwVfG, Einführung I Rn. 21 zu Verwaltungsverfahren.

Zudem ist festzuhalten, dass die jeweils zu erledigende staatliche Aufgabe den Mittelpunkt jedes staatlichen Handelns bildet. Die wahrzunehmende staatliche Aufgabe ist entscheidend für die Ausgestaltung der rechtlichen Anforderungen an Rechtsquellen. Das hat die Arbeit bereits für jede übergeordnete Anforderung an Rechtsquellen – Voraussetzung für den Erlass, Zuständigkeit, Regelungsumfang, Verfahren – gezeigt. Dabei wurde immer wieder erkennbar, dass das Grundgesetz das Ziel verfolgt, dass staatliche Aufgaben *bestmöglich* erfüllt werden. Das ist das übergreifende Ziel, an dem die Ausgestaltung aller Anforderungen an Rechtsquellen auszurichten ist.

Dieses Ziel vereint die beiden soeben zusammengefassten Erkenntnisse der Arbeit, dass alle Anforderungen, die das Grundgesetz an Rechtsquellen stellt, von der Funktion der handelnden staatlichen Stelle sowie von der zu erledigenden staatlichen Aufgabe abhängen. Wie bereits erwähnt, ist mit der „bestmöglichen“ eine effektive und sachangemessene Aufgabenerledigung gemeint.[361] Ob eine staatliche Aufgabe bestmöglich erledigt wird, ist demnach aus zwei Perspektiven zu beurteilen. Die Effektivität einer Aufgabenerledigung ist aus der Sicht der handelnden staatlichen Stelle zu bemessen. Jede staatliche Stelle hat eine durch die Rechtsordnung zugewiesene eigene Funktion. Das hat zur Folge, dass eine staatliche Stelle eine ihr übertragene Aufgabe nur so gut erledigen kann, wie es ihre Funktion zulässt. Hat eine staatliche Stelle eine Repräsentationsfunktion, muss die Art und Weise der Aufgabenerledigung so ausgestaltet sein, dass diese Funktion der Stelle möglichst weitreichend zur Geltung kommt. Für die Sachangemessenheit der Aufgabenerledigung sind die rechtlichen Auswirkungen der Aufgabenerledigung maßgeblich. Aus dieser Perspektive wird eine Aufgabe bestmöglich erledigt, wenn möglichst viele durch die Rechtsquelle betroffene Belange vor dem Erlass der Rechtsquelle ermittelt und bei der Entscheidung über den Erlass sowie bei der Ausgestaltung der Rechtsquelle berücksichtigt werden. Lässt sich dem Grundgesetz das Ziel entnehmen, dass staatliche Aufgaben bestmöglich erledigt werden, bedeutet das also, dass die rechtlichen Anforderungen an Rechtsquellen im Sinne einer „*funktionsgerechten Aufgabenerledigung*“ auszugestalten sind.

2. Überprüfung der Rechtmäßigkeitsanforderungen an den Erlass eines Flächennutzungsplans und an das Zustandekommen einer Allgemeinverbindlicherklärung eines Tarifvertrags

Als Beispiele für Rechtsquellen in einer nicht kategorisierten Form wurden bereits der Flächennutzungsplan sowie die Allgemeinverbindlicherklä-

361 Vgl. 3. Kapitel A. II. 2. c).

rung eines Tarifvertrags vorgestellt. Zu überprüfen ist nun, ob die Anforderungen, die die Rechtsordnung an den Erlass eines Flächennutzungsplans bzw. an das Zustandekommen einer Allgemeinverbindlicherklärung eines Tarifvertrags stellt, mit den herausgearbeiteten Rechtmäßigkeitsanforderungen, die für alle Rechtsquellen unabhängig von ihrer Form gelten, zu vereinbaren sind. Wenn das der Fall ist, ist eine Bedingung dafür erfüllt, dass der Annahme gefolgt werden kann, dass Flächennutzungspläne sowie Allgemeinverbindlicherklärungen von Tarifverträgen die Fähigkeit besitzen, verbindliche Rechtsfolgen zu setzen.

a) Flächennutzungsplan

Der Flächennutzungsplan ist ein Bauleitplan (§ 1 Abs. 2 BauGB) und stellt die sich aus der beabsichtigten städtebaulichen Entwicklung ergebende Art der Bodennutzung in den Grundzügen dar (§ 5 Abs. 1 S. 1 BauGB). Die Aufgabe der Bauleitplanung regelt § 1 Abs. 1 BauGB. Sie wird durch § 5 Abs. 1 BauGB für den Flächennutzungsplan konkretisiert. § 2 Abs. 1 BauGB weist die Aufgabe der Bauleitplanung den Gemeinden, also Stellen der Verwaltung, zu, und verleiht ihnen zugleich die Befugnis, Bauleitpläne aufzustellen. Damit liegen eine durch Gesetz geschaffene Verwaltungsaufgabe und eine den Gemeinden zugewiesene Befugnis, die Aufgabe zu erledigen, vor. Der Bund hat die Befugnis, eine solche Aufgabe zu schaffen, weil ihm Art. 70 Abs. 1, 72 Abs. 1 GG i.V.m. Art. 74 Abs. 1 Nr. 18 GG die Gesetzgebungsbefugnis für das Bodenrecht verleihen. Folglich ist eine ordnungsgemäße Ermächtigungsgrundlage zugunsten der Verwaltung für den Erlass eines Flächennutzungsplans gegeben. Die Vorgaben, die die Rechtsordnung als Voraussetzung für den Erlass eines Flächennutzungsplans trifft, genügen also den in diesem Abschnitt herausgearbeiteten Anforderungen an die Voraussetzungen für den Erlass einer Rechtsquelle.

Für die Aufstellung eines Flächennutzungsplans dürfte nur *eine* staatliche Stelle *zuständig* sein. Flächennutzungspläne sind gemäß § 2 Abs. 1 S. 1 BauGB grundsätzlich von Gemeinden aufzustellen. Nach § 203 Abs. 1, 2 BauGB kann die Zuständigkeit durch eine landesrechtliche Rechtsverordnung bzw. durch Landesgesetz auf eine andere Gebietskörperschaft oder auf einen Verband bzw. auf einen Zusammenschluss von Gemeinden übertragen werden. Zudem kann die Aufgabe der Flächennutzungsplanung nach § 205 Abs. 4 BauGB auf einen Planungsverband übertragen werden. Darüber hinaus ist es nach § 205 Abs. 6 BauGB nicht ausgeschlossen, dass durch Landesgesetz öffentliche Planungsträger zum Zwecke der gemeinsamen Bauleitplanung zu Planungsverbänden zusammengeschlossen werden, sodass diese die Aufgabe der Bauleitplanung anstelle der dem Verband angehörenden Gemeinden erledigen. Von den dargestellten Möglichkeiten der Zuständigkeitsübertragung hat das Land Baden-Württemberg teilweise Gebrauch gemacht. Nach § 61 Abs. 4 S. 1 Nr. 1, Abs. 7 GemO BW ist die Zuständigkeit für die Aufstellung eines Flächennutzungsplans auf die Gemeindeverwaltungsverbände bzw. auf vereinbarte Verwaltungsgemeinschaften und nach § 4 Abs. 2 NVerbG BW[362] auf die Nachbarschaftsverbände übertragen. Eine Gemeinde kann maximal in einem der genannten Verbände Mitglied sein. Nur wenn eine Gemeinde nicht Mitglied eines solchen Verbands ist, bleibt es bei der grundsätzlichen Zuständigkeitsverteilung nach dem Baugesetzbuch, nach der die Gemeinde einen Flächennutzungsplan aufstellt.

Welche Stelle intern für den zuständigen Rechtsträger tätig wird, richtet sich nach landesrechtlichen Vorschriften.[363] In Baden-Württemberg ist innerhalb einer Gemeinde der Gemeinderat für den Erlass eines Flächennutzungsplans zuständig. Bei einem Gemeindeverwaltungsverband fällt die Aufstellung eines Flächennutzungsplans nach § 60 Abs. 1 GemO BW i. V. m. § 13 Abs. 1 S. 1 GKZ BW[364] in den Zuständigkeitsbereich der Verbandsversammlung als Hauptorgan des Verbands. Ist eine vereinbarte Verwaltungsgemeinschaft zuständig, dann stellt für sie der gemeinsame Ausschuss Flächennutzungspläne auf, vgl. § 60 Abs. 4 S. 2 GemO BW. Innerhalb eines Nachbarschaftsverbands ist die Verbandsversammlung als sein Hauptorgan (§ 5 Abs. 2 NVerbG BW) für die Aufstellung von Flächennutzungsplänen zuständig. In jedem Fall ist also nur *eine* staatliche Stelle für die Aufstellung eines Flächennutzungsplans für ein bestimmtes Gebiet zuständig. Sie ergibt sich stets aus organisationsrechtlichen Vorschriften. Dieses Ergebnis entspricht den allgemeinen Anforderungen der Rechtsordnung an die Zuständigkeit für den Erlass einer Rechtsquelle.

Die zulässigen Darstellungen in einem Flächennutzungsplan richten sich insbesondere nach § 5 Abs. 1, 2 BauGB. Wie bei allen Rechtsquellen erforderlich, ist der zulässige *Regelungsumfang* eines Flächennutzungsplans also zumindest gesetzlich umrissen. Nach § 5 Abs. 1 S. 1 BauGB ist in ihm für das ganze Gemeindegebiet die Art der Bodennutzung in den Grundzügen darzustellen. Aus § 5 Abs. 1, 2 BauGB ergibt sich zudem, dass ein Flächennutzungsplan nur die Nutzung von Flächen regeln kann. Da nach § 8 Abs. 2 S. 1 BauGB Bebauungspläne aus dem Flächennutzungsplan zu entwickeln sind und Bebauungspläne verbindliche Bauleitpläne sind (§ 1 Abs. 2 BauGB), sind die Darstellungen eines Flächennutzungsplans so zu fassen, dass sie

---

362 Gesetz vom 9.7.1974, GBl. S. 261, zuletzt geändert durch Art. 3 des Gesetzes vom 7.2.1994, GBl. S. 92.

363 Vgl. dazu BVerwGE 79, 200 (204); BVerwG, NVwZ 2001, 203 (205); *Spieß*, in: Jäde/Dirnberger, BauGB, § 214 Rn. 62.

364 Gesetz i. d. F. vom 16.9.1974, GBl. S. 408, berichtigt GBl. 1975 S. 460, 1976 S. 408, zuletzt geändert durch Art. 2 des Gesetzes vom 15.12.2015, GBl. S. 1147.

durch Bebauungspläne noch konkretisiert werden können. Darüber hinaus haben manche öffentliche Planungsträger unter den Voraussetzungen des § 7 S. 1 BauGB ihre Planungen dem Flächennutzungsplan anzupassen. Aus alledem ist zu schließen, dass ein Flächennutzungsplan grundsätzlich keine Einzelfallregelungen enthalten darf. Dieser Umstand entspricht der Tendenz des Grundgesetzes, dass staatliche Stellen mit einer Repräsentationsfunktion[365] prinzipiell keine Einzelfallregelungen erlassen sollen.

Das *Verfahren*, in dem die zuständige Stelle einen Flächennutzungsplan aufstellt, regeln insbesondere die §§ 2–4b, 6 BauGB sowie die organisationsrechtlichen Vorschriften, die für die zuständige Stelle gelten. Wie sich sogleich zeigen wird, sind dabei die für das Zustandekommen jeder Rechtsquelle typischen Verfahrensphasen der Einleitung, der Ermittlung und Bewertung aller entscheidungserheblichen Informationen, der Entscheidung sowie der Bekanntgabe der Rechtsquelle zu erkennen. Das Verfahren müsste im Sinne eines „funktionsgerechten Verfahrens", das sich nach der Funktion der handelnden staatlichen Stelle und dem zulässigen Regelungsumfang eines Flächennutzungsplans richtet, ausgestaltet sein. Zudem müsste es den übergeordneten verfassungsrechtlichen Zwecken eines Verfahrens, also der Transparenz des Erlasses einer Rechtsquelle, der Unterstützung der Legitimation sowie der Rechtmäßigkeit einer Rechtsquelle, gerecht werden.

Die Initiative zum Erlass eines Flächennutzungsplans geht nach § 2 Abs. 1 S. 1 BauGB von der Gemeinde bzw. von der Stelle aus, auf die die Aufgabe übertragen worden ist. Diese Ausgestaltung der Einleitung des Verfahrens berücksichtigt die Repräsentationsfunktion der handelnden staatlichen Stelle.[366]

Bei der Aufstellung eines Flächennutzungsplans sind nach § 2 Abs. 3 BauGB die Belange, die für die Abwägung von Bedeutung sind (Abwägungsmaterial), zu ermitteln und zu bewerten. Nach §§ 3, 4 BauGB sind dabei die Öffentlichkeit sowie die Behörden und sonstigen Träger öffentlicher Belange, deren Aufgabenbereich durch die Planung berührt werden kann, zu beteiligen. Die Vorschriften über die Öffentlichkeits- und Behörden-

---

[365] Die für die Aufstellung eines Flächennutzungsplans zuständige Stelle hat jeweils eine Repräsentationsfunktion. Sofern das nicht ausdrücklich geregelt ist, ergibt sich das aus der jeweiligen Zusammensetzung der Organe. Die Verbandsversammlung eines Gemeindeverwaltungsverbands besteht nach § 60 Abs. 3 S. 1 GemO BW nach näherer Bestimmung der Verbandssatzung aus dem Bürgermeister und mindestens einem weiteren Vertreter einer jeden Mitgliedsgemeinde. Bei der vereinbarten Verwaltungsgemeinschaft ist ein gemeinsamer Ausschuss aus Vertretern der beteiligten Gemeinden zu bilden, § 60 Abs. 4 S. 1 GemO BW. Die Verbandsversammlung eines Nachbarschaftsverbands besteht nach § 6 Abs. 1 S. 1 NVerbG BW aus mindestens zwei Vertretern eines jeden Verbandsmitglieds. Der Gemeinderat ist nach § 24 Abs. 1 S. 1 GemO BW die Vertretung der Bürger.

[366] Vgl. oben 3. Kapitel A. IV. 2. a).

beteiligung dienen insbesondere der vollständigen Ermittlung und zutreffenden Bewertung der von der Planung berührten Belange und der Information der Öffentlichkeit, § 4a Abs. 1 BauGB. Sie tragen also dazu bei, dass der Erlass eines Flächennutzungsplans transparent ist und dass die handelnde staatliche Stelle eine rechtmäßige Entscheidung trifft.[367] Da ein Flächennutzungsplan keine Einzelfallregelungen und damit keine individuellen Regelungen enthalten darf, ist es mit den verfassungsrechtlichen Vorgaben an die Ausgestaltung eines Verfahrens zu vereinbaren, dass die Rechtsordnung staatliche Stellen nicht dazu verpflichtet, bestimmten einzelnen privaten Rechtssubjekten ausdrücklich rechtliches Gehör zu gewähren.

Die nach § 1 Abs. 7 BauGB erforderliche Abwägung der öffentlichen und privaten Belange verlangt, dass die zuständige staatliche Stelle die ermittelten betroffenen Belange in einen gerechten Ausgleich bringt.[368] Das setzt zwingend voraus, dass die Stelle über die Belange diskutiert. Die Diskussion über die Belange ist zudem eine Folge der Repräsentationsfunktion der jeweils zuständigen Stelle und trägt zur sachlich-inhaltlichen Legitimation der Entscheidung bei.

Die Verhandlungen bzw. Sitzungen der zuständigen staatlichen Stelle, in denen über die betroffenen Belange diskutiert wird, sind grundsätzlich öffentlich. Für die Sitzungen des Gemeinderats legt das § 35 Abs. 1 S. 1 GemO BW fest, für die Sitzungen der Verbandsversammlung eines Gemeindeverbands § 60 Abs. 1 GemO BW i.V.m. § 15 Abs. 1 S. 1 GKZ BW. Die Sitzungen des gemeinsamen Ausschusses einer vereinbarten Verwaltungsgemeinschaft sind nach § 60 Abs. 4 S. 3 GemO BW i.V.m. § 60 Abs. 1 GemO BW i.V.m. § 15 Abs. 1 S. 1 GKZ BW öffentlich, die der Verbandsversammlung eines Nachbarschaftsverbands nach § 3 Abs. 1 NVerbG BW i.V.m. § 15 Abs. 1 S. 1 GKZ BW. Das Erfordernis der öffentlichen Verhandlung bzw. Sitzung dient der Transparenz des Erlasses des Flächennutzungsplans. Zum Schutz von Grundrechten einzelner Grundrechtsträger ist es nicht erforderlich, dass nicht öffentlich verhandelt wird, weil ein Flächennutzungsplan nicht auf die Herbeiführung von individuellen Rechtsfolgen gerichtet ist.

Nachdem die zuständige staatliche Stelle die entscheidungserheblichen Belange ermittelt und bewertet hat, beschließt sie den Flächennutzungsplan. Der Gemeinderat fasst seine Beschlüsse mit Stimmenmehrheit, § 37 Abs. 6 S. 2 GemO BW. Nach § 15 Abs. 3 GKZ BW werden auch die Beschlüsse der Verbandsversammlung mit Stimmenmehrheit gefasst. Diese Regelung gilt zudem nach § 60 Abs. 1 GemO BW für die Verbandsversammlung eines

---

[367] Diese und weitere Funktionen der Öffentlichkeitsbeteiligung nennt auch *Bönker*, in: Hoppe/Bönker/Grotefels, Öfftl BauR, § 5 Rn. 188 m.Nachw.

[368] Dazu im Überblick z.B. *Oldiges/Brinktrine*, in: Steiner/Brinktrine, Bes VwR, § 3 Rn. 54ff.; *Remmert*, in: Ennuschat/Ibler/Remmert, Öfftl Recht BW, § 3 Rn. 107.

Gemeindeverwaltungsverbands, nach § 60 Abs. 4 S. 3 GemO BW i. V. m. § 60 Abs. 1 GemO BW für den gemeinsamen Ausschuss einer vereinbarten Verwaltungsgemeinschaft und nach § 3 Abs. 1 NVerbG BW für die Verbandsversammlung eines Nachbarschaftsverbands. Die für die Beschlussfassung erforderlichen Mehrheitsverhältnisse sind also jeweils vorab festgelegt. Dadurch ist die Transparenz der Beschlussfassung gewährleistet.

Der Flächennutzungsplan bedarf der Genehmigung der höheren Verwaltungsbehörde, § 6 Abs. 1 BauGB. Dieses Erfordernis dient unter anderem der Legitimation der Entscheidung.[369] Die Erteilung der Genehmigung ist nach § 6 Abs. 5 S. 1 BauGB ortsüblich bekannt zu machen.[370] Nach § 5 Abs. 5 BauGB ist dem Flächennutzungsplan eine Begründung mit den Angaben nach § 2a BauGB beizufügen. Dadurch hat die zuständige staatliche Stelle unter anderem die Ziele, Zwecke und wesentlichen Auswirkungen des Flächennutzungsplans darzulegen, § 2a S. 2 Nr. 1 BauGB. Das Erfordernis und den Inhalt einer zusammenfassenden Erklärung regelt § 6 Abs. 5 S. 3 BauGB. Nach § 6 Abs. 5 S. 4 BauGB kann jedermann den Flächennutzungsplan, die Begründung und die zusammenfassende Erklärung einsehen und über deren Inhalt Auskunft verlangen. Gemäß § 6a Abs. 2 BauGB soll der wirksame Flächennutzungsplan mit der Begründung und der zusammenfassenden Erklärung ergänzend auch in das Internet eingestellt und über ein zentrales Internetportal des Landes zugänglich gemacht werden. Mangels individueller Regelungen muss ein Flächennutzungsplan nicht einzelnen Rechtssubjekten ausdrücklich bekannt gegeben werden. Die Bekanntmachung der Genehmigung, die Begründung[371] des Flächennutzungsplans sowie die zusammenfassende Erklärung fördern die Transparenz der Entscheidung.

Das Verfahren, in dem ein Flächennutzungsplan zustande kommt, ist also so ausgestaltet, dass jedermann den Erlass eines Flächennutzungsplans nach-

---

[369] Vgl. dazu BVerfGE 107, 59 (97) m. Nachw.: Die nach Art. 20 Abs. 2 GG notwendige demokratische Legitimation staatlichen Handelns „erfordert, dass die Aufgaben und Handlungsbefugnisse der Organe [eines funktionalen Selbstverwaltungsträgers – Einschub durch Verf.] in einem von der Volksvertretung beschlossenen Gesetz ausreichend vorherbestimmt sind und ihre Wahrnehmung der Aufsicht personell demokratisch legitimierter Amtswalter unterliegt".

[370] Es muss also nicht der Flächennutzungsplan selbst bekannt gemacht werden, sondern die Bekanntmachung seiner Genehmigung ist ausreichend. Das ist mit dem verfassungsrechtlichen Erfordernis der Bekanntgabe der Entscheidung zu vereinbaren, vgl. dazu statt vieler BVerfGE 65, 283 (292).

[371] Zu den Funktionen der Begründung eines Flächennutzungsplans BVerwGE 77, 300 (306) – zum Erläuterungsbericht im Sinne von § 5 Abs. 7 BBauG; *Mitschang*, in: Battis/Krautzberger/Löhr, BauGB, § 5 Rn. 9; *Gaentzsch/Philipp/Tepperwien*, in: BK-BauGB, § 5 Rn. 48.

vollziehen kann und sichergestellt ist, dass möglichst alle entscheidungserheblichen tatsächlichen und rechtlichen Belange Eingang in die Entscheidung über den Flächennutzungsplan finden. Es wird somit dem verfassungsrechtlichen Zweck einer transparenten Entscheidung gerecht und dient dazu, dass eine rechtmäßige Entscheidung ergeht. Darüber hinaus unterstützen einzelne Vorschriften die Legitimation der Entscheidung. Das vorgegebene Verfahren trägt folglich dazu bei, dass die übergeordneten Zwecke, die das Grundgesetz an alle staatlichen Entscheidungsverfahren stellt, erreicht werden.

Des Weiteren hat sich gezeigt, dass das Verfahren unter Berücksichtigung der Repräsentationsfunktion sowie des zulässigen Regelungsumfangs eines Flächennutzungsplans geregelt ist. Dann spricht alles dafür, dass es der Anforderung eines „funktionsgerechten Verfahrens" gerecht wird, sodass es dazu dient, die staatliche Aufgabe der vorbereitenden Bauleitplanung bestmöglich zu erfüllen.

Die Anforderungen, die die Rechtsordnung an die Aufstellung eines Flächennutzungsplans stellt, genügen also den in diesem Abschnitt der Arbeit entwickelten Vorgaben, die eine Rechtsquelle erfüllen muss, damit sie eine Regelung enthalten kann. Somit ist der Annahme zu folgen, dass ein rechtmäßiger Flächennutzungsplan die Eigenschaft besitzen kann, verbindliche Rechtsfolgen zu setzen.

b) Allgemeinverbindlicherklärung eines Tarifvertrags

Nach den allgemeinen Voraussetzungen, die für den Erlass aller Rechtsquellen gelten, müsste die Rechtsordnung einer staatlichen Stelle die Befugnis verliehen haben, einen Tarifvertrag zur Schaffung einer neuen bzw. zur Erledigung einer bestehenden staatlichen Aufgabe für allgemeinverbindlich zu erklären. Hierfür ist eine ausdrückliche Ermächtigung erforderlich, wenn diese Befugnis einer Stelle der Verwaltung zukommt und wenn die Allgemeinverbindlicherklärung darauf gerichtet ist, grundrechtsbeeinträchtigende Rechtsfolgen zu setzen. Ein Tarifvertrag wird nach § 5 Abs. 1 S. 1 TVG vom Bundesministerium für Arbeit und Soziales für allgemeinverbindlich erklärt. Das ist eine Stelle der Verwaltung. Mit der Allgemeinverbindlicherklärung erfassen die Rechtsnormen des Tarifvertrags in seinem Geltungsbereich auch die bisher nicht tarifgebundenen Arbeitgeber und Arbeitnehmer, § 5 Abs. 4 S. 1 TVG. Die Rechtsnormen eines Tarifvertrags können nach § 1 Abs. 1 TVG den Inhalt, den Abschluss und die Beendigung von Arbeitsverhältnissen sowie betriebliche und betriebsverfassungsrechtliche Fragen ordnen. Ein Tarifvertrag und damit auch die Allgemeinverbindlicherklärung eines Tarifvertrags können also Regelungen enthalten, die Grundrechte von Arbeitnehmern bzw. Arbeitgebern wie z. B.[372] Art. 12 Abs. 1 GG beeinträchtigen. Daher bedarf die Allgemeinverbindlicherklärung eines Tarifvertrags einer ausdrücklichen gesetzlichen oder auf ein Gesetz zurückzuführenden Ermächtigungsgrundlage.[373]

Die Allgemeinverbindlicherklärung eines Tarifvertrags soll „ein Instrument zur Stützung der tariflichen Ordnung“[374] sein. Sie hat zumindest[375] eine soziale Schutzfunktion zugunsten von nicht tarifgebundenen Arbeitnehmern gegen unzureichende Arbeitsbedingungen.[376] Dieser Schutzzweck entspricht der staatlichen Aufgabe, die durch die Allgemeinverbindlicherklärung eines Tarifvertrags erledigt wird. § 5 Abs. 1 S. 1 TVG verleiht dem Bundesministerium für Arbeit und Soziales ausdrücklich die Befugnis, einen Tarifvertrag für allgemeinverbindlich zu erklären. Das Tarifvertragsgesetz ist ein Bundesgesetz, das arbeitsrechtliche Regelungen enthält. Im Bereich des Arbeitsrechts darf der Bund Verwaltungsaufgaben schaffen, weil ihm Art. 70 Abs. 1, 72 Abs. 1 GG i. V. m. Art. 74 Abs. 1 Nr. 12 GG dahingehende Gesetzgebungsbefugnisse verleihen. Eine Voraussetzung für die Allgemeinverbindlicherklärung eines Tarifvertrags ist nach § 5 Abs. 1 S. 1 TVG, dass die Allgemeinverbindlicherklärung „im öffentlichen Interesse geboten erscheint“. Diese Voraussetzung wird nach § 5 Abs. 1 S. 2 TVG zwar durch Regelbeispiele konkretisiert. Dennoch bestehen in der Literatur Zweifel an der Verfas-

---

[372] Zu möglichen Grundrechtsbeeinträchtigungen durch die Allgemeinverbindlicherklärung *Prokop*, Allgemeinverbindlicherklärung, S. 168 ff.; *Höpfner*, Tarifgeltung, S. 481 ff.; *Wonneberger*, Allgemeinverbindlicherklärung, S. 54 ff. jew. m. w. Nachw.

[373] *Prokop*, Allgemeinverbindlicherklärung, S. 143; *Sittard*, Tarifnormerstreckung, S. 36 f.; *May*, Bindung von Außenseitern, S. 106 f.

[374] BT-Drs. 18/1558, S. 26.

[375] Häufig werden weitere Zwecke bejaht, vgl. dazu *Sittard*, Tarifnormerstreckung, S. 99 ff.; *Prokop*, Allgemeinverbindlicherklärung, S. 202 ff. jew. m. Nachw. Insbesondere geht man teilweise davon aus, die Allgemeinverbindlicherklärung habe zusätzlich die Funktion, einen Wettbewerb zwischen den tarifgebundenen und den nicht tarifgebundenen Arbeitnehmern und Arbeitgebern zu verhindern, so z. B. BVerfGE 44, 322 (323 f.); BVerwGE 80, 355 (367); *Höpfner*, Tarifgeltung, S. 466 ff.; *Lakies*, in: Däubler, NK-TVG, § 5 Rn. 16; *Wonneberger*, Allgemeinverbindlicherklärung, S. 82 ff.; *Wank*, in: Wiedemann, TVG, § 5 Rn. 8; *Giesen*, in: BeckOK ArbR, § 5 TVG Rn. 2. Diesen Zweck ablehnend z. B. BAGE 31, 241 (252); BAG, ZTR 1989, 108 (109); *Sittard*, Tarifnormerstreckung, S. 99 ff.; *Prokop*, Allgemeinverbindlicherklärung, S. 198 ff.; *Löwisch/Rieble*, TVG, § 5 Rn. 33 ff.; *Franzen*, in: ErfK ArbR, § 5 TVG Rn. 2; *Braun*, in: Thüsing/Braun, Tarifrecht, 6. Kap. Rn. 70.

[376] Das ist nahezu unbestritten, vgl. z. B. BVerfGE 44, 322 (342); BVerwGE 80, 355 (367); BAGE 31, 241 (252); *Sittard*, Tarifnormerstreckung, S. 93 ff.; *Höpfner*, Tarifgeltung, S. 468 ff.; *Löwisch/Rieble*, TVG, § 5 Rn. 17 ff.; *Prokop*, Allgemeinverbindlicherklärung, S. 197 f.; *Wonneberger*, Allgemeinverbindlicherklärung, S. 89 ff.; *Lakies*, in: Däubler, NK-TVG, § 5 Rn. 18; *Franzen*, in: ErfK ArbR, § 5 TVG Rn. 1 f.; *Wank*, in: Wiedemann, TVG, § 5 Rn. 2; *Giesen*, in: BeckOK ArbR, § 5 TVG Rn. 2; *Braun*, in: Thüsing/Braun, Tarifrecht, 6. Kap. Rn. 68.

sungsmäßigkeit der Voraussetzung, dass die Allgemeinverbindlicherklärung „im öffentlichen Interesse geboten erscheint".[377] Unterstellt man, dass § 5 Abs. 1 TVG verfassungsmäßig ist, liegt die für die Allgemeinverbindlicherklärung eines Tarifvertrags erforderliche Ermächtigungsgrundlage vor.

Es darf nur *eine* staatliche Stelle für die Allgemeinverbindlicherklärung eines Tarifvertrags *zuständig* sein. Nach § 5 Abs. 1 S. 1 TVG kann das Bundesministerium für Arbeit und Soziales einen Tarifvertrag im Einvernehmen mit einem Tarifausschuss für allgemeinverbindlich erklären. Das Bundesministerium ist eine staatliche Stelle. Als Leiter des Ministeriums (vgl. § 14 Abs. 3 GOBReg) ist der Bundesminister für Arbeit und Soziales für das Ministerium verantwortlich und damit für die Allgemeinverbindlicherklärung zuständig.[378] Der Tarifausschuss setzt sich aus Vertretern der Spitzenorganisationen der Arbeitgeber und der Arbeitnehmer zusammen. Die Vertreter werden nach § 1 S. 2 der Verordnung zur Durchführung des Tarifvertragsgesetzes (TVGDV)[379], deren Rechtsgrundlage § 11 TVG ist, auf Grund von Vorschlägen der Spitzenorganisationen vom Bundesministerium für Arbeit und Soziales bestellt. Spitzenorganisationen sind nach § 12 S. 1 TVG[380] bestimmte Zusammenschlüsse von Gewerkschaften und von Arbeitgebervereinigungen. Gewerkschaften und Arbeitgebervereinigungen sind privatrechtlich organisierte Vereinigungen im Sinne des Art. 9 Abs. 3 S. 1 GG. Damit sind auch die Spitzenorganisationen und folglich auch der Tarifausschuss keine staatlichen Stellen. Das könnte zur Folge haben, dass das nach § 5 Abs. 1 S. 1 TVG erforderliche Einvernehmen des Tarifausschusses der für alle Rechtsquellen geltenden Vorgabe entgegensteht, dass ausschließlich eine *staatliche* Stelle für den Erlass einer Rechtsquelle zuständig sein darf. Der Wortlaut des § 5 Abs. 1 S. 1 TVG ist jedoch so gefasst, dass er eine Befugnis des Bundesministeriums für Arbeit und Soziales formuliert.[381] Daneben ist

---

[377] Teilweise wird bezweifelt, dass die Voraussetzung hinreichend bestimmt gefasst ist, insbesondere *Bepler*, Gutachten 70. Juristentag, B 112; *Löwisch/Rieble*, TVG, § 5 Rn. 132. *Giesen*, in: BeckOK ArbR, § 5 TVG Rn. 7 hält § 5 Abs. 1 TVG für verfassungswidrig. Nach *Prokop*, Allgemeinverbindlicherklärung, S. 165 ff. ist die Norm wegen Verstoßes gegen das verfassungsrechtliche Erfordernis der demokratischen Legitimation staatlichen Handelns verfassungskonform auszulegen.

[378] Zur Zuständigkeit des Bundesministers BAG, AP TVG § 5 Nr. 35; *Prokop*, Allgemeinverbindlicherklärung, S. 149 ff.; *Löwisch/Rieble*, TVG, § 5 Rn. 287; *Lakies*, in: Däubler, NK-TVG, § 5 Rn. 163.

[379] Rechtsverordnung i. d. F. der Bekanntmachung vom 16.1.1989, BGBl. I S. 76, zuletzt geändert durch Art. 11 Abs. 39 des Gesetzes vom 18.7.2017, BGBl. I S. 2745.

[380] Der Begriff der Spitzenorganisationen im Sinne des § 5 Abs. 1 S. 1 TVG richtet sich nach § 12 TVG und nicht nach § 2 Abs. 2 TVG, *Giesen*, in: BeckOK ArbR, § 5 TVG Rn. 22.

[381] § 5 Abs. 1 S. 1 TVG: „Das Bundesministerium für Arbeit und Soziales kann …".

der nach § 5 Abs. 1 S. 1 TVG erforderliche gemeinsame Antrag beim Bundesministerium zu stellen.[382] Zudem ergibt sich aus § 8 S. 1 TVGDV, dass nur das Bundesministerium über den Antrag und damit über den Erlass einer Allgemeinverbindlicherklärung entscheidet. Das alles zeigt, dass die rechtliche Verantwortung für die Allgemeinverbindlicherklärung eines Tarifvertrags, also die Rechtsmacht dafür, diese Rechtsquelle zu erlassen, nach außen hin allein beim Bundesministerium für Arbeit und Soziales liegt.[383] Gemäß § 5 Abs. 6 TVG kann es der obersten Arbeitsbehörde eines Landes für einzelne Fälle das Recht zur Allgemeinverbindlicherklärung übertragen. Folglich ist stets ausschließlich *eine* gesetzlich vorgegebene staatliche Stelle dafür zuständig, einen bestimmten Tarifvertrag für allgemeinverbindlich zu erklären.

Der *Regelungsumfang* einer Allgemeinverbindlicherklärung ergibt sich aus § 5 Abs. 4 S. 1 TVG. Die Rechtsfolgen der Allgemeinverbindlicherklärung eines Tarifvertrags sind also gesetzlich geregelt. Nach § 5 Abs. 4 S. 1 TVG erfassen die Rechtsnormen des Tarifvertrags in seinem Geltungsbereich auch die bisher nicht tarifgebundenen Arbeitgeber und Arbeitnehmer. Eine Allgemeinverbindlicherklärung enthält somit keine individuellen Regelungen.[384]

Das *Verfahren*, in dem ein Tarifvertrag für allgemeinverbindlich erklärt wird, regeln insbesondere § 5 TVG sowie §§ 4 ff. TVGDV.[385] Wie sich sogleich zeigen wird, sind dabei die für das Zustandekommen jeder Rechtsquelle typischen Verfahrensphasen zu erkennen. Diese müssten entsprechend der Funktion des Bundesministeriums für Arbeit und Soziales als eine Stelle der Verwaltung ohne Repräsentationsfunktion sowie entsprechend des Regelungsumfangs der Allgemeinverbindlicherklärung ausgestaltet sein und den übergeordneten verfassungsrechtlichen Zwecken eines staatlichen Entscheidungsverfahrens genügen.

Das Verfahren zum Erlass einer Allgemeinverbindlicherklärung wird durch einen gemeinsamen Antrag der Tarifvertragsparteien eingeleitet, vgl. § 5 Abs. 1 S. 1 TVG. Da das Bundesministerium für Arbeit und Soziales keine Repräsentationsfunktion hat, muss es die Rechtsquelle nicht aus eigener Initiative erlassen können.[386]

---

382 *Giesen*, in: BeckOK ArbR, § 5 TVG Rn. 20; *Lakies*, in: Däubler, NK-TVG, § 5 Rn. 89; *Franzen*, in: ErfK ArbR, § 5 TVG Rn. 20; *Löwisch/Rieble*, TVG, § 5 Rn. 254.

383 Im Ergebnis auch *Franzen*, in: ErfK ArbR, § 5 TVG Rn. 23; *Lakies*, in: Däubler, NK-TVG, § 5 Rn. 40, 141; *Prokop*, Allgemeinverbindlicherklärung, S. 149; *Wank*, in: Wiedemann, TVG, § 5 Rn. 144 f.

384 Vgl. dazu statt vieler BVerfGE 44, 322 (341).

385 Teilweise wird davon ausgegangen, dass die §§ 9 ff. VwVfG „entsprechend“ anzuwenden seien, soweit die § 5 TVG, §§ 4 ff. TVGDV keine speziellen Vorschriften enthalten, so *Löwisch/Rieble*, TVG, § 5 Rn. 161; *Lakies*, in: Däubler, NK-TVG, § 5 Rn. 130.

386 Vgl. oben 3. Kapitel A. IV. 2. a).

Nach der Antragstellung und vor der Entscheidung über den Antrag hat das Bundesministerium für Arbeit und Soziales gemäß § 5 Abs. 2 TVG i. V. m. § 4 Abs. 1 S. 2 TVGDV bestimmten privaten Rechtssubjekten sowie staatlichen Stellen grundsätzlich[387] Gelegenheit zur schriftlichen Stellungnahme sowie zur Äußerung in einer mündlichen und öffentlichen Verhandlung zu geben. Nach Ablauf der Frist zur Stellungnahme (§ 4 Abs. 1 S. 2, 3 TVGDV) verhandelt das Bundesministerium für Arbeit und Soziales mit dem Tarifausschuss über den Antrag auf Allgemeinverbindlicherklärung, vgl. § 6 Abs. 1 TVGDV. In der Verhandlung ist nach § 6 Abs. 3 S. 1 TVGDV den in § 5 Abs. 2 TVG Genannten die Gelegenheit zur Äußerung zu geben. Diese Phase unterstützt also das Bundesministerium für Arbeit und Soziales dabei, alle entscheidungserheblichen rechtlichen und tatsächlichen Informationen zu sammeln. Da die durch die Allgemeinverbindlicherklärung betroffenen Privaten bei der Entscheidung durch keine staatliche Stelle repräsentiert werden, dient das ihnen gewährte Recht der Stellungnahme bzw. Äußerung der demokratischen Legitimation der Entscheidung über die Allgemeinverbindlicherklärung[388]. Es ist aber nicht erforderlich, dass die Rechtsordnung bestimmten Privaten einen Anspruch auf rechtliches Gehör gewährt, weil eine Allgemeinverbindlicherklärung keine Regelungen enthält, die auf die Herbeiführung von individuellen Rechtsfolgen gerichtet sind.

Die Verhandlungen des Tarifausschusses sind öffentlich, § 2 Abs. 1 S. 2 TVGDV. Dieses Erfordernis unterstützt die Transparenz der staatlichen Entscheidung.

Hat der Tarifausschuss sein nach § 5 Abs. 1 S. 1 TVG und § 7 S. 1 TVGDV erforderliches Einvernehmen zur Allgemeinverbindlicherklärung eines Tarifvertrags erklärt, prüft das Bundesministerium für Arbeit und Soziales, ob die rechtlichen Voraussetzungen für die Allgemeinverbindlicherklärung vorliegen.[389] Das Bundesministerium hat alle entscheidungserheblichen Belange von Amts wegen zu ermitteln.[390] Da der Inhalt der Allgemeinverbindlicherklärung der durch die Tarifvertragsparteien geschlossene Tarifvertrag ist, kann das Bundesministerium den Inhalt der Allgemeinverbindlicherklärung

---

[387] Das ist nach § 4 Abs. 2 TVGDV ausnahmsweise nicht erforderlich, wenn das Bundesministerium für Arbeit und Soziales einen Antrag auf Allgemeinverbindlicherklärung abweist. Das Bundesministerium kann nach § 4 Abs. 2 TVGDV einen Antrag nur abweisen, wenn die Voraussetzungen des § 5 Abs. 1 TVG offensichtlich nicht vorliegen.

[388] Vgl. BVerfGE 44, 322 (348 f.); *Löwisch/Rieble*, TVG, § 5 Rn. 130, 259; *Wank*, in: Wiedemann, TVG, § 5 Rn. 70.

[389] *Giesen*, in: BeckOK ArbR, § 5 TVG Rn. 23; *Wank*, in: Wiedemann, TVG, § 5 Rn. 145; *Lakies*, in: Däubler, NK-TVG, § 5 Rn. 42. Vgl. auch BVerfGE 44, 322 (348).

[390] Statt vieler *Löwisch/Rieble*, TVG, § 5 Rn. 168.

zwar nicht gestalten.[391] Das könnte einer ausreichenden demokratischen Legitimation des Inhalts der Allgemeinverbindlicherklärung entgegenstehen. Das Bundesministerium hat jedoch einen Beurteilungsspielraum, ob es die rechtlichen Voraussetzungen für gegeben hält,[392] und einen Ermessensspielraum[393], ob und inwieweit[394] es einen Tarifvertrag für allgemeinverbindlich erklärt. Aus § 8 S. 1 TVGDV ergibt sich, dass das Bundesministerium über den Antrag der Tarifvertragsparteien, also über die Allgemeinverbindlicherklärung eines Tarifvertrags, entscheidet. Die Letztentscheidungskompetenz liegt somit ausschließlich bei einer staatlichen Stelle. Insgesamt ist die demokratische Legitimation der Entscheidung damit sichergestellt.[395]

Erklärt das Bundesministerium für Arbeit und Soziales einen Tarifvertrag für allgemeinverbindlich, sind die Allgemeinverbindlicherklärung sowie die von ihr erfassten Rechtsnormen des Tarifvertrags im Bundesanzeiger bekannt zu machen, § 5 Abs. 7 TVG i. V. m. § 11 S. 1 TVGDV. Dadurch hat jeder im Sinne des § 5 Abs. 4 S. 1 TVG unmittelbar und künftig betroffene Arbeitgeber und Arbeitnehmer die Möglichkeit, von den Regelungen Kenntnis zu nehmen. Die Art und Weise der Bekanntmachung berücksichtigt also, dass sich eine Allgemeinverbindlicherklärung an eine unbestimmte Vielzahl von Rechtssubjekten richtet.

Es ist nicht geregelt, dass die Allgemeinverbindlicherklärung eines Tarifvertrags schriftlich begründet werden muss.[396] Jedoch verhandelt das Bundesministerium für Arbeit und Soziales mit dem Tarifausschuss öffentlich, vgl. § 2 Abs. 1 S. 2 TVGDV. Zwar entscheidet das Bundesministerium nicht

---

391 Vgl. statt vieler BVerfGE 44, 322 (343).

392 Das gilt insbesondere für die Voraussetzung, dass die Allgemeinverbindlicherklärung „im öffentlichen Interesse geboten erscheint", vgl. BAGE 108, 155 (174); *Lakies*, in: Däubler, NK-TVG, § 5 Rn. 44, 113; *Giesen*, in: BeckOK ArbR, § 5 TVG Rn. 23; *Franzen*, in: ErfK ArbR, § 5 TVG Rn. 13; *Löwisch/Rieble*, TVG, § 5 Rn. 165.

393 Nach § 5 Abs. 1 S. 1 TVG „kann" das Bundesministerium für Arbeit und Soziales einen Tarifvertrag für allgemeinverbindlich erklären. Zum Ermessensspielraum BVerfGE 44, 322 (344); *Lakies*, in: Däubler, NK-TVG, § 5 Rn. 173 f.; *Löwisch/Rieble*, TVG, § 5 Rn. 165 f.

394 Überwiegend wird davon ausgegangen, dass grundsätzlich auch nur einzelne Rechtsnormen eines Tarifvertrags für allgemeinverbindlich erklärt werden können. Dazu *Lakies*, in: Däubler, NK-TVG, § 5 Rn. 196 ff.; *Löwisch/Rieble*, TVG, § 5 Rn. 108 ff.; *Franzen*, in: ErfK ArbR, § 5 TVG Rn. 8 jew. m. w. Nachw. Anders z. B. *Wank*, in: Wiedemann, TVG, § 5 Rn. 97.

395 Vgl. BVerfGE 44, 322 (348 f.); *Lakies*, in: Däubler, NK-TVG, § 5 Rn. 42; *Löwisch/Rieble*, TVG, § 5 Rn. 130.

396 Nach § 8 S. 1 TVGDV muss das Bundesministerium für Arbeit und Soziales seine Entscheidung lediglich dann begründen, wenn es einen Tarifvertrag *nicht* für allgemeinverbindlich erklärt, also den gemeinsamen Antrag der Tarifvertragsparteien ablehnt.

am Ende der Verhandlungen über die Allgemeinverbindlicherklärung eines Tarifvertrags, sondern erst, nachdem es danach das Vorliegen der Voraussetzungen geprüft hat. Es ist aber anzunehmen, dass über die zentralen Aspekte, die für die Allgemeinverbindlicherklärung eines Tarifvertrags sprechen, in den Verhandlungen diskutiert wird. Somit wird dem Erfordernis der Transparenz der Entscheidung Rechnung getragen, auch wenn das Bundesministerium nicht ausdrücklich zur Begründung der Allgemeinverbindlicherklärung verpflichtet ist.[397]

Das zeigt, dass das Verfahren, in dem ein Tarifvertrag für allgemeinverbindlich erklärt wird, den übergeordneten verfassungsrechtlichen Zwecken eines staatlichen Entscheidungsverfahrens gerecht wird. Zudem ist das Verfahren unter Berücksichtigung der Funktion des Bundesministeriums für Arbeit und Soziales als der zuständigen staatlichen Stelle sowie des zulässigen Regelungsumfangs einer Allgemeinverbindlicherklärung ausgestaltet. Folglich kommt eine Allgemeinverbindlicherklärung in einem „funktionsgerechten Verfahren“ zustande.

Die Anforderungen, die die Rechtsordnung an das Zustandekommen einer Allgemeinverbindlicherklärung eines Tarifvertrags im Sinne des § 5 Abs. 1 S. 1 TVG stellt, genügen also den in diesem Abschnitt der Arbeit entwickelten Vorgaben, die eine Rechtsquelle erfüllen muss, damit sie eine Regelung enthalten kann. Dann spricht alles dafür, dass eine staatliche Stelle die staatliche Aufgabe, nicht tarifgebundene Arbeitnehmer zu schützen, bestmöglich erledigt, wenn sie einen Tarifvertrag für allgemeinverbindlich erklärt. Somit ist der Annahme zu folgen, dass eine rechtmäßige Allgemeinverbindlicherklärung die Eigenschaft besitzen kann, verbindliche Rechtsfolgen zu setzen.

B. Wirksamkeit einer rechtswidrigen Rechtsquelle

Entspricht eine Rechtsquelle allen Anforderungen, die die Rechtsordnung an sie stellt, ist sie wirksam[398]. Eine rechtswidrige Rechtsquelle ist das hin-

---

[397] Es wird überwiegend davon ausgegangen, dass die positive Entscheidung des Bundesministeriums nicht zu begründen ist, so z. B. BAGE 74, 226 (231 f.); *Löwisch/Rieble*, TVG, § 5 Rn. 307; a. A. *Sittard*, Tarifnormerstreckung, S. 231 f.

[398] In der Rechtswissenschaft wird insbesondere beim Verwaltungsakt zwischen der äußeren und der inneren Wirksamkeit unterschieden, z. B. BVerwGE 13, 1 (7); 55, 212 (215 f.); 57, 69 (70); *Seibert*, Bindungswirkung, S. 206 ff.; *Steinweg*, Regelungsgehalt, S. 51 ff.; *Ehlers*, FS Erichsen, 1 (2 f.); *Peuker*, in: Knack/Henneke, VwVfG, § 43 Rn. 9; *Ramsauer*, in: Kopp/Ramsauer, VwVfG, § 43 Rn. 3, 5 f.; *Ruffert*, in: Ehlers/Pünder, Allg VwR, § 22 Rn. 15 f. Die Begriffe werden nicht einheitlich verwendet. Tendenziell wird mit der äußeren Wirksamkeit eines Verwaltungsakts seine Existenz gemeint, die mit seiner Bekanntgabe eintritt, und mit der inneren Wirksamkeit der Umstand, dass die Rechtsfolgen, auf deren Herbeiführung ein Verwaltungsakt

gegen oft nicht. Die Rechtsordnung kennt unterschiedliche Rechtsfolgen eines Rechtsverstoßes.[399] Die einschneidenste Fehlerfolge ist die Unwirksamkeit bzw. – synonym[400] – Nichtigkeit der Rechtsquelle.[401] Eine unwirksame Rechtsquelle „gilt" nicht.[402] Das bedeutet, dass sie die Rechtslage nicht gestaltet,[403] oder in anderen Worten, dass „der rechtswidrige Rechtsakt von vornherein seine beabsichtigten Rechtswirkungen nicht erlangt"[404]. Im Folgenden sind anhand der Rechtsquellen in einer kategorisierten Form weitere Fehlerfolgen neben der Nichtigkeit darzustellen, ehe der verfassungsrechtliche Rahmen für die Ausgestaltung der Rechtsfolge eines Rechtsverstoßes aufzuzeigen ist. Dabei geht es ausschließlich um Rechtsquellen, die zum Zeitpunkt ihres Erlasses rechtswidrig sind.

I. Rechtslage am Beispiel der Rechtsquellen in einer kategorisierten Form

1. Gesetz, Rechtsverordnung und Satzung

Man stimmt darin überein, dass ein rechtswidriges Gesetz nichtig ist.[405] Das Grundgesetz legt die Rechtsfolge eines Rechtsverstoßes eines Gesetzes

---

gerichtet ist, eintreten können. Kritisch zu der Differenzierung *Schmidt-De Caluwe*, VerwArch Bd. 90 (1999), 49 (insbesondere 62 ff.); *Leisner-Egensperger*, in: Mann/Sennekamp/Uechtritz, NK-VwVfG, § 43 Rn. 6. Die Arbeit verwendet den Begriff der Wirksamkeit im Sinne der inneren Wirksamkeit.

399 Vgl. den jeweiligen Überblick von *Ossenbühl*, NJW 1986, 2805 (2810 f.); *Schnelle*, Fehlerfolgenlehre, S. 157 ff.; *Trips*, Verfahren Rechtsetzung, S. 255 ff.

400 Anders z. B. *Ipsen*, Verfassungswidrigkeit, S. 149 f. Bei Verwaltungsakten wird zwar vertreten, dass mit den Begriffen Nichtigkeit und Unwirksamkeit wegen §§ 44 Abs. 1, 43 Abs. 3 VwVfG unterschiedliche Rechtsfolgen gemeint sind, vgl. z. B. *Ziekow*, VwVfG, § 44 Rn. 1. Dennoch verwendet die Arbeit die Begriffe synonym. Das passt auch zur Terminologie in §§ 44 Abs. 1, 43 Abs. 3 VwVfG, da die Arbeit nur die Fälle der anfänglichen Rechtswidrigkeit einer Rechtsquelle untersucht. Ein anfänglich rechtswidriger Verwaltungsakt kann nur gemäß § 44 Abs. 1 VwVfG nichtig, nicht aber nach § 43 Abs. 2 VwVfG unwirksam sein. Ein nichtiger Verwaltungsakt ist unwirksam, § 43 Abs. 3 VwVfG.

401 *Schnelle*, Fehlerfolgenlehre, S. 159.

402 In diesem Sinne *Scholzen*, Nichtigkeit, S. 19.

403 Vgl. *Käß*, Planerhaltung, S. 33; *Böckenförde*, Nichtigkeit, S. 23.

404 *Maurer*, FS Bachof, 215 (215).

405 Die Art und Weise des Eintritts der Nichtigkeit wird aber unterschiedlich beurteilt. Die Vertreter des sog. „Nichtigkeitsdogmas" gehen davon aus, dass ein nichtiges Gesetz von vornherein ipso iure nichtig sei und dadurch keine Rechtswirkungen entfalte. Die Vertreter der „Vernichtbarkeitstheorie" sind hingegen der Auffassung, dass ein nichtiges Gesetz vernichtet werden müsse, wobei das Gesetz entweder durch das Bundesverfassungsgericht oder durch die Gesetzgebung (grundsätzlich auch rückwir-

jedoch nicht ausdrücklich fest.[406] Auch bei rechtswidrigen Rechtsverordnungen und rechtswidrigen Satzungen nimmt man an, dass sie grundsätzlich nichtig sind.[407] Eine andere Rechtsfolge tritt aber ein, wenn das ein Gesetz für eine bestimmte Rechtsquelle vorsieht.[408] Von dieser Möglichkeit wird insbesondere für Satzungen Gebrauch gemacht. Bspw. enthält § 4 Abs. 4 GemO BW ein besonderes Fehlerfolgensystem für Satzungen einer baden-württembergischen Gemeinde.[409] Nach § 4 Abs. 4 S. 1 GemO BW gelten Satzungen, die unter Verletzung von Verfahrens- oder Formvorschriften der baden-württembergischen Gemeindeordnung oder auf Grund dieser Gemeindeordnung zu Stande gekommen sind, ein Jahr nach der Bekanntmachung

kend) vernichtet werden könne. Das Nichtigkeitsdogma vertreten z.B. *Ipsen*, Verfassungswidrigkeit, S. 159 ff.; *Scholzen*, Nichtigkeit, S. 23 ff.; *Schulze-Fielitz*, in: Dreier, GG II, Art. 20 (Rechtsstaat) Rn. 84; *Sommermann*, in: v. Mangoldt/Klein/Starck, GG II, Art. 20 Rn. 258; *Jarass*, in: ders./Pieroth, GG, Art. 20 Rn. 46; *Schilling*, Rang, S. 585. Die Vernichtbarkeitstheorie befürworten z.B. *Götz*, NJW 1960, 1177 (insbesondere 1179); *G. Hoffmann*, JZ 1961, 193 (196 ff.); *Böckenförde*, Nichtigkeit, passim; *Heckmann*, Geltungskraft, insbesondere S. 53 ff. Ob der Rechtsprechung des Bundesverfassungsgerichts das Nichtigkeitsdogma oder die Vernichtbarkeitstheorie zugrunde liegt, ist nicht eindeutig zu erkennen, vgl. die Analysen von *Böckenförde*, Nichtigkeit, S. 69 ff.; *Ipsen*, Verfassungswidrigkeit, S. 95 ff.; knapper *Schnelle*, Fehlerfolgenlehre, S. 118 ff. Zudem schränkt das Bundesverfassungsgericht die Annahme der Nichtigkeitsfolge teilweise für Verfahrensfehler ein. Ein Verstoß gegen eine Vorschrift zum Gesetzgebungsverfahren solle nur dann zur Nichtigkeit des Gesetzes führen, wenn er „evident" sei, vgl. z.B. BVerfGE 34, 9 (25 f.); 120, 56 (73, 79 f.); 125, 104 (132).

406 *G. Hoffmann*, JZ 1961, 193 (196); *Götz*, NJW 1960, 1177; *Böckenförde*, Nichtigkeit, S. 44; *Scholzen*, Nichtigkeit, S. 23; *P. Reimer*, Rechtstheorie Bd. 45 (2014), 383 (404).

407 Für Rechtsverordnungen z.B. *Ossenbühl*, in: Isensee/Kirchhof, HStR V, § 103 Rn. 79; *Nierhaus*, in: BK-GG, Art. 80 Rn. 431; *Remmert*, in: Maunz/Dürig, GG, Art. 80 Rn. 137; *Bauer*, in: Dreier, GG II, Art. 80 Rn. 58; *Schulze-Fielitz*, in: Dreier, GG II, Art. 20 (Rechtsstaat) Rn. 96; *Uhle*, in: Kluth/Krings, Gesetzgebung, § 24 Rn. 109; *Saurer*, Rechtsverordnung, S. 119. Nach der Auffassung von *Schnelle*, Fehlerfolgenlehre, S. 150 ff. ist ein differenziertes Fehlerfolgensystem erforderlich, wobei er den Grundsatz der Vernichtbarkeit einer rechtswidrigen Rechtsverordnung zugrunde legt. Das Bundesverfassungsgericht geht zwar auch grundsätzlich davon aus, dass rechtswidrige Rechtsverordnungen nichtig sind (z.B. BVerfGE 22, 330 (343 f.); 48, 1 (19); 101, 1 (41 ff.)), schränkt diese Annahme aber für Verfahrensfehler ein (vgl. dazu z.B. BVerfGE 91, 148 (175); 127, 293 (331 f.)). Für Satzungen z.B. BVerwGE 112, 373 (380 f.); *Ossenbühl*, in: Isensee/Kirchhof, HStR V, § 105 Rn. 62; *Maurer*, FS Bachof, 215 (235); *Schulze-Fielitz*, in: Dreier, GG II, Art. 20 (Rechtsstaat) Rn. 96; *Geis*, in: Kluth/Krings, Gesetzgebung, § 25 Rn. 67; *Möstl*, in: Ehlers/Pünder, Allg VwR, § 19 Rn. 35, § 20 Rn. 15.

408 Vgl. *Möstl*, in: Ehlers/Pünder, Allg VwR, § 19 Rn. 35. Explizit für Rechtsverordnungen z.B. *Remmert*, in: Maunz/Dürig, GG, Art. 80 Rn. 138; dazu auch *v. Danwitz*, Gestaltungsfreiheit, S. 160.

409 Zu ähnlichen Vorschriften in anderen Ländern vgl. die Übersicht bei *Geis*, in: Kluth/Krings, Gesetzgebung, § 25 Rn. 71.

grundsätzlich als von Anfang an gültig zu Stande gekommen. Das gilt allerdings nicht in den in § 4 Abs. 4 S. 2 GemO BW genannten Fällen. So führen Verstöße gegen Vorschriften über die Öffentlichkeit der Sitzung, die Genehmigung oder die Bekanntmachung der Satzung stets zur Unwirksamkeit einer Satzung, vgl. § 4 Abs. 4 S. 2 Nr. 1 GemO BW. Verletzungen von anderen Verfahrens- oder Formvorschriften im Sinne des § 4 Abs. 4 S. 1 GemO BW haben nach § 4 Abs. 2 S. 2 Nr. 2 GemO BW bspw. dann die Nichtigkeit der Satzung zur Folge, wenn sie innerhalb eines Jahres nach der Bekanntmachung der Satzung gegenüber der Gemeinde schriftlich geltend gemacht worden sind.

Die für alle gemeindlichen Satzungen einschlägige Fehlerfolgenregelung des § 4 Abs. 4 GemO BW wird durch besondere Bestimmungen in Fachgesetzen ergänzt. Stellt eine Gemeinde z.B. einen Bebauungsplan auf, gelten neben § 4 Abs. 4 GemO BW die §§ 214 f. BauGB. Nach § 214 Abs. 1 S. 1 BauGB ist eine Verletzung von Verfahrens- und Formvorschriften des Baugesetzbuchs für die Rechtswirksamkeit eines Bebauungsplans nur beachtlich, wenn § 214 Abs. 1 S. 1 BauGB sie aufzählt. Da § 214 Abs. 1 S. 1 BauGB bspw. einen Verstoß gegen § 2 Abs. 1 S. 2 BauGB nicht nennt, wirkt sich das Fehlen eines Aufstellungsbeschlusses nicht auf die Wirksamkeit eines Bebauungsplans aus. Nach § 214 Abs. 3 S. 2 HS 2 BauGB sind manche Mängel im Abwägungsvorgang nur erheblich, wenn sie offensichtlich und auf das Abwägungsergbnis von Einfluss gewesen sind. § 214 Abs. 4 BauGB ermöglicht es einer Gemeinde wiederum, einen Bebauungsplan durch ein ergänzendes Verfahren zur Behebung von Fehlern – sowohl nach dem Baugesetzbuch als auch nach der Gemeindeordnung – auch rückwirkend in Kraft zu setzen. Manche nach § 214 BauGB beachtlichen Verstöße eines Bebauungsplans werden gemäß § 215 Abs. 1 S. 1 BauGB unbeachtlich, wenn sie nicht innerhalb eines Jahres seit Bekanntmachung des Bebauungsplans schriftlich gegenüber der Gemeinde unter Darlegung des die Verletzung begründenden Sachverhalts geltend gemacht worden sind. Auf diese Rechtsfolgen ist bei Inkraftsetzung des Bebauungsplans ebenso hinzuweisen wie auf die Voraussetzungen für die Geltendmachung der Verletzung von Vorschriften, vgl. § 215 Abs. 2 BauGB.

2. Verwaltungsakt und Verwaltungsvertrag

Gemäß § 43 Abs. 3 VwVfG ist ein nichtiger Verwaltungsakt unwirksam. Ein Verwaltungsakt ist nach § 44 Abs. 1 VwVfG nichtig, soweit er an einem besonders schwerwiegenden Fehler leidet und dies bei verständiger Würdigung aller in Betracht kommenden Umstände offensichtlich ist. § 44 Abs. 2 VwVfG benennt Konstellationen, in denen ein Verwaltungsakt ohne Rücksicht auf das Vorliegen der Voraussetzungen des § 44 Abs. 1 VwVfG nichtig ist. Für bestimmte Rechtsverstöße legt § 44 Abs. 3 VwVfG demgegenüber fest, dass sie nicht die Nichtigkeit eines Verwaltungsakts zur Folge haben. Rechtswidrige Verwaltungsakte sind also grundsätzlich wirksam und nur ausnahmsweise nichtig.[410]

Eine Verletzung von Verfahrens- oder Formvorschriften, die nicht zur Nichtigkeit eines Verwaltungsakts führt, ist unter den Voraussetzungen des § 45 Abs. 1 VwVfG unbeachtlich. Gemäß § 46 VwVfG kann die Aufhebung eines Verwaltungsakts, der nicht nach § 44 VwVfG nichtig ist, nicht allein deshalb beansprucht werden, weil er unter Verletzung von Vorschriften über das Verfahren, die Form oder die örtliche Zuständigkeit zustande gekommen ist, wenn offensichtlich ist, dass die Verletzung die Entscheidung in der Sache nicht beeinflusst hat.

Soweit ein Rechtssubjekt geltend machen kann, durch einen rechtswidrigen Verwaltungsakt in seinen Rechten verletzt zu sein (vgl. § 42 Abs. 2 Var. 1 VwGO (analog)[411]), hat es die Möglichkeit, gegen den Verwaltungsakt Widerspruch (§ 68 Abs. 1 VwGO) und ggf. Anfechtungsklage (§§ 42 Abs. 1 Var. 1, 113 Abs. 1 S. 1 VwGO) zu erheben. Der Verwaltungsakt ist insoweit anfechtbar.[412] Die zuständige staatliche Stelle muss den Verwaltungsakt aufheben, soweit sie ihn für rechtswidrig hält (vgl. § 72 VwGO[413] bzw. § 113 Abs. 1 S. 1 VwGO).

Ficht das möglicherweise in seinen Rechten verletzte Rechtssubjekt den Verwaltungsakt nicht innerhalb der in § 70 Abs. 1 VwGO bzw. § 74 Abs. 1 VwGO geregelten Frist an, kann es eine Verletzung in seinen Rechten später nicht mehr geltend machen. Der rechtswidrige Verwaltungsakt ist dann wirksam und unanfechtbar, also bestandskräftig[414].

Die Nichtigkeit eines Verwaltungsvertrags bemisst sich nach § 59 VwVfG. Gemäß § 59 Abs. 1 VwVfG ist ein Verwaltungsvertrag nichtig, wenn sich die Nichtigkeit aus der entsprechenden Anwendung von Vorschriften des Bürgerlichen Gesetzbuches ergibt. Hält ein Verwaltungsvertrag bspw. das Schrift-

---

410 Z.B. *Maurer/Waldhoff*, Allg VwR, § 10 Rn. 6, 72; *Hufen/Siegel*, Fehler, Rn. 807; *Peuker*, in: Knack/Henneke, VwVfG, § 43 Rn. 13.

411 Für die Anfechtungsklage gilt § 42 Abs. 2 Var. 1 VwGO direkt. Für den Anfechtungswiderspruch ist die Norm analog anzuwenden.

412 Vgl. dazu *Maurer*, FS Bachof, 215 (235).

413 Eine Möglichkeit, einem Anfechtungswiderspruch im Sinne des § 72 VwGO abzuhelfen ist es, den angefochtenen Verwaltungsakt im Umfang seiner Rechtswidrigkeit aufzuheben, dazu z.B. *Geis*, in: Sodan/Ziekow, NK-VwGO, § 72 Rn. 20.

414 Zwar knüpfen bspw. §§ 48 Abs. 1 S. 1, 49 Abs. 1 VwVfG und § 6 Abs. 1 VwVG an einen „unanfechtbaren“ Verwaltungsakt an. Teil III Abschnitt 2 des Verwaltungsverfahrensgesetzes ist aber mit „Bestandskraft des Verwaltungsaktes“ überschrieben.

formerfordernis nach § 57 VwVfG nicht ein, ist er nach § 59 Abs. 1 VwVfG i.V.m. § 125 S. 1 BGB nichtig.[415] Verwaltungsverträge im Sinne des § 54 S. 2 VwVfG sind darüber hinaus in den Fällen des § 59 Abs. 2 VwVfG nichtig. Ist ein Verwaltungsvertrag wegen eines Rechtsverstoßes rechtswidrig, der keinen Nichtigkeitsgrund gemäß § 59 VwVfG darstellt, ist der Vertrag wirksam.[416]

3. Ergebnis

Die Darstellung hat verdeutlicht, dass sich nach der derzeitigen Rechtslage die Rechtswidrigkeit einer Rechtsquelle häufig auf die Wirksamkeit der Rechtsquelle auswirkt.[417] Rechtswidrige Gesetze, Rechtsverordnungen und Satzungen sind regelmäßig nichtig. Für einen Rechtsverstoß einer Rechtsverordnung oder einer Satzung legt die Rechtsordnung allerdings manchmal andere Fehlerfolgen fest. Rechtswidrige Verwaltungsakte sind hingegen ebenso wie rechtswidrige Verwaltungsverträge grundsätzlich wirksam. Sie sind nur ausnahmsweise nichtig, wenn sich diese Rechtsfolge ausdrücklich aus gesetzlichen Bestimmungen ergibt.

Ordnet man die anhand der Rechtsquellen in einer kategorisierten Form dargestellten Fehlerfolgen danach, inwieweit ein Rechtsverstoß die Wirksamkeit einer Rechtsquelle beeinflussen kann, sind zwei Extrempositionen[418] zu erkennen:

1. Die rechtswidrige Rechtsquelle ist von vornherein nichtig.
2. Der Rechtsverstoß ist von vornherein unbeachtlich. Er führt also weder zur Nichtigkeit der Rechtsquelle noch kann er gerügt werden.[419] Dann ist die rechtswidrige Rechtsquelle von Beginn an bestandskräftig[420].

---

[415] Das ist im Ergebnis nicht umstritten, vgl. z.B. BVerwGE 96, 326 (332); *Mann*, in: ders./Sennekamp/Uechtritz, NK-VwVfG, § 59 Rn. 70; *Bonk/Neumann/Siegel*, in: Stelkens/Bonk/Sachs, VwVfG, § 59 Rn. 25; *Gurlit*, in: Ehlers/Pünder, Allg VwR, § 32 Rn. 22.

[416] *Hill*, Verfahren, S. 135.

[417] Vgl. *P. Reimer*, Rechtstheorie Bd. 45 (2014), 383 (393) dazu, dass die Rechtswidrigkeit einer Rechtsquelle nur dann zu ihrer Unwirksamkeit führt, wenn die Rechtsordnung das regelt.

[418] Vgl. *Hill*, Verfahren, S. 339; *Schnelle*, Fehlerfolgenlehre, S. 223.

[419] Zum rechtlichen Aussagegehalt der Rechtsfolge der Unbeachtlichkeit eines Fehlers *Ossenbühl*, NJW 1986, 2805 (2810). *Käß*, Planerhaltung, S. 97ff. m.Nachw. geht darauf ein, ob die Rechtsfolge der Unbeachtlichkeit eines Fehlers dazu führt, dass die Rechtsquelle nicht rechtswidrig ist, oder dazu, dass die Rechtsquelle zwar rechtswidrig ist, aber nicht nichtig werden kann. Er folgt dem zweiten Ansatz. Von diesem geht auch die Arbeit aus.

II. Verfassungsrechtliche Hintergründe der dargestellten Rechtslage

Die am Beispiel der Rechtsquellen in einer kategorisierten Form dargestellten Rechtsfolgen eines Rechtsverstoßes einer Rechtsquelle sind nicht ausdrücklich vom Grundgesetz benannt. Allerdings betrifft ein Rechtsverstoß verschiedene verfassungsrechtlich geschützte Rechte und Interessen. Diese sind im Folgenden jeweils daraufhin zu untersuchen, welche Rechtsfolge eines Rechtsverstoßes sie nahelegen. Dabei werden sich Tendenzen abzeichnen, die den soeben skizzierten Extrempositionen entsprechen.

1. Demokratische Legitimation staatlichen Handelns, Art. 20 Abs. 2 GG

Grundsätzlich ist nur ein rechtmäßiges staatliches Handeln demokratisch legitimiert. Eine rechtswidrige Rechtsquelle ist also in der Regel nicht dazu legitimiert, Rechtsfolgen zu bewirken. Das legt nahe, dass eine rechtswidrige Rechtsquelle grundsätzlich unwirksam sein muss. Eine rechtswidrige Rechtsquelle ist aber dann legitimiert, wirksam zu sein, wenn ihr die Rechtsordnung diese Eigenschaft ausdrücklich verleiht.

Aus dem Erfordernis der demokratischen Legitimation staatlichen Handelns sind zudem Anforderungen dafür abzuleiten, welche staatliche Stelle über die Rechtsfolgen eines Rechtsverstoßes entscheiden darf. Ist eine staatliche Stelle nur zu rechtmäßigem Handeln legitimiert, wäre es sinnwidrig, wenn die Stelle selbst über die Rechtsfolgen eines eigenen Verstoßes gegen eine an sie gerichtete Vorgabe disponieren dürfte. Eine staatliche Stelle ist also in der Regel nicht dazu legitimiert, die Rechtsfolgen eigener Rechtsver-

420 In der Literatur wird in Bezug auf den Verwaltungsakt häufig zwischen der formellen und der materiellen Bestandskraft unterschieden, z.B. *Erichsen/Knoke*, NVwZ 1983, 185 (186ff.); *Ehlers*, FS Erichsen, 1 (13f.); *Leisner-Egensperger*, in: Mann/Sennekamp/Uechtritz, NK-VwVfG, § 43 Rn. 9, 16ff.; *Peuker*, in: Knack/Henneke, VwVfG, vor § 43 Rn. 35; *Ramsauer*, in: Kopp/Ramsauer, VwVfG, § 43 Rn. 29, 31; *Ruffert*, in: Ehlers/Pünder, Allg VwR, § 22 Rn. 24f.; *Maurer/Waldhoff*, Allg VwR, § 10 Rn. 16ff.; kritisch zu dieser Terminologie *Steinweg*, Regelungsgehalt, S. 260ff.; *Seibert*, Bindungswirkung, zusammenfassend S. 186ff. Mit formeller Bestandskraft ist gemeint, dass ein Verwaltungsakt nicht mehr durch ordentliche Rechtsbehelfe angefochten werden kann. Der Begriff der materiellen Bestandskraft wird nicht einheitlich verwendet, vgl. dazu statt vieler *Seibert*, Bindungswirkung, S. 132f. Er wird jedenfalls dafür verwendet, die Bindungswirkungen eines Verwaltungsakts gegenüber der Behörde, die ihn erlassen hat, zu umschreiben. Auf genaue Begriffsverständnisse ist nicht einzugehen, denn die Arbeit verwendet den Begriff der Bestandskraft im formellen Sinn, also aus der Perspektive der Adressaten einer Rechtsquelle.

stöße letztverbindlich festzulegen. Etwas anderes gilt nur, wenn die Rechtsordnung eine Stelle dahingehend ermächtigt.

2. Rechtsbindung staatlicher Stellen, Art. 20 Abs. 3 GG

Handelt eine staatliche Stelle rechtswidrig, spricht viel dafür, dass andere Rechtsfolgen eintreten als bei rechtmäßigem Handeln.[421] Welche konkreten Rechtsfolgen von einer rechtswidrigen Rechtsquelle ausgehen, gibt Art. 20 Abs. 3 GG nicht vor.[422] Man geht insbesondere davon aus, dass Art. 20 Abs. 3 GG nicht verlangt, dass rechtswidrige Rechtsquellen in der Regel nichtig sind.[423] Im Ergebnis bewirkt eine rechtswidrige Rechtsquelle jedoch dann dieselben Rechtsfolgen wie eine rechtmäßige, wenn ein Rechtsverstoß von vornherein unbeachtlich ist und sonst keine weiteren Rechtsfolgen des Rechtsverstoßes geregelt sind.[424] Die anfängliche Unbeachtlichkeit darf also nur ausnahmsweise als einzige Rechtsfolge eines Rechtsverstoßes angeordnet werden.[425]

Aus Art. 20 Abs. 3 GG ergibt sich aber in jedem Fall, dass nicht jede staatliche Stelle die Rechtsfolgen eines Rechtsverstoßes regeln darf. Ist eine staatliche Stelle an Recht gebunden, bedeutet das, dass sie über die Rechtsfolgen der Missachtung des Rechts nicht disponieren darf. Dementsprechend kann nur das Grundgesetz die Rechtsfolgen eines Verfassungsverstoßes eines Gesetzes festlegen. Die Gesetzgebung[426] hat wiederum die Befugnis, Anfor-

---

[421] Im Ergebnis ebenso *Morlok*, Folgen, S. 61; *Käß*, Planerhaltung, S. 23; *Steinwede*, Planerhaltung, S. 41 f.

[422] Vgl. dazu *Böckenförde*, Nichtigkeit, S. 55 f.; *Schnelle*, Fehlerfolgenlehre, S. 122; *Breuer*, DVBl. 2008, 555 (556); *Hill*, Verfahren, S. 335.

[423] Vgl. dazu, dass das „Nichtigkeitsdogma" insgesamt kein verfassungsrechtliches Gebot ist: BVerfGE 103, 332 (390); *Böckenförde*, Nichtigkeit, S. 44 ff.; *Ossenbühl*, NJW 1986, 2805 (2807); *Grzeszick*, in: Maunz/Dürig, GG, Art. 20 VI Rn. 43 ff., 144; *Sennekamp*, in: Brügelmann, BauGB, § 214 Rn. 34; *Käß*, Planerhaltung, S. 30 f.; *Götz*, NJW 1960, 1177; *Breuer*, DVBl. 2008, 555 (556 f.); *Schilling*, Rang, S. 576 ff.; *G. Hoffmann*, JZ 1961, 193 (195 f.). Anders *Sommermann*, in: v. Mangoldt/Klein/Starck, GG II, Art. 20 Rn. 256.

[424] Eine andere Rechtsfolge hierzu wäre bspw. die Nichtigkeit einer Rechtsquelle oder die Begründung von Entschädigungsansprüchen.

[425] Im Ergebnis ebenso *Schnelle*, Fehlerfolgenlehre, insbesondere S. 203, der zudem zutreffend darauf hinweist, „dass der Gesetzgeber stets Gefahr läuft, in gewissem Maße widersprüchlich zu handeln, wenn er zunächst Vorschriften schafft, die er sogleich für unbeachtlich erklärt."

[426] Auch Stellen der Verwaltung können diese Befugnis haben. Dazu bedürfen sie aber genauso wie bei der Einführung einer Vorgabe einer gesetzlichen Ermächtigung. Zugunsten einer besseren Übersichtlichkeit beschränkt sich die Arbeit im Folgenden auf die Ausgestaltung der Sanktion eines Rechtsverstoßes durch Gesetz.

derungen für Rechtsquellen von Stellen der Verwaltung zu regeln und damit auch die, die Rechtsfolgen der Nichteinhaltung einer Anforderung zu bestimmen.[427] Dabei hat sie ebenso wie bei der Festlegung einer rechtlichen Vorgabe an das Verwaltungshandeln einen Gestaltungsspielraum.[428] Da die Gesetzgebung nach Art. 20 Abs. 3 GG jedoch an die verfassungsmäßige Ordnung gebunden ist, ist sie nicht dazu befugt, Verstöße der Verwaltung gegen das Grundgesetz von vornherein für unbeachtlich zu erklären.[429]

3. Rechtssicherheit: Vorhersehbarkeit staatlichen Handelns und Vertrauensschutz

Wie bereits ausgeführt, garantiert das Grundgesetz Rechtssicherheit.[430] Dazu gehört die Vorhersehbarkeit künftigen staatlichen Handelns.[431] Aus dem Erfordernis der Rechtssicherheit lassen sich aber auch Anforderungen an staatliches Handeln ableiten, das vergangene Sachverhalte betrifft. Die Anforderungen werden gemeinhin unter dem Grundsatz des Vertrauensschutzes zusammengefasst.[432] Das Vertrauen eines Adressaten[433] einer Rechtsquelle auf den Bestand einer bestimmten Rechtslage ist grundsätzlich verfassungsrechtlich geschützt. Das gilt in jedem Fall[434] dann, wenn eine Rechts-

---

427 Vgl. dazu *Hill*, DVBl. 1983, 1 (6f.).

428 Vgl. *Hill*, Verfahren, S. 332f.; *ders.*, DVBl. 1983, 1 (6f.); *Morlok*, Folgen, S. 77.

429 In diesem Sinn auch *Schnelle*, Fehlerfolgenlehre, S. 203, 241.

430 Siehe oben 3. Kapitel A. II. 2. b) m. Nachw.

431 Siehe oben 3. Kapitel A. II. 2. b) m. Nachw.

432 Anknüpfend an das Bundesverfassungsgericht wird der Begriff der Rechtssicherheit häufig als ein übergeordneter Begriff verwendet und der Grundsatz des Vertrauensschutzes als Element der Rechtssicherheit verstanden, vgl. *Leisner*, Kontinuität, S. 463: „Ableitungskette Rechtsstaatlichkeit – Rechtssicherheit – Vertrauensschutz"; *Maurer*, in: Isensee/Kirchhof, HStR IV, § 79 Rn. 35 jew. m. Nachw.

433 Dem Vertrauensschutzgrundsatz wird stets eine subjektive Schutzfunktion zugeschrieben und er wird herangezogen, wenn es um das Vertrauen eines einzelnen Rechtssubjekts in den Fortbestand einer bestimmten Rechtslage geht, vgl. z. B. BVerfGE 18, 429 (439); 30, 367 (386); 50, 177 (193); 105, 48 (57); *Leisner*, Kontinuität, S. 462ff.; *Schulze-Fielitz*, in: Dreier, GG II, Art. 20 (Rechtsstaat) Rn. 147; *Maurer*, in: Isensee/Kirchhof, HStR IV, § 79 Rn. 4; *ders.*, StaatsR I, § 17 Rn. 112; *Lepsius*, Jura 2018, 695 (695ff.); *Pieroth*, Rückwirkung, S. 118, 144, 383; *Beaucamp*, DÖV 2017, 699 (703); *Grzeszick*, in: Maunz/Dürig, GG, Art. 20 VII Rn. 69; *Schmidt-Aßmann*, in: Isensee/Kirchhof, HStR II, § 26 Rn. 81; *Badura*, StaatsR, D Rn. 50, 53.

434 Die verfassungsrechtliche Verankerung des Vertrauensschutzes wird wie die des allgemeinen Erfordernisses der Rechtssicherheit (dazu m. Nachw. 3. Kapitel A. II. 2. b)) nicht einheitlich beurteilt. Als Anknüpfungspunkte werden das Rechtsstaatsprinzip sowie die Grundrechte herangezogen. Dazu umfassend z. B. *Blanke*, Vertrauensschutz, S. 51ff.; *Schwarz*, Vertrauensschutz, S. 134ff.; *Muckel*, Kriterien, S. 31ff.;

quelle[435] an einen Grundrechtsträger[436] adressiert ist. Trifft der Adressat im Vertrauen auf den Bestand einer Rechtslage eine Disposition, darf sich seine Rechtsposition durch eine nachträgliche[437] Änderung der Rechtslage daher grundsätzlich nicht zu seinem Nachteil[438] ändern.[439]

Zu klären ist, welche Vorgaben das Erfordernis der Rechtssicherheit für die Ausgestaltung der Rechtsfolgen eines Rechtsverstoßes trifft. Den Grundsätzen der Vorhersehbarkeit staatlichen Handelns sowie des Vertrauensschutzes ist gemein, dass sie Klarheit dahingehend verlangen, „was gilt". Es muss also irgendwann eindeutig bestimmbar sein, wie ein konkreter Sachverhalt rechtlich zu bewerten ist. Das verlangt nicht zwingend, dass eine rechtswidrige Rechtsquelle von Anfang an unwirksam ist. Vielmehr kann ein Sachverhalt auch dann rechtlich eindeutig bewertet werden, wenn eine rechtswidrige Rechtsquelle zu einem vorgegebenen Zeitpunkt wirksam und nicht mehr anfechtbar, also bestandskräftig ist.[440]

---

im Überblick *Leisner*, Kontinuität, S. 463 f. m. Nachw. auch zur Rechtsprechung des Bundesverfassungsgerichts; *Lepsius*, Jura 2018, 695 (697); *Sommermann*, in: v. Mangoldt/Klein/Starck, GG II, Art. 20 Rn. 291.

[435] Das gilt sowohl für Rechtsquellen der Verwaltung als auch für Gesetze, da jedes staatliche Handeln an den Vertrauensschutzgrundsatz gebunden ist, vgl. *Schwarz*, Vertrauensschutz, S. 320. Zur Bedeutung des Vertrauensschutzes speziell für die Gesetzgebung statt vieler *Muckel*, Kriterien, passim; speziell für die Verwaltung statt vieler *Blanke*, Vertrauensschutz, S. 148 ff.

[436] Umstritten ist, ob auch das Vertrauen von grundrechtsverpflichteten Rechtssubjekten verfassungsrechtlich geschützt ist, differenzierend *Sachs*, in: ders., GG, Art. 20 Rn. 131; *ders.*, in: Stelkens/Bonk/Sachs, VwVfG, § 48 Rn. 137 jew. m. Nachw.; verneinend BVerwGE 23, 25 (30 f.); 27, 215 (218); 60, 208 (211); 126, 7 (12). *Lepsius*, Jura 2018, 695 (698 f.) differenziert innerhalb von Grundrechtsträgern. Seiner Auffassung nach sind natürliche Personen grundsätzlich schutzbedürftiger als grundrechtsberechtigte juristische Personen.

[437] Zum Zeitpunkt des Inkrafttretens einer Rechtsquelle unten 3. Kapitel C.

[438] Der Vertrauensschutzgrundsatz schützt vor nachteiligen Veränderungen, vgl. BVerfGE 18, 429 (493); 30, 367 (386); 132, 302 (317); 135, 1 (21); *Schulze-Fielitz*, in: Dreier, GG II, Art. 20 (Rechtsstaat) Rn. 152.

[439] Vgl. *Lepsius*, Jura 2018, 577 (580); *Muckel*, Kriterien, S. 75; *Schulze-Fielitz*, in: Dreier, GG II, Art. 20 (Rechtsstaat) Rn. 147. Man geht überwiegend davon aus, dass der Vertrauensschutzgrundsatz regelmäßig nur greift, wenn der Adressat tatsächlich sein Vertrauen betätigt hat, indem er im Vertrauen auf den Bestand der Rechtsquelle eine Disposition getroffen hat, dazu statt vieler *Leisner*, Kontinuität, S. 469 ff.; *Blanke*, Vertrauensschutz, S. 41 ff.; *Schwarz*, Vertrauensschutz, S. 307 f. jew. m. Nachw.; *Ossenbühl*, Rücknahme, S. 87 ff.; kritisch *Pieroth*, Rückwirkung, S. 124 f.; *Muckel*, Kriterien, S. 98 f.

[440] Zur Rechts- bzw. Bestandskraft staatlicher Entscheidungen als Folge des Erfordernisses der Rechtssicherheit: BVerfGE 2, 380 (403); 15, 313 (319); 60, 253 (269 f.); 131, 20 (46 f.); BVerwGE 28, 122 (127); 44, 333 (336); 109, 346 (348); *Schmidt-Aßmann*, in: Isensee/Kirchhof, HStR II, § 26 Rn. 83; *Sachs*, in: Stelkens/Bonk/Sachs,

Das führt zu der Frage, ob das Erfordernis der Rechtssicherheit grundsätzlich die Nichtigkeit oder die Wirksamkeit einer rechtswidrigen Rechtsquelle nahelegt. Wegen der Pflicht staatlicher Stellen zu rechtmäßigem Handeln (Art. 20 Abs. 3 GG) könnte man davon ausgehen, dass eine erlassene Rechtsquelle in der Regel rechtmäßig[441] und dadurch zugleich wirksam ist. Dann wäre jede erlassene Rechtsquelle unabhängig davon, ob sie rechtmäßig oder rechtswidrig ist, zunächst wirksam.[442]

Wegen der subjektiven Schutzfunktion[443] des Vertrauensschutzgrundsatzes ist jedoch auch das Interesse des Adressaten einer Rechtsquelle zu berücksichtigen. Der Adressat einer Rechtsquelle hat in der Regel nur ein Interesse am Fortbestand einer rechtswidrigen Rechtsquelle, wenn sie eine ihn begünstigende Regelung enthält.[444] Das spricht dafür, dass eine rechtswidrige begünstigende Rechtsquelle grundsätzlich wirksam ist. Für rechtswidrige Rechtsquellen mit einer beeinträchtigenden Regelung gilt diese Vermutung hingegen nicht.

Fraglich ist nun, ob das Erfordernis der Rechtssicherheit die Wirksamkeit von allen rechtswidrigen begünstigenden Rechtsquellen im selben Maße nahelegt oder ob bspw. je nach dem Regelungsumfang der Rechtsquelle zu differenzieren ist[445]. Trifft eine staatliche Stelle eine Einzelfallregelung, entscheidet sie, dass ein ganz konkreter Sachverhalt unter einen bestimmten rechtlichen Tatbestand fällt und welche Rechtsfolgen in diesem Fall eintreten sollen. Sie schafft also für einen ganz speziellen Fall einen konkreten Vertrauenstatbestand[446]. Durch den Erlass einer abstrakt-generellen Regelung entscheidet hingegen keine staatliche Stelle, ob und inwieweit ein Einzelfall von dieser Regelung erfasst ist.[447] Das hängt vielmehr z. B. davon ab, ob eine staatliche Stelle den Einzelfall unter den Tatbestand der abstrakt-generellen Regelung subsumiert und wie die Stelle von einem möglichen

VwVfG, § 43 Rn. 9; *Sommermann*, in: v. Mangoldt/Klein/Starck, GG II, Art. 20 Rn. 304.

441 Ähnlich *Stober*, in: Wolff/Bachof/Stober/Kluth, VwR I, § 28 Rn. 19.

442 Dazu *Morlok*, Folgen, S. 62 f.

443 Vgl. dazu die Nachw. in 3. Kapitel B. Fn. 433, 439.

444 Vgl. zur Unterscheidung beim Vertrauensschutz zwischen begünstigenden und belastenden Regelungen auch die Ausführungen und Nachw. unten 3. Kapitel C. II. 2.

445 Vgl. dazu *Lepsius*, Jura 2018, 695 (701 f.).

446 Auch wenn die Voraussetzungen, unter denen der Vertrauensschutzgrundsatz zu berücksichtigen ist, im Einzelnen nicht einheitlich beurteilt werden, besteht Einigkeit darin, dass eine Vertrauensgrundlage bzw. ein Vertrauenstatbestand durch staatliches Handelns geschaffen worden sein muss. Vgl. z. B. *Muckel*, Kriterien, S. 80 ff.; *Schwarz*, Vertrauensschutz, S. 295 ff.; *Maurer*, in: Isensee/Kirchhof, HStR IV, § 79 Rn. 13; *Ossenbühl*, Rücknahme, S. 80 f.; *Beaucamp*, DÖV 2017, 699 (703).

447 In dieselbe Richtung *Lepsius*, Jura 2018, 695 (701).

Entscheidungsspielraum Gebrauch macht. Demzufolge ist das Vertrauen des Adressaten einer Rechtsquelle in den Fortbestand eines Rechts besonders schutzwürdig, wenn ihm das Recht durch eine Einzelfallregelung gewährt wurde.[448] Folglich legt das Erfordernis der Rechtssicherheit die Wirksamkeit von rechtswidrigen begünstigenden Rechtsquellen mit einer Einzelfallregelung stärker nahe als von Rechtsquellen mit einer abstrakt-generellen Regelung.

Das Vertrauen eines Adressaten in den Fortbestand einer Rechtsquelle mit einer Einzelfallregelung ist aber dann nicht schutzwürdig[449], wenn er wusste oder wissen musste, dass die Rechtsquelle rechtswidrig ist[450]. Das ist insbesondere der Fall, wenn er den Erlass der Rechtsquelle durch die bewusste Angabe von falschen Tatsachen bewirkt hat. Ist die begünstigende Rechtsquelle mit einer Einzelfallregelung für ihren Adressaten offensichtlich rechtswidrig, spricht der Vertrauensschutzgrundsatz also nicht dafür, dass die Rechtsquelle gilt.

4. Grundrechte

Die Grundrechte sind bei der Ausgestaltung der Fehlerfolgen einer Rechtsquelle nicht nur dann zu berücksichtigen, wenn man den Vertrauensschutz in ihnen verankert[451]. Beeinträchtigt eine Rechtsquelle einen Grundrechtsträger in einem Grundrecht in rechtswidriger Weise, begründet das Grundrecht in der Regel einen Anspruch des Grundrechtsträgers auf Beseitigung der Beeinträchtigung.[452] Ist eine grundrechtsbeeinträchtigende Rechtsquelle rechtswidrig, ist der durch sie bewirkte Grundrechtseingriff ebenfalls rechtswidrig. Um dem Beseitigungsanspruch des betroffenen Grundrechtsträgers gerecht zu werden, kommen unterschiedliche Möglichkeiten in Betracht. Es erfolgt schon kein Grundrechtseingriff, wenn eine rechtswidrige Rechtsquelle von

---

448 Ähnlich *Lepsius*, Jura 2018, 695 (701 f.).

449 Der Vertrauensschutz soll nicht greifen, wenn das Vertrauen der Adressaten einer Rechtsquelle in den Fortbestand nicht schutzwürdig ist, z. B. BVerfGE 14, 288 (300); 24, 220 (230); 43, 291 (391 ff.); 63, 152 (175 f.); 68, 287 (307); 75, 246 (280); BVerwGE 8, 261 (268 f.); weitere Nachw. unten in 3. Kapitel C. Fn. 519. Dazu auch *Muckel*, Kriterien, S. 104 ff.; *Leisner*, Kontinuität, S. 491 f.

450 Vgl. dazu BVerwGE 8, 261 (270 f.); *Ossenbühl*, Rücknahme, S. 19 f., 81.

451 Der Vertrauensschutzgrundsatz wird nicht einheitlich im Grundgesetz verankert. Teilweise wird er aus den Grundrechten hergeleitet, so z. B. *Kunig*, Rechtsstaatsprinzip, S. 417 ff. Zu möglichen Ansätzen vgl. die Nachw. in 3. Kapitel B. Fn. 434.

452 Grundlegend *Baumeister*, Beseitigungsanspruch, S. 21 ff. Dazu auch *Käß*, Planerhaltung, S. 23 f.; *Morlok*, Folgen, S. 63 f.; *Hufen/Siegel*, Fehler, Rn. 802, 809; *Schmidt-Aßmann*, in: Maunz/Dürig, GG, Art. 19 Abs. 4 Rn. 285; *Stern*, StaatsR III/1, S. 671 ff.

Anfang an unwirksam ist. Ist eine rechtswidrige Rechtsquelle hingegen wirksam, kann die Grundrechtsbeeinträchtigung nur beseitigt werden, wenn die Rechtsquelle aufhebbar ist. Eine grundrechtsbeeinträchtigende rechtswidrige Rechtsquelle darf also in der Regel nicht von vornherein bestandskräftig sein.[453]

Ist sie anfechtbar, bedeutet das, dass der betroffene Grundrechtsträger tätig werden muss, um den Eintritt der Bestandskraft der rechtswidrigen Rechtsquelle zu verhindern. Da diese Rechtsfolge eine weitere Grundrechtsbeeinträchtigung ist, bedarf sie der Rechtfertigung und sie muss gesetzlich geregelt sein.

5. Funktionsfähigkeit der staatlichen Stelle und Verwaltungseffizienz

Die Funktionsfähigkeit[454] einer staatlichen Stelle ist insbesondere bei der Durchführung von komplexen Verfahren gefährdet. Die Komplexität eines Verfahrens steigt bspw. mit der Anzahl der zwingend am Verfahren zu beteiligenden Rechtssubjekte. Je komplexer ein Verfahren ausgestaltet ist, desto höher ist die Wahrscheinlichkeit, dass die staatliche Stelle fehlerhaft handelt.[455] Hätte nun jeder Verstoß gegen eine Verfahrensbestimmung die Nichtigkeit einer Rechtsquelle zur Folge, müsste die Stelle ein und dieselbe Aufgabe stets neu erledigen, wobei die Fehleranfälligkeit der Rechtsquelle nicht sinkt. Um die Funktionsfähigkeit einer staatlichen Stelle sicherzustellen, liegt es daher nahe, dass in komplexen Verfahren[456] nicht jeder Rechtsverstoß zur Nichtigkeit der Rechtsquelle führt,[457] sondern dass z. B. manche Verstöße geheilt[458] werden können.

Zu diesem Ergebnis führt auch das verfassungsrechtliche Erfordernis der Verwaltungseffizienz[459]. Hat eine Stelle der Verwaltung eine bestimmte Auf-

---

453 So auch *Ossenbühl*, NJW 1986, 2805 (2811).

454 Zu diesem Erfordernis oben 3. Kapitel A. III. 2. c). Zu seiner Bedeutung für die Ausgestaltung von Fehlerfolgenregelungen *Martin*, Heilung, S. 217.

455 Zur Fehleranfälligkeit von Verfahren *Morlok*, Folgen, S. 97 ff.; *Sachs*, in: Hoffmann-Riem/Schmidt-Aßmann/Voßkuhle, GVwR II, § 31 Rn. 22 f.

456 Nicht nur auf das Verfahren beschränkt, sondern allgemein dazu, inwiefern sich die Anzahl der einzuhaltenden Vorschriften auf die Ausgestaltung der Fehlerfolgenregelungen auswirken kann *Schnelle*, Fehlerfolgenlehre, S. 251 ff.

457 Im Ansatz ähnlich *Käß*, Planerhaltung, S. 29 f.

458 Die Verfassungsmäßigkeit von Heilungsklauseln wie § 45 VwVfG wird im Grundsatz teils bejaht, teils verneint, vgl. dazu *Pünder*, in: Ehlers/Pünder, Allg VwR, § 14 Rn. 78 m. Nachw.

459 Zu diesem Erfordernis oben 3. Kapitel A. IV. 2. g) m. Nachw.

gabe durch den Erlass einer Rechtsquelle zwar erledigt, dabei aber rechtswidrig gehandelt, könnte man zunächst meinen, sie müsse die Aufgabe erneut und zwar rechtmäßig erledigen. Erginge durch die rechtmäßige Rechtsquelle jedoch dieselbe Regelung wie durch die rechtswidrige, müssten zur Erreichung desselben Zwecks nochmals staatliche Mittel im selben Umfang wie beim erstmaligen Erlass eingesetzt werden. Das ist nicht ressourcenschonend. Demzufolge spricht das Erfordernis der Verwaltungseffizienz dafür, dass ein Rechtsverstoß von vornherein unbeachtlich ist, wenn er sich nicht auf den Inhalt der erlassenen Rechtsquelle auswirkt.[460]

Das kommt insbesondere bei einem Verstoß gegen eine Verfahrensvorschrift in Betracht.[461] Ein Ziel eines Verwaltungsverfahrens ist es, dass eine Rechtsquelle inhaltlich rechtmäßig ist.[462] Diesem Ziel wird eine Rechtsquelle gerecht, wenn sie zwar gegen eine Verfahrensvorschrift verstößt, aber dennoch eine rechtmäßige Regelung trifft. Das Erfordernis der Verwaltungseffizienz legt dann nahe, dass das Verfahren nicht nochmals durchgeführt werden muss, sondern dass der Rechtsfehler unbeachtlich[463] ist oder zumindest geheilt[464] werden kann.[465]

6. Ergebnis

Festzuhalten ist, dass nicht alle verfassungsrechtlich geschützten Rechte und Interessen dieselbe Rechtsfolge eines Rechtsverstoßes nahelegen. Man-

---

460 Kritisch *Schnelle*, Fehlerfolgenlehre, S. 261.

461 Vgl. dazu *Sachs*, in: Stelkens/Bonk/Sachs, VwVfG, § 45 Rn. 6. Das Grundgesetz verlangt nicht zwingend die Aufhebung von verfahrensfehlerhaft zustande gekommener Rechtsquellen. Dazu umfassend statt vieler *Hill*, Verfahren, S. 332 ff.; knapp *Gurlit*, VVDStRL Bd. 70 (2011), 227 (259) m. w. Nachw.

462 Dazu oben zusammenfassend 3. Kapitel A. IV. 2. i).

463 Man geht davon aus, dass Unbeachtlichkeitsklauseln wie § 46 VwVfG auch der Verwaltungseffizienz dienen, vgl. z. B. *Ossenbühl*, NVwZ 1982, 465 (471); *Ramsauer*, in: Kopp/Ramsauer, VwVfG, § 46 Rn. 4; *Schmitz*, in: Stelkens/Bonk/Sachs, VwVfG, § 9 Rn. 77. Die Verfassungsmäßigkeit von § 46 VwVfG wird teilweise jedoch bezweifelt, dazu umfassend und m. Nachw. *Baumeister*, Beseitigungsanspruch, insbesondere S. 266 ff.

464 Man geht davon aus, dass Heilungsklauseln wie § 45 VwVfG auch der Effizienz staatlichen Handelns bzw. der Verfahrensökonomie dienen: *Pünder*, in: Ehlers/Pünder, Allg VwR, § 14 Rn. 78; *Hufen/Siegel*, Fehler, Rn. 934, kritisch aber Rn. 925 ff.; *Ziekow*, VwVfG, § 45 Rn. 1; *Ramsauer*, in: Kopp/Ramsauer, VwVfG, § 45 Rn. 1; *Gurlit*, VVDStRL Bd. 70 (2011), 227 (260); kritisch *Baumeister*, Beseitigungsanspruch, S. 347 ff.

465 Vgl. dazu auch *Ossenbühl*, NVwZ 1982, 465 (471): „Ein Verwaltungsverfahren läuft nicht um seiner selbst willen ab, sondern es ist vielmehr auf einen bestimmten output gerichtet. Wird dieses Endergebnis materiellrechtlich richtig erzielt, kommt es auf einzelne Verfahrensschritte nicht mehr an."

che sprechen dafür, dass ein rechtlicher Fehler zur Nichtigkeit einer Rechtsquelle führt. Anderen ist die Tendenz zu entnehmen, dass die Nichteinhaltung einer Vorschrift für die Wirksamkeit einer Rechtsquelle unbeachtlich ist. Die verschiedenen von den Rechtsfolgen eines Rechtsfehlers betroffenen verfassungsrechtlich geschützten Rechte und Interessen sind bei der Ausgestaltung der Fehlerfolgen zu berücksichtigen. Das erfordert auch, dass jeder Rechtsverstoß im Hinblick auf seine Rechtsfolgen eigenständig zu bewerten ist.[466]

Verstößt ein Gesetz gegen das Grundgesetz, kann nur das Grundgesetz die Fehlerfolgen regeln. Hält eine Rechtsquelle der Verwaltung eine Vorgabe nicht ein, müssen die Fehlerfolgen auf das Grundgesetz oder auf ein Gesetz zurückzuführen sein.[467]

Bei der Ausgestaltung der Fehlerfolgen hat die Gesetzgebung einen Gestaltungsspielraum.[468] Es ist also die Aufgabe der Gesetzgebung, die Rechtsfolgen eines konkreten Rechtsverstoßes zwischen den beiden Extrempositionen der Nichtigkeit der Rechtsquelle einerseits und der Unbeachtlichkeit des Verstoßes andererseits einzuordnen. Hierfür hat sie die von den Fehlerfolgen betroffenen verfassungsrechtlich geschützten Rechte und Interessen im Wege einer Abwägung nach Maßgabe der praktischen Konkordanz in einen Ausgleich zu bringen.[469]

Um dem Erfordernis der Rechtssicherheit gerecht zu werden, muss prinzipiell irgendwann eindeutig bestimmbar sein, ob eine rechtswidrige Rechtsquelle entweder endgültig wirksam oder endgültig unwirksam ist. Ein Verstoß gegen das Grundgesetz bzw. gegen eine einfachrechtlich konkretisierte verfassungsrechtliche Vorgabe darf in jedem Fall nicht von vornherein unbeachtlich sein.[470]

Inwieweit ein bei der Ausgestaltung der Sanktion zu berücksichtigendes verfassungsrechtlich geschütztes Recht oder Interesse die Wirksamkeit oder die Unwirksamkeit einer rechtswidrigen Rechtsquelle nahelegt, ist teilweise abhängig von den Rechtsfolgen, auf deren Herbeiführung die Rechtsquelle

---

[466] *Morlok*, Folgen, S. 77.

[467] Vgl. dazu auch *Ossenbühl*, Rücknahme, S. 31 ff.

[468] Vgl. BVerwG, NVwZ 2002, 869 (872); *Hill*, Verfahren, S. 332 f.; *ders.*, DVBl. 1983, 1 (6); *Morlok*, Folgen, S. 77; *Ossenbühl*, NJW 1986, 2805 (2811); *Petz*, in: BK-BauGB, § 214 Rn. 4; speziell für Verfahrensfehler *Schlecht*, Unbeachtlichkeit, S. 50 m. w. Nachw.

[469] *Käß*, Planerhaltung, S. 30; *Steinwede*, Planerhaltung, S. 53; vgl. auch *Schmidt-Aßmann*, in: Maunz/Dürig, GG, Art. 19 Abs. 4 Rn. 240; *ders.*, in: Hoffmann-Riem/Schmidt-Aßmann/Voßkuhle, GVwR II, § 27 Rn. 106.

[470] *Ossenbühl*, NJW 1986, 2805 (2811 f.), der auch darauf hinweist, dass es unklar sei, welche Verfahrensvorschriften verfassungsrechtlich geboten sind.

gerichtet ist. Ist eine Rechtsquelle mit einer individuell begünstigenden Regelung rechtswidrig, erfordert der Vertrauensschutzgrundsatz, dass sie fortbesteht. Ausschließlich die Gesetzmäßigkeit der Verwaltung spricht dafür, dass der Rechtsverstoß nicht von vornherein unbeachtlich sein darf. Insgesamt ist also eine Tendenz des Grundgesetzes dahingehend zu erkennen, dass eine rechtswidrige Rechtsquelle mit einer individuell begünstigenden Regelung grundsätzlich wirksam sein soll.

Es spricht viel dafür, dass das Grundgesetz es nur zulässt, dass ein Rechtsfehler einer beeinträchtigenden Rechtsquelle von Anfang an unbeachtlich ist, wenn trotz des Fehlers inhaltlich dieselbe Regelung ergeht wie ohne ihn. Denn nur dann wird durch die rechtswidrige Rechtsquelle eine bestimmte staatliche Aufgabe genauso wie durch eine rechtmäßige erledigt, nämlich bestmöglich. Daraus ist zu schließen, dass auch die Ausgestaltung der Fehlerfolgen am Ziel der bestmöglichen Aufgabenerledigung auszurichten ist.

III. Ergebnis

1. Allgemeine Anforderungen an Rechtsquellen

Die Ausführungen in diesem Abschnitt lassen sich als allgemeine Anforderungen, die die Rechtsordnung an die Rechtsfolgen eines Rechtsfehlers einer Rechtsquelle stellt, wie folgt zusammenfassen:

Es hängt vom Regelungsumfang einer Rechtsquelle ab, inwieweit die Wirksamkeit einer rechtswidrigen Rechtsquelle verfassungsrechtlich erforderlich bzw. zulässig ist. Eine rechtswidrige Rechtsquelle mit einer abstrakt-generellen Regelung ist grundsätzlich nichtig. Rechtswidrige begünstigende Einzelfallregelungen sind hingegen prinzipiell wirksam.

Die Gesetzgebung legt die Rechtsfolgen eines Rechtsverstoßes einer Rechtsquelle der Verwaltung fest, wenn die Rechtsquelle nicht nichtig sein soll. Die Eckpunkte von möglichen Fehlerfolgen bilden einerseits die Nichtigkeit und andererseits die Wirksamkeit einer rechtswidrigen Rechtsquelle. Bei der Ausgestaltung der Fehlerfolgenregelungen hat die Gesetzgebung einen Gestaltungsspielraum, der durch die aufgezeigten verfassungsrechtlichen Kriterien begrenzt ist. Dabei muss die Gesetzgebung die bestmögliche Erledigung staatlicher Aufgaben sicherstellen.

2. Überprüfung der Fehlerfolgenregelungen für einen Flächennutzungsplan und für eine Allgemeinverbindlicherklärung eines Tarifvertrags

Damit der Annahme gefolgt werden kann, dass der Flächennutzungsplan sowie die Allgemeinverbindlicherklärung eines Tarifvertrags die Fähigkeit besitzen, verbindliche Rechtsfolgen zu setzen, müssen sich die Regelungen über die Wirksamkeit eines rechtswidrigen Flächennutzungsplans bzw. einer rechtswidrigen Allgemeinverbindlicherklärung eines Tarifvertrags innerhalb der in diesem Abschnitt herausgearbeiteten verfassungsrechtlichen Rahmenbedingungen halten. Zu klären ist, ob das zutrifft.

a) Flächennutzungsplan

Rechtswidrige Flächennutzungspläne sind nach den §§ 214 f. BauGB nicht grundsätzlich nichtig. Das genaue Fehlerfolgensystem der §§ 214 f. BauGB wurde bereits für Bebauungspläne dargestellt.[471] Entscheidend ist, dass § 214 BauGB die Rechtsfehler, die für die Wirksamkeit eines Flächennutzungsplans beachtlich sind, abschließend aufzählt.

Manche nach § 214 Abs. 1 BauGB beachtlichen Verstöße werden gemäß § 215 Abs. 1 S. 1 Nr. 1 bzw. Nr. 3 BauGB unbeachtlich, wenn sie nicht rechtzeitig geltend gemacht werden. Demzufolge wird ein im Sinne des § 214 Abs. 1 S. 1 Nr. 1 bis 3 oder Abs. 3 S. 2 BauGB rechtswidriger Flächennutzungsplan ex tunc wirksam und bestandskräftig[472], wenn der Rechtsverstoß nicht ordnungsgemäß gerügt wurde.[473] § 215 Abs. 1 S. 1 BauGB dient daher der Rechtssicherheit.[474] Gegen diese Regelung bestehen insbesondere deshalb keine[475] verfassungsrechtlichen Bedenken, weil § 215 Abs. 1 S. 1 BauGB nicht für Rechtsfehler gilt, die nach § 214 Abs. 1 S. 1 Nr. 4 BauGB beachtlich sind.[476] Eine Verletzung von Verfahrens- und Formvorschriften ist für die Rechtswirksamkeit des Flächennutzungsplans nach § 214 Abs. 1 S. 1 Nr. 4 BauGB unter anderem beachtlich, wenn der mit der Bekanntmachung

---

471 3. Kapitel B. I. 1.

472 *Petz*, in: BK-BauGB, § 215 Rn. 1.

473 Vgl. *Käß*, Planerhaltung, S. 115 f.

474 Vgl. *Kukk*, in: Schrödter, NK-BauGB, § 215 Rn. 1 f.; *Steinwede*, Planerhaltung, S. 100.

475 Teilweise wird die Verfassungsmäßigkeit der Rügefrist von einem Jahr, die § 215 Abs. 1 S. 1 BauGB regelt, bezweifelt, vgl. *Kukk*, in: Schrödter, NK-BauGB, § 215 Rn. 8.

476 Vgl. dazu *Käß*, Planerhaltung, S. 131; *Sennekamp*, in: Brügelmann, BauGB, § 214 Rn. 85.

des Flächennutzungsplans verfolgte Hinweiszweck nicht erreicht worden ist. Ein Mangel im Sinne des § 214 Abs. 1 S. 1 Nr. 4 BauGB führt also stets zur Unwirksamkeit eines Flächennutzungsplans. Dadurch ist gewährleistet, dass ein Flächennutzungsplan nur wirksam werden kann, wenn er so bekannt geworden ist, dass jedermann die Möglichkeit hat, von ihm ohne unzumutbare Erschwernisse Kenntnis zu erlangen.

Die Fehlerfolgenregelungen der §§ 214 f. BauGB dienen aber nicht nur der Rechtssicherheit. An der Aufstellung eines Flächennutzungsplans sind viele private und öffentlich-rechtliche Rechtssubjekte sowie Träger öffentlicher Belange zu beteiligen. Das Aufstellungsverfahren ist zudem in zahlreiche verschiedene Schritte gegliedert. Das Verfahren, in dem ein Flächennutzungsplan aufgestellt wird, weist daher eine erhöhte Fehleranfälligkeit auf.[477] Diesen Umstand berücksichtigen die §§ 214 f. BauGB, wonach einige Verstöße eines Flächennutzungsplans gegen Verfahrensvorschriften für seine Wirksamkeit unbeachtlich sind. Die Fehlerfolgenregelungen tragen somit auch zur Sicherung der Funktionsfähigkeit der handelnden staatlichen Stelle sowie zur Verwaltungseffizienz[478] bei.

Mängel im Abwägungsergebnis erfasst § 215 Abs. 1 BauGB nicht.[479] Sie sind daher unbefristet, also stets, beachtlich. Zudem sind manche Mängel nur beachtlich, wenn sie auf das Ergebnis des Verfahrens bzw. des Abwägungsvorgangs von Einfluss gewesen sind, vgl. z. B. § 214 Abs. 1 S. 1 Nr. 1, Abs. 3 S. 2 HS 2 BauGB. Dadurch wird jeweils sichergestellt, dass ein rechtswidriger Flächennutzungsplan nur dann wirksam wird, wenn er die staatliche Aufgabe der Bauleitplanung bestmöglich erledigt.[480] Das trägt zugleich zur Verwaltungseffizienz bei.

Es ist zu erkennen, dass die §§ 214 f. BauGB alle oben herausgearbeiteten verfassungsrechtlich geschützten Rechte und Interessen berücksichtigen, die von der Sanktion eines Rechtsverstoßes einer Rechtsquelle betroffen sind.

---

477 Vgl. dazu *Petz*, in: BK-BauGB, § 214 Rn. 5; *Morlok*, Folgen, S. 26; *Stock*, in: Ernst/Zinkahn/Bielenberg/Krautzberger, BauGB, § 214 Rn. 3; *Spieß*, in: Jäde/Dirnberger, BauGB, § 214 Rn. 1; *Steinwede*, Planerhaltung, S. 25; *Battis*, in: ders./Krautzberger/Löhr, BauGB, Vorb §§ 214–216 Rn. 1; *Sennekamp*, in: Brügelmann, BauGB, § 214 Rn. 1, 3; *Schnelle*, Fehlerfolgenlehre, S. 251 f. bejaht die Fehleranfälligkeit von Bebauungsplänen nicht nur im Hinblick auf das bei der Aufstellung einzuhaltende Verfahren, sondern wegen der „relativ hohe[n] materielle[n] Anforderungen“.

478 Vgl. dazu *Kukk*, in: Schrödter, NK-BauGB, § 214 Rn. 4 m. Nachw.

479 *Petz*, in: BK-BauGB, § 214 Rn. 28, § 215 Rn. 12; *Kukk*, in: Schrödter, NK-BauGB, § 215 Rn. 1, 5; *Battis*, in: ders./Krautzberger/Löhr, BauGB, § 215 Rn. 1; *Krebs*, in: Schoch, Bes VwR, 4. Kap. Rn. 123; *Oldiges/Brinktrine*, in: Steiner/Brinktrine, Bes VwR, § 3 Rn. 122a.

480 Vgl. dazu auch *Oldiges/Brinktrine*, in: Steiner/Brinktrine, Bes VwR, § 3 Rn. 116a.

Das legt es nahe, dass die Gesetzgebung diese Rechte und Interessen in einen verfassungsrechtlich zulässigen Ausgleich gebracht hat, sodass die Fehlerfolgenregelungen verfassungsmäßig sind.[481]

Ein Flächennutzungsplan kann aber nicht nur wegen eines Verstoßes gegen eine Vorschrift des Baugesetzbuchs rechtswidrig sein. Er muss vielmehr auch den jeweils für den handelnden Rechtsträger einschlägigen landesrechtlichen Vorgaben entsprechen. Die Rechtsfolgen des Verstoßes gegen eine solche Vorschrift regeln die §§ 214 f. BauGB mit Ausnahme des § 214 Abs. 4 BauGB nicht.[482] Unabhängig davon, welche Stelle konkret für den Erlass eines Flächennutzungsplans in Baden-Württemberg zuständig[483] ist, muss die handelnde Stelle bei seiner Aufstellung die Gemeindeordnung beachten.[484] Ist ein Flächennutzungsplan unter Verletzung von Verfahrens- oder Formvorschriften der Gemeindeordnung oder auf Grund der Gemeindeordnung zu Stande gekommen, gilt er nach § 4 Abs. 5, 4 S. 1 GemO BW grundsätzlich ein Jahr nach Bekanntmachung als von Anfang an gültig zu Stande gekommen. § 4 Abs. 4 GemO dient der Verwaltungseffizienz sowie der Funktionsfähigkeit der handelnden Stelle der Verwaltung und der Rechtssicherheit.[485] § 4 Abs. 4 S. 1 GemO BW gilt aber nicht für die in § 4 Abs. 4 S. 2 GemO BW genannten Rechtsverstöße. Auch gegen § 4 Abs. 4 GemO BW bestehen keine verfassungsrechtlichen Bedenken.[486]

---

481 Die Verfassungsmäßigkeit von §§ 214 f. BauGB (teilweise in Bezug auf a. F.) bejahen z. B. *Käß*, Planerhaltung, S. 131 ff., 194 ff.; *Sennekamp*, in: Brügelmann, BauGB, § 214 Rn. 34 ff.; *Stock*, in: Ernst/Zinkahn/Bielenberg/Krautzberger, BauGB, § 214 Rn. 145 ff.; *Petz*, in: BK-BauGB, § 214 Rn. 35 ff.; *Maurer*, FS Bachof, 215 (240 f.) – zu § 155a Abs. 1 BBauGB; *Steinwede*, Planerhaltung, S. 95 ff.; *Remmert*, in: Ennuschat/Ibler/Remmert, Öfftl Recht BW, § 3 Rn. 164. Die Verfassungsmäßigkeit von einzelnen Vorschriften verneint bzw. bezweifelt hingegen z. B. *Kukk*, in: Schrödter, NK-BauGB, § 215 Rn. 8, weitere Nachw. bei *Krebs*, in: Schoch, Bes VwR, 4. Kap. Rn. 125.

482 Vgl. BVerwG, BeckRS 2001, 31009927; *Stock*, in: Ernst/Zinkahn/Bielenberg/Krautzberger, BauGB, § 214 Rn. 37 f.; *Kukk*, in: Schrödter, NK-BauGB, § 214 Rn. 6, § 215 Rn. 2; *Petz*, in: BK-BauGB, § 214 Rn. 19, 51; *Spieß*, in: Jäde/Dirnberger, BauGB, § 214 Rn. 3.

483 Zur Zuständigkeit zum Erlass eines Flächennutzungsplans oben 3. Kapitel A. V. 2. a).

484 § 5 Abs. 2 S. 1 GKZ BW verweist auf die baden-württembergische Gemeindeordnung. Das Gesetz über kommunale Zusammenarbeit gilt nach Maßgabe des § 60 Abs. 1 GemO BW für Gemeindeverwaltungsverbände sowie für vereinbarte Verwaltungsgemeinschaften und des § 4 Abs. 2 NVerbG BW für Nachbarschaftsverbände.

485 Vgl. *Steger*, in: Kunze/Bronner/Katz, GemO BW, § 4 Rn. 40.

486 Das zeigt sich bereits daran, dass die Verfassungsmäßigkeit der Vorschriften in einschlägigen Kommentierungen nicht in Frage gestellt wird, vgl. z. B. *Steger*, in: Kunze/Bronner/Katz, GemO BW, § 4 Rn. 40. Vgl. zudem speziell für die Rechtsfolgen eines Verstoßes gegen das kommunalrechtliche Mitwirkungsverbot *Hill*, DVBl. 1983, 1 (6 f.).

Die Rechtsfolgen eines Verstoßes eines Flächennutzungsplans sind also gesetzlich vorgegeben. Es kommen alle verfassungsrechtlich geschützten Rechte und Interessen zur Geltung, die bei der Ausgestaltung der Fehlerfolgenregelungen zu berücksichtigen sind. Dann spricht alles dafür, dass die Rechtsfolgen von Rechtsverstößen eines Flächennutzungsplans so geregelt sind, dass sichergestellt ist, dass durch einen rechtswidrigen, aber wirksamen Flächennutzungsplan die staatliche Aufgabe der vorbereitenden Bauleitplanung bestmöglich erledigt wird.

b) Allgemeinverbindlicherklärung eines Tarifvertrags

Eine rechtswidrige Allgemeinverbindlicherklärung ist nichtig.[487] Das ist daraus zu schließen, dass das Tarifvertragsgesetz keine speziellen Fehlerfolgenregelungen enthält, sowie daraus, dass mit der Normenkontrolle nach §§ 2a Abs. 1 Nr. 5, 98 ArbGG gegen eine rechtswidrige Allgemeinverbindlicherklärung eine unbefristete Rechtsschutzmöglichkeit besteht.[488] Da eine Allgemeinverbindlicherklärung insbesondere weder Einzelfallregelungen noch zwingend ausschließlich begünstigende Regelungen enthält, ist die Gesetzgebung nach dem oben herausgearbeiteten Maßstab nicht dazu verpflichtet, andere Fehlerfolgenregelungen zu treffen. Indem jede rechtswidrige Allgemeinverbindlicherklärung nichtig ist, ist zudem sichergestellt, dass die staatliche Aufgabe des Schutzes nicht tarifgebundener Arbeitnehmer bestmöglich erledigt wird.

C. Wirkungsdauer einer Rechtsquelle

Nachdem die Bedingungen geklärt sind, unter denen eine Rechtsquelle wirksam sein kann, ist die Frage zu beantworten, ab wann und bis wann eine Rechtsquelle wirksam ist und sein darf. Den Zeitpunkt, in dem eine Rechtsquelle wirksam wird, nennt die Arbeit[489] Inkrafttreten der Rechtsquelle.[490] Entfaltet eine Rechtsquelle schon ab[491] einem Zeitpunkt Rechtswirkun-

---

[487] *Löwisch/Rieble*, TVG, § 5 Rn. 336; *Braun*, in: Thüsing/Braun, Tarifrecht, 6. Kap. Rn. 110.

[488] *Löwisch/Rieble*, TVG, § 5 Rn. 336.

[489] Wie sich sogleich zeigen wird, umschreibt auch die Rechtsordnung das Wirksamwerden von Rechtsquellen häufig mit dem Begriff des Inkrafttretens. Das gilt allerdings nicht für alle Rechtsquellenformen. Anders als die Rechtsordnung verwendet die Arbeit den Begriff des Inkrafttretens für alle Rechtsquellen unabhängig von ihrer Form.

[490] Vgl. dazu BVerfGE 42, 263 (283).

[491] Es steht außer Frage, dass eine Rechtsquelle jedenfalls ab dem Zeitpunkt ihres Inkrafttretens gilt. Ob und inwiefern eine Rechtsquelle bereits Rechtswirkungen ent-

gen, der vor[492] dem ihrer Bekanntgabe liegt, tritt sie rückwirkend in Kraft. Das ist jedenfalls dann der Fall, wenn der Zeitpunkt des Inkrafttretens einer Rechtsquelle vor denjenigen ihrer Bekanntgabe „rückdatiert" wird.[493] Eine rückwirkende Rechtsquelle regelt einen in der Vergangenheit liegenden Sachverhalt entweder erstmals oder anders als zum Zeitpunkt seiner erstmaligen rechtlichen Bewertung.[494] Mit dem Außerkrafttreten einer Rechtsquelle bezeichnet die Arbeit den Zeitpunkt, ab dem eine Rechtsquelle nicht mehr wirksam ist. Da die Arbeit die gerichtliche Kontrollperspektive außer Betracht lässt,[495] geht sie im Folgenden auch nicht auf die Möglichkeit ein, dass eine Rechtsquelle außer Kraft tritt, indem sie durch ein Gericht aufgehoben wird.

---

falten kann, bevor sie in Kraft tritt, wird in der Rechtswissenschaft unter dem Begriff „Vorwirkung" diskutiert. Dazu umfassend *Kloepfer*, Vorwirkung, passim; *Guckelberger*, Vorwirkung, passim.

492 Zur Abgrenzung zwischen Zukunft und Vergangenheit vgl. BVerfGE 63, 343 (353 f.); 72, 200 (241 f.); *Maurer*, in: Isensee/Kirchhof, HStR IV, § 79 Rn. 18.

493 Vgl. *Pieroth*, Rückwirkung, S. 97; ähnlich BVerfGE 63, 343 (355).

494 Der Erste Senat des Bundesverfassungsgerichts trennt gewöhnlich zwischen der „echten" und der „unechten" Rückwirkung eines Gesetzes. Der Zweite Senat differenziert hingegen meist zwischen der „Rückbewirkung von Rechtsfolgen" und der „tatbestandlichen Rückanknüpfung", wobei er teilweise auch dazu tendiert, eine Verhältnismäßigkeitsprüfung vorzunehmen, dazu m. Nachw. auch zur Rechtsprechung des Bundesverfassungsgerichts *Lepsius*, Jura 2018, 577 (582 ff.). Inwiefern sich die Fallgruppen, die die Senate durch ihre Terminologien beschreiben, voneinander unterscheiden, wird in der Literatur nicht einheitlich bewertet, vgl. dazu die Nachw. bei *Leisner*, Kontinuität, S. 482 f. Während die „echte" Rückwirkung (Rückbewirkung von Rechtsfolgen) verfassungsrechtlich grundsätzlich unzulässig sein soll, soll die „unechte" Rückwirkung (tatbestandliche Rückanknüpfung) regelmäßig zuläsig sein. Zu der vom Bundesverfassungsgericht vorgenommenen Unterscheidung im Überblick und jew. m. w. Nachw. auch zu dieser Rechtsprechung z. B. *Schulze-Fielitz*, in: Dreier, GG II, Art. 20 (Rechtsstaat) Rn. 456 ff.; *Sachs*, in: ders., GG, Art. 20 Rn. 132 ff.; *Maurer*, in: Isensee/Kirchhof, HStR IV, § 79 Rn. 21 ff.; *Lepsius*, Jura 2018, 577 (578 ff.); *Pieroth*, Rückwirkung, S. 25 ff.; *Muckel*, Kriterien, S. 68 ff. Diese Unterscheidung wird allerdings häufig kritisiert, insbesondere weil sich Gesetze oft nicht eindeutig nur einer der beschriebenen Konstellationen zuordnen lassen, vgl. z. B. Sondervotum zu BVerfGE 48, 1 ff., BVerfGE 48, 23 (23); *Pieroth*, Rückwirkung, S. 79 ff.; *Muckel*, Kriterien, S. 70 ff.; *Stern*, StaatsR I, S. 835 f.; *Leisner*, Kontinuität, S. 480; *Schulze-Fielitz*, in: GG II, Art. 20 (Rechtsstaat) Rn. 155; *Lepsius*, Jura 2018, 577 (578 ff.). Die Arbeit unterscheidet nicht zwischen verschiedenen Arten der Rückwirkung, sondern gebraucht den Begriff der Rückwirkung in dem im Text genannten Sinn.

495 Vgl. 1. Kapitel A.

I. Rechtslage am Beispiel der Rechtsquellen in einer kategorisierten Form

1. Gesetz, Rechtsverordnung und Satzung

Gemäß Art. 82 Abs. 2 S. 1 GG soll jedes Gesetz und jede Rechtsverordnung den Tag des Inkrafttretens bestimmen. Fehlt eine solche Bestimmung, so treten Gesetze und Rechtsverordnungen nach Art. 82 Abs. 2 S. 2 GG mit dem vierzehnten Tage nach Ablauf des Tages in Kraft, an dem das Bundesgesetzblatt ausgegeben worden ist. Werden Rechtsverordnungen nicht durch das Bundesgesetzblatt bekannt gemacht, treten sie nach § 4 Abs. 1 VkBkmG ebenfalls mit dem vierzehnten Tag nach Ablauf des Tages in Kraft, an dem sie im Verkündungsorgan veröffentlicht worden sind, sofern sie nichts anderes bestimmen. Für Gesetze im Sinne von Art. 72 Abs. 3 S. 1 GG und Art. 84 Abs. 1 S. 3 GG gilt ausnahmsweise eine von Art. 82 Abs. 2 S. 2 GG abweichende Frist, soweit nicht mit Zustimmung des Bundesrats etwas anderes bestimmt ist. Satzungen einer baden-württembergischen Gemeinde treten am Tage nach der Bekanntmachung in Kraft, wenn kein anderer Zeitpunkt bestimmt ist, § 4 Abs. 3 S. 2 GemO BW.[496]

Der Zeitpunkt des Inkrafttretens von Gesetzen, Rechtsverordnungen und Satzungen liegt somit normalerweise nach dem ihrer Bekanntgabe. Gesetze, Rechtsverordnungen und Satzungen treten also grundsätzlich nicht rückwirkend in Kraft. Art. 103 Abs. 2 GG verbietet ausdrücklich die Rückwirkung von Strafgesetzen. Für alle anderen Gesetze sowie für Rechtsverordnungen und Satzungen wird nicht allgemein und explizit geregelt, unter welchen Voraussetzungen sie Rückwirkung entfalten dürfen.[497] Soll eine Rechtsver-

---

[496] Das entspricht der Rechtslage in den meisten Ländern, vgl. die Übersicht bei *Geis*, in: Kluth/Krings, Gesetzgebung, § 25 Rn. 66.

[497] Die verfassungsrechtliche Zulässigkeit der Rückwirkung von Rechtsquellen ist aber Gegenstand von zahlreichen Entscheidungen des Bundesverfassungsgerichts und wurde in der Literatur vielfach behandelt. Zu den verfassungsrechtlichen Rahmenbedingungen, unter denen die Rückwirkung eines Gesetzes (un-)zulässig ist, statt vieler im Überblick und jew. m. Nachw. auch zur Rechtsprechung des Bundesverfassungsgerichts *Schulze-Fielitz*, in: Dreier, GG II, Art. 20 (Rechtsstaat) Rn. 151 ff.; *Maurer*, in: Isensee/Kirchhof, HStR IV, § 79 Rn. 17 ff.; *ders.*, StaatsR I, § 17 Rn. 111 ff.; *Hans Hofmann*, in: Schmidt-Bleibtreu/Hofmann/Henneke, GG, Art. 20 Rn. 75 ff.; *H. Schneider*, Gesetzgebung, Rn. 539. Weitere Nachw. auch unten 3. Kapitel C. II. 2. Nach ganz überwiegender Auffassung gelten die für Gesetze aufgestellten Kriterien auch für Rechtsverordnungen und Satzungen, vgl. z. B. BVerfGE 45, 142 (167 ff.); BVerwGE 67, 129 (131 ff.); *Maurer*, in: Isensee/Kirchhof, HStR IV, § 79 Rn. 86; *Schulze-Fielitz*, in: Dreier, GG II, Art. 20 (Rechtsstaat) Rn. 153; *Sannwald*, in: Schmidt-Bleibtreu/Hofmann/Henneke, GG, Art. 80 Rn. 41; *Jarass*, in: ders./Pieroth, GG. Art. 20 Rn. 96; *Steger*, in: Kunze/Bronner/Katz, GemO BW, § 4 Rn. 33;

ordnung oder eine Satzung rückwirkend in Kraft treten, muss das zumindest mit der jeweiligen Rechtsgrundlage zu vereinbaren sein.[498]

Gesetze, Rechtsverordnungen und Satzungen gelten grundsätzlich für unbestimmte Zeit.[499] Etwas anderes gilt nur, wenn sie befristet[500] sind oder wenn sie unter einer auflösenden Bedingung[501] stehen. Dann werden sie jeweils mit Fristablauf[502] bzw. mit Eintritt der auflösenden Bedingung[503] unwirksam. Ansonsten treten Gesetze, Rechtsverordnungen und Satzungen nur außer Kraft, wenn und soweit sie aufgehoben werden.[504] Sie können jeweils durch das Grundgesetz[505] sowie durch ein Gesetz[506] außer Kraft gesetzt werden. Daneben kann eine Rechtsverordnung eine vorangehende Rechtsverordnung[507] und eine Satzung eine vorangehende Satzung[508] aufheben.

Geis, in: Kluth/Krings, Gesetzgebung, § 25 Rn. 82; anders bzgl. Satzungen *Pieroth*, Rückwirkung, S. 22.

498 Für Rechtsverordnungen: *Bauer*, in: Dreier, GG II, Art. 80 Rn. 42; *Remmert*, in: Maunz/Dürig, GG, Art. 80 Rn. 135; *Uhle*, in: Kluth/Krings, Gesetzgebung, § 24 Rn. 98. Für Satzungen: *Steger*, in: Kunze/Bronner/Katz, GemO BW, § 4 Rn. 33; *Aker*, in: ders./Hafner/Notheis, GemO BW, § 4 Rn. 18.

499 Teilweise nur in Bezug auf das Gesetz: *H. Schneider*, Gesetzgebung, Rn. 550; *Chanos*, Befristung, S. 15; *J. Hoffmann*, Jura 2012, 11 (12); *Trips*, Verfahren Rechtsetzung, S. 234.

500 Dazu *Heckmann*, Geltungskraft, S. 387 ff.; *H. Schneider*, Gesetzgebung, Rn. 550 f.; *J. Hoffmann*, Jura 2012, 11 (12).

501 Dazu *Heckmann*, Geltungskraft, S. 392 ff.

502 Vgl. *Chanos*, Befristung, S. 39; *Heckmann*, Geltungskraft, S. 389; *J. Hoffmann*, Jura 2012, 11 (12); *Bauer*, in: Dreier, GG II, Art. 80 Rn. 57.

503 *Heckmann*, Geltungskraft, S. 393.

504 Vgl. *J. Hoffmann*, Jura 2012, 11 (12 f.); *Brenner*, in: v. Mangoldt/Klein/Starck, GG II, Art. 80 Rn. 79; *Remmert*, in: Maunz/Dürig, GG, Art. 80 Rn. 136; *Trips*, Verfahren Rechtsetzung, S. 234.

505 Vgl. dazu *Heckmann*, Geltungskraft, S. 362 ff.; *Bauer*, in: Dreier, GG II, Art. 80 Rn. 57.

506 Für Rechtsverordnungen: *Uhle*, Rechtsverordnung, S. 289 ff., 467 ff.; *ders.*, in: Kluth/Krings, Gesetzgebung, § 24 Rn. 108; *Heckmann*, Geltungskraft, S. 363 ff.; *Remmert*, in: Maunz/Dürig, GG, Art. 80 Rn. 136; *Bauer*, in: Dreier, GG II, Art. 80 Rn. 48, 57; *Sannwald*, in: Schmidt-Bleibtreu/Hofmann/Henneke, GG, Art. 80 Rn. 14 ff. Ob Satzungen durch Gesetz aufgehoben werden können, ist umstritten, verneinend *Heckmann*, Geltungskraft, S. 370 ff.

507 *Remmert*, in: Maunz/Dürig, GG, Art. 80 Rn. 136; *Uhle*, in: Kluth/Krings, Gesetzgebung, § 24 Rn. 107; *Ossenbühl*, in: Isensee/Kirchhof, HStR V, § 103 Rn. 77; *Sannwald*, in: Schmidt-Bleibtreu/Hofmann/Henneke, GG, Art. 80 Rn. 101.

508 *Geis*, in: Kluth/Krings, Gesetzgebung, § 25 Rn. 65; *Aker*, in: ders./Hafner/Notheis, GemO BW, § 4 Rn. 33.

2. Verwaltungsakt und Verwaltungsvertrag

Ein Verwaltungsakt wird nach § 43 Abs. 1 S. 1 VwVfG gegenüber demjenigen, für den er bestimmt ist oder der von ihm betroffen wird, in dem Zeitpunkt wirksam, in dem er ihm bekannt gegeben wird. Soweit es seine Rechtsgrundlage zulässt, kann ein Verwaltungsakt auch zu einem Zeitpunkt Rechtswirkungen entfalten, der vor oder nach seiner Bekanntgabe liegt.[509]

Gemäß § 43 Abs. 2 VwVfG bleibt ein Verwaltungsakt wirksam, solange und soweit er nicht zurückgenommen, widerrufen, anderweitig aufgehoben oder durch Zeitablauf oder auf andere Weise erledigt ist. Ein Verwaltungsakt kann nur durch eine andere Rechtsquelle aufgehoben werden, die später als der aufzuhebende Verwaltungsakt erlassen wurde. Eine Erledigung durch Zeitablauf setzt voraus, dass der Verwaltungsakt befristet erging. Ein Verwaltungsakt erledigt sich auf andere Weise, wenn er z.B. mit einer auflösenden Bedingung erlassen worden ist und die Bedingung eintritt.[510] Kurz gefasst ist mit der „Erledigung“ eines Verwaltungsakts der Wegfall seines regelnden Gehalts gemeint.[511]

Gemäß § 48 Abs. 1 S. 1 VwVfG kann ein rechtswidriger Verwaltungsakt, auch nachdem er unanfechtbar geworden ist, ganz oder teilweise mit Wirkung für die Zukunft oder für die Vergangenheit zurückgenommen werden. Begünstigende Verwaltungsakte dürfen nur bei Vorliegen von weiteren Voraussetzungen zurückgenommen werden, § 48 Abs. 1 S. 2 VwVfG. Ein rechtmäßiger nicht begünstigender Verwaltungsakt kann mit Wirkung für die Zukunft gemäß § 49 Abs. 1 VwVfG regelmäßig widerrufen werden. Hingegen darf ein rechtmäßiger begünstigender Verwaltungsakt nur unter den in § 49 Abs. 2 bzw. Abs. 3 VwVfG genannten Voraussetzungen widerrufen werden. Die sachliche Zuständigkeit für die Rücknahme und den Widerruf eines Verwaltungsakts richtet sich nach dem einschlägigen Fachrecht.[512] In der Regel ist die Stelle zuständig, die auch für den Erlass des Verwaltungsakts zuständig war.

---

[509] Vgl. zur Rückwirkung bzw. zum Hinausschieben des Inkrafttretens eines Verwaltungsakts BVerwGE 13, 1 (7); 88, 278 (281); *Sachs*, in: Stelkens/Bonk/Sachs, VwVfG, § 43 Rn. 182.

[510] Vgl. *Sachs*, in: Stelkens/Bonk/Sachs, VwVfG, § 43 Rn. 207; *Seibert*, Bindungswirkung, S. 222.

[511] Vgl. *Sachs*, in: Stelkens/Bonk/Sachs, VwVfG, § 43 Rn. 204, 209 ff.; *Ehlers*, FS Erichsen, 1 (7); *Ziekow*, VwVfG, § 43 Rn. 18.

[512] §§ 48 Abs. 5, 49 Abs. 5 VwVfG regeln ausschließlich die örtliche Zuständigkeit. Zur sachlichen Zuständigkeit statt vieler bspw. BVerwGE 110, 226 (230); *Suerbaum*, in: Mann/Sennekamp/Uechtritz, NK-VwVfG, § 48 Rn. 218 ff., § 49 Rn. 152; *Sachs*, in: Stelkens/Bonk/Sachs, VwVfG, § 48 Rn. 255.

Ein Verwaltungsvertrag wird zum vereinbarten Zeitpunkt wirksam. Er ist schwebend unwirksam, solange ein Dritter im Sinne von § 58 Abs. 1 VwVfG noch nicht zugestimmt bzw. eine Behörde im Sinne von § 58 Abs. 2 VwVfG noch nicht mitgewirkt hat. Sofern nichts anderes vereinbart ist, gilt ein Verwaltungsvertrag für unbestimmte Zeit. § 60 Abs. 1 VwVfG gewährt den Vertragsparteien jedoch das Recht, die Anpassung des Vertrags zu verlangen oder den Vertrag zu kündigen. Das setzt nach § 60 Abs. 1 S. 1 VwVfG jeweils voraus, dass die Verhältnisse, die für die Festsetzung des Vertragsinhalts maßgebend gewesen sind, sich seit dem Abschluss des Vertrags so wesentlich geändert haben, dass einer Vertragspartei das Festhalten an der ursprünglichen vertraglichen Regelung nicht zuzumuten ist. Die Behörde kann den Vertrag nach § 60 Abs. 1 S. 2 VwVfG darüber hinaus kündigen, um schwere Nachteile für das Gemeinwohl zu verhüten oder zu beseitigen.

3. Ergebnis

Es hat sich gezeigt, dass der Zeitpunkt des Inkrafttretens einer Rechtsquelle stets geregelt ist. Er ist entweder gesetzlich vorgegeben oder ein Gesetz ermächtigt die staatliche Stelle, die die Rechtsquelle erlässt, auch dazu, den Zeitpunkt des Inkrafttretens zu bestimmen. Festzuhalten ist zudem, dass die Bekanntgabe einer Rechtsquelle immer eine Voraussetzung dafür ist, dass die Rechtsquelle wirksam wird. Eine Rechtsquelle tritt grundsätzlich frühestens zum Zeitpunkt ihrer Bekanntgabe in Kraft.

Rechtsquellen gelten überwiegend für unbestimmte Zeit. Etwas anderes gilt nur, wenn sich das aus der Rechtsquelle ergibt. Anderenfalls tritt eine Rechtsquelle erst dann außer Kraft, wenn sie durch eine später erlassene Rechtsquelle aufgehoben wird. Die Befugnis zur Änderung oder zur Aufhebung einer Rechtsquelle ist stets auf das Grundgesetz oder auf ein Gesetz zurückzuführen.

II. Verfassungsrechtliche Hintergründe der dargestellten Rechtslage

Die vorangegangenen Ausführungen werfen mehrere Fragen auf: Verlangt das Grundgesetz, dass der Zeitpunkt des Inkrafttretens und der des Außerkrafttretens einer Rechtsquelle eindeutig bestimmbar sind? Ist es verfassungsrechtlich bedingt, dass das Inkrafttreten einer Rechtsquelle von ihrer Bekanntgabe abhängt? Welche staatliche Stelle ist verfassungsrechtlich dazu befugt, eine Rechtsquelle zu ändern oder aufzuheben? Dem ist im Folgenden nachzugehen.

1. Vorhersehbarkeit staatlichen Handelns

Das verfassungsrechtliche Erfordernis der Vorhersehbarkeit staatlichen Handelns verlangt, dass das staatliche Handeln für die von einer Regelung betroffenen Rechtssubjekte berechenbar ist.[513] Für die zulässige Wirkungsdauer einer Rechtsquelle bedeutet das, dass die Adressaten einer Rechtsquelle eindeutig bestimmen können müssen, ab wann die Rechtsquelle gilt und ab wann sie nicht mehr gilt. Der Zeitpunkt des Inkrafttretens einer Rechtsquelle muss daher so geregelt sein, dass ihn die Adressaten berechnen können. Der Zeitpunkt des Außerkrafttretens ist für die Adressaten eindeutig bestimmbar, wenn er sich von vornherein aus der Rechtsquelle selbst[514] oder aus einer später erlassenen Rechtsquelle ergibt.

Aus dem Erfordernis folgt ferner, dass eine Rechtsquelle nur in Kraft treten darf, wenn sie ihren Adressaten gegenüber bekannt gegeben worden ist.[515] Anderenfalls können die Adressaten das staatliche Handeln nicht berechnen. Soll das staatliche Handeln vorhersehbar sein, legt das zudem nahe, dass eine Rechtsquelle grundsätzlich nur künftiges staatliches Handeln regeln, also nicht rückwirkend in Kraft treten darf.

2. Vertrauensschutz

Wie bereits dargelegt, ist das Vertrauen von Rechtssubjekten auf den Fortbestand einer bestimmten Rechtslage verfassungsrechtlich geschützt, soweit die Rechtssubjekte im Vertrauen auf den Fortbestand tätig geworden sind.[516] Daraus ergibt sich für den zulässigen Zeitpunkt des Inkrafttretens einer Rechtsquelle Folgendes: Der Adressat einer Rechtsquelle hat in der Regel erst ab dem Zeitpunkt der Bekanntgabe die Möglichkeit, von der Rechtsquelle Kenntnis zu nehmen und somit sein Verhalten an der Rechtsquelle auszurichten. Er darf also davon ausgehen, dass er zu einem bestimmten Zeitpunkt unter denjenigen rechtlichen Rahmenbedingungen handeln darf, muss bzw. soll, die ihm bis dahin bekannt gegeben worden sind.[517] Diese Rahmenbedingungen ändern sich nachträglich, wenn das Verhalten des

---

[513] Dazu oben 3. Kapitel A. II. 2. b) m. Nachw.

[514] Das ist bei einer Befristung oder bei einer auflösenden Bedignung der Fall. Dazu, dass die Befristung eines Gesetzes verfassungsrechtlich zulässig ist, ausführlich *Chanos*, Befristung, passim.

[515] Zur Bekanntgabe einer Regelung als deren Geltungsbedingung BVerfGE 84, 133 (159); *Sommermann*, in: v. Mangoldt/Klein/Starck, GG II, Art. 20 Rn. 302.

[516] Dazu oben 3. Kapitel B. II. 3.

[517] Vgl. *Schulze-Fielitz*, in: Dreier, GG II, Art. 20 (Rechtsstaat) Rn. 152; ähnlich *Muckel*, Kriterien, S. 75.

Adressaten wegen einer rückwirkenden Rechtsquelle rechtlich anders zu bewerten ist. Der Adressat kann sein in der Vergangenheit liegendes Verhalten jedoch nicht mehr ändern.[518] Um das verfassungsrechtlich geschützte Vertrauen des Adressaten in den Bestand der im Zeitpunkt seines Verhaltens gültigen Rechtslage nicht unzulässig zu beeinträchtigen, dürfen an sein Verhalten nachträglich jedenfalls keine für ihn schlechteren Rechtsfolgen geknüpft werden als zum damaligen Zeitpunkt. Daher darf zumindest eine Rechtsquelle mit einer Regelung, die ihren Adressaten erstmals oder stärker als zuvor beeinträchtigt, grundsätzlich[519] nicht rückwirkend, sondern frühestens im Zeitpunkt ihrer Bekanntgabe in Kraft treten.[520] Soll sie hingegen rückwirkend in Kraft treten, muss nicht nur die durch die Regelung an sich erfolgende Grundrechtsbeeinträchtigung gerechtfertigt werden, sondern auch der Umstand, dass sie rückwirkend erfolgt.[521]

Keine Einigkeit besteht darin, ob das grundsätzliche Rückwirkungsverbot auch für begünstigende Regelungen gilt. In der Literatur wird das teilweise bejaht.[522] Das wird insbesondere auf ein allgemeines Interesse an Rechtssicherheit gestützt. Rückt man jedoch die Interessen des Adressaten einer Rechtsquelle in den Mittelpunkt und leitet man den Grundsatz des Vertrauensschutzes aus den Grundrechten ab, muss die Rückwirkung einer begünstigenden Regelung mangels Grundrechtsbeeinträchtigung grundsätzlich nicht gerechtfertigt werden[523]. Auf dieser Grundlage spricht daher alles dafür, dass

---

[518] Vgl. dazu BVerwGE 9, 251 (255).

[519] Nach dem Bundesverfassungsgericht ist die Rückwirkung insbesondere dann ausnahmsweise zulässig, wenn der Adressat einer Rechtsquelle mit einer Änderung der Rechtslage rechnen musste, wenn durch die frühere Regelung wegen einer verworrenen Rechtslage kein Vertrauenstatbestand geschaffen worden ist oder wenn dem schutzwürdigen Vertrauen des Adressaten überwiegende öffentliche Interessen entgegenstehen, die die Rückwirkung erfordern, z. B. BVerfGE 13, 261 (273); 18, 429 (439); 30, 367 (387 ff.); 72, 200 (258 ff.); 135, 1 (21 f.). Zu diesen vom Bundesverfassungsgericht entwickelten Fallgruppen z. B. *Leisner*, Kontinuität, S. 494 ff.; *Schulze-Fielitz*, in: Dreier, GG II, Art. 20 (Rechtsstaat) Rn. 159 ff.; *Maurer*, in: Isensee/Kirchhof, HStR IV, § 79 Rn. 38, 44 ff.; *Pieroth*, Rückwirkung, S. 55 ff.; *Schwarz*, Vertrauensschutz, S. 125 ff.; *Jarass*, in: ders./Pieroth, GG, Art. 20 Rn. 101 ff. jew. m. w. Nachw.; vgl. auch bereits die Nachw. in 3. Kapitel B. Fn. 449.

[520] Darin besteht grundsätzlich Einigkeit, vgl. die Nachw. in der Fn. zuvor sowie z. B. BVerfGE 24, 220 (229); 95, 64 (86 f.); 101, 239 (263); 123, 186 (257); 132, 302 (318); 135, 1 (13, 21).

[521] Z. B. BVerfGE 72, 200 (257); 105, 17 (36 f.); 132, 302 (317); 135, 1 (21); *Maurer*, in: Isensee/Kirchhof, HStR IV, § 79 Rn. 42 und zu möglichen Rechtfertigungsgründen Rn. 57.

[522] Z. B. *Leisner*, Kontinuität, S. 488 ff.; *Maurer*, in: Isensee/Kirchhof, HStR IV, § 79 Rn. 39 m. w. Nachw.

[523] Anders wohl *Maurer*, in: Isensee/Kirchhof, HStR IV, § 79 Rn. 58.

die Rückwirkung einer begünstigenden Rechtsquelle in der Regel verfassungsrechtlich zulässig ist.[524]

Für den Zeitpunkt des Außerkrafttretens einer Rechtsquelle hat der verfassungsrechtlich gewährleistete Vertrauensschutz der Adressaten einer Rechtsquelle folgende Bedeutung: Das Vertrauen eines Adressaten darauf, dass eine bestimmte Rechtslage auch künftig gilt, ist regelmäßig nicht geschützt.[525] Manchmal verlangt die Rechtsordnung aber, dass ein Adressat sein Verhalten für längere Zeit an ihr ausrichtet, wenn er ein bestimmtes Ziel erreichen möchte. Das ist bspw. bei Prüfungsordnungen der Fall.[526] Sie geben unter anderem vor, welche Prüfungsleistungen die Studierenden im Laufe ihres Studiums ablegen müssen, um am Ende einen bestimmten Abschluss zu erhalten. In dieser Konstellation hat der Adressat der Rechtsquelle in der Regel ein Interesse daran, dass die Rechtslage, auf deren Grundlage er sein Verhalten für längere Zeit ausgerichtet hat und ausrichten musste, nicht ad hoc geändert wird, bevor er sein Ziel erreicht hat. Dieses Interesse umfasst der Vertrauensschutzgrundsatz.[527] Das bedeutet, dass in derartigen Konstellationen das Vertrauen des Adressaten darauf, dass eine bestimmte Rechtslage noch für eine gewisse Dauer gilt, verfassungsrechtlich geschützt ist. Diesem Umstand kann z.B.[528] durch die Einführung von Übergangsregelungen[529] Rechnung getragen werden.

---

[524] Auch nach dem Bundesverfassungsgericht gilt das grundsätzliche Rückwirkungsverbot nur für belastende Gesetze, vgl. z.B. BVerfGE 15, 313 (324f.); 23, 85 (93); 30, 129 (140); 135, 1 (20f.) m.w.Nachw.; BVerfG, NJW 2011, 986 (987) und zudem z.B. *Stern*, StaatsR I, S. 832f.; *Beaucamp*, DÖV 2017, 699 (703); *Jarass*, in: ders./Pieroth, GG, Art. 20 Rn. 94.

[525] Vgl. BVerfGE 38, 61 (83); 76, 256 (349f.); 105, 17 (40); 125, 104 (135); 127, 1 (17); 127, 31 (47); 128, 90 (106); *Maurer*, in: Isensee/Kirchhof, HStR IV, § 79 Rn. 75; *Grzeszick*, in: Maunz/Dürig, GG, Art. 20 VII Rn. 71; *Lepsius*, Jura 2018, 577 (580) und 695 (701); *Schulze-Fielitz*, in: Dreier, GG II, Art. 20 (Rechtsstaat) Rn. 148, 151; *Beaucamp*, DÖV 2017, 699 (703); *Schwarz*, Vertrauensschutz, S. 42.

[526] Vgl. dazu BVerwG, NJW 1989, 723 (725); *Maurer*, in: Isensee/Kirchhof, HStR IV, § 79 Rn. 60; *Schulze-Fielitz*, in: Dreier, GG II, Art. 20 (Rechtsstaat) Rn. 169; *Muckel*, Kriterien, S. 99.

[527] Vgl. dazu *Muckel*, Kriterien, S. 99 m.Nachw.

[528] Weitere Möglichkeiten nennt *Maurer*, in: Isensee/Kirchhof, HStR IV, § 79 Rn. 74.

[529] Zur verfassungsrechtlichen Erforderlichkeit von Übergangsregelungen z.B. BVerfGE 21, 173 (183); 43, 242 (288); 51, 356 (368f.); 68, 272 (284ff.); 76, 256 (359); 126, 112 (155f.); 131, 47 (57ff.); *Schulze-Fielitz*, in: Dreier, GG II, Art. 20 (Rechtsstaat) Rn. 169; *Sommermann*, in: v. Mangoldt/Klein/Starck, GG II, Art. 20 Rn. 297; *Muckel*, Kriterien, S. 119ff.; *Jarass*, in: ders./Pieroth, GG, Art. 20 Rn. 108; speziell zu Prüfungsordnungen BVerwGE 65, 323 (339).

3. Demokratische Legitimation staatlichen Handelns, Art. 20 Abs. 2 GG

Eine Stelle der Verwaltung ist im Sinne des Art. 20 Abs. 2 S. 2 GG grundsätzlich nur ausreichend demokratisch legitimiert, eine Rechtsquelle zu erlassen, wenn sie dazu ermächtigt worden ist.[530] Ob und inwieweit eine staatliche Stelle dazu legitimiert ist, die Wirkungsdauer einer Rechtsquelle zu regeln, hängt daher von der Ermächtigungsgrundlage ab. Die Stelle ist nicht dazu legitimiert, den zeitlichen Geltungsumfang einer Rechtsquelle festzulegen, wenn ihn die Ermächtigungsgrundlage bereits vorgibt. Regelt ihn die Ermächtigungsgrundlage nicht selbst, ist die Stelle zunächst dazu legitimiert, die Rechtsquelle zu erlassen. Diese Rechtsmacht umfasst dann auch die Verpflichtung, zumindest den Zeitpunkt des Inkrafttretens der Rechtsquelle zu bestimmen. Da eine Stelle der Verwaltung[531] erst mit der Ermächtigung dazu legitimiert ist, eine Rechtsquelle zu erlassen, darf die Rechtsquelle grundsätzlich nicht vor dem Zeitpunkt der Ermächtigung in Kraft treten, es sei denn, die Ermächtigungsgrundlage lässt das ausnahmsweise zu.

Die Ermächtigungsgrundlage kann zudem die Befugnis enthalten, eine zunächst erlassene Rechtsquelle später außer Kraft zu setzen. Ob und inwieweit eine Stelle diese Rechtsmacht hat, ist durch Auslegung der Ermächtigungsgrundlage zu ermitteln. Dabei ist insbesondere von Bedeutung, ob eine Stelle nur Rechtsquellen aufheben darf, die sie selbst erlassen hat, oder auch solche, die auf eine andere Stelle zurückzuführen sind[532]. Letzteres kommt in der Regel nur bei einer Stelle in Betracht, die eine andere Stelle legitimiert hat. Legitimiert bspw. ein Gesetz eine Stelle der Verwaltung dazu, eine Rechtsquelle zu erlassen und macht die legitimierte Stelle von ihrer Rechtsmacht Gebrauch, dann ist die Gesetzgebung dazu befugt, nicht nur das ermächtigende Gesetz, sondern auch die Rechtsquelle der Verwaltung aufzuheben.[533] Die Verwaltung ist jedoch nicht dazu legitimiert, das ermächtigende Gesetz außer Kraft zu setzen.[534]

Festzuhalten ist, dass eine Stelle der Verwaltung dazu legitimiert ist, die Wirkungsdauer einer Rechtsquelle im Rahmen der jeweiligen Ermächtigungsgrundlage festzulegen. Zur Aufhebung einer Rechtsquelle können mehrere staatliche Stellen legitimiert sein. Wegen der im Grundgesetz enthaltenen

---

[530] Dazu oben insbesondere 3. Kapitel A. I. 2. c).

[531] Dazu, dass das verfassungsrechtliche Erfordernis der demokratischen Legitimation staatlichen Handelns der Rückwirkung von Gesetzen grundsätzlich entgegensteht BVerfGE 135, 1 (17 f.); *Michael*, JZ 2015, 425 (431).

[532] Dazu umfassend *Heckmann*, Geltungskraft, S. 360 ff.

[533] Dazu *Heckmann*, Geltungskraft, S. 360 ff. m. Nachw.

[534] Dazu *Heckmann*, Geltungskraft, S. 377 ff. m. Nachw.

Gesetzesvorbehalte muss die Wirkungsdauer von Rechtsquellen von Stellen der Verwaltung stets auf das Grundgesetz oder auf ein Gesetz zurückzuführen sein.

4. Repräsentations- und Gestaltungsfunktion einer staatlichen Stelle

Hat eine staatliche Stelle eine Repräsentationsfunktion, kann sie diese Funktion nur dann effektiv wahrnehmen, wenn es ihr möglich ist, die Rechtsordnung kontinuierlich daraufhin zu überprüfen und dahingehend anzupassen, dass sie den tatsächlichen Umständen und den von ihren Mitgliedern vertretenen Interessen entspricht.[535] Der Gestaltungsfunktion einer staatlichen Stelle ist es immanent, dass die Stelle die ihr zur Ausgestaltung und Konkretisierung übertragenen Materien stets neu regeln darf.[536] Dazu bedarf eine Stelle mit einer Repräsentations- und/oder[537] Gestaltungsfunktion nicht nur der Befugnis, neue staatliche Aufgaben zu schaffen.[538] Vielmehr muss sie auch bereits geschaffene staatliche Aufgaben auf eine andere Art und Weise als bisher erledigen sowie dem Staat wieder entziehen dürfen.[539] In der Rechtsgrundlage, die eine staatliche Stelle mit einer Repräsentations- und/oder Gestaltungsfunktion zum Erlass einer Rechtsquelle ermächtigt, ist daher regelmäßig auch die Befugnis enthalten, jedenfalls die von ihr auf dieser Grundlage erlassenen Rechtsquellen aufzuheben und zu ändern. Sie darf also über deren Außerkrafttreten disponieren.

5. Ergebnis

Fasst man die Anforderungen des Grundgesetzes an die Wirkungsdauer von Rechtsquellen zusammen, sind die aufgeworfenen Fragen nach dem Zeitpunkt des Inkrafttretens sowie des Außerkrafttretens, nach der Abhängigkeit des Inkrafttretens von der Bekanntgabe einer Rechtsquelle und

---

535 Vgl. dazu 3. Kapitel A. I. 2. b). In der Sache geht davon auch das Bundesverfassungsgericht aus, vgl. BVerfGE 109, 133 (186). Vgl. zudem *Chanos*, Befristung, S. 65 f.; *Maurer*, in: Isensee/Kirchhof, HStR IV, § 79 Rn. 61, 76; *Knemeyer*, DÖV 1978, 11 (16 f.), nach dem die kontinuierliche Überprüfung eine Pflicht der Gesetzgebung ist.

536 Ähnlich *Sachs*, in: ders., GG, Art. 20 Rn. 139.

537 Repräsentationsorgane haben in der Regel zugleich eine Gestaltungsfunktion, vgl. zum Bundestag 3. Kapitel A. I. 2. b).

538 Dazu, dass diese Rechtsmacht aus der Repräsentations- sowie aus der Gestaltungsfunktion einer staatlichen Stelle resultiert, 3. Kapitel A. I. 2. b).

539 Vgl. auch *Knemeyer*, DÖV 1978, 11 (16 f.).

nach der Befugnis zur Aufhebung einer Rechtsquelle wie folgt zu beantworten:

Der Zeitpunkt des Inkrafttretens einer Rechtsquelle muss eindeutig bestimmbar sein. Er muss in jedem Fall auf das Grundgesetz oder – das gilt nur für Rechtsquellen von Stellen der Verwaltung – auf ein Gesetz zurückzuführen sein.

Die Bekanntgabe einer Rechtsquelle ist stets eine Voraussetzung dafür, dass die Rechtsquelle in Kraft treten kann. Jedenfalls für Rechtsquellen mit beeinträchtigenden Regelungen gilt das grundsätzliche Rückwirkungsverbot.

Auch der Zeitpunkt des Außerkrafttretens einer Rechtsquelle muss eindeutig bestimmbar sein. Eine Rechtsquelle bleibt grundsätzlich so lange wirksam, bis sie aufgehoben wird.[540] Eine Rechtsquelle kann nur durch eine nachfolgende Rechtsquelle aufgehoben werden.[541]

Für den Erlass der neuen Rechtsquelle gelten die allgemeinen Anforderungen, die die Arbeit an die Rechtmäßigkeit von Rechtsquellen aufgestellt hat. Das übergreifende verfassungsrechtliche Ziel einer Rechtsquelle ist es, durch sie eine staatliche Aufgabe bestmöglich zu erledigen.[542] Setzt eine Rechtsquelle eine andere Rechtsquelle außer Kraft, bedeutet das dementsprechend, dass eine staatliche Aufgabe durch die neue Rechtsquelle besser erledigt werden muss als durch die alte, nun unwirksame Rechtsquelle.

Um dem Ziel der bestmöglichen Erledigung staatlicher Aufgaben gerecht zu werden, ist es erforderlich, dass jede Rechtsquelle aufgehoben bzw. geändert werden kann. Anderenfalls wäre nur zum Zeitpunkt des Erlasses einer Rechtsquelle gewährleistet, dass durch sie eine staatliche Aufgabe bestmöglich erledigt wird. Ändern sich danach jedoch bspw. tatsächliche Umstände, kann das zur Folge haben, dass eine staatliche Aufgabe durch die erlassene Rechtsquelle nicht mehr bestmöglich erledigt wird. Es liegt aber nahe, dass das Grundgesetz darauf abzielt, dass eine staatliche Aufgabe nicht nur zu einem Zeitpunkt, sondern stets bestmöglich erledigt ist. Daraus folgt auch, dass eine Rechtsquelle aufzuheben ist, sobald durch sie eine staatliche Aufgabe nicht mehr bestmöglich erledigt wird.

Die Befugnis, eine Rechtsquelle aufzuheben oder zu ändern, ist in der Regel zumindest der Stelle zuzuweisen, die die ursprüngliche Rechtsquelle erlassen hat. Wird einer staatlichen Stelle die Befugnis verliehen, eine Auf-

---

540 Vgl. dazu *Heckmann*, Geltungskraft, S. 347 ff.

541 Vgl. dazu *Heckmann*, Geltungskraft, S. 349 ff.; *Stober*, in: Wolff/Bachof/Stober/Kluth, VwR I, § 27 Rn. 7; *J. Hoffmann*, Jura 2012, 11 (13); *Remmert*, in: Maunz/Dürig, GG, Art. 80 Rn. 52.

542 Dazu oben 3. Kapitel A. V. 1.

gabe durch den Erlass einer Rechtsquelle zu erledigen, kommt dadurch zum Ausdruck, dass diese Stelle die Aufgabe bestmöglich erledigt. Dann spricht alles dafür, dass diese Stelle auch am besten darüber entscheiden kann, ob eine staatliche Aufgabe nach wie vor bestmöglich erledigt ist.

III. Ergebnis

1. Allgemeine Anforderungen an Rechtsquellen

Eine Rechtsquelle kann nur in Kraft treten, wenn sie ihren Adressaten bekannt gegeben worden ist. Eine Rechtsquelle mit einer beeinträchtigenden Regelung darf grundsätzlich nicht rückwirkend in Kraft treten. Die Adressaten einer Rechtsquelle müssen den Zeitpunkt des Inkrafttretens und den des Außerkrafttretens der Rechtsquelle eindeutig berechnen können. Für jede Rechtsquelle muss eine staatliche Stelle dazu befugt sein, die Rechtsquelle aufzuheben bzw. zu ändern. Eine Rechtsquelle soll so lange wirksam sein, solange durch sie eine staatliche Aufgabe bestmöglich erledigt wird.

2. Überprüfung der Wirkungsdauer eines Flächennutzungsplans und einer Allgemeinverbindlicherklärung eines Tarifvertrags

Zu überprüfen ist, ob die Wirkungsdauer eines Flächennutzungsplans und die einer Allgemeinverbindlicherklärung eines Tarifvertrags den herausgearbeiteten Anforderungen entspricht.

a) Flächennutzungsplan

Ein Flächennutzungsplan wird nach § 6 Abs. 5 S. 2 BauGB mit der Bekanntmachung der Erteilung der Genehmigung der höheren Verwaltungsbehörde wirksam. Dadurch[543] ist die Voraussetzung der Bekanntgabe erfüllt.

Insbesondere aus seiner Eigenschaft als „vorbereitender" Bauleitplan (§ 1 Abs. 2 BauGB) sowie daraus, dass im Flächennutzungsplan die sich aus der „beabsichtigten" städtebaulichen Entwicklung ergebende Art der Bodennutzung nach den „voraussehbaren" Bedürfnissen der Gemeinde darzustellen sind (§ 5 Abs. 1 S. 1 BauGB), ergibt sich, dass der Flächennutzungsplan Vorgaben für künftiges staatliches Handeln trifft. Er darf also grundsätzlich nicht rückwirkend in Kraft treten. Das lässt sich zudem aus § 214 Abs. 4

---

543 Vgl. nochmals statt vieler BVerfGE 65, 283 (292) dazu, dass die Bekanntmachung der Genehmigung mit dem verfassungsrechtlichen Erfordernis der Bekanntgabe der Rechtsquelle zu vereinbaren ist.

BauGB schließen, der ausdrücklich erlaubt, dass ein Flächennutzungsplan durch ein ergänzendes Verfahren zur Behebung von Fehlern auch rückwirkend in Kraft gesetzt werden kann. Diese Regelung ist verfassungsrechtlich zulässig.[544] Sie muss zwar den Anforderungen, die das Grundgesetz an das rückwirkende Inkrafttreten von Rechtsquellen stellt, entsprechen, da ein Flächennutzungsplan im Rahmen des § 35 Abs. 3 S. 3 BauGB beeinträchtigende Regelungen enthalten kann. Diesen Anforderungen wird § 214 Abs. 4 BauGB aber gerecht,[545] denn durch ein ergänzendes Verfahren dürfen die wesentlichen Inhalte eines Flächennutzungsplans nicht geändert werden[546]. Der Zeitpunkt des Inkrafttretens darf zudem nur maximal bis zu dem Zeitpunkt rückdatiert werden, in dem der ursprüngliche Flächennutzungsplan in Kraft getreten ist.[547] Dadurch steht der Rückwirkung eines Flächennutzungsplans der verfassungsrechtlich gewährleistete Vertrauensschutz von Grundrechtsträgern nicht entgegen.

Ein Flächennutzungsplan ist mit den ursprünglich erlassenen Darstellungen grundsätzlich so lange wirksam, bis er durch einen neuen Flächennutzungsplan geändert, ergänzt oder aufgehoben wird.[548] Nach § 1 Abs. 8 BauGB gelten die Vorschriften des Baugesetzbuchs über die Aufstellung von Flächennutzungsplänen auch für ihre Änderung, Ergänzung und Aufhebung. Dadurch ist die bestmögliche Erledigung der staatlichen Aufgabe der vorbereitenden Bauleitplanung sichergestellt. Dementsprechend hält die durch die Rechtsordnung vorgesehene Wirkungsdauer eines Flächennutzungsplans die herausgearbeiteten allgemeinen Anforderungen an die Wirkungsdauer von Rechtsquellen ein.

b) Allgemeinverbindlicherklärung eines Tarifvertrags

Nach § 5 Abs. 7 S. 1 TVG bedarf die Allgemeinverbindlicherklärung der öffentlichen Bekanntmachung. Die Bekanntmachung ist daher eine Voraussetzung dafür, dass die Allgemeinverbindlicherklärung wirksam wird.[549] Mit der Allgemeinverbindlicherklärung bestimmt das Bundesministerium für Arbeit und Soziales im Benehmen mit dem Tarifausschuss den Zeitpunkt des Beginns der Allgemeinverbindlichkeit, § 7 S. 2 TVGDV. Gemäß § 7 S. 3

544 BVerwGE 66, 116 (122); 75, 262 (267 f.) jeweils zu Vorgängerregelungen im Bundesbaugesetzbuch; *Sennekamp*, in: Brügelmann, BauGB, § 214 Rn. 37.

545 Vgl. *Battis*, in: ders./Krautzberger/Löhr, BauGB, § 214 Rn. 28.

546 Vgl. *Petz*, in: BK-BauGB, § 214 Rn. 148, 159; *Spieß*, in: Jäde/Dirnberger, BauGB, § 214 Rn. 44.

547 Vgl. statt vieler BVerwGE 75, 262 (269).

548 *Remmert*, in: Ennuschat/Ibler/Remmert, Öfftl Recht BW, § 3 Rn. 157.

549 BAG, BeckRS 2014, 67017; *Lakies*, in: Däubler, NK-TVG, § 5 Rn. 225.

TVGDV liegt der Zeitpunkt des Beginns der Allgemeinverbindlichkeit, sofern es sich nicht um die Erneuerung oder Änderung eines bereits für allgemeinverbindlich erklärten Tarifvertrags handelt, in aller Regel[550] nicht vor dem Tage der Bekanntmachung des Antrags auf Allgemeinverbindlicherklärung des Tarifvertrags. In der Bekanntmachung des Antrags weist das Bundesministerium für Arbeit und Soziales nach § 4 Abs. 1 S. 1 TVGDV darauf hin, dass die Allgemeinverbindlicherklärung mit Rückwirkung ergehen kann. Sie ergeht rückwirkend, wenn sie ab einem Zeitpunkt vor ihrer öffentlichen Bekanntmachung im Sinne von § 5 Abs. 7 TVG i.V.m. § 11 TVGDV gilt.[551] Wird auf die mögliche Rückwirkung – wie nach § 4 Abs. 1 S. 1 TVG erforderlich – hingewiesen, müssen die Adressaten der Allgemeinverbindlicherklärung eines Tarifvertrags ab dem Zeitpunkt der Bekanntmachung des Antrags mit einer Änderung der Rechtslage rechnen, sodass bei den Adressaten kein schutzwürdiges Vertrauen auf den Fortbestand der zum Zeitpunkt der Bekanntmachung gültigen Rechtslage besteht.[552] Tritt eine Allgemeinverbindlicherklärung rückwirkend frühestens zum Zeitpunkt der Bekanntmachung des Antrags in Kraft, liegt daher in der Regel kein Verstoß gegen das Rückwirkungsverbot vor.[553] Da die Allgemeinverbindlicherklärung aber vom Bestand des Tarifvertrags abhängig ist, kann ein Tarifvertrag jedenfalls nicht rückwirkend ab einem Zeitpunkt für allgemeinverbindlich erklärt werden, der vor dem Zeitpunkt liegt, ab dem der Tarifvertrag gilt.[554]

Bestimmt das Bundesministerium für Arbeit und Soziales den Zeitpunkt des Beginns der Allgemeinverbindlichkeit „[m]it der Allgemeinverbindlicherklärung" (§ 7 S. 2 TVGDV), spricht viel dafür, dass der Zeitpunkt des Beginns der Allgemeinverbindlichkeit in der Allgemeinverbindlicherklärung festzulegen[555] und demzufolge auch nach § 5 Abs. 7 S. 1 TVG i.V.m. § 11

---

550 Zur Vereinbarkeit der durch § 7 S. 3 TVGDV gewährten Rückwirkungsmöglichkeit mit § 11 TVG BAGE 40, 288 (292 ff.).

551 Vgl. *Lakies*, in: Däubler, NK-TVG, § 5 Rn. 206.

552 Vgl. BAGE 40, 288 (293 f.); *Braun*, in: Thüsing/Braun, Tarifrecht, 6. Kap. Rn. 97; *Löwisch/Rieble*, TVG, § 5 Rn. 141.

553 Zur verfassungsrechtlichen Zulässigkeit der Rückwirkung einer Allgemeinverbindlicherklärung: BAGE 40, 288 (292 ff.); 84, 147 (152 ff.); 124, 1 (16); BAG, BeckRS 2013, 68483; BeckRS 2014, 67017. Danach sind die von der Rechtsprechung des Bundesverfassungsgerichts entwickelten Grundsätze zur verfassungsrechtlichen Zulässigkeit der Rückwirkung von Gesetzen auf die Rückwirkung von Allgemeinverbindlicherklärungen anzuwenden.

554 *Giesen*, in: BeckOK ArbR, § 5 TVG Rn. 24; *Braun*, in: Thüsing/Braun, Tarifrecht, 6. Kap. Rn. 94 f.; *Löwisch/Rieble*, TVG, § 5 Rn. 123; *Lakies*, in: Däubler, NK-TVG, § 5 Rn. 204; *Wank*, in: Wiedemann, TVG, § 5 Rn. 153.

555 Im Ergebnis ebenso *Lakies*, in: Däubler, NK-TVG, § 5 Rn. 202; *Giesen*, in: BeckOK ArbR, § 5 TVG Rn. 24.

S. 1 TVGDV öffentlich bekannt zu machen ist. Regelt die Allgemeinverbindlicherklärung den Zeitpunkt ihres Inkrafttretens nicht, wird einerseits vertreten, dass dann der Tag ihrer Veröffentlichung entscheidend sei.[556] Andererseits soll Art. 82 Abs. 2 S. 2 GG entsprechend anzuwenden sein.[557] Unabhängig davon, welche Auffassung man vertritt, ist der Zeitpunkt des Beginns der Allgemeinverbindlichkeit für die Adressaten eindeutig bestimmbar.

Die Geltungsdauer der Allgemeinverbindlichkeit der für allgemeinverbindlich erklärten Rechtsnormen eines Tarifvertrags kann auf unterschiedliche Weise enden. Wurden sie nur befristet für allgemeinverbindlich erklärt, endet ihre Allgemeinverbindlichkeit mit Fristablauf.[558] Nach § 5 Abs. 5 S. 1 TVG kann das Bundesministerium für Arbeit und Soziales die Allgemeinverbindlicherklärung eines Tarifvertrags im Einvernehmen mit dem Tarifausschuss (§ 5 Abs. 1 S. 1 TVG) aufheben, wenn die Aufhebung im öffentlichen Interesse geboten erscheint. Dabei gelten gemäß § 5 Abs. 5 S. 2 TVG die Absätze 2 und 3 des § 5 TVG entsprechend. Nach § 10 S. 2 TVGDV gelten zudem § 4 Abs. 1 TVGDV sowie §§ 6 bis 8 TVGDV sinngemäß. Die Aufhebung einer Allgemeinverbindlicherklärung ist also im Wesentlichen[559] nur unter denselben Voraussetzungen möglich wie ihr Zustandekommen.[560] Dadurch ist gewährleistet, dass die staatliche Aufgabe des Schutzes nicht tarifgebundener Arbeitnehmer bestmöglich erledigt wird.

Wird die Allgemeinverbindlicherklärung eines Tarifvertrags nicht aufgehoben und ist der Tarifvertrag nicht nur befristet für allgemeinverbindlich erklärt worden, endet die Allgemeinverbindlichkeit des Tarifvertrags gemäß § 5 Abs. 5 S. 3 TVG mit Ablauf des Tarifvertrags. Nach Ablauf eines Tarifvertrags gelten seine Rechtsnormen jedoch nach § 4 Abs. 5 TVG weiter, bis sie durch eine andere Abmachung ersetzt werden. Wirkt ein Tarifvertrag nach, der für allgemeinverbindlich erklärt wurde, tritt diese Rechtsfolge nach der ganz überwiegenden Auffassung in Rechtsprechung und Literatur grundsätzlich genauso gegenüber denjenigen Arbeitgebern und Arbeitnehmern ein,

---

556 So *Braun*, in: Thüsing/Braun, Tarifrecht, 6. Kap. Rn. 96.

557 So *Lakies*, in: Däubler, NK-TVG, § 5 Rn. 205.

558 Ein Tarifvertrag kann befristet für allgemeinverbindlich erklärt werden, *Lakies*, in: Däubler, NK-TVG, § 5 Rn. 210; *Löwisch/Rieble*, TVG, § 5 Rn. 125; *Braun*, in: Thüsing/Braun, Tarifrecht, 6. Kap. Rn. 98.

559 Im Verfahren liegt ein Unterschied darin, dass eine Allgemeinverbindlicherklärung nur auf gemeinsamen Antrag der Tarifvertragsparteien zustande kommen (§ 5 Abs. 1 S. 1 TVG), aber nur auf Initiative des Bundesministeriums für Arbeit und Soziales aufgehoben werden kann (§ 10 S. 1 TVGDV).

560 *Braun*, in: Thüsing/Braun, Tarifrecht, 6. Kap. Rn. 100; *Franzen*, in: ErfK ArbR, § 5 TVG Rn. 25.

für die die Allgemeinverbindlicherklärung gilt.[561] Ein allgemeinverbindlicher Tarifvertrag soll gegenüber Außenseitern im Sinne des § 5 Abs. 4 S. 1 TVG auch dann in der Fassung, in der er für allgemeinverbindlich erklärt wurde, nachwirken, wenn der Tarifvertrag gegenüber den tarifgebundenen Arbeitgebern und Arbeitnehmern geändert oder durch einen neuen (noch) nicht für allgemeinverbindlich erklärten Tarifvertrag abgelöst wird.[562] Teilweise wird vertreten, § 4 Abs. 5 TVG sei entsprechend anzuwenden, wenn eine Allgemeinverbindlicherklärung nach § 5 Abs. 5 S. 1 TVG aufgehoben wird.[563] Jedoch könne die Nachwirkung sowohl im Tarifvertrag[564] als auch in der Allgemeinverbindlicherklärung[565] ausgeschlossen werden. Daher sei die Rechtsfolge der Nachwirkung auch verfassungsrechtlich zulässig.[566] Da die Nachwirkung nach § 4 Abs. 5 TVG endet, wenn sie durch eine andere Abmachung ersetzt wird,[567] ist das Ende der Allgemeinverbindlichkeit der für allgemeinverbindlich erklärten Rechtsnormen eines Tarifvertrags für alle Außenseiter im Sinne des § 5 Abs. 4 S. 1 TVG erkennbar. Insofern liegt also kein Verstoß gegen das verfassungsrechtliche Erfordernis der Rechtssicherheit vor.

Die Aufhebung der Allgemeinverbindlicherklärung ist nach § 5 Abs. 7 S. 1 TVG i. V. m. § 11 S. 1 TVGDV öffentlich bekannt zu machen. Nach § 11 S. 2 TVGDV braucht die Mitteilung über das Außerkrafttreten eines allgemein-

---

[561] Das bedeutet, dass der für allgemeinverbindlich erklärte Tarifvertrag in den Arbeitsverhältnissen der nicht tarifgebundenen Arbeitgeber und Arbeitnehmer so nachwirkt, als seien sie tarifgebunden, vgl. dazu umfassend und m. w. Nachw. zur Rechtsprechung des Bundesarbeitsgerichts BAG, NZA 2001, 1146 (1146 ff.); ferner BAG, NZA 2006, 923 (925); *Löwisch/Rieble*, TVG, § 5 Rn. 127; *Lakies*, in: Däubler, NK-TVG, § 5 Rn. 219; *Giesen*, in: BeckOK ArbR, § 5 TVG Rn. 28; *Franzen*, in: ErfK ArbR, § 5 TVG Rn. 26; *Braun*, in: Thüsing/Braun, Tarifrecht, 6. Kap. Rn. 102. Den Eintritt der Nachwirkung verneint insbesondere *Sittard*, Tarifnormerstreckung, S. 289 ff. m. w. Nachw.

[562] BAGE 69, 119 (125); BAG, NZA 2001, 1146 (1148); *Giesen*, in: BeckOK ArbR, § 5 TVG Rn. 28 und § 4 TVG Rn. 62; *Lakies*, in: Däubler, NK-TVG, § 5 Rn. 222.

[563] So *Lakies*, in: Däubler, NK-TVG, § 5 Rn. 219 m. w. Nachw.; *Löwisch/Rieble*, TVG, § 5 Rn. 318; wohl auch *Giesen*, in: BeckOK ArbR, § 4 TVG Rn. 62. Die Nachwirkung der für allgemeinverbindlich erklärten Rechtsnormen des Tarifvertrags bei Aufhebung des Tarifvertrags verneint *Sittard*, Tarifnormerstreckung, S. 293.

[564] BAGE 86, 43 (50); BAG, NZA 2006, 923 (925).

[565] *Franzen*, in: ErfK ArbR, § 5 TVG Rn. 10; *Löwisch/Rieble*, TVG, § 5 Rn. 128; *Braun*, in: Thüsing/Braun, Tarifrecht, 6. Kap. Rn. 103.

[566] Zu § 4 Abs. 5 TVG statt vieler BAGE 108, 114 (119 ff.).

[567] Eine Ersetzung in diesem Sinne liegt nicht schon durch den Abschluss eines neuen Tarifvertrags vor, sondern erst, wenn dieser Tarifvertrag für allgemeinverbindlich erklärt wird, dazu BAG, NZA 1995, 1174 (1174 f.); NZA 2006, 923 (924 f.); BeckRS 2017, 67017; *Lakies*, in: Däubler, NK-TVG, § 5 Rn. 220; *Wank*, in: Wiedemann, TVG, § 5 Rn. 172.

verbindlichen Tarifvertrags nicht bekanntgemacht zu werden, wenn der Tarifvertrag nur für eine bestimmte Zeit abgeschlossen war und diese Tatsache mit der Allgemeinverbindlicherklärung bekanntgemacht worden ist. In jedem Fall haben alle Adressaten der Allgemeinverbindlicherklärung die Möglichkeit, vom Ende der Gültigkeit der Allgemeinverbindlichkeit eines Tarifvertrags Kenntnis zu nehmen, sodass die Rechtssicherheit gewahrt ist.

Die Dauer der Allgemeinverbindlichkeit eines Tarifvertrags ist also so ausgestaltet, dass sie die allgemeinen Anforderungen einhält, die die Arbeit für die Wirkungsdauer von allen Rechtsquellen aufgestellt hat.

D. Ergebnis

Ziel dieses Kapitels war es, die Anforderungen herauszuarbeiten, die die Rechtsordnung an Rechtsquellen stellt, damit sie die Fähigkeit besitzen, auf die Herbeiführung einer Rechtsfolge gerichtet zu sein. Hierfür wurden allgemeine Vorgaben untersucht, die die Rechtsordnung für die Rechtmäßigkeit einer Rechtsquelle enthält, die Voraussetzungen für die Wirksamkeit einer rechtswidrigen Rechtsquelle geklärt und die Rahmenbedingungen für die Wirkungsdauer einer Rechtsquelle aufgezeigt. Dadurch kann nun die Standardfrage[568] nach der Wirksamkeit einer Rechtsquelle unabhängig von der Form der Rechtsquelle zusammenfassend beantwortet werden.

Ob und inwiefern eine Rechtsquelle die Eigenschaft besitzt, verbindliche Rechtsfolgen zu setzen, hängt ausschließlich von ihrer Wirksamkeit ab. Die Rechtmäßigkeit bzw. Rechtswidrigkeit einer Rechtsquelle ist für die Wirksamkeit der Rechtsquelle nur von Bedeutung, weil die Rechtsordnung die Wirksamkeit einer Rechtsquelle von ihrer Rechtmäßigkeit bzw. vom konkreten Rechtsverstoß, aufgrund dessen sie rechtswidrig ist, abhängig macht.[569]

Festzuhalten ist, dass einige Voraussetzungen für die Wirksamkeit einer Rechtsquelle geregelt sein müssen. Die Wirksamkeitsbedingungen von Gesetzen legt ausschließlich das Grundgesetz fest. Jedes rechtswidrige Gesetz ist nichtig. Nur rechtmäßige Gesetze haben also die Fähigkeit, die Rechtslage verbindlich zu gestalten.

Das Grundgesetz enthält die „Mindestanforderungen“ an die Wirksamkeit von Rechtsquellen der Verwaltung, die dann für jeden Typ einer Rechtsquelle der Verwaltung durch Gesetz sowie auf Grund eines Gesetzes konkretisiert werden. Erfolgt das nicht, ist unmittelbar auf das Grundgesetz zurückzugreifen. Rechtmäßige Rechtsquellen der Verwaltung sind ab dem Zeitpunkt ihres

---

568 Siehe oben 1. Kapitel A.

569 So auch *P. Reimer*, Rechtstheorie Bd. 45 (2014), 383 (passim).

Inkrafttretens stets wirksam. Rechtswidrige Rechtsquellen von Stellen der Verwaltung sind nicht zwingend unwirksam. Vielmehr ist die Gesetzgebung verfassungsrechtlich dazu befugt und teilweise dazu verpflichtet, eine von der Nichtigkeit abweichende Fehlerfolge eines Rechtsverstoßes zu regeln.

Betrachtet man die verfassungsrechtlichen Hintergründe für die Anforderungen an die Wirksamkeit aller Rechtsquellen, ist festzustellen, dass die Erfordernisse der Rechtssicherheit sowie der demokratischen Legitimation staatlichen Handelns immer zu berücksichtigen sind. Die Voraussetzungen, unter denen Rechtsquellen der Verwaltung wirksam sind, müssen wegen der Gesetzesvorbehalte zudem in jedem Fall auf das Grundgesetz oder auf ein Gesetz zurückzuführen sein. Dadurch ist zugleich die (sachlich-inhaltliche) demokratische Legitimation des Handelns der Verwaltung sichergestellt.[570]

Darüber hinaus hat sich gezeigt, dass eine Rechtsquelle stets erlassen wird, um eine staatliche Handlungspflicht bzw. staatliche Aufgabe zu erfüllen. Dabei ist aus dem Grundgesetz das übergreifende Ziel abzuleiten, dass die Handlungspflicht bzw. Aufgabe bestmöglich erfüllt wird. Daher ist die Ausgestaltung aller Anforderungen, die die Rechtsordnung an die Wirksamkeit einer Rechtsquelle stellt, an diesem Ziel auszurichten. Die Anforderungen an die Rechtmäßigkeit einer Rechtsquelle müssen deshalb eine „funktionsgerechte Aufgabenerledigung" sicherstellen. Dazu sind sie unter Berücksichtigung des Regelungsumfangs der Rechtsquelle sowie der Funktion der zuständigen staatlichen Stelle zu regeln. Wird durch eine Rechtsquelle eine staatliche Aufgabe bestmöglich erledigt, kann auch eine rechtswidrige Rechtsquelle wirksam sein. Das Ziel der bestmöglichen Aufgabenerledigung hat für die Wirkungsdauer einer Rechtsquelle zur Folge, dass sie so festgelegt sein muss, dass eine Rechtsquelle so lange wirksam ist und bleibt, solange durch sie eine staatliche Aufgabe bestmöglich erledigt wird.

In diesem Kapitel wurde zudem festgestellt, dass die speziellen Bedingungen, unter denen ein Flächennutzungsplan bzw. eine Allgemeinverbindlicherklärung eines Tarifvertrags als Beispiele für Rechtsquellen in einer nicht kategorisierten Form wirksam sind, den herausgearbeiteten allgemeinen Anforderungen an die Wirksamkeit von Rechtsquellen unabhängig von ihrer Form genügen. Somit kann der Annahme gefolgt werden, dass sie jeweils die Eigenschaft besitzen, verbindliche Rechtsfolgen zu setzen.

---

[570] Dazu, dass die Gesetzesvorbehalte die demokratische Legitimation staatlichen Handelns sichern, z.B. BVerfGE 105, 279 (303 ff.); *Trute*, in: Hoffmann-Riem/Schmidt-Aßmann/Voßkuhle, GVwR I, § 6 Rn. 11; feststellend *F. Reimer*, in: Hoffmann-Riem/Schmidt-Aßmann/Voßkuhle, GVwR I, § 9 Rn. 30.

4. Kapitel

Rangordnungssystem

Die Arbeit hat bereits dargelegt, dass das deutsche Rechtssystem keinen numerus clausus von Rechtsquellenformen enthält.[1] Dadurch hat sie die Notwendigkeit für ein Rangordnungssystem, das auch Rechtsquellen in einer nicht kategorisierten Form sowie Rechtsquellen mit Einzelfallregelungen einbezieht, aufgezeigt. Ein Rangordnungssystem ist gewinnbringend, da es Rechtssicherheit schafft,[2] indem mit seiner Hilfe potentielle Überschneidungen und Kollisionsfälle zwischen mehreren Rechtsquellen gelöst werden können[3]. Bisher hat die Arbeit aber offengelassen, anhand welchen Kriteriums die einzelnen Rechtsquellenformen in ein Rangverhältnis zueinander gesetzt werden sollen und müssen. Im Folgenden wird sich zeigen, dass das Rangverhältnis der Rechtsquellen je nach der Perspektive, aus der man es beschreibt, unterschiedlich ist.[4]

A. Anforderungen an die Wirksamkeit einer Rechtsquelle

Das Verhältnis der Rechtsquellen zueinander ist zunächst aus der Perspektive zu beschreiben, die Aufschluss darüber gibt, von welchen anderen Rechtsquellen die Wirksamkeit einer Rechtsquelle abhängt.[5] Eine Rechtsquelle steht im Rang über einer anderen, wenn sie Anforderungen formuliert, die die andere Rechtsquelle einhalten muss, damit diese wirksam ist.

---

[1] 2. Kapitel.

[2] Vgl. *Heckmann*, Geltungskraft, S. 143; *Stober*, in: Wolff/Bachof/Stober/Kluth, VwR I, § 26 Rn. 1.

[3] Vgl. *Stober*, in: Wolff/Bachof/Stober/Kluth, VwR I, § 26 Rn. 1 f.; *Ehlers*, in: ders./Pünder, Allg VwR, § 2 Rn. 98.

[4] Bereits die „Wiener Schule" unterscheidet zwei Aspekte der Rangordnung von Rechtsquellen (Stufenbau nach der „derogatorischen Kraft" sowie Stufenbau nach der „rechtlichen Bedingtheit"), vgl. insbesondere *Walter*, Rechtsordnung, S. 53 ff. Zu dieser Lehre im Überblick und m. w. Nachw. *Heckmann*, Geltungskraft, S. 145 f.

[5] Das erinnert in der Sache an den bereits in der Fn. zuvor genannten sog. Stufenbau nach der „rechtlichen Bedingtheit", aus der „Wiener Schule" vgl. z. B. *Merkl*, FS Kelsen, 252 (272 ff.); *Kelsen*, Rechtslehre, S. 228 ff.; *Walter*, Rechtsordnung, S. 60 ff.; weitere Nachw. bei *Heckmann*, Geltungskraft, S. 145 f. Zu diesem Stufenbau *Heckmann*, Geltungskraft, S. 148 ff.; *Schilling*, Rang, S. 163 ff.

I. Grundgesetz, Gesetz, Rechtsquellen der Verwaltung

Die Grundstruktur für dieses Rangverhältnis gibt Art. 20 Abs. 3 GG[6] vor. Da die Gesetzgebung an die verfassungsmäßige Ordnung und die vollziehende Gewalt an Gesetz und Recht gebunden ist, steht das Grundgesetz im Rang oberhalb von Gesetzen (Vorrang des Grundgesetzes)[7] und Gesetze sind wiederum oberhalb von allen Rechtsquellen der Verwaltung[8] anzusiedeln (Vorrang des Gesetzes)[9].

Dieses Vorrangverhältnis ist zugleich Ausdruck der sachlich-inhaltlichen demokratischen Legitimation der Ausübung von Staatsgewalt:[10] Das Grundgesetz legitimiert die Gesetzgebung in sachlich-inhaltlicher Hinsicht. Der Verwaltung vermitteln das Grundgesetz und Gesetze die nötige sachlich-inhaltliche demokratische Legitimation zur Ausübung von Staatsgewalt.

II. Rangordnung der Rechtsquellen der Verwaltung

Rechtsquellen in einer nicht kategorisierten Form können ausschließlich für die Verwaltung eingeführt werden[11] und grundsätzlich darf nur die Verwaltung Rechtsquellen mit Einzelfallregelungen erlassen[12]. Daher sind die beiden Arten von Rechtsquellen auf der untersten Stufe der soeben dargestellten Rangordnung anzusiedeln. Zu klären bleibt jedoch, welchen Rang sie innerhalb der Rechtsquellen der Verwaltung einnehmen.

---

6 *Lepsius*, JuS 2018, 950 (951 f.) zählt weitere verfassungsrechtliche Anknüpfungspunkte wie Art. 80 Abs. 1 GG auf, aus denen sich ein Vorrang der Verfassung sowie des Gesetzes ergibt.

7 Dazu statt vieler *Grzeszick*, in: Maunz/Dürig, GG, Art. 20 VI Rn. 19 f., 37; *Schulze-Fielitz*, in: Dreier, GG II, Art. 20 (Rechtsstaat) Rn. 81 f.; *Sommermann*, in: v. Mangoldt/Klein/Starck, GG II, Art. 20 Rn. 253.

8 Speziell für Rechtsverordnungen ist das auch aus Art. 80 Abs. 1 S. 1 GG und für kommunale Satzungen aus Art. 28 Abs. 2 S. 1 GG zu schließen, vgl. *Heckmann*, Geltungskraft, S. 488; *H. Schneider*, FS Kutscher, 385 (386 f.); *Heintzen*, Die Verwaltung Bd. 29 (1996), 17 (32) – nur für kommunale Satzungen. Der Erlass von abstrakt-generellen Regelungen (in der Literatur häufig sog. „Gesetze im materiellen Sinn“) durch Stellen der Verwaltung wird – anders als hier – teilweise nicht unter die vollziehende Gewalt, sondern unter die Gesetzgebung im Sinne des Art. 20 Abs. 3 GG gefasst. Dazu im Ergebnis wie hier *Grzeszick*, in: Maunz/Dürig, GG, Art. 20 VI Rn. 36 ff.; *Schulze-Fielitz*, in: Dreier, GG II, Art. 20 (Rechtsstaat) Rn. 82; mit anderem Ergebnis *Sachs*, in: ders., GG, Art. 20 Rn. 100.

9 Statt vieler z. B. *Grzeszick*, in: Maunz/Dürig, GG, Art. 20 VI Rn. 72; *Schulze-Fielitz*, in: Dreier, GG II, Art. 20 (Rechtsstaat) Rn. 92; *Gusy*, JuS 1983, 189 (189).

10 Vgl. *Quaritsch*, Parlamentsgesetz, S. 7; *Gusy*, JuS 1983, 189 (190) – in Bezug auf den Vorrang des Gesetzes.

11 Oben zusammenfassend 3. Kapitel A. V. 1.

12 Oben 3. Kapitel A. III. 2. d).

Art. 20 Abs. 3 GG hilft insofern nicht weiter.[13] Greift man jedoch darauf zurück, dass die Grundstruktur der Rangordnung (Grundgesetz, Gesetze, Rechtsquellen der Verwaltung) die demokratische Legitimation staatlichen Handelns widerspiegelt, spricht alles dafür, dass die Vermittlung von Legitimation auch in der Rangordnung der Rechtsquellen der Verwaltung untereinander erkennbar sein muss.[14] Dann bemisst sich die Rangordnung nach der Reihenfolge, in der sachlich-inhaltliche demokratische Legitimation vermittelt wird.

1. Rangverhältnis zwischen Rechtsquellen mit abstrakt-generellen Regelungen und Rechtsquellen mit Einzelfallregelungen

Sachlich-inhaltliche Legitimation wird insbesondere vermittelt, indem eine staatliche Stelle eine andere Stelle zur Ausübung von Staatsgewalt ermächtigt. Die Rechtsmacht einer Stelle, eine andere Stelle zu ermächtigen, reicht aber nie weiter als die Rechtsmacht, die der ermächtigenden Stelle selbst übertragen worden ist. Das bedeutet, dass eine ermächtigende Rechtsquelle ausschließlich Vorgaben an die Wirksamkeit von anderen Rechtsquellen regeln darf, die nur für einen Ausschnitt der von ihr betroffenen Sachverhalte und/oder des von ihr betroffenen Adressatenkreises gelten. Diesen Anforderungen an eine ermächtigende Rechtsquelle können nur abstrakt-generelle Regelungen, nicht aber Einzelfallregelungen gerecht werden. Eine Einzelfallregelung gilt ausschließlich für einen ganz konkreten Fall und für einen ganz bestimmten Adressatenkreis. Durch sie kann daher keine Ermächtigungsgrundlage zur Regelung eines weiteren Falls geschaffen werden. Auf der Grundlage einer abstrakt-generellen Regelung ist das dagegen möglich, denn die Ermächtigungsgrundlage kann sich nur auf einen Ausschnitt des von der abstrakt-generellen Regelung umfassten unbestimmten Adressatenkreises und/oder auf einen Ausschnitt der unbestimmten Anzahl von erfassten Sachverhalten beziehen. Aus diesen Erwägungen zur Vermittlung von demokratischer Legitimation staatlichen Handelns ist zu schließen, dass Rechtsquellen der Verwaltung mit abstrakt-generellen Regelungen im Rang über Rechtsquellen der Verwaltung mit Einzelfallregelungen stehen.[15]

---

[13] Vgl. *Heintzen*, Die Verwaltung Bd. 29 (1996), 17 (18). Das gilt nicht, wenn man annimmt, unter „Gesetzgebung" im Sinne von Art. 20 Abs. 3 GG fielen auch abstrakt-generelle Regelungen, die von einer Stelle der Verwaltung erlassen werden. Dazu bereits 4. Kapitel A. Fn. 8.

[14] Auch *Schmidt-Aßmann*, Dogmatik, S. 58 f. nennt die „Legitimation der Normsetzer" als einen entscheidenden Faktor, für die Bildung einer Rangordnung von Rechtsquellen. In der Sache ähnlich *Zippelius*, Methodenlehre, S. 3.

[15] Im Ergebnis ebenso *Lepsius*, JuS 2018, 950 (952); *Pietzcker*, JuS 1979, 710; vgl. dazu auch *Merkl*, FS Kelsen, 252 (263).

2. Rangverhältnis zwischen Rechtsquellen mit abstrakt-generellen Regelungen

Als kategorisierte Formen, in denen Stellen der Verwaltung abstrakt-generelle Regelungen erlassen, kennt die Rechtsordnung die Rechtsverordnung und die Satzung. Daneben lässt die Rechtsordnung es zu, dass Rechtsquellen in einer nicht kategorisierten Form abstrakt-generelle Regelungen enthalten. Daher ist zu klären, in welchem Rangverhältnis Rechtsverordnungen, Satzungen und Rechtsquellen in einer nicht kategorisierten Form aus der Perspektive der Wirksamkeitsbedingungen zueinander stehen.

a) Rangverhältnis als Ausdruck der demokratischen Legitimation staatlichen Handelns

Eine Stelle der Verwaltung wird dazu legitimiert, eine Rechtsquelle zu erlassen, indem ihr eine gesetzliche oder eine auf ein Gesetz zurückzuführende Rechtsgrundlage eine dahingehende Befugnis verleiht. Das hat zur Folge, dass eine Rechtsquelle einen umso niederen Rang einnimmt, je mehr Rechtsgrundlagen zwischen der unmittelbaren Rechtsgrundlage einer Rechtsquelle und der gesetzlichen Grundlage liegen, auf die die Rechtsquelle zurückzuführen ist.[16] Sind mehrere Rechtsquellen also durch einen einheitlichen Legitimationsstrang verbunden, steht die Rechtsquelle, die als letzte erlassen worden ist und dadurch das Ende des Strangs bildet, in der Rangordnung auf der untersten Stufe. Das ist anhand des Verhältnisses zweier Rechtsverordnungen zu verdeutlichen. Ist durch Gesetz vorgesehen, dass eine Ermächtigung zum Erlass einer Rechtsverordnung übertragen werden kann, so bedarf es gemäß Art. 80 Abs. 1 S. 4 GG zur Übertragung der Ermächtigung einer Rechtsverordnung.[17] Eine Rechtsverordnung kann also auf der Grundlage einer anderen Rechtsverordnung erlassen werden. Die zuerst erlassene – ermächtigende – Rechtsverordnung beruht unmittelbar auf dem ermächtigenden Gesetz. Sie ist wiederum als Rechtsgrundlage zwischen das ermächtigende Gesetz und die zweite Rechtsverordnung dazwischengeschaltet. Die zweite Rechtsverordnung bildet daher das Ende des Legitimationsstrangs,

---

[16] *Schilling*, Rang, S. 164: Der „Stufenbau entspricht […] einer Gliederung der Normen einer Rechtsordnung nach ihrer prozeduralen Verfassungsnähe, also nach der Beantwortung der Frage, wieviele Ermächtigungsstufen von der Verfassung entfernt die jeweilige Norm steht."

[17] Beispiele für derartige ermächtigende Rechtsverordnungen sind Rechtsverordnungen nach § 70 Abs. 1 Nr. 3 StVZO und nach § 6 der Verordnung über das Inverkehrbringen und Befördern von Wirtschaftsdünger (Rechtsverordnung vom 21.7.2010, BGBl. I S. 1062, zuletzt geändert durch Art. 2 der Rechtsverordnung vom 26.5.2017, BGBl. I S. 1305).

sodass sie im Rang unterhalb des Gesetzes und der ermächtigenden Rechtsverordnung steht.[18]

b) Rangverhältnis durch ausdrückliche Regelung

Das Rangverhältnis von Rechtsquellen der Verwaltung mit abstrakt-generellen Regelungen kann aber nur dann wie soeben beschrieben anhand der Vermittlung der demokratischen Legitimation staatlichen Handelns bestimmt werden, wenn die einzelnen Rechtsquellen durch einen durchgehenden Legitimationsstrang miteinander verbunden sind. Zieht man nur das Kriterium des Legitimationsstrangs heran, stünden bspw. die Baunutzungsverordnung[19], Flächennutzungspläne und Bebauungspläne in keinem Rangverhältnis zueinander, denn die Rechtsgrundlagen für den Erlass der drei Arten von Rechtsquellen sind alle durch dieselbe Rechtsquelle – das Baugesetzbuch – geregelt.[20] Das Baugesetzbuch bildet somit den Ausgangspunkt für drei Legitimationsstränge. Die auf den einzelnen Rechtsgrundlagen erlassenen Rechtsquellen sind folglich nicht durch einen Legitimationsstrang miteinander verbunden.

Häufig kann bzw. muss aber auch zwischen Rechtsquellen, die nicht durch einen Legitimationsstrang verbunden sind, ein Rangverhältnis gebildet werden. Das ist jedoch nur möglich, wenn sich das Verhältnis aus Regelungen ergibt. Das ist der Fall, wenn die ermächtigende – also höherrangige – Rechtsquelle regelt, dass eine auf ihrer Grundlage erlassene Rechtsquelle die Vorgaben einer anderen Rechtsquelle beachten muss. Dann hat eine Rechtsquelle die Vorgaben einer anderen Rechtsquelle einzuhalten, die kein Baustein „ihres“ Legitimationsstrangs ist. So ist es auch im genannten Beispiel zwischen der Baunutzungsverordnung, Flächennutzungsplänen und Bebauungsplänen. Gemäß § 9a Nr. 1 BauGB kann die Baunutzungsverordnung bspw. Vorschriften über bestimmte zulässige Darstellungen und Festsetzungen in Bauleitplänen enthalten. Das zeigt, dass die Baunutzungsverordnung gegenüber Flächennutzungsplänen und Bebauungsplänen vorrangig ist. Nach § 8 Abs. 2 S. 1 BauGB sind Bebauungspläne aus einem Flächennutzungsplan zu entwickeln. Daraus ergibt sich ein Vorrang von Flächennutzungsplänen gegenüber Bebauungsplänen. Zwischen der Baunutzungsverordnung, Bebauungsplänen und Flächennutzungsplänen besteht also eine Rangordnung, weil das Baugesetzbuch eine solche regelt. Sie ist von oben nach unten grundsätz-

---

[18] Vgl. dazu auch *Merkl*, FS Kelsen, 252 (263).

[19] Rechtsverordnung i. d. F. der Bekanntmachung vom 21.11.2017, BGBl. I S. 3786.

[20] § 9a BauGB für die Baunutzungsverordnung, §§ 2 Abs. 1 S. 1, 1 Abs. 2 BauGB für Flächennutzungspläne und Bebauungspläne.

lich[21] wie folgt ausgestaltet: Baunutzungsverordnung, Flächennutzungspläne, Bebauungspläne.

Allgemein gesehen ergibt sich also zwischen Rechtsquellen, die bei Betrachtung ihrer Legitimation auf derselben Stufe stehen, gleichwohl eine Rangordnung, wenn die Rangordnung durch eine höherrangige Rechtsquelle geregelt ist.[22] Dazu muss die höherrangige Rechtsquelle festlegen, welche Rechtsquelle eine andere inwieweit zu beachten hat. Das ist zulässig, denn wenn eine staatliche Stelle dazu befugt ist, Ermächtigungsgrundlagen zu schaffen, darf sie auch Vorgaben für die Rechtsquellen treffen, die auf einer der Ermächtigungsgrundlagen ergehen und damit im Vergleich zu der ermächtigenden Rechtsquelle auf einer niederen Stufe stehen. Daher ist es auch zulässig, dass das Baugesetzbuch das Rangverhältnis zwischen der Baunutzungsverordnung, Flächennutzungsplänen und Bebauungsplänen regelt. Das Baugesetzbuch ist gegenüber den drei zu ordnenden Rechtsquellen höherrangig und ermächtigt jeweils zu ihrem Erlass.

c) Ergebnis

Bildet man für mehrere Rechtsquellen der Verwaltung mit abstrakt-generellen Regelungen eine Rangordnung, ist entscheidend, ob die Rechtsquellen durch einen einheitlichen Legitimationsstrang verbunden sind. Ist das nicht der Fall, kommt es darauf an, ob die Rangordnung geregelt wird. Demzufolge ist die Form einer Rechtsquelle für ihren Rang ohne Bedeutung.[23] Das Rangverhältnis der zu ordnenden Rechtsquellen muss sich in jedem Fall aus Regelungen ergeben[24] und genau bestimmbar sein.

Nach alledem steht fest, dass für Rechtsquellen der Verwaltung mit abstrakt-generellen Regelungen keine allgemeingültige Rangordnung gebildet werden kann, sondern dass stets die im konkreten Fall maßgeblichen Rechtsquellen zu ordnen sind. Das bedeutet auch, dass zwischen Rechtsverordnungen und Satzungen kein grundsätzliches Rangverhältnis besteht.[25] Zieht man die herausgearbeiteten Kriterien der demokratischen Legitimation staat-

---

[21] Abweichungsmöglichkeiten wie bspw. nach § 1 Abs. 4 ff. BauNVO bleiben außer Betracht.

[22] Vgl. dazu auch *Merkl*, FS Kelsen, 252 (276 ff.).

[23] Dazu *Walter*, Rechtsordnung, S. 62 ff.

[24] Ähnlich *Heintzen*, Die Verwaltung Bd. 29 (1996), 17 (45).

[25] In der Literatur trifft man hingegen häufig auf die Aussage, dass Rechtsverordnungen gegenüber Satzungen höherrangig seien, vgl. z. B. *H. Schneider*, FS Kutscher, 385 (387); *Oerder*, NJW 1990, 2104 (2105); *Clemens*, FS Böckenförde, 259 (267); *Maurer*, DÖV 1993, 184 (185); *Lepsius*, JuS 2018, 950 (951); *Geis*, in: Kluth/Krings, Gesetzgebung, § 25 Rn. 72.

lichen Handelns und der erforderlichen Regelung der Rangordnung heran, ergibt sich Folgendes: Sowohl Rechtsverordnungen als auch Satzungen bedürfen grundsätzlich einer gesetzlichen Ermächtigungsgrundlage.[26] Sie werden zudem jeweils durch eine Stelle der Verwaltung erlassen. Eine Stelle der Verwaltung kann keine – nach Art. 80 Abs. 1 S. 1 GG aber erforderliche – gesetzliche Rechtsgrundlage zum Erlass einer Rechtsverordnung schaffen. Wegen des organisationsrechtlichen Gesetzesvorbehalts besitzt sie zudem nicht die Rechtsmacht, die Erledigung einer staatlichen Aufgabe einem eigenständigen Selbstverwaltungsträger, der dann eine Satzung erlassen könnte, zu übertragen. Das bedeutet, dass Rechtsverordnungen und Satzungen grundsätzlich nicht durch einen einheitlichen Legitimationsstrang verbunden sind. Sofern es darauf ankommt, muss ihr Rangverhältnis also gesetzlich geregelt werden.

So ist es im Fall des Verhältnisses der Baunutzungsverordnung zu Bebauungsplänen. Dass die Baunutzungsverordnung oberhalb von Bebauungsplänen steht, folgt wie bereits gezeigt aus § 9a BauGB.[27] Dieses Rangverhältnis ergibt sich zudem aus dem in Art. 28 Abs. 2 S. 1 GG verankerten Gesetzesvorbehalt. Für Bebauungspläne gilt Art. 28 Abs. 2 S. 1 GG, da sie kommunale Satzungen sind (vgl. § 10 Abs. 1 BauGB). Statt den zulässigen Inhalt von Bebauungsplänen selbst festzulegen, ermächtigt die Gesetzgebung gemäß § 9a BauGB eine Stelle der Verwaltung innerhalb desselben Rechtsträgers, die möglichen Festsetzungen durch Rechtsverordnung zu regeln. Die Rechtsmacht, den zulässigen *Inhalt* von Bebauungsplänen zu bestimmen, wird also innerhalb eines Rechtsträgers auf ein anderes Organ übertragen. Dadurch behält sich die Gesetzgebung zugleich Einflussmöglichkeiten auf die Reichweite dieser Rechtsmacht vor. Demgegenüber ist die Rechtsmacht zum *Erlass* eines Bebauungsplans auf einen anderen Rechtsträger – Gemeinden – ausgelagert.

III. Ergebnis

Im Rangverhältnis, das über die Wirksamkeit von Rechtsquellen Aufschluss gibt, ist das Grundgesetz oberhalb von Gesetzen anzusiedeln. Gesetze sind vorrangig gegenüber Rechtsquellen der Verwaltung. Innerhalb der Rechtsquellen der Verwaltung muss der Rang einer bestimmten Rechtsquelle im Verhältnis zu anderen einschlägigen Rechtsquellen eindeutig bestimmbar sein. Rechtsquellen mit abstrakt-generellen Regelungen haben grundsätzlich Vorrang gegenüber solchen mit Einzelfallregelungen.

---

[26] Siehe oben 3. Kapitel A. I. 1. b), c).

[27] 4. Kapitel A. II. 2. b).

Die Wirksamkeit jeder Rechtsquelle ist durch eine höherrangige Rechtsquelle bedingt.[28] Die Rangordnung entspricht der Reihenfolge, in der sachlich-inhaltliche demokratische Legitimation vermittelt wird. Die Ausübung von Staatsgewalt wird von oben nach unten legitimiert.

Lässt man das Grundgesetz außen vor, stehen mit den Gesetzen Rechtsquellen in einer kategorisierten Form an oberster Stelle. Alle weiteren Rechtsquellen sind „Konkretisierungsstufen“[29] hin zu den Einzelfallregelungen der Verwaltung.

Die Konkretisierungsstufen spiegeln sich zunächst im Regelungsumfang der zu ordnenden Rechtsquellen wider. Stehen Gesetze, die regelmäßig abstrakt-generelle Regelungen enthalten, in der Rangordnung ganz oben und Rechtsquellen mit Einzelfallregelungen auf unterster Stufe, deutet das darauf hin, dass der Regelungsumfang der Rechtsquellen von oben nach unten abnimmt[30]. Greift man darüber hinaus das für die Ausgestaltung von Rechtsquellen herausgearbeitete zentrale Kriterium der staatlichen Aufgabe, die durch eine Rechtsquelle erledigt wird, auf, zeigen sich auch anhand dieses Kriteriums Konkretisierungsstufen zwischen mehreren zu ordnenden Rechtsquellen. Das folgt aus der folgenden Überlegung: Wird eine staatliche Stelle zum Erlass einer Rechtsquelle ermächtigt, setzt das voraus, dass ihr die Erledigung einer staatlichen Aufgabe zugewiesen worden ist.[31] Die Ermächtigung kann auch dahin gehen, dass die ermächtigte staatliche Stelle einen Teil ihrer Rechtsmacht auf eine andere staatliche Stelle übertragen darf. Dazu muss die ermächtigte Stelle der anderen Stelle wiederum eine Aufgabe übertragen. Das kann nur ein Teilbereich der ursprünglich ihr zugewiesenen Aufgabe sein. Dadurch wird die staatliche Aufgabe, deren Erledigung eine Rechtsquelle dient, in der Rangordnung von oben nach unten immer kleiner, mithin spezieller.

Die in der Rangordnung kleiner werdende staatliche Aufgabe geht einher mit dem kleiner werdenden Regelungsumfang der Rechtsquellen. Je höherrangiger die Rechtsquelle ist, desto mehr Adressaten und/oder Sachverhalte sind faktisch[32] von der Aufgabe betroffen, deren Erledigung sie dient. Hinge-

---

[28] Vgl. *Schilling*, Rang, S. 163 ff.; *Heckmann*, Geltungskraft, S. 148 ff.; *Stern*, StaatsR I, S. 105; *Lepsius*, JuS 2018, 950 (952); zu „bedingenden“ und „bedingten“ Rechtssätzen auch *Merkl*, FS Kelsen, 252 (insbesondere 275 f.).

[29] Vgl. auch *Pietzcker*, JuS 1979, 710 (711): „die Stufenordnung des Rechts […] als *Abfolge von Konkretisierungsstufen*“ – Herv. im Original; ähnlich *Merkl*, FS Kelsen, 252 (283).

[30] Ähnlich *Merkl*, FS Kelsen, 252 (283).

[31] Vgl. oben zusammenfassend 3. Kapitel A. I. 2. e).

[32] Auch wenn mehrere Rechtsquellen auf Ermächtigungsgrundlagen basieren, die auf unterschiedlicher Rangstufe stehen, kann der Regelungsumfang der Rechtsquellen dennoch jeweils abstrakt-generell sein. Da die Rechtsquellen jedoch nicht dieselbe

gen bewirkt eine Rechtsquelle auf unterer Stufe faktisch[33] in einem kleineren Umfang Rechtsfolgen als alle ihr gegenüber höherrangigeren, da durch sie eine kleinere Aufgabe erledigt wird.

Wird sowohl die staatliche Aufgabe, deren Erledigung eine Rechtsquelle dient, als auch der Regelungsumfang einer Rechtsquelle in der Rangordnung von oben nach unten kleiner, hat das zur Folge, dass beim Erlass einer Rechtsquelle auf unterer Stufe die besonderen Umstände der zu regelnden Fälle immer detaillierter berücksichtigt werden. Dadurch trägt die Rangordnung der Rechtsquellen aus der Perspektive der Wirksamkeitsbedingungen dazu bei, dass eine staatliche Aufgabe stets bestmöglich erledigt wird.

Das ist anhand des Rangverhältnisses der Rechtsquellen zu verdeutlichen, die Aufschluss über die bauplanungsrechtlich zulässige Nutzung eines Grundstücks geben. Das Bauplanungsrecht wird als Bestandteil des Bodenrechts (Art. 74 Abs. 1 Nr. 18 GG) durch das Baugesetzbuch geregelt. Auf seiner Grundlage ergehen die Baunutzungsverordnung, Flächennutzungspläne und Bebauungspläne, deren Rangordnung sich in dieser Reihenfolge aus dem Baugesetzbuch ergibt.[34] Die Baunutzungsverordnung gilt für alle Bauleitpläne. Im Flächennutzungsplan ist für das *ganze* Gemeindegebiet die sich aus der beabsichtigten städtebaulichen Entwicklung ergebende Art der Bodennutzung nach den voraussehbaren Bedürfnissen der Gemeinde in den *Grundzügen* darzustellen (§ 5 Abs. 1 S. 1 BauGB). Gemäß § 8 Abs. 1 S. 1 BauGB enthält ein Bebauungsplan die *rechtsverbindlichen Festsetzungen* für die städtebauliche Ordnung und gemäß § 8 Abs. 2 S. 1 BauGB sind Bebauungspläne aus dem Flächennutzungsplan zu entwickeln. Ein Bebauungsplan betrifft daher nur einen *Teil* des Gemeindegebiets[35] und er dient dazu, die bauplanungsrechtlich zulässige Nutzung von bestimmten Grundstücken zu regeln.[36] Folglich hat ein Bebauungsplan faktisch einen kleineren Regelungsumfang, da er weniger Sachverhalte betrifft, und er dient der Erledigung einer kleineren Aufgabe als ein Flächennutzungsplan. Ob und inwieweit ein *konkretes Grundstück* durch die Errichtung eines bestimmten baulichen Vorhabens in bauplanungsrechtlich zulässiger Weise genutzt werden darf, regelt

---

Aufgabe erledigen, betreffen sie tatsächlich nicht genau dieselben Adressaten und Sachverhalte. Vgl. auch *Öhlinger*, Stufenbau, S. 14 dazu, dass zwischen zwei Rechtsquellen mit an und für sich demselben Regelungsumfang (z.B. abstrakt-generell) ein Rangverhältnis gebildet werden kann.

33 Vgl. nochmals die Anmerkung in der Fn. zuvor.

34 Siehe oben 4. Kapitel A. II. 2. b).

35 *Remmert*, in: Ennuschat/Ibler/Remmert, Öfftl Recht BW, § 3 Rn. 68; *Oldiges/Brinktrine*, in: Steiner/Brinktrine, Bes VwR, § 3 Rn. 81.

36 Vgl. dazu *Spieß*, in: Jäde/Dirnberger, BauGB, § 8 Rn. 3; *Remmert*, in: Ennuschat/Ibler/Remmert, Öfftl Recht BW, § 3 Rn. 59.

eine Baugenehmigung nach § 58 Abs. 1 S. 1 LBO BW[37] als Verwaltungsakt. Im Vergleich zu einem Bebauungsplan hat eine Baugenehmigung einen kleineren Regelungsumfang, weil sie festlegt, dass ein einzelnes Grundstück durch die Errichtung eines ganz konkreten Vorhabens in bauplanungsrechtlich zulässiger Weise genutzt werden darf. Die staatliche Aufgabe, deren Erledigung das Baugesetzbuch, die Baunutzungsverordnung, ein Flächennutzungsplan, ein Bebauungsplan und eine Baugenehmigung dient, umfasst in dieser Reihenfolge der Rechtsquellen also einen immer kleineren Planungsraum. Dadurch sind immer weniger Adressaten und/oder Sachverhalte von der Erledigung der Aufgabe und damit von den einzelnen Rechtsquellen betroffen. Beim Erlass der einzelnen Rechtsquellen muss sich die jeweils zuständige staatliche Stelle immer genauer mit dem letztlich durch die Baugenehmigung betroffenen Grundstück auseinandersetzen, um stets die in Bezug auf die von ihr zu erledigende Aufgabe bestmögliche Nutzung des Grundstücks zu gewährleisten.

B. Anwendung einer Rechtsquelle

Das Verhältnis von Rechtsquellen ist nicht nur von Bedeutung, um beurteilen zu können, ob eine Rechtsquelle wirksam oder unwirksam ist. Überschneiden sich die Adressatenkreise von mehreren wirksamen Rechtsquellen und/oder die Kreise der Sachverhalte, die von den Rechtsquellen betroffen sind, ist fraglich, welche Rechtsquelle den Überschneidungsbereich letztverbindlich regelt. Diese Frage stellt sich insbesondere dann, wenn die Anwendung von mehreren Rechtsquellen zu sich widersprechenden Ergebnissen führt.[38] Deshalb ist das Verhältnis von wirksamen Rechtsquellen untereinander daraufhin zu untersuchen, welche Rechtsquelle vorrangig anzuwenden[39] ist[40]. Die anderen einschlägigen Rechtsquellen bewirken für den von der vorrangig anzuwendenden Rechtsquelle geregelten Fall keine Rechtsfolgen, solange und soweit die vorrangig anzuwendende Rechtsquelle wirksam ist.[41]

---

[37] Gesetz i.d.F. vom 5.3.2010, GBl. S. 357, berichtigt S. 416, zuletzt geändert durch Gesetz vom 18.7.2019, GBl. S. 313.

[38] Vgl. *Stober*, in: Wolff/Bachof/Stober/Kluth, VwR I, § 26 Rn. 2; *Ehlers*, in: ders./Pünder, Allg VwR, § 2 Rn. 98.

[39] Zur Unterscheidung zwischen „Geltungs- und Anwendungsvorrang“ *Schilling*, Rang, S. 548 ff.

[40] Dazu, dass Art. 20 Abs. 3 GG staatliche Stellen dazu *verpflichtet*, für sie höherrangiges Recht anzuwenden *Gusy*, JuS 1983, 189 (191).

[41] Über diesen Konsens hinaus wird teilweise davon ausgegangen, dass die höherrangige die niederrangige Vorschrift außer Kraft setzt, vgl. *Heckmann*, Geltungskraft, S. 163 ff.

I. „Lex specialis derogat legi generali" sowie „lex posterior derogat legi priori"

Die anzuwendende Rechtsquelle wird häufig mithilfe der ungeschriebenen Grundsätze „lex specialis derogat legi generali" sowie „lex posterior derogat legi priori" ermittelt.[42] Nach dem ersten Grundsatz verdrängt eine speziellere Vorschrift alle allgemeineren.[43] Eine Vorschrift ist spezieller als eine andere, wenn sie alle Tatbestandsvoraussetzungen der anderen und noch mindestens eine weitere Voraussetzung enthält.[44] Dem lex-posterior-Grundsatz zufolge geht die zeitlich später erlassene der zeitlich früher erlassenen Regelung vor.[45] Die Grundsätze werden jedoch meistens im Kontext der Methodenlehre sowie der Rechtstheorie behandelt. Ob und inwieweit sich die Grundsätze aus der Rechtsordnung herleiten lassen, bleibt überwiegend außer Acht. Sofern darauf eingegangen wird, besteht kein Konsens über das rechtliche Fundament der Grundsätze. Es wird bspw.[46] vertreten, der Spezialitätsgrundsatz sei „Teil des Rechtsstaatsprinzips"[47] oder er entspreche „dem Willen des jeweiligen Normsetzers"[48]. Festgestellt wird auch: Derartige Grundsätze „werden wie normative Anordnungen behandelt, sind aber im Prinzip nur relativ undifferenzierte methodische Sätze, hinter denen sich eine rechtlich komplexer geregelte Lösung des jeweiligen Normenkonflikts verbirgt"[49]. Daher ist unabhängig von den genannten Grundsätzen zu untersuchen, welche Rangordnung die Rechtsordnung hinsichtlich der Anwendung einer Rechtsquelle nahelegt.

---

[42] Je nach dem, welcher Grund zur Konkurrenz von mehreren Vorschriften führt, werden weitere Grundsätze herangezogen, dazu z. B. *Zippelius*, Methodenlehre, S. 30 ff.

[43] Zum Grundsatz „lex specialis derogat legi generali" z. B. *Zippelius*, Methodenlehre, S. 31 f.; *Kramer*, Methodenlehre, S. 125 ff.; *Rüthers/Fischer/Birk*, Rechtstheorie, Rn. 771.

[44] *Zippelius*, Methodenlehre, S. 31; *F. Reimer*, Methodenlehre, Rn. 199; *E. Reimer*, FG Wassermeyer, Rn. 1; *Schilling*, Rang, S. 448.

[45] Zum Grundsatz „lex posterior derogat legi priori" z. B. *Kelsen*, Rechtslehre, S. 210 f.; *Heckmann*, Geltungskraft, S. 159 ff.; *Schilling*, Rang, S. 448 ff.; *Zippelius*, Methodenlehre, S. 33; *Rüthers/Fischer/Birk*, Rechtstheorie, Rn. 772.

[46] Weitere Umschreibungen zum rechtlichen Gehalt der Grundsätze referiert *Heckmann*, Geltungskraft, S. 158 m. Nachw.

[47] *E. Reimer*, FG Wassermeyer, Rn. 3.

[48] *F. Reimer*, Methodenlehre, Rn. 209.

[49] *Heckmann*, Geltungskraft, S. 157 f.

II. Bestimmung der Rangordnung anhand der Rechtsordnung

Der Vorrang des Grundgesetzes und der Vorrang des Gesetzes (Art. 20 Abs. 3 GG) könnten auch die anzuwendende Rechtsquelle vorgeben. Dann müsste das Grundgesetz gegenüber Gesetzen und Rechtsquellen der Verwaltung vorrangig angewendet werden und Gesetze hätten Vorrang gegenüber Rechtsquellen der Verwaltung. Das hätte zur Folge, dass es faktisch nur auf das Grundgesetz und nie auf Gesetze sowie auf Rechtsquellen der Verwaltung ankäme.[50] Das ergibt keinen Sinn. Durch eine aus der Perspektive der Wirksamkeitsbedingungen höherrangigere Rechtsquelle wird einer Rechtsquelle auf unterer Stufe die Fähigkeit verliehen, Rechtswirkungen zu entfalten. Dann muss auch die Rechtsquelle auf niederem Rang anzuwenden sein. Daraus ist zu schließen, dass eine wirksame Rechtsquelle gegenüber allen anderen Rechtsquellen, die sie beachten muss und aus denen sich ihre Wirksamkeit ergibt, vorrangig anzuwenden ist. Das gilt unabhängig davon, ob die wirksame Rechtsquelle rechtmäßig oder rechtswidrig ist. Es ist verfassungsrechtlich gerade zulässig, dass eine rechtswidrige Rechtsquelle wirksam sein kann.[51]

Das soeben gebildete Rangverhältnis ergibt sich also wie das Rangverhältnis der Wirksamkeitsbedingungen zum einen aus ausdrücklichen Regelungen. Maßgeblich sind die Regelungen, die Wirksamkeitsbedingungen an andere Rechtsquellen formulieren. Zum anderen wird auch das Rangverhältnis der Anwendung einer Rechtsquelle durch das Erfordernis der demokratischen Legitimation staatlichen Handelns gestützt. Ermächtigt eine staatliche Stelle eine andere Stelle zum Erlass einer Rechtsquelle, verleiht die ermächtigende Stelle der legitimierten Stelle zugleich den Vorrang, wenn diese von ihrer Befugnis Gebrauch macht.[52] Ordnet ein Gesetz zudem an, dass eine rechtswidrige Rechtsquelle wirksam ist, dann ist die Rechtsquelle auch dazu legitimiert, Rechtsfolgen zu bewirken. Folglich ist die Rechtsquelle anzuwenden, auf deren Grundlage keine weitere Rechtsquelle mehr erging. Das ist die Rechtsquelle, die das Ende des Legitimationsstrangs bildet, durch den mehrere Rechtsquellen miteinander verbunden sind.

Diese Erkenntnisse sind anhand des Baugesetzbuchs, der Baunutzungsverordnung, Flächennutzungsplänen, Bebauungsplänen und Baugenehmigungen, anhand derer bereits die Erkenntnisse zur Rangordnung der Wirksamkeitsbedingungen veranschaulicht wurden, zu verdeutlichen. Zieht man das Krite-

---

[50] Vgl. dazu aus methodischer Sicht *Kramer*, Methodenlehre, S. 128.

[51] Dazu oben zusammenfassend 3. Kapitel B. II. 6.

[52] In der Sache ähnlich, aber nicht unter Anknüpfung an die demokratische Legitimation staatlichen Handelns *F. Reimer*, Methodenlehre, Rn. 209.

rium der Legitimation heran, sind die Baunutzungsverordnung, Flächennutzungspläne und Bebauungspläne gegenüber dem Baugesetzbuch vorrangig anzuwenden, denn sie ergehen unmittelbar auf der Grundlage des Baugesetzbuchs. Die Baunutzungsverordnung, Flächennutzungspläne und Bebauungspläne ermächtigen wiederum nicht zum Erlass weiterer Rechtsquellen. Sie bilden daher jeweils das Ende eines Legitimationsstrangs. Berücksichtigt man nur das Kriterium der Legitimation, wäre ihnen gegenüber also keine andere Rechtsquelle vorrangig anzuwenden. Mit Blick auf die vorhandenen ausdrücklichen Regelungen ergibt sich jedoch etwas anderes. Gemäß § 58 Abs. 1 S. 1 LBO BW ist eine Baugenehmigung zu erteilen, wenn dem genehmigungspflichtigen Vorhaben keine von der Baurechtsbehörde zu prüfenden öffentlich-rechtlichen Vorschriften entgegenstehen. Liegt das Vorhaben im Geltungsbereich eines Bebauungsplans, richtet sich seine bauplanungsrechtliche Zulässigkeit gemäß § 30 Abs. 1, 2 BauGB ausschließlich nach den Festsetzungen des Bebauungsplans bzw. gemäß § 30 Abs. 3 BauGB im Übrigen nach den §§ 34, 35 BauGB. In jedem Fall ist also ein Rückgriff auf den Flächennutzungsplan, aus dem der Bebauungsplan entwickelt worden ist, sowie auf die Baunutzungsverordnung versperrt. Das gilt für alle wirksamen Bebauungspläne, denn nach den §§ 214 f. BauGB sind auch viele rechtswidrige Bebauungspläne dazu legitimiert, wirksam zu sein. Bei der Prüfung der bauplanungsrechtlichen Zulässigkeit eines Vorhabens hat die zuständige Baurechtsbehörde also nur das Baugesetzbuch und den einschlägigen Bebauungsplan anzuwenden, aber nicht die Baunutzungsverordnung und den Flächennutzungsplan, in dessen Geltungsbereich das betroffene Grundstück liegt, weil das Baugesetzbuch das regelt. Wie schon das Rangverhältnis der Wirksamkeitsbedingungen, ergibt sich also die Rangordnung zwischen der Baunutzungsverordnung, Flächennutzungsplänen und Bebauungsplänen hinsichtlich ihrer Anwendung aus ausdrücklichen Regelungen.

III. Ergebnis

Der Anwendungsvorrang einer Rechtsquelle ist anhand der demokratischen Legitimation staatlichen Handelns sowie anhand von ausdrücklichen Regelungen zu bestimmen. Eine wirksame Rechtsquelle ist gegenüber allen Rechtsquellen, aus denen sich ihre Legitimation ergibt, sowie gegenüber denen, die sie einhalten muss, vorrangig anzuwenden.[53] Demnach ist die Reihenfolge der Rechtsquellen in der Rangordnung der Anwendung von Rechtsquellen gerade umgekehrt zu der in der Rangordnung der Wirksamkeitsanforderungen an Rechtsquellen. Folglich sind wirksame Rechtsquellen der Verwaltung gegenüber Gesetzen und dem Grundgesetz stets vorrangig anzu-

[53] Im Ergebnis auch *Ehlers*, in: ders./Pünder, Allg VwR, § 2 Rn. 98, § 6 Rn. 4.

wenden. Innerhalb der Rechtsquellen der Verwaltung haben Rechtsquellen mit einer Einzelfallregelung Vorrang gegenüber Rechtsquellen mit einer abstrakt-generellen Regelung. Gesetze sind wiederum gegenüber dem Grundgesetz vorrangig anzuwenden.[54] Das Grundgesetz steht also auf der niedrigsten Stufe und Rechtsquellen der Verwaltung mit einer Einzelfallregelung nehmen den höchsten Rang ein. Für letztere existieren mit dem Verwaltungsakt und dem Verwaltungsvertrag bereits kategorisierte Formen.

Diese Rangordnung bewirkt, dass ein Fall stets durch diejenige Rechtsquelle letztverbindlich geregelt wird, bei deren Erlass am meisten Umstände des Falls berücksichtigt worden sind.[55] Das trägt zum in der Arbeit herausgearbeiteten Ziel der bestmöglichen Erledigung staatlicher Aufgaben bei.

Kommt man nach alledem doch noch einmal auf die Grundsätze „lex specialis derogat legi generali“ bzw. „lex posterior derogat legi priori“ zurück, ist Folgendes zu erkennen: In der Rangordnung der Wirksamkeitsbedingungen werden der Regelungsumfang einer Rechtsquelle und die staatliche Aufgabe, die durch eine Rechtsquelle erledigt wird, von oben nach unten immer kleiner, mithin spezieller. Verläuft die Rangordnung der Anwendung nun umgekehrt, heißt das, dass der Regelungsumfang einer Rechtsquelle von oben nach unten zunimmt und die Aufgabe, deren Erledigung eine Rechtsquelle dient, größer wird. Den höchsten Rang nehmen also Einzelfallregelungen ein. Alle anderen in der Rangordnung nachfolgenden Regelungen gelten auch für diesen Fall, aber zugleich noch für andere Konstellationen. Das erinnert in der Sache an den Grundsatz „lex specialis derogat legi generali“.

Sieht man die Rangordnung der Wirksamkeitsanforderungen zugleich als ein System der Legitimation, heißt das, dass eine Rechtsquelle auf niederer Stufe stets erst erlassen werden kann, nachdem eine legitimierende höherrangige Rechtsquelle existiert. Lässt man Änderungs- und Aufhebungsfälle außer Betracht, werden aus der Perspektive der Wirksamkeitsbedingungen die höherrangigen Rechtsquellen also in der Regel zeitlich vor denen auf unteren Stufen erlassen. Das bedeutet für die insofern umgedrehte Rangordnung der Anwendung von Rechtsquellen, dass die höherrangigen Rechtsquellen grundsätzlich die jüngeren sind. Das entspricht der Wertung, die im Grundsatz „lex posterior derogat legi priori“ zum Ausdruck kommt.

---

[54] Der Anwendungsvorrang des einfachen Gesetzes gegenüber dem Grundgesetz gilt nicht, soweit ein Grundrecht einem Grundrechtsberechtigten einen Abwehranspruch verleiht. So steht bspw. § 1 VersG neben Art. 8 Abs. 1 GG und § 1 GewO neben Art. 12 Abs. 1 GG.

[55] Vgl. dazu auch *Lepsius*, JuS 2018, 950 (953).

C. Ergebnis

I. Rangordnung der Wirksamkeitsbedingungen und Rangordnung der Anwendung

Es hat sich gezeigt, dass je nach dem Erkenntnisinteresse ein anderes Rangordnungssystem erforderlich ist, um das Vorrangverhältnis von Rechtsquellen zu beschreiben. Die Abfolge der Rechtsquellen ist in beiden Rangordnungssystemen gleich: Grundgesetz, Gesetze, Rechtsquellen der Verwaltung mit abstrakt-generellen Regelungen, Rechtsquellen der Verwaltung mit Einzelfallregelungen. Das Vorrangverhältnis ist jedoch entgegengesetzt. Geht es um die Wirksamkeit einer Rechtsquelle, steht das Grundgesetz an oberster Stelle. Soll unter mehreren einschlägigen die anzuwendende Rechtsquelle bezeichnet werden, nehmen die Rechtsquellen der Verwaltung mit Einzelfallregelungen den höchsten Rang ein. Für Einzelfallregelungen stellt die Rechtsordnung der Verwaltung bereits die Rechtsquellenformen des Verwaltungsakts sowie des Verwaltungsvertrags zur Verfügung. Die Eckpfeiler[56] der einfachrechtlichen Rechtsquellen bilden somit Rechtsquellen in einer bereits kategorisierten Form. Rechtsquellen in einer nicht kategorisierten Form bilden lediglich Zwischenstufen zwischen dem Gesetz und den Einzelfallregelungen der Verwaltung.

Festzuhalten ist zudem, dass beide Rangordnungssysteme Ausdruck der demokratischen Legitimation staatlichen Handelns sind. Außerdem spiegeln sie jeweils den Regelungsumfang der Rechtsquellen und die Reichweite der staatlichen Aufgabe, die durch eine Rechtsquelle erledigt wird, wider. Die Rangordnungssysteme stehen im Einklang mit dem verfassungsrechtlichen Ziel der bestmöglichen Erledigung einer staatlichen Aufgabe.

II. Einordnung des Flächennutzungsplans und der Allgemeinverbindlicherklärung eines Tarifvertrags in die Rangordnungssysteme

Der Flächennutzungsplan wurde im Hinblick auf seine Wirksamkeitsbedingungen bereits in ein Rangverhältnis zu anderen Rechtsquellen gesetzt.[57] Gegenüber dem Baugesetzbuch und der Baunutzungsverordnung ist er vorrangig anzuwenden, denn diese Rechtsquellen stellen Wirksamkeitsbedingungen an Flächennutzungspläne. Wie soeben gezeigt, ist ein Flächennut-

---

[56] Zum Gesetz als „Eckpfeiler“ für die Verwaltung unabhängig von einer Rangordnung von Rechtsquellen *Schmidt-Aßmann*, Dogmatik, S. 38ff.

[57] 4. Kapitel A. II. 2. b).

zungsplan aber gegenüber Bebauungsplänen, die aus ihm entwickelt worden sind, nachrangig anzuwenden.[58] Auch Baugenehmigungen, die sich auf ein Vorhaben in seinem Geltungsbereich beziehen, gehen in ihrer Anwendung einem Flächennutzungsplan vor.[59]

Die Allgemeinverbindlicherklärung eines Tarifvertrags ist wie folgt einzuordnen: Im Rangordnungssystem der Wirksamkeitsbedingungen ist sie unterhalb der Gesetze anzusiedeln, da sie eine Rechtsquelle der Verwaltung ist. Sie hat also das über ihr stehende Tarifvertragsgesetz einzuhalten. Innerhalb der Rechtsquellen der Verwaltung steht die Verordnung zur Durchführung des Tarifvertragsgesetzes über der Allgemeinverbindlicherklärung eines Tarifvertrags. Das ergibt sich aus der Rechtsgrundlage der Verordnung (§ 11 Nr. 2 TVG). Gemäß § 11 Nr. 2 TVG kann das Bundesministerium für Arbeit und Soziales unter anderem eine Verordnung erlassen über das Verfahren bei der Allgemeinverbindlicherklärung von Tarifverträgen. Dadurch ordnet ein Gesetz an, dass eine Rechtsverordnung – die Verordnung zur Durchführung des Tarifvertragsgesetzes – Anforderungen regeln darf, die beim Erlass von anderen Rechtsquellen der Verwaltung – Allgemeinverbindlicherklärungen – einzuhalten sind und deshalb über den anderen Rechtsquellen steht.

Geht es um den Anwendungsvorrang, ist die Allgemeinverbindlicherklärung eines Tarifvertrags gegenüber der Verordnung zur Durchführung des Tarifvertragsgesetzes sowie gegenüber dem Tarifvertragsgesetz vorrangig, denn die Wirksamkeit einer Allgemeinverbindlichkeit ergibt sich aus dem Tarifvertragsgesetz sowie aus der genannten Verordnung.

---

[58] 4. Kapitel B. II.

[59] 4. Kapitel B. II.

5. Kapitel

Schlussbetrachtung

Den Untersuchungsgegenstand der Arbeit bildeten Rechtsquellen des deutschen öffentlichen Rechts. Rechtsquellen sind alle Regelungen, die dem Staat zuzurechnen sind.[1] Das Ziel der Arbeit war es, ein umfassendes Rangordnungssystem für alle Rechtsquellen aufzustellen, die von dem der Arbeit zugrunde liegenden weiten Rechtsquellenbegriff erfasst sind. Das bedeutet, dass das Rangordnungssystem auch für Rechtsquellen in einer nicht kategorisierten Form sowie für Rechtsquellen mit einer Einzelfallregelung gelten soll.

Den Bedarf für dieses Rangordnungssystem hat die Arbeit insbesondere im 2. Kapitel dargelegt, denn darin kam sie zum Ergebnis, dass das Grundgesetz es zulässt, dass eine Rechtsquelle in einer anderen als in einer ihm bekannten Form ergeht. Das Grundgesetz kennt ausdrücklich die Form des Gesetzes und die der Rechtsverordnung sowie zumindest implizit auch die Form der Satzung. Zudem setzt es voraus, dass Stellen der Verwaltung Einzelfallregelungen erlassen. Dafür stehen der Verwaltung die Formen des Verwaltungsakts (§ 35 VwVfG) sowie des Verwaltungsvertrags (§ 54 VwVfG) zur Verfügung. Im weiteren Verlauf der Arbeit hat sich gezeigt, dass durch Gesetze neue Formen geschaffen werden können, in der die Verwaltung Rechtsquellen erlassen darf.[2]

Im 3. Kapitel der Arbeit wurden die Anforderungen herausgearbeitet, die die Rechtsordnung an alle Rechtsquellen unabhängig von ihrer Form stellt, damit eine Rechtsquelle Rechtsfolgen bewirken kann. Für jede Rechtsquelle ist grundsätzlich zu regeln, unter welchen Voraussetzungen sie erlassen werden darf, welche Stelle dafür zuständig ist, in welchem Umfang die Rechtsquelle Rechtsfolgen herbeiführen darf und welches Verfahren bei ihrem Erlass einzuhalten ist. Für Rechtsquellen in einer kategorisierten Form sind diese Anforderungen jeweils allgemein geregelt. Für Rechtsquellen in einer nicht kategorisierten Form muss die Gesetzgebung die allgemeinen Anforderungen jeweils bei der Ausgestaltung der speziellen Form umsetzen. Entspricht eine Rechtsquelle allen Vorgaben, die an sie gestellt sind, ist sie rechtmäßig. Rechtmäßige Rechtsquellen sind stets wirksam. Hält eine

[1] Zum Rechtsquellenbegriff der Arbeit 1. Kapitel A.

[2] Zusammenfassend 3. Kapitel A. V. 1.

Rechtsquelle hingegen eine Voraussetzung nicht ein, ist sie rechtswidrig. Rechtswidrige Rechtsquellen sind nur wirksam, wenn ihnen die Rechtsordnung diese Eigenschaft verleiht. Jede Rechtsquelle ist zwingend ihren Adressaten bekannt zu geben, damit sie wirksam werden kann. Eine Rechtsquelle gilt grundsätzlich so lange, bis sie aufgehoben wird.

Es hat sich herausgestellt, dass der Zweck des Erlasses einer Rechtsquelle stets die Erfüllung einer staatlichen Handlungspflicht bzw. einer staatlichen Aufgabe ist und verfassungsrechtlich sein muss. Dabei ist aus dem Grundgesetz das Ziel abzuleiten, dass die Handlungspflicht bzw. Aufgabe bestmöglich zu erfüllen ist. Die Wirksamkeitsbedingungen für eine Rechtsquelle sind daher so auszugestalten, dass sie dieses Ziel nicht konterkarieren. Sind die Anforderungen an eine Rechtsquelle am Regelungsumfang der Rechtsquelle sowie an der Funktion der handelnden staatlichen Stelle ausgerichtet, spricht alles dafür, dass die Rechtsquelle der bestmöglichen Erledigung einer staatlichen Aufgabe dient.

Die staatlichen Aufgaben steuern also das staatliche Handeln. Dementsprechend ist auch die Form einer Rechtsquelle so zu wählen, dass die bestmögliche Erledigung einer Aufgabe gewährleistet ist. Kann eine staatliche Aufgabe nicht durch den Erlass einer Rechtsquelle in einer kategorisierten Form bestmöglich erledigt werden, ist eine atypische, nicht kategorisierte Form speziell zur Erledigung dieser Aufgabe einzuführen. Die Form des staatlichen Handelns folgt also der Aufgabe, deren Erledigung das Handeln dient.

Das 4. Kapitel der Arbeit diente dazu, ein Rangordnungssystem aufzuzeigen, das Aufschluss über das Verhältnis von Rechtsquellen in einer kategorisierten Form, Rechtsquellen in einer nicht kategorisierten Form sowie Rechtsquellen mit einer Einzelfallregelung gibt. Das Verhältnis kann nicht mit einem einzigen System beschrieben werden. Das gilt in zweifacher Hinsicht. Erstens sind jeweils die Rechtsquellen zu ordnen, auf deren Rangverhältnis es ankommt. Zweitens ist danach zu differenzieren, ob die Wirksamkeit einer Rechtsquelle beurteilt oder ob unter mehreren einschlägigen Rechtsquellen die anzuwendende Rechtsquelle ermittelt werden soll. Die Aufeinanderfolge der Rechtsquellen ist in den beiden Rangordnungssystemen zwar gleich (Grundgesetz, Gesetze, Rechtsquellen der Verwaltung mit abstrakt-generellen Regelungen, Rechtsquellen der Verwaltung mit Einzelfallregelungen). Die Rangfolge ist jedoch gerade umgekehrt.

Obwohl die Arbeit den rechtlichen Rahmen für die Einführung von Rechtsquellen in einer nicht kategorisierten Form offengelegt hat, soll sie nicht dazu anregen, möglichst viele Rechtsquellen in neuen, nicht kategorisierten Formen zu schaffen. Es bedürfte vieler Regelungen für jeweils eine Rechtsquellenform. Dadurch würde die Rechtsordnung unübersichtlicher. Zudem könnte häufiger die analoge Anwendung von vorhandenen Regelungen zu kategorisierten Formen erforderlich sein.[3] Das trägt nicht zur Rechtssicherheit bei. Es ist vielmehr daran zu erinnern, dass sich die bisherigen kategorisierten Formen von Rechtsquellen schon vor der Geltung des Grundgesetzes herauskristallisiert und in der Praxis bewährt haben und dass sie stets weiterentwickelt wurden. Für neue Rechtsquellenformen zum Erlass von Einzelfallregelungen der Verwaltung besteht ferner wegen der bereits vorhandenen Formen des Verwaltungsakts und des Verwaltungsvertrags grundsätzlich kein Bedarf. Insgesamt spricht also viel dafür, dass sich die meisten staatlichen Aufgaben bereits durch eine Rechtsquelle in einer kategorisierten Form bestmöglich erledigen lassen. Hiervon kann es aber Ausnahmen geben. In diesen Fällen muss eine Rechtsquelle in einer nicht kategorisierten Form eingeführt werden. Die Eckpfeiler der Rechtsquellen bilden mit dem Gesetz einerseits und dem Verwaltungsakt sowie dem Verwaltungsvertrag andererseits jedoch bereits Rechtsquellen in einer kategorisierten Form.

---

[3] Bspw. soll gegen Darstellungen eines Flächennutzungsplans im Sinne des § 35 Abs. 3 S. 3 BauGB ein Normenkontrollantrag analog § 47 Abs. 1 Nr. 1 VwGO die statthafte Rechtsschutzform sein, dazu grundlegend BVerwGE 128, 382 (388 ff.).

Literaturverzeichnis

Abelein, Manfred: Die Abgrenzung Verwaltungsakt – Verordnung, in: Hablitzel, Hans/Wollenschläger, Michael (Hrsg.), Recht und Staat, Festschrift für Günther Küchenhoff, Berlin 1972, S. 419–432 – zitiert: *Abelein*, FS Küchenhoff.

Achterberg, Norbert: Probleme der Funktionenlehre, München 1970 – zitiert: *Achterberg*, Funktionenlehre.

Achterberg, Norbert: Kriterien des Gesetzesbegriffs unter dem Grundgesetz, DÖV 1973, S. 289–298.

Achterberg, Norbert: Die Abstimmungsbefugnis des Abgeordneten bei Betroffenheit in eigener Sache, AöR Bd. 109 (1984), S. 505–531.

Achterberg, Norbert: Parlamentsrecht, Tübingen 1984 – zitiert: *Achterberg*, ParlR.

Adler, Lars Christian: Das Satzungsrecht der Gemeinden als verfassungsrechtlich eigenständiges Rechtsetzungsrecht?, München 1997 – zitiert: *Adler*, Satzungsrecht.

Aker, Bernd: Kommentierung zu § 4 GemO BW, in: ders./Hafner, Wolfgang/Notheis, Klaus, Gemeindeordnung Gemeindehaushaltsverordnung Baden-Württemberg, Kommentar, 2. Auflage, Stuttgart u. a. 2019 – zitiert: *Aker*, in: ders./Hafner/Notheis, GemO BW.

Anschütz, Gerhard: Die gegenwärtigen Theorien über den Begriff der gesetzgebenden Gewalt und den Umfang des königlichen Verordnungsrechts nach preussischem Staatsrecht, 2. Auflage, Tübingen/Leipzig 1901 – zitiert: *Anschütz*, Theorien.

Arnim, Hans Herbert von: Gemeindliche Selbstverwaltung und Demokratie, AöR Bd. 113 (1988), S. 1–30.

Axer, Peter: Normsetzung der Exekutive in der Sozialversicherung, Tübingen 2000 – zitiert: *Axer*, Normsetzung.

Backhaus, Ludger/*Wenner*, Ulrich: Können Tarifparteien auf Allgemeinverbindlicherklärung eines Tarifvertrags klagen?, DB 1988, S. 115–119.

Badura, Peter: Rechtsetzung durch Gemeinden, DÖV 1963, S. 561–570.

Badura, Peter: Staatsrecht, 7. Auflage, München 2018 – zitiert: *Badura*, StaatsR.

Baer, Susanne: Verwaltungsaufgaben, in: Hoffmann-Riem, Wolfgang/Schmidt-Aßmann, Eberhard/Voßkuhle, Andreas (Hrsg.), Grundlagen des Verwaltungsrechts, Band I, 2. Auflage, München 2012, § 11 – zitiert: *Baer*, in: Hoffmann-Riem/Schmidt-Aßmann/Voßkuhle, GVwR I.

Barbirz, Felix: Institutionelle Befangenheit, Baden-Baden 2010 – zitiert: *Barbirz*, Befangenheit.

Battis, Ulrich: Vorbemerkung zu den §§ 214 bis 216 BauGB sowie Kommentierungen zu §§ 214, 215 BauGB, in: ders./Krautzberger, Michael/Löhr, Rolf-Peter (Begr.),

Baugesetzbuch, Kommentar, 14. Auflage, München 2019 – zitiert: *Battis*, in: ders./Krautzberger/Löhr, BauGB.

Bauer, Hartmut: Kommentierungen zu Art. 80, 82 GG, in: Dreier, Horst (Hrsg.), Grundgesetz, Kommentar, Band II, 3. Auflage, Tübingen 2015 – zitiert: *Bauer*, in: Dreier, GG II.

Bauernfeind, Heinz: Zum Verbot von Einzelfallgesetzen gemäß Art. 19 I GG, DVBl. 1976, S. 193–198.

Baumeister, Peter: Der Beseitigungsanspruch als Fehlerfolge des rechtswidrigen Verwaltungsakts, Tübingen 2006 – zitiert: *Baumeister*, Beseitigungsanspruch.

Beaucamp, Guy: Rechtssicherheit als Wert und als Argument im Verhältnis der Staatsgewalten zueinander, DÖV 2017, S. 699–708.

Becker, Ulrich/*Sichert*, Markus: Einführung in die kommunale Rechtsetzung am Beispiel gemeindlicher Benutzungssatzungen, 1. Teil. Grundlagen, JuS 2000, S. 144–148.

Bepler, Klaus: Stärkung der Tarifautonomie – Welche Änderungen des Tarifvertragsrechts empfehlen sich?, in: Ständige Deputation des Deutschen Juristentages (Hrsg.), Verhandlungen des 70. Deutschen Juristentages, Band I (Gutachten), München 2014, Teil B – zitiert: *Bepler*, Gutachten 70. Juristentag.

Berger, Ariane: Die Ordnung der Aufgaben im Staat, Tübingen 2016 – zitiert: *Berger*, Aufgaben.

Bethge, Herbert: Parlamentsvorbehalt und Rechtssatzvorbehalt für die Kommunalverwaltung, NVwZ 1983, S. 577–580.

Bickenbach, Christian: Die Einschätzungsprärogative des Gesetzgebers, Tübingen 2014 – zitiert: Bickenbach, Einschätzungsprärogative.

Blanke, Hermann-Josef: Vertrauensschutz im deutschen und europäischen Verwaltungsrecht, Tübingen 2000 – zitiert: *Blanke*, Vertrauensschutz.

Böckenförde, Ernst-Wolfgang: Die Organisationsgewalt im Bereich der Regierung, Berlin 1964 – zitiert: *Böckenförde*, Organisationsgewalt.

Böckenförde, Ernst-Wolfgang: Die sogenannte Nichtigkeit verfassungswidriger Gesetze, Berlin 1966 – zitiert: *Böckenförde*, Nichtigkeit.

Böckenförde, Ernst-Wolfgang: Die Bedeutung der Unterscheidung von Staat und Gesellschaft im demokratischen Sozialstaat der Gegenwart, in: Rechtsfragen der Gegenwart, Festgabe für Wolfgang Hefermehl, Stuttgart u. a. 1972, S. 11–36 – zitiert: *Böckenförde*, FG Hefermehl.

Böckenförde, Ernst-Wolfgang: Gesetz und gesetzgebende Gewalt, 2. Auflage, Berlin 1981– zitiert: *Böckenförde*, Gesetz.

Böckenförde, Ernst-Wolfgang: Demokratie als Verfassungsprinzip, in: Isensee, Josef/Kirchhof, Paul (Hrsg.), Handbuch des Staatsrechts der Bundesrepublik Deutschland, Band II, 3. Auflage, Heidelberg 2004, § 24 – zitiert: *Böckenförde*, in: Isensee/Kirchhof, HStR II.

Bönker, Christian: Gemeindliche Bauleitplanung, in: Hoppe, Werner/Bönker, Christian/Grotefels, Susan, Öffentliches Baurecht, 4. Auflage, München 2010, § 5 – zitiert: *Bönker*, in: Hoppe/Bönker/Grotefels, Öfftl BauR.

Bogdandy, Armin von: Gubernative Rechtsetzung, Tübingen 2000 – zitiert: *v. Bogdandy*, Rechtsetzung.

Bollmann, Gerhard: Verfassungsrechtliche Grundlagen und allgemeine verfassungsrechtliche Grenzen des Selbstorganisationsrechts des Bundestages, Berlin 1992 – zitiert: *Bollmann*, Selbstorganisationsrecht.

Bonk, Heinz Joachim/*Neumann*, Werner/*Siegel*, Thorsten: Kommentierungen zu §§ 54, 59 VwVfG, in: Stelkens, Paul/Bonk, Heinz Joachim/Sachs, Michael (Hrsg.), Verwaltungsverfahrensgesetz, Kommentar, 9. Auflage, München 2018 – zitiert: *Bonk/Neumann/Siegel*, in: Stelkens/Bonk/Sachs, VwVfG.

Braun, Axel: Normative Tarfigebundenheit, in: Thüsing, Gregor/Braun, Axel (Hrsg.), Tarifrecht, Handbuch, 2. Auflage, München 2016, 6. Kapitel – zitiert: *Braun*, in: Thüsing/Braun, Tarifrecht.

Braun Binder, Nadja: Fragmentierungen und grundgesetzliche Gewaltenteilung, DVBl. 2017, S. 1066–1072.

Brenner, Michael: Staatsaufgaben, in: Depenheuer, Otto/Grabenwarter, Christoph (Hrsg.), Verfassungstheorie, Tübingen 2010, § 25 – zitiert: *Brenner*, in: Depenheuer/Grabenwarter, Verfassungstheorie.

Brenner, Michael: Kommentierung zu Art. 80 GG, in: Mangoldt, Hermann v./Klein, Friedrich/Starck, Christian/Huber, Peter M./Voßkuhle, Andreas (Begr./Hrsg.), Kommentar zum Grundgesetz, Band 2, 7. Auflage, München 2018 – zitiert: *Brenner*, in: v. Mangoldt/Klein/Starck, GG II.

Breuer, Marten: Nichtiges Gesetz und vernichtbarer Verwaltungsakt, DVBl. 2008, S. 555–565.

Bröhmer, Jürgen: Transparenz als Verfassungsprinzip, Tübingen 2004 – zitiert: *Bröhmer*, Transparenz.

Brohm, Winfried: Kompetenzüberschneidungen im Bundesstaat, DÖV 1983, S. 525–531.

Brosius-Gersdorf, Frauke: Kommentierungen zu Art. 76, 77 GG, in: Dreier, Horst (Hrsg.), Kommentar zum Grundgesetz, Band 2, 3. Auflage, Tübingen 2015 – zitiert: *Brosius-Gersdorf*, in: Dreier, GG II.

Brüning, Christoph/*Bosesky*, Pino: Kommentierung zu § 54 VwVfG, in: Mann, Thomas/Sennekamp, Christoph/Uechtritz, Michael (Hrsg.), NomosKommentar Verwaltungsverfahrensgesetz, Großkommentar, 2. Auflage, Baden-Baden 2019 – zitiert: *Brüning/Bosesky*, in: Mann/Sennekamp/Uechtritz, NK-VwVfG.

Bryde, Brun-Otto: Kommentierung zu Art. 76 GG, in: Münch, Ingo von/Kunig, Philip (Begr./Hrsg.), Grundgesetz Kommentar, Band 2, 6. Auflage, München 2012 – zitiert: *Bryde*, in: v. Münch/Kunig, GG II.

Bull, Hans Peter: Die Staatsaufgaben nach dem Grundgesetz, 2. Auflage, Kronberg/Ts. 1977 – zitiert: *Bull*, Staatsaufgaben.

Bull, Hans Peter/*Mehde*, Veith: Allgemeines Verwaltungsrecht mit Verwaltungslehre, 9. Auflage, Heidelberg 2015 – zitiert: *Bull/Mehde*, Allg VwR.

Burgi, Martin: Funktionale Privatisierung und Verwaltungshilfe, Tübingen 1999 – zitiert: *Burgi*, Privatisierung.

Burgi, Martin: Die dienende Funktion des Verwaltungsverfahrens: Zweckbestimmung und Fehlerfolgenrecht in der Reform, DVBl. 2011, S. 1317–1324.

Burgi, Martin: Verwaltungsorganisationsrecht, in: Ehlers, Dirk/Pünder, Hermann (Hrsg.), Allgemeines Verwaltungsrecht, 15. Auflage, Berlin/Boston 2016, § 8 – zitiert: *Burgi*, in: Ehlers/Pünder, Allg VwR.

Busch, Bernhard: Das Verhältnis des Art. 80 Abs. 1 S. 2 GG zum Gesetzes- und Parlamentsvorbehalt, Berlin 1992 – zitiert: *Busch*, Verhältnis.

Butzer, Hermann: Kommentierung zu Art. 82 GG, in: Maunz, Theodor/Dürig, Günter (Begr.), Grundgesetz, Kommentar, München, Loseblattsammlung, Stand: 88. Ergänzungslieferung (August 2019) – zitiert: *Butzer*, in: Maunz/Dürig, GG.

Butzer, Hermann/*Kaltenborn*, Markus: Die demokratische Legitimation des Bundesausschusses der Ärzte und Krankenkassen, MedR 2001, S. 333–342.

Castendiek, Jan: Der sozialversicherungsrechtliche Normsetzungsvertrag, Baden-Baden 2000 – zitiert: *Castendiek*, Normsetzungsvertrag.

Chanos, Antonis: Möglichkeiten und Grenzen der Befristung parlamentarischer Gesetzgebung, Berlin 1999 – zitiert: *Chanos*, Befristung.

Clemens, Thomas: Normstrukturen im deutschen Recht, in: Grawert, Rolf/Schlink, Bernhard/Wahl, Rainer/Wieland, Joachim (Hrsg.), Offene Staatlichkeit, Festschrift für Ernst-Wolfgang Böckenförde, Berlin 1995, S. 259–276 – zitiert: *Clemens*, FS Böckenförde.

Danwitz, Thomas von: Die Gestaltungsfreiheit des Verordnungsgebers, Berlin 1989 – zitiert: *v. Danwitz*, Gestaltungsfreiheit.

Danwitz, Thomas von: Der Grundsatz funktionsgerechter Organstruktur, Der Staat Bd. 35 (1996), S. 329–350.

Dittmann, Armin/*Winkler*, Daniela: Kommentierungen zu Art. 83, 84 GG, in: Sachs, Michael (Hrsg.), Grundgesetz, Kommentar, 8. Auflage, München 2018 – zitiert: *Dittmann/Winkler*, in: Sachs, GG.

Dörr, Dieter: Faires Verfahren, Kehl am Rhein/Straßburg 1984 – zitiert: *Dörr*, Verfahren.

Dolzer, Rudolf: Zum Begründungszwang im geltenden Verwaltungsrecht, DÖV 1985, S. 9–20.

Dreier, Horst: Kommentierung zu Art. 19 I GG, in: ders. (Hrsg.), Grundgesetz, Kommentar, Band I, 3. Auflage, Tübingen 2013 – zitiert: *Dreier*, in: ders., GG I.

Dreier, Horst: Kommentierungen zu Art. 20 (Demokratie), 28 GG, in: ders. (Hrsg.), Grundgesetz, Kommentar, Band II, 3. Auflage, Tübingen 2015 – zitiert: *Dreier*, in: ders., GG II.

Ehlers, Dirk: Anhörung im Verwaltungsverfahren, Jura 1996, S. 617–624.

Ehlers, Dirk: Rechtsfragen der Existenz, der Wirksamkeit und der Bestandskraft von Verwaltungsakten, in: Krebs, Walter (Hrsg.), Liber Amicorum Hans-Uwe Erichsen, Köln u. a. 2004, S. 1–17 – zitiert: *Ehlers*, FS Erichsen.

Ehlers, Dirk: Verwaltung und Verwaltungsrecht im demokratischen und sozialen Rechtsstaat, in: ders./Pünder, Hermann (Hrsg.), Allgemeines Verwaltungsrecht, 15. Auflage, Berlin/Boston 2016, §§ 1, 2, 6 – zitiert: *Ehlers*, in: ders./Pünder, Allg VwR.

Eisenberg, Ewald: Die Anhörung des Bürgers im Verwaltungsverfahren und die Begründungspflicht für Verwaltungsakte, Baden-Baden 1999 – zitiert: *Eisenberg*, Anhörung und Begründungspflicht.

Engel, Rüdiger: Aktuelle Fragen des Lärmschutzes: Lärmaktionsplanung, NVwZ 2010, S. 1191–1199.

Engert, Markus: Die historische Entwicklung des Rechtsinstituts Verwaltungsakt, Frankfurt am Main 2002 – zitiert: *Engert*, Entwicklung.

Erichsen, Hans-Uwe/*Knoke*, Ulrich: Bestandskraft von Verwaltungsakten, NVwZ 1983, S. 185–192.

Fabio, Udo Di: Verlust der Steuerungskraft klassischer Rechtsquellen, NZS 1998, S. 449–455.

Fechtrup, Hermann: Soll das kommunale Satzungsrecht gegenüber staatlicher und gerichtlicher Kontrolle gestärkt werden?, in: Ständige Deputation des Deutschen Juristentages (Hrsg.), Verhandlungen des 58. Deutschen Juristentages, Band II (Sitzungsberichte), Referat, München 1990, N 39–57 – zitiert: *Fechtrup*, Referat 58. Juristentag.

Fehling, Michael: Verwaltung zwischen Unparteilichkeit und Gestaltungsaufgabe, Tübingen 2001 – zitiert: *Fehling*, Verwaltung.

Fleiner, Fritz: Institutionen des Deutschen Verwaltungsrechts, 2. Neudruck der 8. Auflage von 1928, Aalen 1963 – zitiert: *Fleiner*, Institutionen.

Franzen, Martin: Kommentierung zu § 5 TVG, in: Müller-Glöge, Rudi/Preis, Ulrich/Schmidt, Ingrid (Hrsg.), Erfurter Kommentar zum Arbeitsrecht, 20. Auflage, München 2020 – zitiert: *Franzen*, in: ErfK ArbR.

Fügemann, Malte W.: Zuständigkeit als organisationsrechtliche Kategorie, München 2004 – zitiert: *Fügemann*, Zuständigkeit.

Füsslein, Rudolf Werner: Bearbeitung der Entstehungsgeschichte des Abschnitts VIII. Die Ausführung der Bundesgesetze und die Bundesverwaltung des Grundgesetzes, JöR n. F. Bd. 1 (1951), S. 621–664.

Gaentzsch, Günther/*Philipp*, Renate/*Tepperwien*, Joachim: Kommentierung zu § 5 BauGB, in: Schlichter, Otto/Stich, Rudolf/Driehaus, Hans-Joachim/Paetow, Stefan (Hrsg.), Berliner Kommentar zum Baugesetzbuch, Köln, Loseblattsammlung, 3. Auflage, Stand: 46. Ergänzungslieferung (November 2019) – zitiert: *Gaentzsch/Philipp/Tepperwien*, in: BK-BauGB.

Gärditz, Klaus Ferdinand: Redebeitrag, VVDStRL Bd. 70 (2011), S. 340–341.

Gartz, Henrik: Begründungspflicht des Gesetzgebers, Baden-Baden 2015 – zitiert: *Gartz*, Begründungspflicht.

Geis, Max-Emanuel: Der Erlass von Satzungen, in: Kluth, Winfried/Krings, Günter (Hrsg.), Gesetzgebung, Heidelberg u. a. 2014, § 25 – zitiert: *Geis*, in: Kluth/Krings, Gesetzgebung.

Geis, Max-Emanuel: Kommentierung zu § 72 VwGO, in: Sodan, Helge/Ziekow, Jan (Hrsg.), NomosKommentar Verwaltungsgerichtsordnung, Großkommentar, 5. Auflage, Baden-Baden 2018 – zitiert: *Geis*, in: Sodan/Ziekow, NK-VwGO.

Gierke, Otto von: Labands Staatsrecht und die deutsche Rechtswissenschaft, unveränderter photomechanischer Nachdruck, 2. Auflage, Darmstadt 1961, erstmals erschienen im Jahrbuch für Gesetzgebung, Verwaltung und Volkswirtschaft im Deutschen Reich, Neue Folge, 7. Jahrgang, Heft 4, S. 1097–1195 – zitiert: *v. Gierke*, Labands Staatsrecht.

Giesen, Richard: Kommentierungen zu §§ 4, 5 TVG, in: Rolfs, Christian/Giesen, Richard/Kreikebohm, Ralf/Udsching, Peter (Hrsg.), Beck'scher Online-Kommentar Arbeitsrecht, München, 54. Edition, Stand: 01.12.2019 – zitiert: *Giesen*, in: BeckOK ArbR.

Götz, Heinrich: Der Wirkungsgrad verfassungswidriger Gesetze, NJW 1960, S. 1177–1182.

Groß, Thomas: Kommentierung zu Art. 84 GG, in: Friauf, Karl Heinrich/Höfling, Wolfram (Hrsg.), Berliner Kommentar zum Grundgesetz, Berlin, Loseblattsammlung, Stand: Ergänzungslieferung 3/19 (November 2019) – zitiert: *Groß*, in: Friauf/Höfling, BerlK-GG.

Grzeszick, Bernd: Kommentierung zu Art. 20 GG, in: Maunz, Theodor/Dürig, Günter (Begr.), Grundgesetz, Kommentar, München, Loseblattsammlung, Stand: 88. Ergänzungslieferung (August 2019), Abschnitt II, V, VI, VII – zitiert: *Grzeszick*, in: Maunz/Dürig, GG.

Guckelberger, Annette: Vorwirkung von Gesetzen im Tätigkeitsbereich der Verwaltung, Berlin 1997 – zitiert: *Guckelberger*, Vorwirkung.

Guckelberger, Annette: Kommentierung zu Art. 82 GG, in: Friauf, Karl Heinrich/Höfling, Wolfram (Hrsg.), Berliner Kommentar zum Grundgesetz, Berlin, Loseblattsammlung, Stand: Ergänzungslieferung 3/19 (November 2019) – zitiert: *Guckelberger*, in: Friauf/Höfling, BerlK-GG.

Gurlit, Elke: Die Verwaltungsöffentlichkeit im Umweltrecht, Düsseldorf 1989 – zitiert: *Gurlit*, Verwaltungsöffentlichkeit.

Gurlit, Elke: Der Eigenwert des Verfahrens im Verwaltungsrecht, VVDStRL Bd. 70 (2011), S. 227–277.

Gurlit, Elke: Verwaltungsrechtlicher Vertrag und andere verwaltungsrechtliche Sonderverbindungen, in: Ehlers, Dirk/Pünder, Hermann (Hrsg.), Allgemeines Verwaltungsrecht, 15. Auflage, Berlin/Boston 2016, §§ 29, 31, 32 – zitiert: *Gurlit*, in: Ehlers/Pünder, Allg VwR.

Gusy, Christoph: Der Vorrang des Gesetzes, JuS 1983, S. 189–194.

Gusy, Christoph: Informationsbeziehungen zwischen Staat und Bürger, in: Hoffmann-Riem, Wolfgang/Schmidt-Aßmann, Eberhard/Voßkuhle, Andreas (Hrsg.), Grundlagen des Verwaltungsrechts, Band II, 2. Auflage, München 2012, § 23 – zitiert: *Gusy*, in: Hoffmann-Riem/Schmidt-Aßmann/Voßkuhle, GVwR II.

Häberle, Peter: Verfassungsstaatliche Staatsaufgabenlehre, AöR Bd. 111 (1986), S. 595–611.

Haenel, Albert: Das Gesetz im formellen und materiellen Sinne, 2. Auflage, Frankfurt am Main 1968, Nachdruck der 1. Auflage, Leipzig 1888 – zitiert: *Haenel*, Gesetz.

Hamann, Andreas: Autonome Satzungen und Verfassungsrecht, Heidelberg 1958 – zitiert: *Hamann*, Satzungen.

Hartmann, Bernd J./*Apfel*, Henner: Das Grundrecht auf ein faires Strafverfahren, Jura 2008, S. 495–501.

Hebeler, Timo: Ist der Gesetzgeber verfassungsrechtlich verpflichtet, Gesetze zu begründen?, DÖV 2010, S. 754–762.

Heckmann, Dirk: Geltungskraft und Geltungsverlust von Rechtsnormen, Tübingen 1997 – zitiert: *Heckmann*, Geltungskraft.

Heintzen, Markus: Das Rangverhältnis von Rechtsverordnung und Satzung, Die Verwaltung Bd. 29 (1996), S. 17–45.

Held, Jürgen: Der Grundrechtsbezug des Verwaltungsverfahrens, Berlin 1984 – zitiert: *Held*, Grundrechtsbezug.

Helmert, Barbara: Vorläufigkeit und Vorfinanzierung bei kommunalabgabenrechtlichen Vorzugslasten, Frankfurt am Main 2012 – zitiert: *Helmert*, Vorzugslasten.

Hendler, Reinhard: Selbstverwaltung als Ordnungsprinzip, Köln u. a. 1984 – zitiert: *Hendler*, Selbstverwaltung.

Henneke, Hans-Günter/*Berger*, Ariane: Kommentierung zu § 35 VwVfG, in: Knack, Hans Joachim/Henneke, Hans-Günter (Begr./Hrsg.), Verwaltungsverfahrensgesetz (VwVfG), Kommentar, 11. Auflage, Köln 2020 – zitiert: *Henneke*, in: Knack/Henneke, VwVfG.

Hering, E.: Verwaltungsverfahren und Gerichtsverfahren nach dem Bundesbaugesetz, DVBl. 1961, S. 217–228.

Hermes, Georg: Kommentierung zu Art. 83 GG, in: Dreier, Horst (Hrsg.), Grundgesetz, Kommentar, Band III, 3. Auflage, Tübingen 2018 – zitiert: *Hermes*, in: Dreier, GG III.

Hesse, Konrad: Grundzüge des Verfassungsrechts der Bundesrepublik Deutschland, 20. Auflage, Heidelberg 1995 – zitiert: *Hesse*, Grundzüge.

Heusch, Andreas: Verfassungsrechtliche Gesetzeskontrolle, in: Kluth, Winfried/Krings, Günter (Hrsg.), Gesetzgebung, Heidelberg u. a. 2014, § 36 – zitiert: *Heusch*, in: Kluth/Krings, Gesetzgebung.

Heyle, Fabian: Die individuell-abstrakte Regelung des allgemeinen Verwaltungsrechts, NVwZ 2008, S. 390–392.

Hill, Hermann: Zur Dogmatik sog. Heilungsvorschriften im Kommunalverfassungsrecht, DVBl. 1983, S. 1–7.

Hill, Hermann: Das fehlerhafte Verfahren und seine Folgen im Verwaltungsrecht, Heidelberg 1986 – zitiert: *Hill*, Verfahren.

Hill, Hermann: Rechtsdogmatische Probleme der Gesetzgebung, Jura 1986, S. 286–296.

Hill, Hermann: Soll das kommunale Satzungsrecht gegenüber staatlicher und gerichtlicher Kontrolle gestärkt werden?, in: Ständige Deputation des Deutschen Juristentages (Hrsg.), Verhandlungen des 58. Deutschen Juristentages, Band I (Gutachten), München 1990, Teil D – zitiert: *Hill*, Gutachten 58. Juristentag.

Hill, Hermann/*Martini*, Mario: Exekutivische Normsetzung, in: Hoffmann-Riem, Wolfgang/Schmidt-Aßmann, Eberhard/Voßkuhle, Andreas (Hrsg.), Grundlagen des Verwaltungsrechts, Band II, 2. Auflage, München 2012, § 34 – zitiert: *Hill/Martini*, in: Hoffmann-Riem/Schmidt-Aßmann/Voßkuhle, GVwR II.

Höpfner, Clemens: Die Tarifgeltung im Arbeitsverhältnis, Baden-Baden 2015 – zitiert: *Höpfner*, Tarifgeltung.

Hofbauer, Hans: Der Rechtscharakter der Tarifverträge und der Allgemeinverbindlicherklärung, Berlin 1974 – zitiert: *Hofbauer*, Rechtscharakter.

Hoffmann, Gerhard: Die Verwaltung und das verfassungswidrige Gesetz, JZ 1961, S. 193–205.

Hoffmann, Jan: Recht und Zeit – Zur Endlichkeit der Geltungsdauer und „Überlagerung“ von Gesetzen, Jura 2012, S. 11–15.

Hoffmann-Riem, Wolfgang: Rechtsformen, Handlungsformen, Bewirkungsformen, in: ders./Schmidt-Aßmann, Eberhard/Voßkuhle, Andreas (Hrsg.), Grundlagen des Verwaltungsrechts, Band II, 2. Auflage, München 2012, § 33 – zitiert: *Hoffmann-Riem*, in: ders./Schmidt-Aßmann/Voßkuhle, GVwR II.

Hofmann, Hans: Kommentierung zu Art. 20 GG, in: Schmidt-Bleibtreu, Bruno/Klein, Franz/Hofmann, Hans/Henneke, Hans Günter (Begr./Hrsg.), GG, Kommentar zum Grundgesetz, 14. Auflage, Köln 2018 – zitiert: *Hans Hofmann*, in: Schmidt-Bleibtreu/Hofmann/Henneke, GG.

Hofmann, Hasso: Das Postulat der Allgemeinheit des Gesetzes, in: Starck, Christian (Hrsg.), Die Allgemeinheit des Gesetzes, Göttingen 1987, S. 9–48 – zitiert: *Hasso Hofmann*, in: Starck, Allgemeinheit.

Holzner, Thomas: Die „Pankower Ekelliste“ – Zukunftsweisendes Modell des Verbraucherschutzes oder rechtswidriger Pranger?, NVwZ 2010, S. 489–494.

Huber, Peter M.: Kommentierung zu Art. 19 GG, in: Mangoldt, Hermann v./Klein, Friedrich/Starck, Christian/Huber, Peter M./Voßkuhle, Andreas (Begr./Hrsg.), Kommentar zum Grundgesetz, Band 1, 7. Auflage, München 2018 – zitiert: *Huber*, in: v. Mangoldt/Klein/Starck, GG I.

Hufen, Friedhelm/*Siegel*, Thorsten: Fehler im Verwaltungsverfahren, 6. Auflage, Baden-Baden 2018 – zitiert: *Hufen/Siegel*, Fehler.

Ipsen, Jörn: Rechtsfolgen der Verfassungswidrigkeit von Norm und Einzelakt, Baden-Baden 1980 – zitiert: *Ipsen*, Verfassungswidrigkeit.

Isensee, Josef: Vorbehalt der Verfassung, in: ders./Lecheler, Helmut (Hrsg.), Freiheit und Eigentum, Festschrift für Walter Leisner, Berlin 1999, S. 359–399 – zitiert: *Isensee*, FS Leisner.

Isensee, Josef: Staatsaufgaben, in: ders./Kirchhof, Paul (Hrsg.), Handbuch des Staatsrechts der Bundesrepublik Deutschland, Band IV, 3. Auflage, Heidelberg u. a. 2006, § 73 – zitiert: *Isensee*, in: ders./Kirchhof, HStR IV.

Isensee, Josef: Die bundesstaatliche Kompetenz, in: ders./Kirchhof, Paul (Hrsg.), Handbuch des Staatsrechts der Bundesrepublik Deutschland, Band VI, 3. Auflage, Heidelberg u.a. 2008, § 133 – zitiert: *Isensee*, in: ders./Kirchhof, HStR VI.

Isensee, Josef: Das Grundrecht als Abwehrrecht und als staatliche Schutzpflicht, in: ders./Kirchhof, Paul (Hrsg.), Handbuch des Staatsrechts der Bundesrepublik Deutschland, Band IX, 3. Auflage, Heidelberg u.a. 2011, § 191 – zitiert: *Isensee*, in: ders./Kirchhof, HStR IX.

Jarass, Hans D.: Funktionen und Dimensionen der Grundrechte, in: Merten, Detlef/Papier, Hans-Jürgen (Hrsg.), Handbuch der Grundrechte, Band II, Heidelberg u.a. 2006, § 38 – zitiert: *Jarass*, in: Merten/Papier, HGR II.

Jarass, Hans D.: Kommentierung zu Art. 20 GG, in: ders./Pieroth, Bodo, Grundgesetz für die Bundesrepublik Deutschland, Kommentar, 15. Auflage, München 2018 – zitiert: *Jarass*, in: ders./Pieroth, GG.

Jellinek, Georg: Gesetz und Verordnung, Freiburg 1887 – zitiert: *Jellinek*, Gesetz.

Jellinek, Georg: System der subjektiven öffentlichen Rechte, 2. Auflage, Tübingen 1919 – zitiert: *Jellinek*, Rechte.

Jestaedt, Matthias: Demokratieprinzip und Kondominialverwaltung, Berlin 1993 – zitiert: *Jestaedt*, Demokratieprinzip.

Jestaedt, Matthias: Das Geheimnis im Staat der Öffentlichkeit, AöR Bd. 126 (2001), S. 204–243.

Jestaedt, Matthias: Grundbegriffe des Verwaltungsorganisationsrechts, in: Hoffmann-Riem, Wolfgang/Schmidt-Aßmann, Eberhard/Voßkuhle, Andreas (Hrsg.), Grundlagen des Verwaltungsrechts, Band I, 2. Auflage, München 2012, § 14 – zitiert: *Jestaedt*, in: Hoffman-Riem/Schmidt-Aßmann/Voßkuhle, GVwR I.

Jestaedt, Matthias: Maßstäbe des Verwaltungshandelns, in: Ehlers, Dirk/Pünder, Hermann (Hrsg.), Allgemeines Verwaltungsrecht, 15. Auflage, Berlin/Boston 2016, § 11 – zitiert: *Jestaedt*, in: Ehlers/Pünder, Allg VwR.

Käß, Robert: Inhalt und Grenzen des Grundsatzes der Planerhaltung, Berlin 2002 – zitiert: *Käß*, Planerhaltung.

Kallerhoff, Dieter/*Mayen*, Thomas: Kommentierung zu § 28 VwVfG, in: Stelkens, Paul/Bonk, Heinz Joachim/Sachs, Michael (Hrsg.), Verwaltungsverfahrensgesetz, Kommentar, 9. Auflage, München 2018 – zitiert: *Kallerhoff/Mayen*, in: Stelkens/Bonk/Sachs, VwVfG.

Kaltenborn, Markus: Gibt es einen numerus clausus der Rechtsquellen?, Rechtstheorie Bd. 34 (2003), S. 459–486.

Karpen, Ulrich: Verfassungsgeschichtliche Entwicklung des Gesetzesbegriffs in Deutschland, in: Selmer, Peter/Münch, Ingo von (Hrsg.), Gedächtnisschrift für Wolfgang Martens, Berlin/New York 1987, S. 137–152 – zitiert: *Karpen*, GS Martens.

Kazele, Norbert: Interessenkollisionen und Befangenheit im Verwaltungsrecht, Berlin 1990 – zitiert: *Kazele*, Interessenkollisionen.

Kelsen, Hans: Reine Rechtslehre, 2. Auflage, Wien 1960 – zitiert: *Kelsen*, Rechtslehre.

Kersten, Jens: Kommentierung zu Art. 76 GG, in: Maunz, Theodor/Dürig, Günter (Begr.), Grundgesetz, Kommentar, München, Loseblattsammlung, Stand: 88. Ergänzungslieferung (August 2019) – zitiert: *Kersten*, in: Maunz/Dürig, GG.

Kirchhof, Ferdinand: Kommentierung zu Art. 84 GG, in: Maunz, Theodor/Dürig, Günter (Begr.), Grundgesetz, Kommentar, München, Loseblattsammlung, Stand: 88. Ergänzungslieferung (August 2019) – zitiert: *F. Kirchhof*, in: Maunz/Dürig, GG.

Kirchhof, Gregor: Die Allgemeinheit des Gesetzes, Tübingen 2009 – zitiert: *G. Kirchhof*, Allgemeinheit.

Kirchhof, Paul: Die Bedeutung der Unbefangenheit für die Verwaltungsentscheidung, VerwArch Bd. 66 (1975), S. 370–386.

Kirchhof, Paul: Rechtsquellen und Grundgesetz, in: Starck, Christian (Hrsg.), Bundesverfassungsgericht und Grundgesetz, Festgabe aus Anlaß des 25jährigen Bestehens des Bundesverfassungsgerichts, Band 2, Tübingen 1976, S. 50–107 – zitiert: *P. Kirchhof*, FG BVerfG II.

Kirchhof, Paul: Unterschiedliche Rechtswidrigkeiten in einer einheitlichen Rechtsordnung, Heidelberg/Karlsruhe 1978 – zitiert: *P. Kirchhof*, Rechtswidrigkeiten.

Kirchhof, Paul: Mittel staatlichen Handelns, in: Isensee, Josef/Kirchhof, Paul (Hrsg.), Handbuch des Staatsrechts der Bundesrepublik Deutschland, Band V, 3. Auflage, Heidelberg u. a. 2007, § 99 – zitiert: *P. Kirchhof*, in: Isensee/Kirchhof, HStR V.

Kirmer, Petra: Der Begriff der öffentlichen Aufgaben in der Rechtsprechung des Bundesverfassungsgerichts, München 1995 – zitiert: *Kirmer*, Aufgaben.

Kischel, Uwe: Die Begründung, Tübingen 2003 – zitiert: *Kischel*, Begründung.

Kißler, Leo: Die Öffentlichkeitsfunktion des Deutschen Bundestages, Berlin 1976 – zitiert: *Kißler*, Öffentlichkeitsfunktion.

Klein, Hans H.: Zum Begriff der öffentlichen Aufgabe, DÖV 1965, S. 755–759.

Klein, Hans H.: Kommentierungen zu Art. 38, 40, 42 GG, in: Maunz, Theodor/Dürig, Günter (Begr.), Grundgesetz, Kommentar, München, Loseblattsammlung, Stand: 88. Ergänzungslieferung (August 2019) – zitiert: *Klein*, in: Maunz/Dürig, GG.

Kloepfer, Michael: Vorwirkung von Gesetzen, München 1974 – zitiert: *Kloepfer*, Vorwirkung.

Kluth, Winfried: Funktionale Selbstverwaltung, Tübingen 1997 – zitiert: *Kluth*, Selbstverwaltung.

Kluth, Winfried: Grundlagen und Grundbegriffe des Verwaltungsorganisationsrechts, in: Wolff, Hans J./Bachof, Otto/Stober, Rolf/Kluth, Winfried (Begr./Hrsg.), Verwaltungsrecht II, 7. Auflage, München 2010, Neunter Teil, Erster Abschnitt, §§ 79–83 – zitiert: *Kluth*, in: Wolff/Bachof/Stober/Kluth, VwR II.

Kluth, Winfried: Funktionsgerechte Organstrukturen – ein Verfassungsgebot?, VerwArch Bd. 102 (2011), S. 525–546.

Kluth, Winfried: Die Begründung von Gesetzen, in: ders./Krings, Günter (Hrsg.), Gesetzgebung, Heidelberg u. a. 2014, § 14 – zitiert: *Kluth*, in: ders./Krings, Gesetzgebung.

Kluth, Winfried: Grundlagen des Verwaltungsverfahrens, in: Wolff, Hans J./Bachof, Otto/Stober, Rolf/Kluth, Winfried (Begr./Hrsg.), Verwaltungsrecht I, 13. Auflage, München 2017, Sechster Teil, §§ 58, 59 – zitiert: *Kluth*, in: Wolff/Bachof/Stober/Kluth, VwR I.

Knemeyer, Franz-Ludwig: Funktionen der Aufgabenzuweisungsnormen in Abgrenzung zu den Befugnisnormen, DÖV 1978, S. 11–17.

Koch, Hans-Joachim/*Rubel*, Rüdiger/*Heselhaus*, Sebastian M.: Allgemeines Verwaltungsrecht, 3. Auflage, München/Unterschleißheim 2003 – zitiert: *Koch/Rubel/Heselhaus*, Allg VwR.

Kopp, Ferdinand: Verfassungsrecht und Verwaltungsverfahrensrecht, München 1971 – zitiert: *Kopp*, Verwaltungsverfahrensrecht.

Korte, Stefan: Bedeutung, Zulässigkeit und Begriff des Verwaltungsaktes, in: Wolff, Hans J./Bachof, Otto/Stober, Rolf/Kluth, Winfried (Begr./Hrsg.), Verwaltungsrecht I, 13. Auflage, München 2017, § 45 – zitiert: *Korte*, in: Wolff/Bachof/Stober/Kluth, VwR I.

Kramer, Ernst A.: Juristische Methodenlehre, 6. Auflage, Bern 2019 – zitiert: *Kramer*, Methodenlehre.

Krautzberger, Michael: Die Erfüllung öffentlicher Aufgaben durch Private, Berlin 1971 – zitiert: *Krautzberger*, Erfüllung Aufgaben.

Krebs, Walter: Zur Rechtsetzung der Exekutive durch Verwaltungsvorschriften, VerwArch Bd. 70 (1979), S. 259–273.

Krebs, Walter: Verträge und Absprachen zwischen der Verwaltung und Privaten, VVDStRL Bd. 52 (1993), S. 248–280.

Krebs, Walter: Rechtliche und reale Freiheit, in: Merten, Detlef/Papier, Hans-Jürgen (Hrsg.), Handbuch der Grundrechte, Band II, Heidelberg u. a. 2006, § 31 – zitiert: *Krebs*, in: Merten/Papier, HGR II.

Krebs, Walter: Verwaltungsorganisation, in: Isensee, Josef/Kirchhof, Paul (Hrsg.), Handbuch des Staatsrechts der Bundesrepublik Deutschland, Band V, 3. Auflage, Heidelberg u. a. 2007, § 108 – zitiert: *Krebs*, in: Isensee/Kirchhof, HStR V.

Krebs, Walter: Kommentierung zu Art. 19 GG, in: Münch, Ingo von/Kunig, Philip (Begr./Hrsg.), Grundgesetz Kommentar, Band 1, 6. Auflage, München 2012 – zitiert: *Krebs*, in: v. Münch/Kunig, GG I.

Krebs, Walter: Baurecht, in: Schoch, Friedrich (Hrsg.), Besonderes Verwaltungsrecht, 15. Auflage, Berlin/Boston 2013, 4. Kapitel – zitiert: *Krebs*, in: Schoch, Bes VwR.

Kremer, Jutta: Bearbeitung der Artikel 83 bis 85, in: Schneider, Hans-Peter/Kramer, Jutta (Hrsg.), Das Grundgesetz, Dokumentation seiner Entstehung, Band 21, Frankfurt am Main 2013 – zitiert: *Kremer*, in: Schneider/Kramer, GG XXI.

Krings, Günter: Das Gesetz im demokratischen Verfassungsstaat, in: Kluth, Winfried/Krings, Günter (Hrsg.), Gesetzgebung, Heidelberg u. a. 2014, § 2 – zitiert: *Krings*, in: Kluth/Krings, Gesetzgebung.

Krüger, Hildegard: Die Verfassungswidrigkeit der lex Schörner, DVBl. 1955, S. 758–763, 791–796.

Krupp, Gerrit: Rechtsnatur und Rechtswirkungen des Flächennutzungsplans, Frankfurt am Main u. a. 2017 – zitiert: *Krupp*, Rechtsnatur.

Küster, Otto: Das Gewaltenproblem im modernen Staat, AöR Bd. 75 (1949), S. 397–413.

Kuhn, Carina: Luftqualitätsrecht und Planung, Frankfurt am Main 2011 – zitiert: *Kuhn*, Luftqualitätsrecht.

Kukk, Alexander: Kommentierungen zu §§ 214, 215 BauGB, in: Schrödter, Wolfgang (Hrsg.), Baugesetzbuch, NomosKommentar, 9. Auflage, Baden-Baden 2019 – zitiert: *Kukk*, in: Schrödter, NK-BauGB.

Kunig, Philip: Das Rechtsstaatsprinzip, Tübingen 1986 – zitiert: *Kunig*, Rechtsstaatsprinzip.

Kunig, Philip: Einzelfallentscheidungen durch Gesetz, Jura 1993, S. 308–314.

Kunig, Philip: Kommentierung zu Art. 103 GG, in: Münch, Ingo von/Kunig, Philip (Begr./Hrsg.), Grundgesetz Kommentar, Band 2, 6. Auflage, München 2012 – zitiert: *Kunig*, in: v. Münch/Kunig, GG II.

Laband, Paul: Das Budgetrecht nach den Bestimmungen der Preussischen Verfassungs-Urkunde unter Berücksichtigung der Verfassung des Norddeutschen Bundes, Berlin 1871 – zitiert: *Laband*, Budgetrecht.

Laband, Paul: Das Staatsrecht des Deutschen Reiches, Band 2, 5. Auflage, Tübingen 1911 – zitiert: *Laband*, Staatsrecht 2.

Langenbach, Pascal: Der Anhörungseffekt, Tübingen 2017 – zitiert: *Langenbach*, Anhörungseffekt.

Lakies, Thomas: Kommentierung zu § 5 TVG, in: Däubler, Wolfgang (Hrsg.), Tarifvertragsgesetz mit Arbeitnehmer-Entsendegesetz, NomosKommentar, 4. Auflage, Baden-Baden 2016 – zitiert: *Lakies*, in: Däubler, NK-TVG.

Laubinger, Hans-Werner: Grundrechtsschutz durch Gestaltung des Verwaltungsverfahrens, VerwArch Bd. 73 (1982), S. 60–85.

Laubinger, Hans-Werner: Das „Endiviensalat-Urteil" – eine Fehlentscheidung? Zum Begriff der Allgemeinverfügung im Sinne von § 35 Satz 2 VwVfG, in: Arndt, Hans-Wolfgang/Knemeyer, Franz-Ludwig/Kugelmann, Dieter/Meng, Werner/Schweitzer, Michael (Hrsg.), Völkerrecht und Deutsches Recht, Festschrift für Walter Rudolf, München 2001, S. 305–323 – zitiert: *Laubinger*, FS Rudolf.

Lecheler, Helmut: Verwaltungslehre, Stuttgart/München/Hannover 1988 – zitiert: *Lecheler*, Verwaltungslehre.

Lege, Joachim: Verbot des Einzelfallgesetzes, in: Merten, Detlef/Papier, Hans-Jürgen (Hrsg.), Handbuch der Grundrechte, Band III, Heidelberg u. a. 2009, § 66 – zitiert: *Lege*, in: Merten/Papier, HGR III.

Leisner, Anna: Kontinuität als Verfassungsprinzip, Tübingen 2002 – zitiert: *Leisner*, Kontinuität.

Leisner-Egensperger, Anna: Kommentierung zu § 43 VwVfG, in: Mann, Thomas/Sennekamp, Christoph/Uechtritz, Michael (Hrsg.), NomosKommentar Verwaltungsverfahrensgesetz, Großkommentar, 2. Auflage, Baden-Baden 2019 – zitiert: *Leisner-Egensperger*, in: Mann/Sennekamp/Uechtritz, NK-VwVfG.

Lepsius, Oliver: Die Rückwirkung von Gesetzen – Teil 1 und 2, Jura 2018, S. 577–585, 695–702.

Lepsius, Oliver: Normenhierarchie und Stufenbau der Rechtsordnung, JuS 2018, S. 950–954.

Löhr, Rolf-Peter: Die kommunale Flächennutzungsplanung, Siegburg 1977 – zitiert: *R.-P. Löhr*, Flächennutzungsplanung.

Löhr, Silke: Prozeßgrundrechte in Deutschland, Frankreich und England, Berlin 2012 – zitiert: *S. Löhr*, Prozeßgrundrechte.

Löwer, Wolfgang: Zuständigkeiten und Verfahren des Bundesverfassungsgerichts, in: Isensee, Josef/Kirchhof, Paul (Hrsg.), Handbuch des Staatsrechts der Bundesrepublik Deutschland, Band III, 3. Auflage, Heidelberg 2005, § 70 – zitiert: *Löwer*, in: Isensee/Kirchhof, HStR III.

Löwer, Wolfgang: Kommentierung zu Art. 28 GG, in: Münch, Ingo von/Kunig, Philip (Begr./Hrsg.), Grundgesetz Kommentar, Band 1, 6. Auflage, München 2012 – zitiert: *Löwer*, in: v. Münch/Kunig, GG I.

Löwisch, Manfred/*Rieble*, Volker: Tarifvertragsgesetz, Kommentar, 4. Auflage, München 2017 – zitiert: *Löwisch/Rieble*, TVG.

Lücke, Jörg: Begründungszwang und Verfassung, Tübingen 1987 – zitiert: *Lücke*, Begründungszwang.

Magiera, Siegfried: Kommentierung zu Art. 38 GG, in: Sachs, Michael (Hrsg.), Grundgesetz, Kommentar, 8. Auflage, München 2018 – zitiert: *Magiera*, in: Sachs, GG.

Mann, Thomas: Kommentierungen zu Art. 76, 80 GG, in: Sachs, Michael (Hrsg.), Grundgesetz, Kommentar, 8. Auflage, München 2018 – zitiert: *Mann*, in: Sachs, GG.

Mann, Thomas: Kommentierung zu § 59 VwVfG, in: ders./Sennekamp, Christoph/Uechtritz, Michael (Hrsg.), NomosKommentar Verwaltungsverfahrensgesetz, Großkommentar, 2. Auflage, Baden-Baden 2019 – zitiert: *Mann*, in: ders./Sennekamp/Uechtritz, NK-VwVfG

Martin, Marco: Heilung von Verfahrensfehlern im Verwaltungsverfahren, Berlin 2004 – zitiert: *Martin*, Heilung.

Maurer, Hartmut: Bestandskraft für Satzungen?, in: Püttner, Günter (Hrsg.), Festschrift für Otto Bachof, München 1984, S. 215–243 – zitiert: *Maurer*, FS Bachof.

Maurer, Hartmut: Der Verwaltungsvertrag – Probleme und Möglichkeiten, DVBl. 1989, S. 798–807.

Maurer, Hartmut: Rechtsfragen kommunaler Satzungsgebung, DÖV 1993, S. 184–194.

Maurer, Hartmut: Kontinuitätsgewähr und Vertrauensschutz, in: Isensee, Josef/Kirchhof, Paul (Hrsg.), Handbuch des Staatsrechts der Bundesrepublik Deutschland, Band IV, 3. Auflage, Heidelberg u. a. 2006, § 79 – zitiert: *Maurer*, in: Isensee/Kirchhof, HStR IV.

Maurer, Hartmut: Staatsrecht I: Grundlagen, Verfassungsorgane, Staatsfunktionen, 6. Auflage, München 2010 – zitiert: *Maurer*, StaatsR I.

Maurer, Hartmut/*Waldhoff*, Christian: Allgemeines Verwaltungsrecht, 19. Auflage, München 2017 – zitiert: *Maurer/Waldhoff*, Allg VwR.

May, Matthias: Die verfassungsmäßige Zulässigkeit der Bindung von Außenseitern durch Tarifverträge, Frankfurt am Main 1989 – zitiert: *May*, Bindung von Außenseitern.

Mayer, Otto: Deutsches Verwaltungsrecht, Erster Band, 1. Auflage, Leipzig 1895 – zitiert: *Mayer*, VwR I^1.

Mayer, Otto: Deutsches Verwaltungsrecht, Erster Band, Berlin 1961, unveränderter Nachdruck der 1924 erschienenen 3. Auflage – zitiert: *Mayer*, VwR I.

Mehde, Veith: Die Funktionsfähigkeit kommunaler Vertretungen in der verfassungsrechtlichen Rechtsprechung zu Sperrklauseln, VerwArch Bd. 109 (2018), S. 336–362.

Mehde, Veith: Kommentierung zu Art. 28 Abs. 2 GG, in: Maunz, Theodor/Dürig, Günter (Begr.), Grundgesetz, Kommentar, München, Loseblattsammlung, Stand: 88. Ergänzungslieferung (August 2019) – zitiert: *Mehde*, in: Maunz/Dürig, GG.

Merkl, Adolf: Das Recht im Lichte seiner Anwendung, Hannover 1917 – zitiert: *Merkl*, Anwendung.

Merkl, Adolf: Prolegomena einer Theorie des rechtlichen Stufenbaues, in: Verdross, Alfred (Hrsg.), Gesellschaft, Staat und Recht, Festschrift Hans Kelsen zum 50. Geburtstage, Wien 1931, S. 252–294 – zitiert: *Merkl*, FS Kelsen.

Meurers, David/*Beye*, Constantin: Rechtsstaatliche Anforderungen an die Öffentlichkeit von Normen, DÖV 2018, S. 59–67.

Michael, Lothar: Das Verbot echter Rückwirkung als Schutz des abstrakten Vertrauens in die Geltung von Gesetzen und eines Kernbereichs der Judikative, JZ 2015, S. 425–435.

Mitschang, Stephan: Kommentierung zu § 5 BauGB, in: Battis, Ulrich/Krautzberger, Michael/Löhr, Rolf-Peter (Begr.), Baugesetzbuch, Kommentar, 14. Auflage, München 2019 – zitiert: *Mitschang*, in: Battis/Krautzberger/Löhr, BauGB.

Möstl, Markus: Normative Handlungsformen, in: Ehlers, Dirk/Pünder, Hermann (Hrsg.), Allgemeines Verwaltungsrecht, 15. Auflage, Berlin/Boston 2016, §§ 19, 20 – zitiert: *Möstl*, in: Ehlers/Pünder, Allg VwR.

Mohl, Robert von: Das Staatsrecht des Königreiches Württemberg, Erster Band, 2. Auflage, Tübingen 1840 – zitiert: *v. Mohl*, Staatsrecht Württemberg I.

Morlok, Martin: Die Folgen von Verfahrensfehlern am Beispiel von kommunalen Satzungen, Berlin 1988 – zitiert: *Morlok*, Folgen.

Morlok, Martin: Kommentierungen zu Art. 38, 42 GG, in: Dreier, Horst (Hrsg.), Grundgesetz, Kommentar, Band II, 3. Auflage, Tübingen 2015 – zitiert: *Morlok*, in: Dreier, GG II.

Muckel, Stefan: Kriterien des verfassungsrechtlichen Vertrauensschutzes bei Gesetzesänderungen, Berlin 1989 – zitiert: *Muckel*, Kriterien.

Muckel, Stefan/*Ogorek*, Markus: Öffentliches Baurecht, 3. Auflage, München 2018 – zitiert: *Muckel/Ogorek*, Öfftl BauR.

Müller, Georg/*Uhlmann*, Felix: Elemente einer Rechtssetzungslehre, 3. Auflage, Zürich u. a. 2013 – zitiert: *Müller/Uhlmann*, Rechtssetzungslehre.

Müller-Ibold, Till: Die Begründungspflicht im europäischen Gemeinschaftsrecht und im deutschen Recht, Frankfurt am Main 1990 – zitiert: *Müller-Ibold*, Begründungspflicht.

Mutius, Albert von: Rechtsnorm und Verwaltungsakt, in: Menger, Christian-Friedrich (Hrsg.), Fortschritte des Verwaltungsrechts, Festschrift für Hans J. Wolff, München 1973, S. 167–218 – zitiert: *v. Mutius*, FS Wolff.

Mutius, Albert von: Grundrechtsschutz contra Verwaltungseffizienz im Verwaltungsverfahren?, NJW 1982, S. 2150–2160.

Nierhaus, Michael: Kommentierung zu Art. 80 GG, in: Kahl, Wolfgang/Waldhoff, Christian/Walter, Christian (Hrsg.), Bonner Kommentar zum Grundgesetz, Heidelberg, Loseblattsammlung, Stand: 200. Aktualisierung (September 2019) – zitiert: *Nierhaus*, in: BK-GG.

Nipperdey, Hans Carl/*Heussner*, Hermann: Die Rechtsnatur der Allgemeinverbindlicherklärung von Tarifverträgen, in: Külz, Helmut R./Naumann, Richard (Hrsg.), Staatsbürger und Staatsgewalt, Band I, Karlsruhe 1963, S. 211–237 – zitiert: *Nipperdey/Heussner*, in: Külz/Naumann/Richard, Staatsbürger und Staatsgewalt I.

Nolte, Georg/*Aust*, Helmut Philipp: Kommentierung zu Art. 103 GG, in: Mangoldt, Hermann v./Klein, Friedrich/Starck, Christian/Huber, Peter M./Voßkuhle, Andreas (Begr./Hrsg.), Kommentar zum Grundgesetz, Band 3, 7. Auflage, München 2018 – zitiert: *Nolte/Aust*, in: v. Mangoldt/Klein/Starck, GG III.

Oebbecke, Janbernd: Mehrfachzuständigkeiten in der Verwaltung als Verfassungsproblem, in: Küper, Wilfried/Welp, Jürgen (Hrsg.), Beiträge zur Rechtswissenschaft, Festschrift für Walter Stree und Johannes Wessels, Heidelberg 1993, S. 1119–1134 – zitiert: *Oebbecke*, FS Stree/Wessels.

Oebbecke, Janbernd: Selbstverwaltung angesichts von Europäisierung und Ökonomisierung, VVDStRL Bd. 62 (2003), S. 366–400.

Oebbecke, Janbernd: Verwaltungszuständigkeit, in: Isensee, Josef/Kirchhof, Paul (Hrsg.), Handbuch des Staatsrechts der Bundesrepublik Deutschland, Band VI, 3. Auflage, Heidelberg u. a. 2008, § 136 – zitiert: *Oebbecke*, in: Isensee/Kirchhof, HStR VI.

Öhlinger, Theo: Der Stufenbau der Rechtsordnung, Wien 1975 – zitiert: *Öhlinger*, Stufenbau.

Oerder, Michael: Grenzen der kommunalen Satzungsautonomie, NJW 1990, S. 2104–2108.

Oldenburg, Sophie: Die Öffentlichkeit von Rechtsnormen, Berlin 2009 – zitiert: *Oldenburg*, Öffentlichkeit.

Oldiges, Martin: Verbandskompetenz, DÖV 1989, S. 873–884.

Oldiges, Martin/*Brinktrine*, Ralf: Baurecht, in: Steiner, Udo/Brinktrine, Ralf (Hrsg.), Besonderes Verwaltungsrecht, 9. Auflage, Heidelberg 2018, § 3 – zitiert: *Oldiges/Brinktrine*, in: Steiner/Brinktrine, Bes VwR.

Ossenbühl, Fritz: Die Rücknahme fehlerhafter begünstigender Verwaltungsakte, 2. Auflage, Berlin 1965 – zitiert: *Ossenbühl*, Rücknahme.

Ossenbühl, Fritz: Aktuelle Probleme der Gewaltenteilung, DÖV 1980, S. 545–553.

Ossenbühl, Fritz: Verwaltungsverfahren zwischen Verwaltungseffizienz und Rechtsschutzauftrag, NVwZ 1982, S. 465–472.

Ossenbühl, Fritz: Eine Fehlerlehre für untergesetzliche Normen, NJW 1986, S. 2805–2812.

Ossenbühl, Fritz: Richtlinien im Vertragsarztrecht, NZS 1997, S. 497–503 (zugleich in: Schnapp, Friedrich E. (Hrsg.), Probleme der Rechtsquellen im Sozialversicherungsrecht Teil I, Frankfurt am Main 1998, S. 65–84).

Ossenbühl, Fritz: Rechtsquellen und Rechtsbindungen der Verwaltung, in: Erichsen, Hans-Uwe/Ehlers, Dirk (Hrsg.), Allgemeines Verwaltungsrecht, 12. Auflage, Berlin 2002, § 5 – zitiert: *Ossenbühl*, in: Erichsen/Ehlers, Allg VwR^{12}.

Ossenbühl, Fritz: Rechtsetzen, in: Isensee, Josef/Kirchhof, Paul (Hrsg.), Handbuch des Staatsrechts der Bundesrepublik Deutschland, Band V, 3. Auflage, Heidelberg u. a. 2007, §§ 100–105 – zitiert: *Ossenbühl*, in: Isensee/Kirchhof, HStR V.

Ossenbühl, Fritz: Zum Verfassungsvorbehalt für Rechtserzeugung, in: Depenheuer, Otto/Heintzen, Markus/Jestaedt, Matthias/Axer, Peter (Hrsg.), Staat im Wort, Festschrift für Josef Isensee, Heidelberg 2007, S. 309–323 – zitiert: *Ossenbühl*, FS Isensee.

Ossenbühl, Fritz: Verbraucherschutz durch Information, NVwZ 2011, S. 1357–1363.

Pauly, Walter: Der Regelungsvorbehalt, DVBl. 1991, S. 521–524.

Pauly, Walter: Grundlagen einer Handlungsformenlehre im Verwaltungsrecht, in: Becker-Schwarze, Katrin/Köck, Wolfgang/Kupka, Thomas/Schwanenflügel, Matthias von (Hrsg.), Wandel der Handlungsformen im Öffentlichen Recht, Stuttgart u. a. 1991, S. 25–45 – zitiert: *Pauly*, in: Becker-Schwarze u. a., Wandel der Handlungsformen.

Peine, Franz-Joseph: Der befangene Abgeordnete, JZ 1985, S. 914–921.

Peters, Hans: Öffentliche und staatliche Aufgaben, in: Dietz, Rolf/Hübner, Heinz (Hrsg.), Festschrift für Hans Carl Nipperdey, Band II, München/Berlin 1965, S. 877–895 – zitiert: *Peters*, FS Nipperdey II.

Petz, Helmut: Kommentierungen zu §§ 214, 215 BauGB, in: Schlichter, Otto/Stich, Rudolf/Driehaus, Hans-Joachim/Paetow, Stefan (Hrsg.), Berliner Kommentar zum Baugesetzbuch, Köln, Loseblattsammlung, 3. Auflage, Stand: 46. Ergänzungslieferung (November 2019) – zitiert: *Petz*, in: BK-BauGB.

Peuker, Enrico: Vorbemerkung sowie Kommentierung zu § 43 VwVfG, in: Knack, Hans Joachim/Henneke, Hans-Günter (Begr./Hrsg.), Verwaltungsverfahrensgesetz (VwVfG), Kommentar, 11. Auflage, Köln 2020 – zitiert: *Peuker*, in: Knack/Henneke, VwVfG.

Pfizer, P.A.: Das Recht der Steuerverwilligung, Stuttgart 1836 – zitiert: *Pfizer*, Steuerverwilligung.

Pieper, Stefan Ulrich: Die Ausfertigung der Gesetze, in: Kluth, Winfried/Krings, Günter (Hrsg.), Gesetzgebung, Heidelberg u. a. 2014, § 20 – zitiert: *Pieper*, in: Kluth/Krings, Gesetzgebung.

Pieroth, Bodo: Rückwirkung und Übergangsrecht, Berlin 1981 – zitiert: *Pieroth*, Rückwirkung.

Pieroth, Bodo: Was bedeutet „Gesetz" in der Verfassung?, Jura 2013, S. 248–254.

Pieroth, Bodo: Kommentierungen zu Art. 28, 80 GG, in: Jarass, Hans D./Pieroth, Bodo, Grundgesetz für die Bundesrepublik Deutschland, Kommentar, 15. Auflage, München 2018 – zitiert: *Pieroth*, in: Jarass/Pieroth, GG.

Pietzcker, Jost: Vorrang und Vorbehalt des Gesetzes, JuS 1979, S. 710–715.

Pitschas, Rainer: Maßstäbe des Verwaltungshandelns, in: Hoffmann-Riem, Wolfgang/Schmidt-Aßmann, Eberhard/Voßkuhle, Andreas (Hrsg.), Grundlagen des Verwaltungsrechts, Band II, 2. Auflage, München 2012, § 42 – zitiert: *Pitschas*, in: Hoffmann-Riem/Schmidt-Aßmann/Voßkuhle, GVwR II.

Pitzen, Stefan: Der Vorbehalt der Verfassung, Baden-Baden 2013 – zitiert: *Pitzen*, Vorbehalt.

Poscher, Ralf: Funktionenordnung des Grundgesetzes, in: Hoffmann-Riem, Wolfgang/Schmidt-Aßmann, Eberhard/Voßkuhle, Andreas (Hrsg.), Grundlagen des Verwaltungsrechts, Band I, 2. Auflage, München 2012, § 8 – zitiert: *Poscher*, in: Hoffmann-Riem/Schmidt-Aßmann/Voßkuhle, GVwR I.

Prokop, Felix: Die Allgemeinverbindlicherklärung nach § 5 TVG, Baden-Baden 2017 – zitiert: *Prokop*, Allgemeinverbindlicherklärung.

Pünder, Hermann: Verwaltungsverfahren, in: Ehlers, Dirk/Pünder, Hermann (Hrsg.), Allgemeines Verwaltungsrecht, 15. Auflage, Berlin/Boston 2016, §§ 13, 14 – zitiert: *Pünder*, in: Ehlers/Pünder, Allg VwR.

Quaritsch, Helmut: Das parlamentslose Parlamentsgesetz, 2. Auflage, Hamburg 1961 – zitiert: *Quaritsch*, Parlamentsgesetz.

Ramsauer, Ulrich: Kommentierung zu Art. 80 GG, in: Denninger, Erhard/Hoffmann-Riem, Wolfgang/Schneider, Hans-Peter/Stein, Ekkehart (Hrsg.), Kommentar zum Grundgesetz für die Bundesrepublik Deutschland, Reihe Alternativkommentare, Neuwied/Kriftel, Loseblattsammlung, Stand: 3. Auflage, Aktualisierungslieferung August 2002 – zitiert: *Ramsauer*, in: AK-GG.

Ramsauer, Ulrich: Einführung I sowie Kommentierungen zu §§ 1, 9, 10, 28, 35, 39, 43, 45, 46 VwVfG, in: Kopp, Ferdinand O./Ramsauer, Ulrich (Begr./Hrsg.), Verwaltungsverfahrensgesetz, Kommentar, 20. Auflage, München 2019 – zitiert: *Ramsauer*, in: Kopp/Ramsauer, VwVfG.

Rasch, Ernst: Die staatliche Verwaltungsorganisation, Köln u. a. 1967 – zitiert: *Rasch*, Verwaltungsorganisation.

Reimer, Ekkehart: Spezialitätsgrundsatz, in: Doppelbesteuerung, Festgabe für Franz Wassermeyer, München 2015, 5., S. 29–34 – zitiert: *E. Reimer*, FG Wassermeyer.

Reimer, Franz: Das Parlamentsgesetz als Steuerungsmittel und Kontrollmaßstab, in: Hoffmann-Riem, Wolfgang/Schmidt-Aßmann, Eberhard/Voßkuhle, Andreas (Hrsg.), Grundlagen des Verwaltungsrechts, Band I, 2. Auflage, München 2012, § 9 – zitiert: *F. Reimer*, in: Hoffmann-Riem/Schmidt-Aßmann/Voßkuhle, GVwR I.

Reimer, Franz: Juristische Methodenlehre, Baden-Baden 2016 – zitiert: *F. Reimer*, Methodenlehre.

Reimer, Philipp: Zur Theorie der Handlungsformen des Staates, Baden-Baden 2008 – zitiert: *P. Reimer*, Handlungsformen.

Reimer, Philipp: Die Unabhängigkeit von Rechtswirksamkeit und Rechtmässigkeit, Rechtstheorie Bd. 45 (2014), S. 383–414.

Remmert, Barbara: Private Dienstleistungen in staatlichen Verwaltungsverfahren, Tübingen 2003 – zitiert: *Remmert*, Dienstleistungen.

Remmert, Barbara: Verwaltungshandeln und Verwaltungsrechtsverhältnis im Überblick, in: Ehlers, Dirk/Pünder, Hermann (Hrsg.), Allgemeines Verwaltungsrecht, 15. Auflage, Berlin/Boston 2016, § 17 – zitiert: *Remmert*, in: Ehlers/Pünder, Allg VwR.

Remmert, Barbara: Öffentliches Baurecht, in: Ennuschat, Jörg/Ibler, Martin/Remmert, Barbara, Öffentliches Recht in Baden-Württemberg, 2. Auflage, München 2017, § 3 – zitiert: *Remmert*, in: Ennuschat/Ibler/Remmert, Öfftl Recht BW.

Remmert, Barbara: Kommentierungen zu Art. 19 Abs. 1, 80, 103 Abs. 1 GG, in: Maunz, Theodor/Dürig, Günter (Begr.), Grundgesetz, Kommentar, München, Loseblattsammlung, Stand: 88. Ergänzungslieferung (August 2019) – zitiert: *Remmert*, in: Maunz/Dürig, GG.

Robbers, Gerhard: Kommentierung zu Art. 20 GG, in: Kahl, Wolfgang/Waldhoff, Christian/Walter, Christian (Hrsg.), Bonner Kommentar zum Grundgesetz, Heidelberg, Loseblattsammlung, Stand: 200. Aktualisierung (September 2019) – zitiert: *Robbers*, in: BK-GG.

Rode, Karlheinz: Die Ausfertigung der Bundesgesetze, Berlin 1968 – zitiert: *Rode*, Ausfertigung.

Röhl, Hans Christian: Kommunalrecht, in: Schoch, Friedrich (Hrsg.), Besonderes Verwaltungsrecht, München 2018, Kapitel 2 – zitiert: *Röhl*, in: Schoch, Bes VwR.

Rossen-Stadtfeld, Helge: Beteiligung, Partizipation und Öffentlichkeit, in: Hoffmann-Riem, Wolfgang/Schmidt-Aßmann, Eberhard/Voßkuhle, Andreas (Hrsg.), Grundlagen des Verwaltungsrechts, Band II, 2. Auflage, München 2012, § 29 – zitiert: *Rossen-Stadtfeld*, in: Hoffmann-Riem/Schmidt-Aßmann/Voßkuhle, GVwR II.

Rüping, Hinrich: Kommentierung zu Art. 103 Abs. 1 GG, in: Kahl, Wolfgang/Waldhoff, Christian/Walter, Christian (Hrsg.), Bonner Kommentar zum Grundgesetz, Heidelberg, Loseblattsammlung, Stand: 200. Aktualisierung (September 2019) – zitiert: *Rüping*, in: BK-GG.

Rüthers, Bernd/*Fischer*, Christian/*Birk*, Axel: Rechtstheorie mit Juristischer Methodenlehre, 10. Auflage, München 2018 – zitiert: *Rüthers/Fischer/Birk*, Rechtstheorie.

Ruffert, Matthias: Rechtsquellen und Rechtsschichten des Verwaltungsrechts, in: Hoffmann-Riem, Wolfgang/Schmidt-Aßmann, Eberhard/Voßkuhle, Andreas (Hrsg.), Grundlagen des Verwaltungsrechts, Band I, 2. Auflage, München 2012, § 17 – zitiert: *Ruffert*, in: Hoffmann-Riem/Schmidt-Aßmann/Voßkuhle, GVwR I.

Ruffert, Matthias: Verwaltungsakt, in: Ehlers, Dirk/Pünder, Hermann (Hrsg.), Allgemeines Verwaltungsrecht, 15. Auflage, Berlin/Boston 2016, §§ 21, 22 – zitiert: *Ruffert*, in: Ehlers/Pünder, Allg VwR.

Rupp, Hans Heinrich: Grundfragen der heutigen Verwaltungsrechtslehre, 2. Auflage, Tübingen 1991 – zitiert: *Rupp*, Grundfragen.

Sachs, Michael: Die normsetzende Vereinbarung im Verwaltungsrecht, VerwArch Bd. 74 (1983), S. 25–49.

Sachs, Michael: Verfahrensfehler im Verwaltungsverfahren, in: Hoffmann-Riem, Wolfgang/Schmidt-Aßmann, Eberhard/Voßkuhle, Andreas (Hrsg.), Grundlagen des Verwaltungsrechts, Band II, 2. Auflage, München 2012, § 31 – zitiert: *Sachs*, in: Hoffmann-Riem/Schmidt-Aßmann/Voßkuhle, GVwR II.

Sachs, Michael: Kommentierungen zu Art. 19, 20 GG, in: ders. (Hrsg.), Grundgesetz, Kommentar, 8. Auflage, München 2018 – zitiert: *Sachs*, in: ders., GG.

Sachs, Michael: Kommentierungen zu §§ 43, 45, 48 VwVfG, in: Stelkens, Paul/Bonk, Heinz Joachim/Sachs, Michael (Hrsg.), Verwaltungsverfahrensgesetz, Kommentar, 9. Auflage, München 2018 – zitiert: *Sachs*, in: Stelkens/Bonk/Sachs, VwVfG.

Sannwald, Rüdiger: Kommentierungen zu Art. 76, 80 GG, in: Schmidt-Bleibtreu, Bruno/Klein, Franz/Hofmann, Hans/Henneke, Hans-Günter (Begr./Hrsg.), GG, Kommentar zum Grundgesetz, 14. Auflage, Köln 2018 – zitiert: *Sannwald*, in: Schmidt-Bleibtreu/Hofmann/Henneke, GG.

Sauerland, Thomas: Die Verwaltungsvorschrift im System der Rechtsquellen, Berlin 2005 – zitiert: *Sauerland*, Verwaltungsvorschrift.

Saurer, Johannes: Die Funktionen der Rechtsverordnung, Berlin 2005 – zitiert: *Saurer*, Rechtsverordnung.

Schenke, Wolf-Rüdiger: Formeller oder materieller Verwaltungsaktsbegriff?, NVwZ 1990, S. 1009–1018.

Schenke, Wolf-Rüdiger: Kommentierung zu Art. 19 Abs. 4 GG, in: Kahl, Wolfgang/Waldhoff, Christian/Walter, Christian (Hrsg.), Bonner Kommentar zum Grundgesetz, Heidelberg, Loseblattsammlung, Stand: 200. Aktualisierung (September 2019) – zitiert: *Schenke*, in: BK-GG.

Scherzberg, Arno: Die Öffentlichkeit der Verwaltung, Baden-Baden 2000 – zitiert: *Scherzberg*, Öffentlichkeit.

Scheuner, Ulrich: Die Aufgabe der Gesetzgebung in unserer Zeit, DÖV 1960, S. 601–611.

Schiller, Gernot: Der Flächennutzungsplan als Voraussetzung für die verbindliche Bauleitplanung, in: Bracher, Christian-Dietrich/Reidt, Olaf/Schiller, Gernot, Bauplanungsrecht, 8. Auflage, Köln 2014, Erster Teil E. – zitiert: *Schiller*, in: Bracher/Reidt/Schiller, Bauplanungsrecht.

Schilling, Theodor: Rang und Geltung von Normen in gestuften Rechtsordnungen, Berlin 1994 – zitiert: *Schilling*, Rang.

Schlecht, Anna-Maria: Die Unbeachtlichkeit von Verfahrensfehlern im deutschen Umweltrecht, Berlin 2010 – zitiert: *Schlecht*, Unbeachtlichkeit.

Schliesky, Utz: Kommentierung zu § 1 VwVfG, in: Knack, Hans Joachim/Henneke, Hans-Günter (Begr./Hrsg.), Verwaltungsverfahrensgesetz (VwVfG), Kommentar, 11. Auflage, Köln 2020 – zitiert: *Schliesky*, in: Knack/Henneke, VwVfG.

Schmidt-Aßmann, Eberhard: Verwaltungsorganisation zwischen parlamentarischer Steuerung und exekutivischer Organisationsgewalt, in: Stödter, Rolf/Thieme, Werner (Hrsg.), Hamburg – Deutschland – Europa, Festschrift für Hans Peter Ipsen, Tübingen 1977, S. 333–352 – zitiert: *Schmidt-Aßmann*, FS Ipsen.

Schmidt-Aßmann, Eberhard: Die kommunale Rechtsetzung im Gefüge der administrativen Handlungsformen und Rechtsquellen, München 1981 – zitiert: *Schmidt-Aßmann*, Kommunale Rechtsetzung.

Schmidt-Aßmann, Eberhard: Rechtsetzungsbefugnis der kommunalen Körperschaften, in: Mutius, Albert von (Hrsg.), Selbstverwaltung im Staat der Industriegesellschaft, Festgabe zum 70. Geburtstag von Georg Christoph von Unruh, Heidelberg 1983, S. 607–622 – zitiert: *Schmidt-Aßmann*, FG v. Unruh.

Schmidt-Aßmann, Eberhard: Zum staatsrechtlichen Prinzip der Selbstverwaltung, in: Selmer, Peter/Münch, Ingo von (Hrsg.), Gedächtnisschrift für Wolfgang Martens, Berlin/New York 1987, S. 249–264 – zitiert: *Schmidt-Aßmann*, GS Martens.

Schmidt-Aßmann, Eberhard: Die Lehre von den Rechtsformen des Verwaltungshandelns, DVBl. 1989, S. 533–541.

Schmidt-Aßmann, Eberhard: Das allgemeine Verwaltungsrecht als Ordnungsidee, 2. Auflage, Berlin/Heidelberg 2004 – zitiert: *Schmidt-Aßmann*, Ordnungsidee.

Schmidt-Aßmann, Eberhard: Der Rechtsstaat, in: Isensee, Josef/Kirchhof, Paul (Hrsg.), Handbuch des Staatsrechts der Bundesrepublik Deutschland, Band II, 3. Auflage, Heidelberg 2004, § 26 – zitiert: *Schmidt-Aßmann*, in: Isensee/Kirchhof, HStR II.

Schmidt-Aßmann, Eberhard: Verwaltungsverfahren, in: Isensee, Josef/Kirchhof, Paul (Hrsg.), Handbuch des Staatsrechts der Bundesrepublik Deutschland, Band V, 3. Auflage, Heidelberg u. a. 2007, § 109 – zitiert: *Schmidt-Aßmann*, in: Isensee/Kirchhof, HStR V.

Schmidt-Aßmann, Eberhard: Der Verfahrensgedanke im deutschen und europäischen Verwaltungsrecht, in: Hoffmann-Riem, Wolfgang/Schmidt-Aßmann, Eberhard/Voßkuhle, Andreas (Hrsg.), Grundlagen des Verwaltungsrechts, Band II, 2. Auflage, München 2012, § 27 – zitiert: *Schmidt-Aßmann*, in: Hoffmann-Riem/Schmidt-Aßmann/Voßkuhle, GVwR II.

Schmidt-Aßmann, Eberhard: Verwaltungsrechtliche Dogmatik, Tübingen 2013 – zitiert: *Schmidt-Aßmann*, Dogmatik.

Schmidt-Aßmann, Eberhard: Kommentierung zu Art. 19 Abs. 4 GG, in: Maunz, Theodor/Dürig, Günter (Begr.), Grundgesetz, Kommentar, München, Loseblattsammlung, Stand: 88. Ergänzungslieferung (August 2019) – zitiert: *Schmidt-Aßmann*, in: Maunz/Dürig, GG.

Schmidt-De Caluwe, Reimund: Die Wirksamkeit des Verwaltungsakts, VerwArch Bd. 90 (1999), S. 49–69.

Schmidt-Jortzig, Edzard: Soll das kommunale Satzungsrecht gegenüber staatlicher und gerichtlicher Kontrolle gestärkt werden?, DVBl. 1990, S. 920–926.

Schmitt, Carl: Verfassungslehre, München/Leipzig 1928 – zitiert: *Schmitt*, Verfassungslehre.

Schmitz, Heribert: Kommentierungen zu §§ 1, 9, 20 VwVfG, in: Stelkens, Paul/Bonk, Heinz Joachim/Sachs, Michael (Hrsg.), Verwaltungsverfahrensgesetz, Kommentar, 9. Auflage, München 2018 – zitiert: *Schmitz*, in: Stelkens/Bonk/Sachs, VwVfG.

Schnapp, Friedrich E.: Ausgewählte Probleme des öffentlichen Organisationsrechts, Jura 1980, S. 293–303.

Schnapp, Friedrich E.: Grundbegriffe des öffentlichen Organisationsrechts, Jura 1980, S. 68–75.

Schnapp, Friedrich E.: Geltung und Auswirkungen des Gesetzesvorbehalts im Vertragsarztrecht, MedR 1996, S. 418–424.

Schnapp, Friedrich E.: Untergesetzliche Rechtsquellen im Vertragsarztrecht am Beispiel der Richtlinien, in: Wulffen, Matthias von/Krasney, Otto Ernst (Hrsg.), Festschrift 50 Jahre Bundessozialgericht, Köln u. a. 2004, S. 497–515 – zitiert: *Schnapp*, FS BSG.

Schnapp, Friedrich E.: Kommentierung zu Art. 20 GG, in: Münch, Ingo von/Kunig, Philip (Begr./Hrsg.), Grundgesetz Kommentar, Band 1, 6. Auflage, München 2012 – zitiert: *Schnapp*, in: v. Münch/Kunig, GG I.

Schneider, Hans: Autonome Satzung und Rechtsverordnung, in: Hefermehl, Wolfgang/Nipperdey, Hans Carl (Hrsg.), Festschrift für Philipp Möhring, München/Berlin 1965, S. 521–542 – zitiert: *H. Schneider*, FS Möhring.

Schneider, Hans: Rang und Rangänderung von Rechtsnormen in der Bundesrepublik Deutschland, in: Grewe, Wilhelm G./Rupp, Hans/Schneider, Hans (Hrsg.), Europäische Gerichtsbarkeit und nationale Verfassungsgerichtsbarkeit, Festschrift zum 70. Geburtstag von Hans Kutscher, Baden-Baden 1981, S. 385–395 – zitiert: *H. Schneider*, FS Kutscher.

Schneider, Hans: Gesetzgebung, 3. Auflage, Heidelberg 2002 – zitiert: *H. Schneider*, Gesetzgebung.

Schneider, Jens-Peter: Strukturen und Typen von Verwaltungsverfahren, in: Hoffmann-Riem, Wolfgang/Schmidt-Aßmann, Eberhard/Voßkuhle, Andreas (Hrsg.), Grundlagen des Verwaltungsrechts, Band II, 2. Auflage, München 2012, § 28 – zitiert: *J.-P. Schneider*, in: Hoffmann-Riem/Schmidt-Aßmann/Voßkuhle, GVwR II.

Schneider, Peter: Zum Verbot des Einzelpersonengesetzes im Sinne von Art. 19 I GG, in: Haller, Heinz/Recktenwald, Horst Claus (Hrsg.), Finanz- und Geldpolitik im Umbruch, Mainz 1969, S. 85–111 – zitiert: *P. Schneider*, in: Haller/Recktenwald, Finanz- und Geldpolitik.

Schnelle, Simon: Eine Fehlerfolgenlehre für Rechtsverordnungen, München 2007 – zitiert: *Schnelle*, Fehlerfolgenlehre.

Schneller, Christian: Objektbezogene Legalplanung, Berlin 1999 – zitiert: *Schneller*, Legalplanung.

Schoch, Friedrich: Das rechtliche Gehör Beteiligter im Verwaltungsverfahren (§ 28 VwVfG), Jura 2006, S. 833–839.

Schoch, Friedrich: Rechtliche Steuerung der Privatisierung staatlicher Aufgaben, Jura 2008, S. 672–683.

Schöbener, Burkhard/*Knauff*, Matthias: Allgemeine Staatslehre, 4. Auflage, München 2019 – zitiert: *Schöbener/Knauff*, Allg Staatslehre.

Scholzen, Hans: Nichtigkeit oder Vernichtbarkeit verfassungswidriger Rechtsnormen, Düsseldorf 1977 – zitiert: *Scholzen*, Nichtigkeit.

Schröder, Manfred: Stand der Dogmatik der Verwaltungsvorschriften, in: Hill, Hermann (Hrsg.), Verwaltungsvorschriften – Dogmatik und Praxis, Heidelberg 1991, S. 1–29 – zitiert: *Schröder*, in: Hill, Verwaltungsvorschriften.

Schrödter, Wolfgang/*Otto*, Christian-W.: Kommentierung zu § 5 BauGB, in: Schrödter, Wolfgang (Hrsg.), Baugesetzbuch, NomosKommentar, 9. Auflage, Baden-Baden 2019 – zitiert: *Schrödter/Otto*, in: Schrödter, NK-BauGB.

Schulte, Martin: Schlichtes Verwaltungshandeln, Tübingen 1995 – zitiert: *Schulte*, Verwaltungshandeln.

Schulze-Fielitz, Helmuth: Theorie und Praxis parlamentarischer Gesetzgebung, Berlin 1988 – zitiert: *Schulze-Fielitz*, Gesetzgebung.

Schulze-Fielitz, Helmuth: Staatsaufgabenentwicklung und Verfassung, in: Grimm, Dieter (Hrsg.), Wachsende Staatsaufgaben – sinkende Steuerungsfähigkeit des Rechts, Baden-Baden 1990, S. 11–47 – zitiert: *Schulze-Fielitz*, in: Grimm, Staatsaufgaben.

Schulze-Fielitz, Helmuth: Kommentierung zu Art. 20 GG (Rechtsstaat), in: Dreier, Horst (Hrsg.), Grundgesetz, Kommentar, Band II, 3. Auflage, Tübingen 2015 – zitiert: *Schulze-Fielitz*, in: Dreier, GG II.

Schwarz, Kyrill-A.: Vertrauensschutz als Verfassungsprinzip, Baden-Baden 2002 – zitiert: *Schwarz*, Vertrauensschutz.

Schwarz, Kyrill-A./*Bravidor*, Christoph: Kunst der Gesetzgebung und Begründungspflichten des Gesetzgebers, JZ 2011, S. 653–659.

Schwerin, Thomas: Der Deutsche Bundestag als Geschäftsordnungsgeber, Berlin 1998 – zitiert: *Schwerin*, Geschäftsordnungsgeber.

Seibert, Max-Jürgen: Die Bindungswirkung von Verwaltungsakten, Baden-Baden 1989 – zitiert: *Seibert*, Bindungswirkung.

Seiler, Christian: Der einheitliche Parlamentsvorbehalt, Berlin 2000 – zitiert: *Seiler*, Parlamentsvorbehalt.

Seiler, Christian: Examens-Repetitorium Verwaltungsrecht, 6. Auflage, Heidelberg 2017 – zitiert: *Seiler*, Ex-Rep VwR.

Sennekamp, Christoph: Kommentierung zu § 214 BauGB, in: Brügelmann, Hermann (Mitbegr.), Baugesetzbuch, Kommentar, Stuttgart, Loseblattsammlung, Stand: 111. Ergänzungslieferung (Juli 2019) – zitiert: *Sennekamp*, in: Brügelmann, BauGB.

Sittard, Ulrich: Voraussetzungen und Wirkungen der Tarifnormerstreckung nach § 5 TVG und dem AEntG, München 2010 – zitiert: *Sittard*, Tarifnormerstreckung.

Sommermann, Karl-Peter: Kommentierung zu Art. 20 GG, in: Mangoldt, Hermann v./ Klein, Friedrich/Starck, Christian/Huber, Peter M./Voßkuhle, Andreas (Begr./ Hrsg.), Kommentar zum Grundgesetz, Band 2, 7. Auflage, München 2018 – zitiert: *Sommermann*, in: v. Mangoldt/Klein/Starck, GG II.

Spieß, Gerhard: Kommentierungen zu §§ 5, 8, 214 BauGB, in: Jäde, Henning (Begr.), Baugesetzbuch, Baunutzungsverordnung, Kommentar, 9. Auflage, Stuttgart u. a. 2018 – zitiert: *Spieß*, in: Jäde/Dirnberger, BauGB.

Spilker, Bettina: Behördliche Amtsermittlung, Tübingen 2015 – zitiert: *Spilker*, Amtsermittlung.

Starck, Christian: Der Gesetzesbegriff des Grundgesetzes, Baden-Baden 1970 – zitiert: *Starck*, Gesetzesbegriff.

Staupe, Jürgen: Parlamentsvorbehalt und Delegationsbefugnis, Berlin 1986 – zitiert: *Staupe*, Parlamentsvorbehalt.

Steger, Christian O.: Kommentierung zu § 4 GemO BW, in: Kunze, Richard/Schmidt, Carl (Begr.), Gemeindeordnung für Baden-Württemberg, Kommentar, Stuttgart, Loseblattsammlung, 4. Auflage, Stand: 26. Ergänzungslieferung (Juni 2019) – zitiert: *Steger*, in: Kunze/Bronner/Katz, GemO BW.

Steinwede, Holger: Planerhaltung im Städtebaurecht durch Gesetz und richterliche Rechtsfortbildung, Berlin 2003 – zitiert: *Steinwede*, Planerhaltung.

Steinweg, Christian: Zeitlicher Regelungsgehalt des Verwaltungsaktes, Berlin 2006 – zitiert: *Steinweg*, Regelungsgehalt.

Stelkens, Ulrich: Rechtsetzungen der europäischen und nationalen Verwaltungen, VVDStRL Bd. 71 (2012), S. 369–410.

Stelkens, Ulrich: „Grundbausteine" des Verwaltungsorganisationsrechts: Juristische Person des öffentlichen Rechts, Organ, Organwalter, Behörde, Jura 2016, S. 1013–1025.

Stelkens, Ulrich: Kommentierungen zu §§ 35, 39, 41 VwVfG, in: Stelkens, Paul/ Bonk, Heinz Joachim/Sachs, Michael (Hrsg.), Verwaltungsverfahrensgesetz, Kommentar, 9. Auflage, München 2018 – zitiert: *U. Stelkens*, in: Stelkens/Bonk/Sachs, VwVfG.

Stern, Klaus: Staatsziele und Staatsaufgaben in verfassungsrechtlicher Sicht, in: Gesellschaft für Rechtspolitik Trier (Hrsg.), Bitburger Gespräche, Jahrbuch 1984, München 1984, S. 5–24 – zitiert: *Stern*, Bitburger Gespräche 1984.

Stern, Klaus: Das Staatsrecht der Bundesrepublik Deutschland, Band I, 2. Auflage, München 1984; Band II, München 1980; Band III/1, München 1988; Band III/2, München 1994 – zitiert: *Stern*, StaatsR.

Stettner, Rupert: Grundfragen einer Kompetenzlehre, Berlin 1983 – zitiert: *Stettner*, Kompetenzlehre.

Stober, Rolf: Die Rechtsquellen der Verwaltung, in: Wolff, Hans J./Bachof, Otto/Stober, Rolf/Kluth, Winfried (Begr./Hrsg.), Verwaltungsrecht I, 13. Auflage, München 2017, Dritter Teil, Zweiter Abschnitt, §§ 25–28 – zitiert: *Stober*, in: Wolff/Bachof/Stober/Kluth, VwR I.

Stock, Jürgen: Kommentierung zu § 214 BauGB, in: Ernst, Werner/Zinkahn, Willy/Bielenberg, Walter (Begr.), Baugesetzbuch, Kommentar, München, Loseblattsammlung, Stand: 135. Ergänzungslieferung (September 2019) – zitiert: *Stock*, in: Ernst/Zinkahn/Bielenberg/Krautzberger, BauGB.

Suerbaum, Joachim: Kommentierungen zu §§ 48, 49 VwVfG, in: Mann, Thomas/Sennekamp, Christoph/Uechtritz, Michael (Hrsg.), NomosKommentar Verwaltungsverfahrensgesetz, Großkommentar, 2. Auflage, Baden-Baden 2019 – zitiert: *Suerbaum*, in: Mann/Sennekamp/Uechtritz, NK-VwVfG.

Tettinger, Peter J.: Fairneß und Waffengleichheit, München 1984 – zitiert: *Tettinger*, Fairneß.

Towfigh, Katharina: Die Pflicht zur Begründung von Verwaltungsentscheidungen nach dem deutschen und englischen Recht und ihre Europäisierung, Frankfurt am Main 2007 – zitiert: *Towfigh*, Begründung.

Traulsen, Christian: Rechtsstaatlichkeit und Kirchenordnung, Tübingen 2013 – zitiert: *Traulsen*, Kirchenordnung.

Trips, Marco: Das Verfahren der exekutiven Rechtsetzung, Baden-Baden 2006 – zitiert: *Trips*, Verfahren Rechtsetzung.

Trute, Hans-Heinrich: Die demokratische Legitimation der Verwaltung, in: Hoffmann-Riem, Wolfgang/Schmidt-Aßmann, Eberhard/Voßkuhle, Andreas (Hrsg.), Grundlagen des Verwaltungsrechts, Band I, 2. Auflage, München 2012, § 6 – zitiert: *Trute*, in: Hoffmann-Riem/Schmidt-Aßmann/Voßkuhle, GVwR I.

Trute, Hans-Heinrich: Kommentierung zu Art. 83 GG, in: Mangoldt, Hermann v./Klein, Friedrich/Starck, Christian/Huber, Peter M./Voßkuhle, Andreas (Begr./Hrsg.), Kommentar zum Grundgesetz, Band 3, 7. Auflage, München 2018 – zitiert: *Trute*, in: v. Mangoldt/Klein/Starck, GG III.

Uhle, Arnd: Parlament und Rechtsverordnung, München 1999 – zitiert: *Uhle*, Rechtsverordnung.

Uhle, Arnd: Die Rechtsverordnung, in: Kluth, Winfried/Krings, Günter (Hrsg.), Gesetzgebung, Heidelberg u. a. 2014, § 24 – zitiert: *Uhle*, in: Kluth/Krings, Gesetzgebung.

Ule, Carl Hermann/*Laubinger*, Hans-Werner: Verwaltungsverfahrensrecht, 4. Auflage, Köln u. a. 1995 – zitiert: *Ule/Laubinger*, VwVerfR.

Volkmar, Dieter: Allgemeiner Rechtssatz und Einzelakt, Berlin 1962 – zitiert: *Volkmar*, Rechtssatz und Einzelakt.

Wahl, Rainer: Staatsaufgaben im Verfassungsrecht, in: Ellwein, Thomas/Hesse, Joachim Jens (Hrsg.), Staatswissenschaften: Vergessene Disziplin oder neue Herausforderung?, Baden-Baden 1990, S. 29–53 – zitiert: *Wahl*, in: Ellwein/Hesse, Staatswissenschaften.

Wallrabenstein, Astrid: Kommentierung zu Art. 80 GG, in: Münch, Ingo von/Kunig, Philip (Begr./Hrsg.), Grundgesetz Kommentar, Band 2, 6. Auflage, München 2012 – zitiert: *Wallrabenstein*, in: v. Münch/Kunig, GG II.

Walter, Robert: Der Aufbau der Rechtsordnung, Graz 1964 – zitiert: *Walter*, Rechtsordnung.

Wank, Rolf: Kommentierung zu § 5 TVG, in: Wiedemann, Herbert (Hrsg.), Tarifvertragsgesetz mit Durchführungs- und Nebenvorschriften, Kommentar, 8. Auflage, München 2019 – zitiert: *Wank*, in: Wiedemann, TVG.

Werner, Wolfram: Ausschuß für Zuständigkeitsabgrenzung, in: Deutscher Bundestag/Bundesarchiv (Hrsg.), Der Parlamentarische Rat 1948–1949, Band 3, Boppard am Rhein 1986 – zitiert: *Werner*, Parl Rat 3.

Wiegand, Britta Beate: Die Beleihung mit Normsetzungskompetenzen, Berlin 2008 – zitiert: *Wiegand*, Beleihung.

Wilke, Dieter: Bundesverfassungsgericht und Rechtsverordnungen, AöR Bd. 98 (1973), S. 196–247.

Windoffer, Alexander: Kommentierung zu § 35 VwVfG, in: Mann, Thomas/Sennekamp, Christoph/Uechtritz, Michael (Hrsg.), NomosKommentar Verwaltungsverfahrensgesetz, Großkommentar, 2. Auflage, Baden-Baden 2019 – zitiert: *Windoffer*, in: Mann/Sennekamp/Uechtritz, NK-VwVfG.

Wißmann, Hinnerk: Verfassungsrechtliche Vorgaben der Verwaltungsorganisation, in: Hoffmann-Riem, Wolfgang/Schmidt-Aßmann, Eberhard/Voßkuhle, Andreas (Hrsg.), Grundlagen des Verwaltungsrechts, Band I, 2. Auflage, München 2012, § 15 – zitiert: *Wißmann*, in: Hoffmann-Riem/Schmidt-Aßmann/Voßkuhle, GVwR I.

Wittinger, Michaela: Einleitung, in: Funke-Kaiser, Michael/Obermayer, Klaus (Hrsg./Begr.), VwVfG, Kommentar zum Verwaltungsverfahrensgesetz, 5. Auflage, Köln 2018 – zitiert: *Wittinger*, in: Obermayer/Funke-Kaiser, VwVfG.

Wittling, Almut: Die Publikation der Rechtsnormen einschließlich der Verwaltungsvorschriften, Baden-Baden 1991 – zitiert: *Wittling*, Publikation.

Wolff, Hans J.: Organschaft und juristische Person, Band 2, Aalen 1968, berichtigter Neudruck der Ausgabe Berlin 1934 – zitiert: *Wolff*, Organschaft II.

Wolff, Hans J.: Zuständigkeit, in: ders./Bachof, Otto, Verwaltungsrecht II, 4. Auflage, München 1976, § 72 – zitiert: *Wolff*, in: ders./Bachof, VwR II^{4}.

Wonneberger, Wolfgang: Die Funktionen der Allgemeinverbindlicherklärung von Tarifverträgen, Heidelberg 1992 – zitiert: *Wonneberger*, Allgemeinverbindlicherklärung.

Yersin, Eckart: Kritik der Lehre von den Staatsakten – Die herrschende Systematik, ihre Entstehung, ihre Unzulänglichkeit und ihre Überwindung, Speyer 1978 – zitiert: *Yersin*, Kritik.

Ziekow, Jan: Verwaltungsverfahrensgesetz, Kommentar, 4. Auflage, Stuttgart 2020 – zitiert: *Ziekow*, VwVfG.

Zimmermann, Christian: Der Gemeinsame Bundesausschuss, Berlin/Heidelberg 2012 – zitiert: *Zimmermann*, Bundesausschuss.

Zippelius, Reinhold: Juristische Methodenlehre, 11. Auflage, München 2012 – zitiert: *Zippelius*, Methodenlehre.

Sachverzeichnis